제5판

비즈니스 윤리

An Introduction to Business Ethics

조세프 데자르댕 지음
박명섭 옮김

McGraw Hill Education
아카데미프레스

An Introduction to Business Ethics, 5th Edition

1 2 3 4 5 6 7 8 9 10 Academy Press 20 15

Original: An Introduction to Business Ethics, 5th Edition © 2013
By Joseph DesJardins
ISBN 9780078038327

This authorized Korean translation edition is jointly published by McGraw-Hill Education Korea, Ltd. and Academy Press. This edition is authorized for sale in the Republic of Korea.

This book is exclusively distributed by Academy Press.

When ordering this title, please use ISBN 9788997544783

Printed in Korea

| 역자 서문 |

비즈니스 윤리는 자유 경제 체제하에서 활동하는 기업의 지속 가능한 성장을 위한 필수적인 가치 개념이다. 현대인은 도덕적, 사회적, 경제적 요건들이 혼재된 기업 환경에서 일어나고 있는 산업계의 현실적 문제의 적절한 해결에 필요한 논리적이고 분석적인 스킬을 필요로 한다. 하지만 이러한 스킬도 윤리에 바탕을 두어야 하는 시대에 우리는 살고 있다.

이 책은 비즈니스 윤리의 이론과 실제를 다룬 책이다. 기업이 지향해야 할 윤리적 가치관과 윤리적 기업 시스템이 어떻게 기업에서 적용되는지를 풍부한 최신 사례를 통해 제시한다.

이 책의 저자 조셉 데자르댕 교수는 미국 미네소타의 St. Benedict College/St. John's Univ.의 철학 교수이다. 이 책 ≪비즈니스 윤리≫는 2006년에 초판이 발행된 이래 판을 거듭해 2014년에 제5판이 발행되었다. 매번 최신의 사례가 추가되었으며, 이번에는 독자가 어려운 철학적 내용을 더욱더 읽기 쉽게 했다. 이 책은 경영학과 철학을 왕래하는 학제적인 저서이다. 기업이 실제로 맞부딪치는 상황에서 때로는 철학적 질문을 던지기도 하며 경영학적 분석의 잣대를 제시하고 있다.

이 책의 도입부인 제1장과 제2장에서는 비즈니스 윤리를 배워야 할 필요성, 비즈니스 윤리의 이론 등을, 일반적인 윤리학의 문제와 함께 설명하고 있다.

제3장에서는 기업의 사회적 책임을 윤리적 측면에서, 제4장에서는 기업의 조직문화, 통치, 리더십의 문제를 검토하고 있다.

제5장, 제6장, 제7장에서는 우선 '우리는 왜 일하는가'와 일의 의미를 묻고, 종업원의 일할 권리, 그리고 경영자를 포함한 종업원의 기업 내에서의 책임을 논의한다.

그리고 제8장과 제9장에서는 마케팅과 윤리의 문제를 다루고, 제품의 안전과 가격 설정, 그리고 광고 활동과 타깃 마케팅에 관해 고찰한다. 제10장에서는 기업의 환경 책임과 지속 가능성의 문제, 제11장에서는 다양성과 차별, 그리고 제12장에서는 국제 비즈니스와 글로벌화의 문제를 분석하고 있다.

이 책은 이와 같이 광범위한 비즈니스 윤리의 테마를 균형 있게 취급하고 있다. 각 장의 서두에는 그 장의 테마와 관련 있으면서 최근에 발생한 기업의 윤리 관련 유명 사건을 사례로서 소개하고 있다. 이를 통해 현실 사회의 문제를 테마로 하면서, 독자들이 윤리학의 이론을 논의하고, 현실의 문제에 어떻게 대처해야 하는지를 깨닫게 해준다.

요컨대, 각 장마다 철학과 경영학을 넘나들면서 각 장의 '학습 목표', 주제와 관련된 최신 사례 및 사례 관련 문제 제시, 이 사례를 해석하는 데 요구되는 이론적 설명 그리고 각 장의 말미에 '다시 생각해 보자'와 '복습문제'를 순서대로 넣어 독자가 각 장의 내용을 이론적이고 실제적으로 효과적으로 정리할 수 있도록 하고 있다.

이론적 논의와 더불어 다양한 도입 사례, 실제 사례 분석 토론 등을 곁들였기 때문에 윤리 경영 체제를 도입하거나 현재의 윤리 경영 관리 방식을 개선하고자 하는 회사의 기업 윤리 담당 실무자들에게도 유용할 것이다.

마지막으로 이 책의 출간에 도움을 준 아카데미프레스 사장님과 편집부에 감사의 뜻을 전한다.

2016년 3월 1일

역자 씀

| 제5판 저자 서문 |

이 책의 제5판의 가장 중요한 목적은 초판과 동일하게 "우리가 비즈니스에서 취할 수 있는 윤리적 선택지에 대해, 명쾌하고 간결하며, 알맞게 포괄적인 인문서를 제공하는 것"이다. 이 책은 필자가 비즈니스 윤리를 가르칠 때 직면한 과제들에서 비롯됐다. 지난 몇 해에 걸쳐, 필자는 수많은 상황에서, 또 여러 가지 형식을 써서 비즈니스 윤리를 가르쳤다. 때로는 논문집을 다루기도 하고 어떤 때는 사례 연구를 강조했다. 비즈니스 윤리를 한 과목으로도 가르치고 소수 인원의 세미나에서도 가르쳤다. 최근엔 비즈니스 윤리를 오로지 학부생에게만 가르쳤다. 비즈니스 윤리처럼 학제적이고, 다수의 형식과 다수의 맥락 속에서 또한 여러 가지 다양한 배경을 가진 교수들에 의해 수많은 다른 목적을 가지고 다루어지는 과목을 달리 찾아보기 어렵다.

그러나 학생, 형식, 교수법, 교육 목적이 변하더라도, 이 분야의 기본적인 철학적 · 개념적 구조는 비교적 안정적이다. 종업원, 고객, 공급업자, 정부, 사회 등, 기업이 관계를 가지는 일련의 스테이크홀더가 존재한다. 이들 관계는 각각 윤리적 책임을 낳고, 성인은 모두 이들 역할 중의 몇몇 (역할)에서 비즈니스와 불가피하게 상호작용을 갖는다. 따라서 비즈니스 윤리의 교과목은 학생에게 기업의 경영자나 경영임원의 관점뿐 아니라 종업원, 고객, 시민의 관점에서 이 윤리적 책임 범위를 고찰할 것을 요구해야 한다. 학생들은 자신들이 영위하고 싶은 생활 양식과 지원하고 싶은 기업을 관리하기 위해 어떠한 형태의 공공정책을 구축해야 하느냐 하는 관점에서 이 문제들을 고찰해야 한다.

필자는 이 책이 비즈니스 상황에서 발생하는 일련의 윤리 문제를 검토하기 위한 기본 틀을 제공할 수 있기를 바라고 있다. 이 기본 틀이 제공되면 개별 교수는 자유롭게 다양한 방법으로 자신의 수업을 전개할 수 있다. 이 책이 광범위한 상황에서 사용되고 있음을 알고 고맙게 여기고 있다. 수많은 사람들이 이 텍스트를 교수 자신의 강의의 보조 교재로서, 선별된 읽기 자료로서, 일련의 사례 연구로서 또는 이들 셋을 결합해 사용하고 있다. 또한 경영 관리, 마케팅, 회계, 인적 자원 관리 등 비즈니스 관련 과목의 윤리학적 요소를 다루기 위해 이 책을 선정, 사용하고 있는 사람도 있다. 이 책은 또 응용윤리학이나 전문적 윤리학의 일반 교양 과목 중에서 비즈니스 관련 교재를 다루기 위해서도 사용되고 있다. 필자는 이 책이 이렇게 널리 사용되고 있는 건 초판이 그 목적을 잘 수행했다는 증거라고 받아들인다.

제5판에 새롭게 추가한 것

제5판의 첫째 목적은 사례를 보다 최근의 실례로 최신화하고 교과서를 개정함으로써 간결성을 꾀하고 학생들이 읽기 쉽게 하는 것이다. 주요한 변경은 아래와 같다.

- 각 장의 서두에 있는 〈논의를 위한 사례〉에서, 새로운 것을 선정하거나 많이 수정을 가해 최신화했다. 주요한 내용으로는 골드만 삭스, LIBOR 금융 스캔들, 패타고니아, 칙-필-에이(Chick-fil-A)와 동성 결혼에 관련된 새로운 사례들이 있다. 개정을 통해 최신화된 내용엔 멕시코 내의 월마트와 뇌물 수수, 중국 내의 애플과 폭스콘, 행정 보상, 골드만 삭스에서의 이익 충돌과 종업원의 사생활에 관한 새로운 논의가 있다.
- 윤리론에 관한 개정된 논의에서는 철학 용어를 많이 사용하지 않았다. (이를테면 "deontological의무론적"이란 단어는 더 이상 나오지 않는다!) 새로운 논의에서는 윤리를 "이론"으로 다루지 않고 논거의 틀이자 모형으로 내세우며, 의무론적 윤리학을 언급한 그 앞 절 대신에 윤리적 원칙, 권리, 의무를 넣었다.

늘 그렇듯이, 신판은 자료를 최신화할 뿐만 아니라 보다 읽기 쉽도록 한다. 만족스러웠던 건, 이 책이 이 분야가 생소한 독자들에게 명쾌하고 읽기 쉬운 책으로 인정을 받았다는 사실이다. 이 같은 목표를 향해 노력을 계속하면서 일부 절을 고쳐 쓰고 낡은 사례와 자료를 삭제하고 다소 철학적인 절의 내용을 알기 쉽게 고쳤다.

제5판에서도 구판의 독자에게 친근한 체제를 답습하고 있다. 각 장은 실제 사건에서 발생한 〈논의를 위한 사례〉로 시작하고 있다. 이 사례들이 의도하는 바는 질문을 제시해 학생들이 그 장이 제시하는 윤리적 과제에 대해 생각하고 토론하도록 유도하는 것이다. 따라서 각 장의 문장은 아래 세 가지를 목표로 한다.

- 해당하는 윤리적 과제를 식별해 설명한다.
- 학생들이 이 과제들을 여러 스테이크홀더의 관점에서 고찰하도록 이끈다.
- 이 과제들의 철학적 분석과 관련된 최초의 단계 몇 개를 통해 학생들을 지도한다.

강조하고 싶은 점은, 답을 제공하거나 특정한 일련의 결론을 내놓기보다 학생들에게 고찰, 논의, 의사결정을 하도록 권장하는 것이다. 이 목적을 위해 제1장 끝에 마련된 윤리적 의사결정에 관한 새 절은 의사결정을 위한 한 모델인데, 이 책 전체를 이해하는 데 유익할 것이다.

감사의 말씀

구판과 마찬가지로, 이 책의 집필에 즈음하여 비즈니스 윤리의 교육 연구에 관여하고 계시는 분들에게 크게 빚졌다. 이 책에서도 집필에 도움이 된 경우, 빠지지 않고 그 분들의 저작에 사의를 표하려고 노력했다. 하지만 만일 한 분이라도 누락된 경우가 있을지 몰라, 여기서 비즈니스 윤리 관련 학계에 빚진 것을 말씀드리고 전반적인 감사의 뜻을 표하고 싶다. 특히 이 분야의 세 연구자에 대해선 이름을 들어 사의를 표하는 바다. 지난 20여 년 동안 필자의 비즈니스 윤리에 관한 성과는 John McCall, Ron Duska, Laura Hartman의 우정에서 나왔다. 이 세 사람은 틀림없이 이 책에서 자신들이 잘 아는 부분을 많이 보게 될 것이다. 20년의 우정과 협력 때문에 이 책의 진짜 저자가 누구인지 의심을 품을 정도다. 그러나 공정하게 말하자면, 이 세 사람이 필자로부터 얻은 것보다 필자가 그들에게서 배운 게 훨씬 많다는 것이다.

구판의 여러 장을 읽고 논평을 보내준 많은 사람들에게서 협조를 받았다. 특히 Norman Bowie, Ernie Diedrich, Al Gini, Patrick Murphy, Denis Arnold , Christopher Pynes에게 사의를 표한다.

친절하게 구판을 논평해준 아래의 교육 · 연구자들에게 충심으로 감사를 드린다.

Dr. Edwin A. Coolbaugh — Johnson & Wales University; Jill Dieterlie — Eastern

Michigan University; Glenn Moots — Northwood University; Jane HammangBuhl — Marygrove College; Ilona Motsif — Trinity College; Bonnie Fremgen — University of Notre Dame; Sheila Bradford — Tulsa Community College; Donald Skubik — California Baptist University; Sandra Powell — Weber State University; Gerald Williams — Seton Hall University; Leslie Connell — University of Central Florida; Brad K. Wilburn — Santa Clara University; Carlo Filice — SUNY, Genesco; Brian Barnes — University of Louisville; Marvin Brown — University of San Fransisco; Patrice DiQuinzio — Muhlenberg College; Julian Friedland — Leeds School of Business, University of Colorado at Boulder; Derek S. Jeffreys — The University of Wisconsin, Green Bay; Albert B. Maggio Jr. — bicoastal-law.com; Andy Wible — Muskegon Community College; Christina L. Stamper — Western Michigan University; Charles R. Fenner, Jr. — State University of New York at Canton; Sandra Obilade — Brescia University; Lisa Marie Plantamura — Centenary College; James E. Welch — Kentucky Wesleyan College; Adis M. Vila — Dickinson College; Chester Holloman — Shorter College; Jan Jordan — Paris Junior College; Jon Adam Matthews — Central Carolina Community College; Bruce Alan Kibler — University of Wisconsin-Superior

아래에 열거한 분들의 면밀하고 사려 깊은 비평을 통해 제5판을 집필하는 데 큰 도움을 얻었다.

- Carla Johnson (St. Cloud State University)
- Martha Helland (University of Sioux Falls)
- Jessica MacManus (Notre Dame)
- David Levy (State University of New York-Geneseo)
- Barbara Barresi (Capital University)
- Kenneth Ferguson (East Carolina University)
- Michael Shaffer (St. Cloud State University)
- Wake Maki (University of North Carolina-Greensboro)
- Richard McGowan (Butler University)

조세프 데자르댕

| 한국어판에 부치는 저자 서문 |

I was very honored to learn that my book was being translated into Korean by Professor Pak. I wrote the book to help students and teachers in a variety of class situations, but I never imagined that this would include students in Korea. I apologize that so many of my examples are from the United States, but I hope that they will still help Korean students.

I believe that this book could be used with examples and cases from Korea and from throughout the world and remain helpful to students.

As we have learned in recent decades, the global economy has become even more interconnected and this is as true of global ethics as global economics and business.

I hope this book will contribute to wider understanding between our students, who will be the leaders of the future global economy!

Joe

January 26, 2016

박명섭 교수께서 본인의 책을 번역하고 있다는 소식을 접하게 되어 참으로 영광스럽게 생각합니다. 본인은 이 책을 다양한 분야의 학생과 교사들을 위해 썼지만, 이 책을 한국 학생들까지 읽게 되리라고는 상상하지 못했습니다.

이 책에서 다룬 많은 사례들이 모두 미국에서 나온 것이라는 점이 유감스럽기는 하지만, 그래도 한국 학생들에게도 도움이 될 수 있기를 바랍니다.

한국이나 다른 나라들에서 나온 사례와 사건들을 예증 자료로 삼아 이 책을 활용하는 것도 가능할 것이라고 믿습니다.

최근 몇 십 년 사이 알게 된 것처럼, 글로벌 경제는 더한층 상호관련성이 높아졌으며 이 현상은 글로벌 경제학 및 글로벌 비즈니스는 물론, 글로벌 윤리학에서도 똑같다고 하겠습니다.

이 책이 장차 글로벌 경제의 주역이 될 우리 학생들 간의 이해 증진에도 기여하게 되기를 바라 마지않습니다.

조

2016년 1월 26일

| 차 례 |

제3장 기업의 사회적 책임

제4장 기업 문화, 기업 통치, 윤리적 리더십

제7장 종업원의 책임

제8장 마케팅 윤리: 제품의 안전성과 가격 설정

제9장 마케팅 윤리: 광고와 타깃 마케팅

제10장 기업의 환경 책임

제11장 다양성과 차별

제12장 국제 비즈니스와 글로벌화

제1장

왜 윤리학을 배우는가?

[학습 목표]

이 장을 읽고 나면 다음과 같은 일을 할 수 있다.

- 윤리학을 공부하는 것이 왜 중요한지 그 이유를 알 수 있다.
- 비즈니스 윤리의 본질과 의미를 설명할 수 있다.
- 윤리적 가치와 다른 가치의 차이를 설명할 수 있다.
- 윤리와 법률의 차이를 명확히 구별할 수 있다.
- 윤리와 에토스 (관습)의 차이를 상술할 수 있다.
- 개인 도덕, 덕과 사회 윤리를 구별할 수 있다.
- 사례에 있어서의 윤리적 문제를 규명할 수 있다.

논의를 위한 사례

리보LIBOR 스캔들: 모두가 그런 일을 해도 좋은가?

2012년 6월 27일 미국 법무부의 수사 결과의 중간발표에 따르면, 바클레이즈은행은 국제금융시장에서 사기성 이자율을 조작하여 보도했다고 시인했다. 런던에 본부를 두고 다국적 재정 업무와 은행업을 하는 바클레이즈는 영국과 미국에 의해 4억 5천만 달러 이상의 벌금처분을 받았다. 바클레이즈는 적어도 2005년 이래로 LIBOR London Interbank Offered Rate(런던 은행 간 추천 금리)를 상례적으로 날조해 대규모 무역으로부터 이득을 취하고 나아가 이 은행이 실제보다 재정적으로 튼튼하다는 걸 보이려고 했던 것이다.

LIBOR란 런던에 소재하는 주요 은행들이 차용 가능한 금리를 말한다. 이 금리는 수많은 여타 대여 — 신용 카드를 위시해 주택 모기지와 은행 간의 론까지 — 에 대한 기준 역할을 한다. 이 금리는 은행에 대한 시장 신인도의 측도 역할도 한다. 어떤 은행이 다른 은행보다 높은 금리를 지불해야 한다면, 금융 시장은 그 은행의 재정력을 신뢰하지 못할 것이 틀림없다.

LIBOR는 놀랍게도 간단한 절차에 의해 확정됐다. 매일 오전 11시 (런던 시각) 영국은행협의회the British Bankers Association, BBA의 회원 은행은 톰슨 로이터즈Thomson Reuters라는 재정통신소에 희망 금리를 통보한다. 최고치와 최저치를 제외하고, 당일의 평균을 산정, LIBOR의 기준으로 정한다. 톰슨 로이터즈는 한 시간 이내에 이 평균치를 통보 받았던 개별 금리와 함께 전 세계에 공표한다. 이 기준 금리는 선물 및 옵션 계약뿐 아니라 단기 이자율의 결정에도 사용된다. 어떤 추산에 의하면 LIBOR는 500조 달러 이상의 세계 금융 거래를 위한 이자율 결정에 이용되고 있다. 개별 은행이 제시한 금리도 해당 은행의 재정 상태를 나타내는 간접적 측도가 된다. 즉 금리가 낮을수록 재정 상태가 튼튼하다.

증거에 따르면 2007년에 벌써 리먼 브라더즈Lehman Brothers의 대대적인 재정 파탄과 그 뒤의 경제 위기가 오기 전에 미국과 영국의 규제 당국은 바클레이즈가 금리를 낮추어 발표하고 있다는 혐의를 잡고 있었다. 재정 파탄이 있었던 2008년 초두에 ≪월스트리트 저널≫은 LIBOR의 정직성을 의심하는 기사를 게재하고, 이 은행이 재정 상태에 대한 일반의 평판을 강화할 목적으로 고의적으로 금리를 허위 보도한다고 암시했다. 오바마 대통령 정권의 미국 재무장관 티모시 게이스너는 자신이 미국연방준비은행장이던 2008년에 영국 규제 당국이 LIBOR의 금리 책정 절차를 바꾸도록 권했음을 밝혔다. 2012년 7월 미국 의회에서의 증언에서 게이스너는 "우리는 이 절차와 방법이 낮추어 보고하게 하는 동기를 조성할 뿐만 아니라 낮추어 보고할 수 있는 기회도 준다는 걸 알고 있었다"라고 했다.

내부 서류와 e-메일에 따르면, 무역업자들, 추종하는 임원들과 바클레이즈 측의 간부급 경영진은 허위 보고를 인지하고 승인했다고 한다. 바클레이즈의 한 직원이 2007년에 상사에게 보낸 e-메일에는 "제가 염려하는 점은 우리가 명명백백하게 허위 금리를 조작하고 있는 게 드러나고 있다는 사실입니다. 따라서 우리는 당연코 거짓말을 하고 있으며, 시장과 규제 당국에 대해 우리의 평판을 손상할 위험에 처해 있습니다. 긴급히 의논할 수 없겠습니까?"라고 적혀 있다.

증거에 따르면, 바클레이즈 직원들은 거래업자와 정기적으로 접촉을 하고 있었는데, 거래업자들은 자신들의 소득을 위해 바클레이즈 측이 구체적으로 금리를 높이거나 낮출 것을 묵시적으로 부탁하곤 했다고 한다. 예컨대, 금리에 따라 수백만 달러의 득실이 걸려 있는 파생상품 거래자들은 바클레이즈은행 업무에 직접적으로 개입하여 일정 금리가 보도되도록 요청하곤 했다. 그들이 의사소통할 때의 말투는 이들 쌍방 간에 흐르고 있는 친밀한 관계를 여실히 드러낸다. "야, 친구! 신세 많이 져. 고마워! … 한잔하려고 하네"라고 무역업자는 바클레이즈 담당자에게 전했다. "3m (3백만) libor를 오늘 중으로 가급적 높게 해주길"이라고 다른 업자는 적었다. 또 한 업자는 "친구! 다른 친구들은 어떻게 됐나. … 이걸 좀 처리해. … 그에게 일을 처리하라고 해요!"라고 말했다.

LIBOR의 부정에 대한 수사에 의해 바클레이즈의 수많은 개별 직원과 임원 간에 고의적인 부정이 널리 퍼져 있었던 사실이 밝혀졌다. 하지만 부정이 밝혀지고 나서 얼마 되지 않은 시기부터, 다른 은행들도 유사하게 연루돼 있다는 혐의가 계속 나왔다. 바클레이즈 측은 잘못을 인정하면서도 자신들만이 허위 보고에 관련된 은행이 아니라고 주장했다. 인터뷰에서 한 바클레이즈 직원은 수사관들에게 이렇게 말했다. "저희는 지난해 크게 실수를 해, 손상을 입었지만 다시 바로 서게 됐습니다. 한데, LIBOR 금리는 다소 저평가돼 왔고요. 일당에 끼어 있는 게 죄가 되나요? 수사관께선 그렇다고 말하실 수 있을지라도 … 음, 우리는, 말하자면 철저하게 깨끗하다고 말할 수 없지만, 근본은 깨끗합니다." 바클레이즈의 선임 행정관과 영국은행행정처 BBA의 대표 간의 대화에서 바클레이즈 측은 자기 은행을 변호하면서, "우리는 깨끗해요. 하지만 추하고 깨끗하지, 깨끗하고 깨끗하진 않습니다"라고 말했다고 미국 수사 당국이 전했다.

BBA 대표는 이렇게 응수했다. "털어서 먼지 안 나는 사람은 아무도 없어요."

2012년 8월 말에는 이미 이 사건과 관련한 수사는 HSBC와 스코틀랜드 왕립은행의 영국 2대 은행과 10여 개의 다른 국제은행에 의한 사기성 LIBOR 보고에 대한 혐의에까지 파급하고 있었다.

스캔들이 영국 정부에까지 미치고 있었다. 바클레이즈의 CEO 밥 다이어몬드는 2008년 가을 재정 붕괴가 최악에 이르자, 잉글랜드은행 부총재 폴 터커에게서 전화를 받았다고 증언했다. 다이어몬드에 따르면, 터커는 "원로 화이트홀" 인사들을 대신해 다이어몬드에게 자신이 보고한 LIBOR 금리를 낮추도록 압력을 가했다. 혐의 내용은, 금리가 높으면 금융 시장이 부양책을 필요로 하는 시기에 바클레이즈에 대한 신뢰를 추락시키게 될 것이고, 나아가 영국 정부가 다른 실패하는 은행에 대해 이전에 취한 것처럼 바클레이즈를 구제했을 개연성이 많다는 것이었다. 터커는 그것이 다이어몬드의 오해라고 주장하고 있다.

논의를 위한 질문

1. 어떠한 윤리적 문제가 이 사례에 포함돼 있는가?
2. 이 사례에서 스테이크홀더 (이해관계자)는 누구인가? 금리 조작으로 피해를 보는 사람은 누구인가?
3. 티모시 게이스너가 말한, 낮추어 보고하도록 동기를 만들 뿐만 아니라 낮추어 보고하게 하는 기회도 제공하는 상황 속에서, 바클레이즈 임원들은 부정을 예방하기 위해 어떤 책임을 가지고 있는가?
4. 수사 내용이 암시하는 것처럼 LIBOR 부정이 광범위하게 만연돼 있다면, 바클레이즈만의 범행으로 생기는 문제와 다른 윤리적 문제가 이 사례에 포함돼 있는가? 그 문제는 어떠한 것인가?
5. LIBOR와 같은 제도적인 관행의 윤리적 정직성에 대한 책임자는 누구인가? 허위 정보를 보고하는 데 관여한 개인 이외에 이 기만에 책임이 있는 사람이 있는가?

1.1 왜 비즈니스 윤리를 배우는가?

왜 누구나 비즈니스 윤리를 배우지 않으면 안 되는가? 간단한 답은 비즈니스 윤리 수업은 단순히 윤리학에 관해서 배우도록 돕는 게 아니라, 윤리를 **실천**하도록 돕는 것도 목적으로 하기 때문이다. 즉, 비즈니스 윤리의 목적은 비즈니스에 있어서 발생하는 것에 대해 단지 가르치고 배우는 것만으로 끝나지 않는다. 그 목표는 우리 각자가 좀 더 윤리적이 되고 우리 모두가 윤리적 조직을 창출하고 추진하도록 돕는 일이다. 우리는 이들 목표를 아래와 같은 세 가지의 **지적 능력**을 개발함으로써 달성할 수 있다. 즉 윤리적 문제의 보다 나은 이해, 윤리적 문제를 평가하기 위한 더 정밀한 일련의 **분석 기법** 그리고 윤리적 삶을 영위하는 의의를 이해하는 **세련된 감수성**이다.

그러다 1990년대 중반엔 ≪월스트리트 저널≫, ≪하버드 비즈니스 리뷰≫, 그리고 ≪US 뉴스 앤드 월드 리포트≫ 같은 주요지들의 기사 · 논설이 비즈니스 윤리 과목의 고유 가치를 의문시했다. 1980년대와 1990년대를 통해 이런 회의적 태도는 학생들 간에도 있었으며, 비즈니스에 종사하는 사람들 사이에도 공통적으로 있었다. 비즈니스 윤리처럼 많은 회의주의에 직면한 학문은 거의 없다. 비즈니스 윤리를 "jumbo shrimp (큰 꼬마새우)"라는 어구처럼 모순하는 어법이라고 믿고 있는 학생이 많았다. 또한 많은 사람들은 윤리학이 비즈니스의 효율적 기능을 저해하는 감상주의와 개인적 의견의 혼합이라는 견해를 갖고 있었다. 결국, 무엇이 옳고 그른지 누가 말해야 하는가?

하지만 그 이후 많은 것이 변했다. 2001년에 엔론Enron과 아서 앤더슨Authur Andersen이 붕괴한 지 한 달이 채 못 되는 사이에 주요 기업의 윤리적 스캔들이 언론에 대서특필로 보도됐다. 21세기의 벽두 불과 5년 동안 윤리적 스캔들의 파도가 비즈니스의 세계를 휩쓸었는데, 월드컴WorldCom, 타이코Tyco, 아델피아Adelphia, 글로벌 크로싱Global Crossing, 헬스 사우스Health South, 퀘스트Qwest, 메릴 린치Merrill Lynch, 시티그룹 솔로몬 스미스 바니Citigroup Salomon Smith Barney, 파마라트Parmalat, 마슈 앤드 맥클레넌Marsh and McClennen, 크레디트 스위스 퍼스트 보스턴Credit Suisse First Boston 등의 회사 이외에 뉴욕 증권 거래소까지 그 부정과 부정직에 걸려들었다. 최근 몇 년간, 이 명단은 AIG, 버나드 마도프Bernard Madoff, 금융업계의 서브프라임 대부 관행의 사례, 패니 마에Fannie Mae와 프레디 맥Freddie Mac을 포함해 더 불어났다. 불법 행위가 아닐지라도, 부적격에 가까운 위험한 투자와 융자 업무 때문에 리먼 브라더즈Lehman Brothers, 칸추리와이드 파이낸셜Countrywide Financial, 메릴 린치Merrill Lynch, 베어 스턴즈Bear Stearns, 워싱턴 뮤추얼Washington Mutual 그리고 와코비어Wachovia와 같은 회사들이 망했다. 2012년 한 해만 하더라도 월마트WalMart는 멕시코에서 범한 일대 뇌물 수수 부정을 인정했으며, 골드만 삭스Goldman Sachs는 한 임원이 부패한 회사 문화를 이유로 공공연하게 사퇴하는 상황을 겪었다. 그런데 사실상 모든 주요한 영국 은행은 이 장 서두에 서술된 논의를 위한 사례처럼 LIBOR 스캔들에 연루돼 왔다.

2010년대가 시작하는 무렵엔 의문이 "윤리는 왜 비즈니스의 일부인가, 또는 그러해야 하는가"가 아니고, "어떠한 윤리가 경영의 의사결정을 유도해야 하는가, 그리고 어떻게 윤리가 비즈니스 속에 통합될 수 있는가"로 옮겨 갔다.[1)] 윤리적 문제가 생소한 학생들은 회계학과 재무를 잘 모르는 학생처럼, 자신들은 비즈니스 계로의 진출에 준비가 안 된 상태라고 생각할 것이다. 사실, 회계학, 재무, 인사관리, 마케팅 그리고 경영 등의 분야에 있어서도 학생들이 그런 분야에서 발생하는 윤리적 문제를 모르면, 그들은 그런 분야에 대해 충분한 준비가 되지 않았다고 해도 좋을 게다. 회계학, 재무 또는 비즈니스의 어느 영역이건, 이들 분야의 윤리적 문제를 소상히 모르면 그 분야에 대해 준비가 돼 있지 않은 것이다.

왜 이런 변화가 생겼을까? 이 물음에 답하기 위해선, AIG와 다른 대형 금융회사의 잠재적 붕괴를 언급할 때 사용되는 "너무 거대해 도산하지 않는다"라는 표현을 생각해 보자. 이 표현은 2008년부터 2009년에 더 큰 경제적 붕괴를 피할 목적으로 미국 정부에 의한 보증과 긴급구제조치를 위해 소요되는 몇 조 달러의 지출 필요성을 정당화하기 위해 사용된 것이다. 지난 10년간의 가장 극적인 기업 실패의 일부는 윤리의 결여에 기인하며, 이 같은 기업의 큰 실패가 전체 글로벌 경제는 아닐지라도 전체 국가 경제를 위험에 빠뜨릴 수 있다고 하는 건 결코 과장이 아니다.

범위를 좁혀서 LIBOR의 금리 조작 획책에 피해를 입었을지 모르는 사람들을 생각해 보자. 수백만 명의 소비자, 여러 사업체들, 금융회사들, 심지어 정부들까지도 이 사기 때문에 수억 달러를 날렸다. 부정직한 거래자들은 정직한 거래자들을 희생시키고 부당 이득을 취했다. 규정대로 움직인 경쟁 금융회사들은 손해를 보았으나, 사기꾼은 이득을 본 셈이다. 전체 금융 체제와 조직이 기만과 사기를 바탕으로 운영되고 있었음이 노출됐다. 이들 손해에다 다른 유사한 스캔들에 연루된 수십 개의 기업에 의한 손해를 합해서 생각해 보면, 이젠 더 이상 윤리학이 관련 없는 것이라고 치부할 수 없다는 걸 이해할 수 있을 게다. 비윤리적 행동과 비윤리적 기업 조직이 초래하는 결과는 너무나 심각해 무시할 수 없다.

오늘날 기업의 경영관리자들이 그들 조직의 윤리 기준에 관심을 가져야 하는 이유가 여기에 있다. 아마 가장 직접적인 이유는 법률이 그것을 요구하고 있기 때문일 것이다. 2002년 미국 연방의회는 사베인즈-옥슬리 법을 성립시켜, 기업과 회계 스캔들의 파도에 대처했다. 이 법률 46조는 "고위급 재무 담당자를 위한 윤리 규범"인데, 기업에 다음과 같은 사항을 요구한다. 즉 회사는 "가장 중요한 재무 담당자와 감사 또는 수석 회계 담당자, 유사한 기능을 수행하는 사람에 대해 적용되는 윤리 규범을 마련할 것"을 요구하고 있다. 규범은 아래와 같은 일을 촉진하는 기준을 포함하고 있어야 한다.

1. 정직하고 윤리적인 관리. 개인과 전문가로서의 관계 사이에 있는 현실적이거나 명백한 이익 상치에 대한 윤리적 처리를 포함한다.
2. 정기보고는 그 내용이 포괄 · 공평 · 정확하게 적기에 공개되어 이해하기 쉬워야 한다. 발표자에 의해 보관돼야 한다.
3. 적절한 정부의 규칙에 부응하는 법령을 준수해야 한다.

이 같은 특정한 법적 요건 이외에, 현대의 비즈니스 경영관리자들은 윤리적 문제에 관심을 가질 만한 다른 이유도 많이 가지고 있다. 비윤리적 행동은 비즈니스에 법적 리스크를 가져올 뿐 아니라 재무 및 마케팅상의 리스크도 조성한다. 이런 리스크를 관리하는 경영진 · 관리진은 자사의 윤리에 대해 주의 깊게 지켜보고 있어야 한다. 이제 더 분명한 것은, 아무도 회사의 윤리적 기준에 주의를 기울이지 않으면, 기업이 시장에서 패배해 비즈니스에서 퇴장할 수 있으며, 종업원들이 형무소로 갈 수도 있다는 사실이다. 윤리적 행동과 윤리적 평판은 시장에서, 그리고 고객, 공급자, 종업원과의 관계에 있어서 경쟁적으로 유리한 입장을 가져다준다. 비윤리적 행동에 대한 혐의에 근거한 소비자들의 불매운동은 나이키, 맥도날드, 홈 데포Home Depot, 갭Gap, 쉘오일Shell Oil, 레비 스트라우스Levi-Strauss, 도나 캐런Donna Karen, K마트, 월마트와 같은 유명 회사들까지 겨냥해 왔다. 윤리적 경영은 조직의 구조와 효율성에 큰 이익을 가져다주기도 한다. 신뢰, 충성심, 일체감, 창조성, 솔선수범은 윤리적으로 건전하고 신뢰받는 조직체 내에서 잘 융성하는 조직상의 이익 바로 그것이다.

경영학 계열의 학생들이 윤리학을 배우는 필요성은 이젠 경영 교육의 다른 전문 분야를 배우는 필요성과 마찬가지로 명확할 것이다. 이런 지식 없이는 학생들은 오늘날의 비즈니스에서 커리어를 향한 준비가 되지 않을 것이다. 또한 기업 경영이나 관리 분야로 진출을 생각하지 않는 학생들에게도 비즈니스 윤리를 숙지하는 것은 중요하다. 결국 비윤리적 행동 때문에 고통을 받은 사람은 바클레이즈은행 고객만이 아닌 것이다. 종업원으로서, 소비자로서 그리고 시민으로서의 우리 생활은 비즈니스 조직 내의 의사결정에 의해 영향을 받게 된다. 그러므로 모두가 의사결정자의 윤리에 관심을 가질 충분한 이유를 갖고 있다.

윤리학의 정당성은 이젠 명확하고 설득력이 인정될 것이다. 비즈니스는 윤리를 고려하고 윤리를 그 조직의 구조 속에 통합하지 않으면 안 된다. 학생들은 비즈니스 윤리를 배울 필요가 있다. 하지만 이것은 무엇을 의미하는가? “윤리”는 무엇이며, “비즈니스 윤리”란 무엇인가? 우리의 연구를 시작하기 위해 “윤리는 비즈니스를 위해 좋은 것인가?”라는 보다 일반적 물음으로 돌아가자.

1.2 가치와 윤리: 선한 행위와 능숙한 행위

엔론부터 AIG, 리만 브라더즈, 컨추리와이드 파이낸셜까지 이르는 사례로부터, 비윤리적 행위는 직접적으로 비즈니스 실패의 원인이라는 게 뚜렷해졌다. 하지만 그 반대도 진실일까? 좋은 윤리가 비즈니스의 성공을 의미하는가?

제임스 콜린스와 제리 포라스의 베스트셀러 ≪*Built to Last: Successful Habits of Visionary Companies*≫에서 서술되고 있듯이, 작가는 수십 개의 성공하고 있는 회사를 조사해, 그 성공을 설명한다고 생각되는 공통된 관행을 탐구했다. 이들 회사는 경쟁 기업보다 재무 면에서 앞지르고 있을 뿐만 아니라, 장기적으로 경쟁에서 이기고 있었던 것이다. 대개 그들이 연구한 회사들은 1897년에 설립됐다. 그들이 알아낸 핵심적 발견은, 진실로 우수하고 지속하는 회사는 모두 일련의 핵심 가치에 큰 역점을 두고 있다는 사실이었다. 이 핵심 가치란 회사를 정의하는 데 필요한 “본질적, 영속적 이념”이라고 설명되고 있으며, “재정적 이익이나 단기적 사리사욕을 위해 희생되어서는 안 되는” 것이다.[2)]

콜린스나 포라스는 다수의 회사 창업자들과 사장들에 의해 표명되고 촉진되고 있는 핵심 가치의 수많은 예를 보여주고 있다. 그 회사들은 IBM, 존슨 앤드 존슨, 휴렛 팩커드, 프록터 앤드 갬블, 월마트, 머크Merck, 모토로라, 소니, 월트 디즈니, 제너럴 일렉트릭, 필립 모리스다. 일부 회사들은 핵심 가치로서 고객에 대한 헌신을 제시하고 있으며, 어떤 회사들은 종업원, 제품, 혁신, 게다가 리스크 부담에까지 초점을 맞추고 있다. 공통 테마는 핵심 가치와 명확한 기업 목표, 즉 조직의 핵심 이념이라고 하는 바로 이것이, 지속적이고 재정적으로도 성공하고 있는 회사의 중심 요소라는 게다.

이러한 예들은 가치에도 여러 가지 서로 다른 유형이 있음을 보여준다. 일반적으로 가치란 우리로 하여금 한 가지 방향으로 행동하도록 이끄는 신념이나 표준이라고 생각할 수 있다. 따라서 저자인 본인의 경우, 교육에 가치를 두기 때문에 비디오 게임을 하는 것보다 연구를 하는 것이다. 본인은 휴가보다 식품에 더 많은 가치를 두기 때문에, 돈을 휴가를 위해 쓰기보다 식료품에 쓴다. 그래서 회사의 핵심 가치란 그 의사결정에 있어서 궁극적 지침을 제공하는 신념과 원칙이다. 이렇게 이해되고 나면 거기엔 여러 상이한 유형의 가치가 존재한다는 걸 인정할 수 있다. 재무적, 종교적, 역사적, 영양적, 정치적, 과학적, 미학적 가치 등이 있다. 개개인 자신의 개인적 가치를 가질 수 있으며, 동시에 중요한 건, 조직 · 단체들도 여러 가치를 가지고 있다는 것이다. 회사의 "문화"라고 하는 말은 회사가 각각 특유한 일련의 가치를 가지고 있다는 뜻이다. 콜린스와 포라스가 서술한 모든 회사들은 튼튼한 회사 문화와 명확한 가치관을 가지고 있는 것으로 기술되고 있다.

첫눈에 ≪*Built to Last*≫는 지극히 매력적인 결론에 도달하는 것처럼 보인다. 성공한 회사들은 모두 공통적으로 핵심 가치를 철저히 준수하고 있다. 이 점은 어느 비즈니스이든 윤리를 존중해야 하는 설득력 있는 이유를 제공하는 것 같다. 좋은 윤리는 좋은 비즈니스로 연결되는 것 같다. 유감스럽게도 상황은 보이는 것과 다르다. 콜린스와 포라스는 일련의 핵심 가치가 장기적 성공에 불가결하지만, 옳은 핵심 가치를 발견하지 못했다고 명확히 밝히고 있다. 그들의 결론은 회사가 가치관을 가지는 그 자체가 중요할 뿐이지, 어느 특정한 가치관을 가지느냐가 중요하지 않다는 것이다. 사실, 그들이 "가공적" 회사로 묘사한 것들 가운데 한 기업인 필립 모리스의 임원들은 흡연에 대한 생각에 있어서 교만하고 독선적이라고 기술되고 있다. 작가들은 필립 모리스의 CEO인 마이클 마일스를 "냉혹, 편협 … 냉혈" 하다고 하는 ≪포춘≫의 기술을 인용했다. 마일스는 이렇게 발언했다고 인용하고 있다. "난 (담배) 비즈니스와 관련해 도덕적으로 나쁜 것은 없다고 생각해요. … 필요하지 않은 제품을 사람들에게 파는 것도 잘못된 일이라고 생각하지 않아요."[3)]

콜린스와 포라스는 강력한 핵심 가치를 갖는 게 비즈니스의 장기적인 재무상의 성공을 위해 중요하다는 결론을 강조하고 있다. 하지만 이런 가치에 교만하고 냉혈적인 흡연 촉진이 포함돼 있다면, 윤리적 가치에 대해 더 논의돼야 할 필요가 있다. 이와 같이 다양한 유형의 가치들을 구분하는 한 방법은 그 가치가 겨누는 목적에 따라야 한다. 재무적 가치는 금전적 목적을 수행하며, 종교적 가치는 정신적 목적에 이바지하며, 미학적 가치는 미를 실현한다는 식의 이치다. 그렇다면, 윤리적 가치는 다른 가치와 어떻게 구별되어야 하는가? 어떠한 목적이 윤리에 의해 실현되는가?

일반적으로 가치란 위에서 논한 것처럼, 다른 방향이 아니고 어떤 특정 방향으로 우리가 행동하고 선택하게 하는 신념이라든가 기준이다. 상이한 다양한 가치는 관련된 행위와 선택에 의해 이루어지는 목적에 따라 구별된다. 윤리적 가치는 인간의 복리에 이바지한다. 인간의 복리를 도모하는 걸 목적으로 하는 행위와 선택은 윤리적 가치에 기초하는 행위와 선택이다. 인간의 복리와 관련된 것이 무엇인지 정확하게 규정한다는 건 논쟁거리가 될지 모른다. 하지만 일반적인 관점에서 논의를 시작해 보고자 한다. 확실히 행복이 그 일부며, 존중심, 정직성 그리고 의미도 마찬가지다. 그리고 자유와 자치도 인간 복리임이 확실하고, 우정과 건강도 이에 포함된다.

둘째로, 윤리적 가치에 의해 촉진된 행복은 개인적이고 이기적인 행복이 아니다. 결국 매도프 사건은 자기 자신의 행복을 도모하고자 하는 여러 개인들에 의해서 생긴 것이다. 윤리는 인간 행복의 촉진이 공평하게 이루어지기를 요구하고 있다. 윤리학의 관점에선 한 개인의 행복이 다른 사람의 행복보다 더 가치 있다고 생각하지 않는다. 윤리적 행위와 선택은 모든 관련된 관점에서 수용되고 합당한 것이어야 한다. 이렇게 해서 우리는 윤리학과 윤리적 가치에 대해 일차적으로 특징을 설명할 수 있다. 윤리적 가치는 인간 복리를 공평한 방법으로 도모하는 신념과 원칙이다.

제2장에선 철학적 윤리학의 성격을 보다 상세하게 고찰하고자 한다. 하지만 윤리가 우리에게 무엇을 제공해 주며 어떠한 목적이 이루어지는가에 대해 의견이 일치되어 있지 않다는 걸 인정해야 한다. 또 윤리적 가치가 충돌하는 경우도 있는데, 그런 윤리적 딜레마는 비즈니스 윤리의 중요한 부분이다. 예컨대 필립 모리스의 흡연 찬성이라는 가치는 개인의 자유와 자율이라는 가치를 도모했다는 말이 있다. 비판자들은 바로 이 가치관이 수많은 사람들에게 중병과 죽음을 가져다주었다고 비난하고 있다. 필립 모리스가 윤리적 기업인지 아닌지, 우리는 어떻게 판단을 내려야 하나?

한마디로 말하면, 윤리적 의사결정을 유도하는 무슨 명확하고 절대적 규칙이 있다손 치더라도, 거의 없다 할 정도로 적다. 필립 모리스의 사례를 평가하기 위해, 건강의 가치와 관련한 선택의 자유의 의미와 가치를 검토함으로써 논의를 시작해보자. 또한 필립 모리스의 경영진이 참으로 고객들의 개인적 자유를 가치 있는 것이라고 생각했는지, 아니면 그들의 동기가 공명정대하지 않고 오히려 자기 이익을 위한 것인지 알아보는 것도 필요하다. 윤리에 대한 논쟁은 철학적 윤리학의 출발점에 불과하다. 따라서 이 책의 주된 목적의 하나는 정보상의 내용 못지않게 이론적 사고와 분석력 함양에 역점을 두고자 한다.

이 장의 앞부분에 나와 있는 물음으로 돌아가자. 즉 윤리학은 비즈니스에 있어서 좋은 것인가? 몇 해 전 뉴스로 널리 알려졌던 사건인 말덴 밀즈Malden Mills에 대해 생각해 보자.

1995년 12월 11일 저녁의 이른 시간에 매사추세츠주 로렌스에 있는 직물 공장에서 화재가 발생했다. 다음날 아침이 왔을 땐 이미 이 화재로 인해 포라테크 직물의 제조 공장인 말덴 밀즈의 대부분이 타 버렸다. 이 화재는 회사, 종업원, 지역 주민에게 큰 재난으로 생각됐다. 이 회사는 1906년에 창업된 가족기업인데, 당시는 창업자의 손자인 아론 포이어스타인이 경영하고 있었다. 아웃도어 의류용으로 유명한 고급 생지인 포라테크는 엘엘빈, 랜즈 엔드, 레이, 제이 크루, 에디 바우어 등 인기 회사의 제품에 사용되고 있었다. 포라테크 생지의 주요 공급업자로서 이 회사는 화재가 난 그 해 4억 달러의 매상을 올리고 있었다. 이 재난은 말덴 밀즈에 있어서, 종업원에게 있어서, 이 회사의 제품에 의존하고 있는 수많은 기업들과 전 지역에 숱한 난제를 안겨 주었던 것이다.

말덴 밀즈의 공장을 둘러싼 지역은 오랜 세월 동안 직물 공업의 중심이었다. 이 직물 공장은 19세기에 시작해 이 뉴잉글랜드의 시가지 강변을 따라 번창해 왔다. 100년 동안 이 직물 공업은 사실상 20세기 중반에 와서 망했다. 사실인즉, 이때 시대에 뒤떨어진 공장과 임금의 급증으로 많은 회사가 이 지역을 떠나, 처음엔 노동조합이 없는 남부로, 나중엔 멕시코, 타이완 등 외국으로 이동해 버렸기 때문이다. 수많은 북부의 공장 지역 도시에서 발생한 것이지만, 주요 산업이 없어진다는 것은 직장과 세수 기반을 잃게 됨과 더불어 회복 불가능한 장기적 경제 몰락을 초래했다. 말덴 밀즈는 이 도시 최후의 주요 직물 기업으로, 2,400명의 종업원을 가지고 이 지역 사회에 경제적 활력을 공급하고 있었다. 급료와 세금을 고려해 보면, 이 회사는 지역 경제에 대해 한 해에 약 1억 달러를 공헌하고 있는 셈이다. 이 화재는 말덴 밀즈와 직접 관계가 있는 사람 이외에 수많은 기업체와 사람들에게도 재난이었던 것이다.

최고경영책임자CEO 겸 사장으로서 몇 가지 주요한 결단을 내려야 했다. 즉 자신의 핵심 가치관에 의해 유도되는 결단이었다. 그는 이 화재를 기회로 삼아 경쟁자들을 따라 경제적으로 더 매력적인 지역으로 이전할 수도 있었을 것이다. 그는 확실히 낮은 세금과 값싼 노동력의 장소를 발견해 이익을 극대화할 수도 있었을 것이다. 단지 보험금을 손에 넣고 아예 사업을 재개하지 않는 결단도 할 수 있었을 게다. 포이어스타인은 그렇게 하지 않고, 화재 연기가 꺼지지 않고 있는 와중에서도 공장을 같은 장소에 재건해 지역 사회의 일자리를 지키겠다고 약속했다. 그런데 더욱 놀랍게도, 그는 종업원에게 임금을 지불할 것과 의료보험을 그들이 일에 복귀할 때까지 연장할 것을 약속했다. 이 일로 포이어스타인은 유명해졌다. TV에 등장하고, ≪포춘≫, ≪뉴스위크≫, ≪타임≫ 등의 잡지에서도 기사화됐다. 그는 클린턴 대통령의 표창을 받았으며, 연두교서 연설에 대통령의 게스트로서 출석하도록 초대를 받았다. 그는 윤리적 비즈니스 행동의 모범으로서 많은 사람들로부터 칭송을 받았다.

처음엔 모든 일이 순조로웠다. 말덴 밀즈는 공장을 재건, 1년 내에 사업 부문을 재개할 수 있었다. 종업원들은 일터로 돌아오고 지역도 부흥되는 것 같았다. 불행하게도 말덴 밀즈는 완전하게는 부흥하지 못했다. 보험금은 4억 달러나 되는 재건 비용의 4분의 3밖에 충당할 수 없었고, 2001년이 지나기 전에 말덴 밀즈는 파산보호신청을 했다. 2004년 여름, 말덴 밀즈는 파산을 면했지만 이제 GE 상업융자부의 통솔을 받는 채권자들에게 지배받게 됐다. 새 이사회는 아론 포이어스타인을 CEO 겸 대표이사직에서 해임했다. 그가 충분한 자금력을 갖게 되면 지배주를 매수할 권리를 보유하기로 했다. 2004년 10월 이사회는 회사를 도로 매수하겠다고 하는 포이어스타인의 신청을 거부했다. 회사가 제안한 의료교부금을 삭감하는 걸 포함한 계약 내용에 대항해 회사에 남아 있던 1,000명의 노동자를 대표하는 노조는 2004년 12월 이 회사의 역사에 있어서 최초의 파업을 인정하는 결의를 했다.

강력한 윤리적 가치는 비즈니스에 좋은 것인가? 유일한 합리적인 답은, 그러할 때도 있고 그렇지 않을 때도 있다는 것이다. 콜린스와 포라스가 조사한 회사의 대부분은 이상적이고 높은 윤리수준과 장기간의 재무적인 성공을 달성한 것 같다. 필립 모리스처럼, 확정적으로 윤리적이라고 생각할 수 없는 가치관에 의해 장기간 성공을 거둔 기업들도 있다. 몇몇 비윤리적인 회사들—아마 엔론이 제일 악명이 높다—은 윤리의 결여 때문에 기업으로서 실패했다.

말덴 밀즈처럼 높은 윤리수준 때문에 재무적으로 어려움을 겪고 있는 기업도 있다. 성과와 내용은 동일하지 않다. 선택은 각자의 몫이다.

1.3 비즈니스 윤리의 본질과 목표

그렇다면 비즈니스 윤리를 어떻게 정의해야 할까? 기술적 의미에서 "비즈니스 윤리"는 비즈니스 속에서 작동하는 가치관, 기준, 원칙을 가리킨다. 하지만 "비즈니스 윤리"는 또 학문 분야도 가리키는데, 이 학문은 그러한 기준, 가치관, 원칙을 연구할 뿐만 아니라, 비즈니스에 꼭 있어야 하는 것들이 어떠한 것이어야 하는지를 천명·옹호하는 걸 목적으로 한다. 이와 같이 비즈니스 윤리는 기술적 요소와 규범적 요소를 지니고 있다. 이 책은 비즈니스 윤리의 학술적 영역에 공헌하기 위한 것으로, 그 목적은 비즈니스 환경 속에서 발생하는 윤리상의 쟁점을 기술·조사·평가하는 일이다.

일부의 비즈니스 연구 분야와 달리, 윤리학에는 특정한 일련의 정답도, 단일의 정보도, 나아가서는 윤리를 고찰하기 위한 유일한 사고의 틀도 없다. 비즈니스 윤리는 실로 학제적인 분야인데, 거기엔 철학, 경영학, 경제학, 법학, 마케팅, 공공정책이 포함되는 다양한 연구 분야의 정보가 함께하고 있다.

이 같은 다양성 때문에 비즈니스 윤리를 가르치고 배우는 데 유일의 방법—유일의 올바른 방법이 존재하지 않는다. 그러나 이 말은, 비즈니스 윤리에 공통의 목적, 개념, 원칙, 틀이 없다는 뜻은 아니다. 비즈니스 윤리에 있어서 학술적 연구 문헌이 점점 불어나고 있는데, 적어도 연구기관이나 대학에 있어서 비즈니스 윤리 과목의 중요한 부분은 이 분야의 문헌을 잘 알아두는 것이다. 회계사들을 위해 일반회계기준GAAP이 있듯이, 비즈니스 윤리에는 공통되는 일련의 원칙, 기준, 개념, 가치관이 존재한다. 제2장에서는 가장 일반적인 윤리에 관한 학설과 원칙 몇 가지를 소개하고자 한다. 하지만 이 학문적 측면 이상으로, 비즈니스 윤리에는 판단, 태도, 행동을 목표로 겨눈다는 의미에 있어서 실용적 측면도 있다. 비즈니스 윤리의 문헌과 강의가 결과적으로 비즈니스에 종사하는 사람들에게 윤리적 행동으로 이어지기를 바라고 있다.

불행하게도 사정은 그렇게 단순하지 않다. 첫째, 윤리적 판단과 윤리적 행동 간엔 커다란 격차가 존재한다. 적어도 플라톤과 아리스토텔레스의 시대부터, 서양철학은 어떤 행위를 옳다고 판단하는 것, 그리고 그것에 따라 행하는 것의 사이엔 결정적 단절이 있음을 인정해 왔다. 선과 악, 정과 부정 간의 차이를 아는 것도 매우 어렵다. 하지만 아는 것은 행하는 것과 다르다. 그리고 모든 사람이, 우리가 최상이라고 알고 있는 방법으로 행동하기 위한 불굴, 성격의 강직, 동기를 지니고 있는 건 아니다. 윤리학 강의가 윤리적 행동을 가르칠 것을 기대하고 있는 일반 관찰자는 많지만, 대부분의 윤리학자들은 다루는 강좌에 대해 다소 가벼운 목표를 설정하고 있다. 이를테면, 윤리학 강좌에 의해 바클레이즈은행의 비리를 저지른 사람들이 어떻게 달라졌을는지, 전혀 알 수 없는 일이다.

비즈니스 윤리의 보다 온건하고 사려 깊은 목표는 윤리의 (행동학적인 것과 반대로) 정신적, 지적 측면에 초점을 맞추는 일이다. 학문으로서의 비즈니스 윤리는 윤리적 행동보다 윤리적 논거와 사고를 중시한다. 하지만 여기에도 윤리학 강의가 맞부딪치는 주요 딜레마가 존재한다. 한편, 학생을 세뇌할 것을 목적으로 하는 방법으로 윤리학을 가르치고 싶은 사람은 거의 없다.

학생들에게 옳은 답을 말해주는 것 또는 그들이 어떻게 생각해야 하며 어떻게 살아가야 할 것인지를 선고하는 게 윤리학 강좌의 역할이라고 생각하는 교사는 거의 없다. 윤리학 강좌의 역할은 수동적인 수강생에게 정보를 전달하는 게 아니고, 학생들을 능동적인 학습자로 취급, 생각하고 질문하는 능동적 과정에 그들을 이끌어 넣어야 한다. 소크라테스를 모범으로 삼는다면, 철학적 윤리학은 권위에 맹종하는 것, 또는 관습적 규범을 단순히 수용하는 것이 적절한 윤리적 생각이라는 견해를 배격

한다. 이 관점에선 윤리학을 가르치는 일이 **스스로 생각하는** 일에 학생이 개입하게 해야 한다. 소크라테스는, 음미되지 않은 인생은 살 만한 가치가 없다고 했다.

물론, 문제는 사람들이 스스로 생각할 땐 반드시 서로 동의하는게 아니며, 남들이 윤리적이라고 판단하는 방법으로 반드시 행동하지 않는다는 것도 확실하다. 이 모순의 다른 측면은 상대주의와 감동주의의 망령이다. 윤리학 강의가 학생에게 옳은 답을 가르치지 않으면, 많은 학생들은 옳은 답은 존재하지 않는다고 결론을 지을 게다. 윤리적 독단을 설교하기 위해 강의를 이용하는 교사가 적다면, 옳은 답은 없으며 윤리적 견해만 있으면 무슨 일이든 괜찮다고 믿는 교사는 아마 더 소수일 것이다.

그러므로 비즈니스 윤리의 주요 도전은, 한편으로 수동적 청중에게 진리를 설교하는 일과, 다른 한편으로 모든 의견은 모두 동등하다는 상대적 결론을 권장하는 것의 중간지점을 발견하는 일이다. 비즈니스 윤리의 대부분 과목들의 공통 목표는 윤리적 논거의 **프로세스**를 중요시함으로써 난점을 조정한다. 비즈니스 윤리는 답보다 논증에 더 관심을 갖는다. 책임 있는 논증은 사실에 대한 정확하고 공평한 설명으로써 시작해야 한다. 열린 마음으로 모든 측면에 귀를 기울여야 한다. 논의해야 할 모든 관련 문제를 숙지하고 있어야 한다. 또한 각 문제의 논리적 분석을 충분히, 그리고 지적 엄중성을 다해 추구해야 한다. 비즈니스 윤리는 본질적으로 이 같은 윤리적 분석 과정을 말한다. 이 과정 없이는 윤리학은 독단론이 되는 위험성이 있다. 또 이 과정이 있으면, 상대주의를 억제하기 위해 가능한 한 거리를 둘 수 있다. 이 과정으로써 독단론과 상대주의 딜레마를 피할 수 있는 최상의 준비가 이루어진다.

이 딜레마는 학술적 환경에서뿐만 아니고 비즈니스 환경에서도 비즈니스 윤리에 맞부딪친다. 비록 비즈니스 상황에서 성공할 수 있다손 치더라도, 윤리적 독단을 선고함으로써 윤리 문제에 접근하고 싶어하는 경영자는 거의 없을 게다. 좋은 교사처럼, 좋은 기업경영자와 지도자는 종업원에게 그들 자신이 결단하는 권한을 부여하려고 힘을 쓴다. 하지만 책임 있는 기업은 또한 무슨 일을 해도 좋다라든가, 모든 가치관이 동등하다는 걸 시사하지는 않는다. 직장 내의 가치 상대주의는 권력 투쟁과 대립만 가져올 것이다.

1.4 비즈니스 윤리와 법률

이 딜레마에서 탈피하는 길은 법의 준수에 집중하는 일이라고 믿고 있는 사람들이 있다. 많은 비즈니스인들은 윤리를 법과 동일시했다. 기업이 법을 지키면 윤리적으로 행동하게 된다. 그러므로 윤리적 기업은 윤리 담당관이나 법적, 전문적 행동규범의 준수를 감시하는 윤리 부서를 두어야 한다.

불행하게도 법의 준수만으로는 윤리적으로 책임 있는 기업이 되기엔 불충분한 것으로 판명될 것이다. 법이란 사람이 따르거나 무시하는 일을 모호하지 않은 방법으로 행할 수 있는 일련의 규칙이라고 생각하는 게 일반적이다. 예컨대, 도로교통법은 붉은 신호에 정지할 것을 명령하고 있으며, 일정한 제한을 초과하는 속도를 금하고 있다. 하지만 이것은 법을 매우 불완전하게 이해하고 있는 거다. 어떤 행동을 요구하거나 금지하는 특정 법률이 있는 경우라도, 언제나 그런 규칙의 적용에는 모호성이 있기 마련이다.

예컨대, 아래 사례를 생각해 보자. 필자가 최근에 출석했던 경영 연속 프로그램에서 두 사람의 기업변호사가 미국 장애인법에 있어서의 경영관리자의 법적 책임의 일부에 관해 대략을 설명했다. 이 법률은 장애를 가진 노동자를 위해 "적절한 수용시설"을 만들 것을 기업에 요구하고 있다. 이 법률은 장애 상태의 일부를 구체화하고 있다. 질문시간에 한 경영관리자가, 천식을 가진 한 종업원이 있는데, 천식이 장애인지 알고 싶다고 했다. 두 변호사는 잠시 상의를 한 후 간단히 답했다. "때와 장소에 따른다." 이 법률에 있어서 장애의 정의는, 일부이기는 하나, '그 증상이 얼마나 심각한가, 얼마나 그 노동자의 생활과 활동을 제약하는가, 그리고 투약으로써 쉽게 치료가 가능한가' 등이다. 이 모호성을 고려해 경영관리자는 그 노동자를 어떻게 다루어야 하는지, 그 판단을 내리지 않으면 안 된다. 이 경영관리자는 윤리적으로 옳은 일을 하겠다고 다짐하고 있으나, 윤리적 책임이란 법률에 순종하는 것이라고 믿고 있다고 상상해 보자. 이 경영관리자는 어떻게 해야 할까? 이 같은 사례에 있어서 결단은 피할 수 없으며 법률은 도움이 안 된다. 그러므로 경영관리자는 마땅히 해야 할 일에 관해 판단을 내리도록 강요를 받게 된다.

일반적으로 말하면, 기업 행동을 규제하는 민사법의 대부분은 특정 법령이나 규제보다도 오히려 판례법의 관례에 기초를 두고 있다. 제정법은 모호하지 않지만, 판례법은 기본적으로는 모호하다. 매우 현실적인 의미에서 수많은 행위는 법정이 위법이라고 판결하기까지는 위법이 아니다. 예를 들면, 엔론 사건의 경우, 변호인과 회계감사는 모두 엔론의 공격적인 관리 업무에 따라 합법성의 "허용 범위를 넓히는" 것을 요구받고 있었다. 엔론의 회계 관행의 대부분은 문자대로 선례가 없었음을 감안하여, 변호인과 회계사들은 법정에서 변호할 수 있다고 믿고서 조언을 했다. 이런 행위는 법정에서 문제시되기까지는, 그리고 문제시되지 않은 한 현실적으로 완전히 합법적이었다. 인정되는 범위에서 회계 규칙과 세법의 "허용 범위를 넓히는" 한 그들이 행한 일은 분명히 위법이 아니다.

이 같은 사실은 무엇이 좋고 무엇이 나쁜지를 결정하기 위해 반드시 법률에 의존할 수 있는 것이 아님을 말해주고 있다. 천식을 앓고 있는 종업원을 고용하고 있는 경영관리자는 결정을 내릴 필요가 있으며, 법률은 경영관리자를 위해 결정을 하지 않는다. 때때로 법률 자체가 수많은 결단을 위해 윤리적 분석을 해야 한다. 엔론의 사례에 있어서 법적 결정은 법적 선례만이 아니라 (왜냐하면, "합법성의 허용 범위를 넓힌다"는 말의 정의적 뜻은 선례에 의해 뚜렷이 금지되는 범위를 넘어서 회색 영역으로 들어가기 때문에), 그 행위가 불공평하고 비윤리적이라고 하는 재판관과 배심원의 결정을 바탕으로 할 것이다. 기업의 의사결정의 대부분은 재판관과 배심원이 내려야 하는 판단의 지점에 이르지 못하기 때문에, 비즈니스 경영관리자는 윤리적 의사결정에 있어서 법률 밖에서 지침을 찾아야 하는 불가피한 책임을 지게 된다.

말로 표현하자면, 아마 윤리학 연구의 주요 이유는, 우리가 윤리적 의문을 명시적으로 음미하든 말든, 그 의문들은 우리 개개인이 매일 자신의 삶을 영위하는 가운데 해답이 이루어지고 있다. 아마 엔론의 임원들은 어느 날 아침에 일어나 느닷없이 그들의 고객과 종업원을 속이고자 결정한 게 아닐 것이다. 우리가 취하는 행동과 이끄는 생활이 이 같은 기본적 윤리 문제에 대한 현실적인 답을 준다. 우리의 유일한 진정한 선택은 숙고해서 답하느냐 무의식으로 답하느냐이다. 그래서 왜 윤리학을 배워야 하느냐에 대한 물음에 2000년 이상 전에 소크라테스가 철학적인 답을 제시했다. 즉 "음미되지 않은 인생은 살아갈 가치가 없다."

1.5 윤리와 에토스

윤리학은 광대한 영역의 학문이지만, 실제는 단 하나의 물음 "우리는 어떻게 스스로의 인생을 살아야 하는가"에 대응한다. 인간 복리의 문제는 궁극적으로는 인생을 어떻게 살아야 하는가에 초점이 있다. 그러나 한편, 이는 단순한 질문 같을지 모르지만 누구나가 물을 수 있는 가장 기본적 물음일 것이다. 철학적 윤리학의 본질을 살펴봄으로써 그 답을 찾는 일을 시작할 수 있다. 서유럽의 전통에서 철학적 윤리학은 대체로 고대 그리스 철학자 소크라테스까지 소급한다. 아마 "윤리학은 작은 일을 다루는 게 아니라, 우리가 어떻게 살아야 하는가를 다룬다"라고 한 소크라테스의 언명보다 나은 윤리학의 특징 매김은 달리 없을 것이다. 모든 문화처럼, 그리스인들도 그들의 생활을 유도하는 일련의 신념, 태도, 가치관을 갖고 있었다. **윤리**ethics라는 단어는 "습관" 또는 "세상의 관습"을 의미하는 그리스어 **에토스**ethos에서 파생했다. 대부분의 그리스인들은, 사람은 윤리적 생활을 해야 한다고 주장함으로써 소크라테스에게 응답했을지 모른다. 다른 문화권의 사람들처럼, 그리스인에게 있어서 윤리적 생활이란 그들 자신의 문화에서 습관적인 신앙, 태도, 가치관에 따라 살아가는 생활이었을 것이다. 때때로 이런 습관적 가치는 그 문화의 종교적 세계관과 연결된다. 에토스의 의미로 윤리적이라는 것은 전형적 행동에 순응하고, 사회와 종교의 습관과 규칙을 따르는 것을 뜻한다. 이 의미에서 **윤리**는 **에토스**와 동일할지 모른다. 바클레이즈은행의 직원과 임원진은 영국의 금융계의 에토스에 순응했을 뿐이라고 주장하고 있었다고 말하는 게 옳다.

소크라테스로부터 시작해 생각하건대, 철학적 윤리학에선 어떻게 사느냐라는 질문에 대한 답으로서 에토스를 수용하는 데 만족하지 않는다. 우리 각자는 자신의 사는 방식을 선택함으로써 날마다 윤리적 문제에 답한다고 앞에서 언급한 바 있다. 많은 사람들은 자신들의 문화가 지닌 에토스와 습관에 순응함으로써 이 선택을 묵시적으로 하고 있다. 철학적 윤리학에선, 단순한 순응과 복종이 어떻게 사느냐에 대한 최상의 지침이라는 주장을 부정한다. 처음부터 철학은 권위가 윤리학의 원천이라는 점을 부정했으며, 대신에 윤리학의 기초로서 이성의 활용을 변호했다. 철학적 윤리학은 습관을 이성적으로 분석하고 어떻게 사느냐에 대해 이성적으로 옹호하고자 추구하고 있다.

철학적 윤리학은 사람들이 높이 평가하는 것과 높이 평가해야 하는 것을 구별한다. 실제로 사람들이 높이 평가하는 것은 사회학, 심리학, 인류학이라고 하는 사회과학 영역이다. 하지만 철학의 한 분야로서, 우리가 한걸음 물러서서, 사람들이 간직하고 있는 습관적 신앙과 가치관을 합리적으로 평가하라고 요청하고 있다. 철학적 윤리학은 일반적으로, 전형적으로 행해지고 있는 것으로부터 탈피 · 이탈하며, 행해지고 있는 것이 꼭 해야 하는 것인지, 또 높게 평가되는 것이 꼭 높이 평가돼야 하는지에 대해 곰곰이 생각해 보라고 요구하고 있다. 높이 평가되는 것과 높아 평가돼야 하는 것의 차이점은 에토스와 윤리의 차이이다.

아마 이 견해는 비즈니스 윤리를 둘러싼 회의주의를 다소 설명하는 데 도움이 될 것이다. 비즈니스 윤리에 관한 철학적 고찰이라면 예외 없이 비즈니스계에서 보통 습관적으로 행해지고 있는 것에 대해 불만이나 의심을 시사하는 것 같다. 만일 행해지고 있는 것이 행해져야 하는 것이라는 것을 의심하는 이유가 없다면, 왜 우리는 일반적으로 행해지는 것으로부터 한발 물러서서 생각해야 하는가. 그러나 철학적 윤리학은 개개 의사결정에 대한 이유를 요구하는 뜻에서는 불가결하지만, 다른 한편으로 습관적 규범과 기준을 인정하지 않거나 동의하지 않는 뜻에선 불가결한 것이 될 필요는 없다.

철학적 윤리학의 한 분야로서 비즈니스 윤리는, 우리가 일상적 의사결정으로부터 물러서고, 비즈니스의 에토스에서 물러나라고, 비즈니스의 결정이 어떻게 우리의 생활에 영향을 미치는지를 숙고하라고 촉구하고 있다. 비즈니스 상황 속에서 이루어진 실천과 의사결정은 어떤 방법으로 인간의 행복을 도모하고 또는 해치는 것일까? 이런 문제를 제기했다고 해서 일반적으로 하는 행동이 비윤리적이란 말은 아니다. 비즈니스의 윤리적 문제를 검토하고 난 후, 결국 우리는 본래 가지고 있던 가치를 옹호하고 같은 의사결정을 할지 모른다. 그러나 철학적 윤리학이 진실로 구하는 것은 행동 기준이 되는 신념과 가치를 의식적으로 반성하고 분석하는 일이다. 재언하건대, 소크라테스의 지혜로 되돌아가면, 철학적 윤리학은 "음미되지 않은 인생은 살 가치가 없다"라고 당연시하고 있다. 비즈니스 윤리의 검증을 진행하면서도 실은 나날의 일들을 곰곰이 생각하고, 소크라테스의 "우리는 어떻게 살아야 하는가?"라는 물음을 되풀이하고 있을 뿐이다.

1.6 도덕성, 덕 그리고 사회윤리

어떻게 살아야 하는가? 우리 한사람, 한사람이 이 윤리학의 기본적 물음을 개별적으로 하고 있을 게다. 또는 우리 전체에 관해 집합적으로 묻는다. 이 물음은, 첫째 개인적 의미에선, 나는 어떻게 자신의 인생을 살아야 하나, 나는 어떻게 행동해야 하나, 나는 무엇을 해야 하나, 나는 어떤 종류의 인간이 돼야 하나라는 것이다. 집합적 의미에선, 사회는 어떻게 조직돼야 하나, 우리는 지역 사회에서 어떻게 함께 살아야 하나라는 물음이 된다.

윤리학의 이 첫째 개념, 즉 우리 각자는 어떻게 자신의 인생을 살아야 하는가에 대한 고려 사항은 때때로 **도덕성**이라고 일컬어진다. 도덕성의 일부는 우리가 무엇을 해야 하는가를 결정하는 데 도움을 주는 원리원칙을 검증하는 일이다. 또 다른 중요한 일부는 살아갈 만한 가치가 있는 인생을 구축하는 원리원칙의 본질적 특성, 즉 **덕**德을 검증하는 일이다. 이 특질은, 때로는 우리가 어떻게 **행동**해야 하는가, 그리고 우리가 어떠한 종류의 인간**이어야** 하는가를 결정하는 데서 생긴다. 둘째인 집단적 개념으로서 윤리학 영역은 때로는 **사회윤리**라고 불리는데, 공공정책, 법률, 시민도덕, 정치철학의 문제를 제기한다.

비즈니스 윤리는 이 양쪽의 문제에 대응한다. 개인의 도덕성에 관련한 문제는 이 책의 주요 테마다. 비즈니스 윤리의 가장 기본적 목표의 하나는 학생들에게 일상생활에 가까운 관심사로부터 물러서서, 다음과 같이 묻는 기회를 제공하는 것이다. “어떤 종류의 사람이 되어야 하는가?”, “무엇을 해야 하는가?”, “어떠한 인생을 살아야 하는가?”, “바클레이즈에 근무했다면, 어떻게 했을 것이며 일일 LIBOR 금리 보고 업무에 책임이 없었겠는가?” 의심할 바 없이 우리들 대부분은 인생의 대부분의 시간을, 예컨대 지시된 과제나 업무를 수행하든가, 청구서를 처리한다든가, 즐거운 시간을 가지든가 하는 등 신변의 현실적 문제에 지나치게 매달리기 때문에, 의식적으로 한발 물러서서 우리가 하는 일의 의미와 가치를 묻지 않는다. 하지만 이것이 바로 철학적 윤리학이 요구하는 일이다. 도덕성은 더 넓은 시야를 취한다. 인생의 말년에 자신이 지나온 인생을 반성하기 위해 되돌아보고, 다음과 같이 자문해 보자. “내 인생은 살 만한 가치가 있었는가? 내 인생을 자랑으로 여기는가? 지금까지 살아온 내 개인은 자랑스러운가, 수치스러운가? 이 의미 있는인생은 충실했으며 의미 있는 인생이었느냐?" 이 질문들은 도덕성에 관련한 기본적 물음이다.

비즈니스 윤리는 또한 사회윤리와 공공정책의 문제에도 대응한다. 이 관점을 이해하는 건, 비즈니스 조직이 인간의 창조물이라는 점, 그리고 이 사실이 인간은 기업에 대한 책임을 피할 수 없다는 점을 의미한다는 인식으로부터 시작된다. 앞에서 읽은 논의를 위한 사례가 보여 주듯이, 비즈니스 조직은 수많은 사람들의 생활에 지대한 영향을 준다. 우리는 일자리, 식품, 보건, 가정, 생계를 위해 비즈니스에 의존하고 있는 것이다. 공공정책의 입장은 우리가 실제적 비즈니스의 활동으로부터 한발 떨어져, "비즈니스는 어떻게 구축돼야 하는가?"라고 물어보라고 한다. 만일 우리가 그런 일을 자꾸만 되풀이한다면, 우리 사회에 어떻게 해서 비즈니스 조직을 마련할 수 있을까? 이런 의미에서 공공정책에 관련된 문제는 우리가 어떠한 사회 — 그리고 비즈니스 조직 · 단체들은 사회의 일부다 — 가 조직 · 운영돼야 하는가를 결정하는 시민으로서의 견해를 갖도록 촉구하고 있다. 수많은 관측자들은 LIBOR 스캔들은 개인들의 실패가 아니라 오히려 조직체의 윤리적 실패라고 지적할 것이다.

이런 문제를 제기하게 되면 한 개인에게 던져지는 특정 의사결정이 명명백백하다고 생각되는 경우에라도, 중요한 윤리적 문제가 계속 존재한다는 걸 알 수 있다. 주택 론 취급기관의 경영 간부라면, 서브프라임 주택 론이라는 리스크가 높은 전략을 계속해 추구해 나갈 수 있다. 그러나 시민은 이 같은 은행 업무를 규제하느냐 하지 않느냐, 그리고 결과적으로 파탄한 은행에 구제 조치를 강구하느냐 하지 않느냐를 결정할 수 있는 것이다. 주택 론이라고 하는 그처럼 중요한 사회재가 민간 기업이나 개개 업자의 손에 맡겨져야 하는가?

1.7 윤리적 견해: 경영자와 그 밖의 스테이크홀더

이 같은 도덕성과 공공정책의 문제에 초점을 집중하면 비즈니스 윤리의 쟁점을 고찰하는 데 있어서도 다양한 견해에 주목하게 된다. 비즈니스 윤리의 주요 부분은 경영 · 관리의 문제를 다룬다. "비즈니스" 윤리란 종종 기업체를 대표해 행위하고 책임을 지고 있는 사람들의 윤리라고 해석된다. 기업의 **경영자**는 다양한 상황에서 무엇을 해야 하는가? 이런 의미에서 비즈니스 윤리는 **경영자윤리**라고 해석될 수 있다.

그러나 경영 · 관리의 관점이 직면하는 의사결정은 종업원이나 소유자의 관점이 직면하는 의사결정과는 다른 문제를 제기한다. 주택금융은행 업계 내에서 이루어지는 의사결정은 소비자, 종업원, 주택산업뿐 아니라 모든 주의 주민에게, 그리고 결과적으로 지구 전체에 지극히 중요했다. 이것은 옳고 그름이 누가 그것을 묻느냐에 달려 있다는 걸 시사하고자 하는 게 아니다. 하지만 제기되는 질문의 형태와 직면하는 문제가 관점에 따라 다양하다는 점을 꼭 시사하고자 한다. 윤리적 문제에 대한 이성적 평가에서는 모든 관련 사항이 다루어져야 되기 때문에, 이 책에선 잊지 않고 독자에게 관점을 바꾸어, 경영자, 종업원, 소유자, 소비자, 납품업자, 시민의 견지에서 도덕적 질문을 제기하도록 권할 것이다. 우리와 비즈니스 간의 장차의 상호작용이 최고경영자의 입장에서 생기든 보통의 소비자로서 생기든, 우리는 다양한 관점에서 비즈니스의 의사결정을 고찰하지 않으면 안 된다.

이러한 고찰이 말하고자 하는 바는, 재무와 마케팅을 비롯해 윤리 및 인적 자원에 이르기까지 경영관리자가 직면하는 모든 의사결정은 사회적, 법적 맥락 속에 존재한다는 점이다. 이 맥락은 그러한 상황을 조성할 뿐만 아니라 어떤 선택지가 가능한지를 결정한다. 어떠한 사회적 조처가 존재하든, 우리 각자가 시민으로서의 역할에 있어서 그 사회적 결정에 책임을 지고 있다는 걸 인식할 필요가 있다. 성숙하고 책임 있는 생활엔 우리가 선택하는 특정한 의사결정은 물론이고, 살기 위해 갖고 싶은 사회에 대해서도 한발 물러서서 깊이 생각하는 태도가 필요하다.

이 서론을 다음과 같이 요약하고자 한다. 즉 비즈니스 윤리는 우리에게 비즈니스의 세계에서 일반적으로, 습관적으로 행해지고 있는 것에서 물러서서 윤리학의 중요한 규범적 질문들을 던져 보라고 요구하고 있다. 즉 "어떻게 살아야 하는가? 개인으로서 어떻게 살아야 하는가? 그리고 지역 사회에서 어떻게 살아야 하는가?" 최초의 문제로 돌아가 되풀이하건대, 윤리학의 연구는 비즈니스와 관계가 깊은데, 그건 윤리가 책임 있고 의미 있는 인생을 사는 데 불가결하기 때문이다.

1.8 윤리적 의사결정을 위한 모델

이 장의 머리에서 비즈니스 윤리의 목표로서 세 가지—윤리 문제를 이해하기, 윤리 문제를 분석하기, 윤리학의 중요성에 민감하기—를 제시했다. 이 장에선 윤리학은 엄격한 규칙을 제공하는 도덕 강화의 설교가 아니고, 책임 있는 의사결정 과정이라는 견해를 밝혔다. 어떻게 행동하는가, 어떻게 사는가, 어떤 인물이 돼야 하는가를 결정하는 것은 윤리적 인생을 사는 근본 과제다. 다음의 의사결정 모델은 이 프로세스에 도움이 될 것이다.[4)]

책임 있는 의사결정을 하기 위해선 상황을 공평하게, 그리고 정확하게 이해하는 일로써 출발해야 한다. **사실**을 알 필요가 있다. 윤리 문제는 복잡하고 감정적 상황을 띠고 있는 경우가 많으므로, 사실을 들춰내고 편견 없는 완전한 이해를 얻는 게 보기보다 더 어렵다.

책임 있는 의사결정을 하기 위한 두 번째 단계는 논의해야 할 윤리 문제를 확인하는 일이다. 특정 사례가 윤리적 사례인지 아닌지 의견이 일치되지 않는 경우가 드물지 않다. 한 사람이 단순히 경제적이나 법적 문제라고 본 문제가 다른 사람에겐 큰 윤리 문제로 보이는 경우가 자주 있다. 어떤 문제가 윤리적 문제로 발전할 때, 그 원인을 설명하는 게 윤리적 의사결정의 중요한 일보다.

윤리 문제가 확인되고 나면, 다음 단계는 그 상황에 의해 영향을 받은 사람들을 확인해, 그들이 어떤 영향을 받았는지를 이해하는 일이다. 의사결정에 있어서 누가 스테이크홀더인가? 그들은 어떠한 손해나 이득을 볼까?

다음 단계는 선택적 행동 노선을 몇 가지 생각하는 일이다. 어떤 선택이 가능할까? 이 단계를 위한 유효한 자극은 자기 자신을 타인의 입장에 세워, 상황이 어떻게 보일까, 그 상황이 어떻게 느껴질까, 남의 관점에서 상상해 보는 일이다. 이른바 "도덕적 상상력"을 이용해 광범위한 대체적 선택지와 가치를 탐구하자. 자신의 의사결정이 다른 관점에선 어떻게 해석될지 생각해 보자.

결정에 가까워지면, 일단 멈추어 소위 "≪뉴욕타임스≫ 테스트"를 이용해 보자. 의사결정이 ≪뉴욕타임스≫의 제1면에 상세히 보도됐다면, 일반 대중의 반응은 어떠할까? 이것은 의사결정이 대중의 엄한 눈총에 얼마나 대항하는지를 자문하는 방법이다. 자신의 의사결정은 스스로 떳떳이 나서서 설명하고 공개적으로 변호할 수 있는 것인가, 아니면 결정 후 바로 비밀로 해두고 싶은 유형의 결정인가? 투명성은 때때로 책임 있는 의사결정에 대한 유효한 테스트다.

최종적으로는, 결정을 내려야 한다. 사실을 이해하고, 모든 스테이크홀더들을 생각하고 선택지에 관해 생각한 후에 행동 방침을 선택하는 것이다. 하지만 의사결정이 이루어지고 난 후일지라도, 책임 있는 의사결정에 있어선 결과를 감시하고, 그 결과로부터 배우는 바가 있어야 한다. 책임 있는 의사결정은 사고—선택—행동—사고의 반복 프로세스다.

복습으로 책임 있는 의사결정의 주요 사항을 생각해 보자.

- 사실을 이해하는 일
- 연관된 윤리 문제를 확인하는 일
- 스테이크홀더 전원을 확인하는 일
- 스테이크홀더들이 어떤 영향을 받을 것인지를 이해하는 일
- 선택지를 이해하기 위해 도덕적 상상력을 구사하는 일
- 의사결정에 대해 타인들이 어떤 판단을 할까 생각하는 일
- 의사결정과 결과의 감시와 결과에서 배우는 일

논의를 위한 사례를 다시 생각해 보자

이 장의 서두에서 다룬 논의를 위한 사례를 다시 생각해 보는 건 요점을 보강하는 데 유익할 것이다. LIBOR 스캔들의 사실은 어떤 것인가? 이 장에선 매우 간략한 설명만 했다. 이 사례와 관련해 판단을 내리기 전에 알아야 하는 사실은 없는가? 빠뜨린 정보는 없는가?

다음으로 LIBOR 사건과 연관된 윤리 문제의 범위를 생각해 보자. 바클레이즈는 수백만 명으로부터 돈을 편취하고 그들을 속이고, 그들로부터 훔치고, 관련 기관에 거짓말을 하는 등 부정직했다. 수많은 죄없는 사람들이 피해를 입었다. 비정상적으

로 고율의 이득을 추구했던 업자들은 탐욕적이고 이기적인 사기꾼이라고 해야 마땅한 사람들이다. 정부의 규제관들은 책무를 수행하지 않아, 금융시장에서 정직성과 공정성을 도모하고 사기로부터 소비자를 지키지 못했다. 부정한 금융시장은 사회를 위한 일반적, 전반적 선을 실천하지 못했다. 바클레이즈 측의 사죄는, 그것이 정당한지 아닌지 고사하고, 희생자 간에 동정도 불러일으키지 못했다. 대부분의 방청인들은 바클레이즈와 연루된 은행들은 마땅히 중벌에 처해져야 한다고 생각했다.

다음 장에 소개되는 철학적 윤리학은 강조되고 있는 개념을 차례로 검토하고자 한다. "공정성"이란 무엇을 의미하며, 왜 소중하게 생각하는가? 타인을 신뢰한다는 것이 왜 중요한가? 약속 위반이 왜 나쁜가? 왜 탐욕은 악이라고 생각하는가? 희생자는 범인에 대해 동정심을 가져야 하는가? 언제 처벌이 필요하며, 무엇이 처벌의 정도를 결정하는가? 정부는 시민에 대해 어떤 임무를 가지는가? 부당한 과도 이득을 추구하는 투자인은 마땅한 대가를 치렀는가?

우리는 또한 사기꾼 LIBOR의 금리 때문에 나쁜 영향을 입은 수많은 사람들 — 고객, 소비자, 종업원, 경쟁자, 정부, 금융시장 — 을 곰곰이 생각해야 한다. 그들의 행위로부터 이익을 본 관계자가 있을까? 좀 더 일반적으로 말하면, 기업 속에서 이루어지는 의사결정은 수백만 명에 이르는 사람들의 일상생활과 행복에 영향을 끼친다는 걸 이해하지 않으면 안 된다. 이 수백만 명의 사람들은 가족이 경영하는 중소기업을 위시해 세계적 대기업에 의한 의사결정에 의존하고 있다.

LIBOR 스캔들과 이 부정에 의해 발생해 광범위하게 파급된 피해는 틀림없이 허위 금리 보고를 했던 특정한 사람의 윤리 붕괴가 그 발단이었다. 법적, 윤리적 기준을 파괴하고자 하는 교만하고 욕심 많은 사람은 비즈니스 윤리의 많은 문제와 관련해 책임이 있을 것이다. 불행하게도, 그런 사람은 너무나 흔하다. 하지만, 이런 행동을 점검하는 역할을 가진 사람과 조직, 즉 많은 "문지기"의 실패도 인정해야 한다. 회계감사, 회계사, 변호사, 금융분석가, 법인 임원 그리고 정부의 규제 담당자들은 경제 시스템 속에서 시스템의 건전성을 확보하고, 사기나 비리를 예방하는 역할을 맡고 있다. LIBOR의 비리가 주는 또 하나의 교훈은 이 문지기 기능에 조직적인 고장이 있었다는 사실이다. 이런 사건이 앞으로 발생하는 걸 예방하기 위해선, 모든 단계에서 대책이 강구될 필요가 있을 것이다. 즉 더 높은 윤리 기준을 지닌 개개 종업원, 수준 높은 기준을 확립해 실천하기 위한 회사의 내적 체제, 기업 활동에 대해 외부로부터 감독 기능을 수행하기 위한 법적 규정과 규제 개혁이 필요하다.

복습 문제

1. 왜 윤리학이 비즈니스와 관계가 깊은가, 몇 가지 이유를 서술하라. "좋은 기업"이 비윤리적 기업이 될 수 있을까?
2. 가치란 무엇인가? 윤리적 가치와 다른 종류의 가치의 차이는 무엇인가? 동사로 쓰이는 value와 명사로 쓰이는 value의 차이는 무엇인가?
3. "윤리"와 "에토스"의 차이는 무엇인가?
4. **기술적** 비즈니스 윤리와 **규범적** 비즈니스 윤리의 차이점은 무엇인가?
5. 이 장에서 도덕, 덕, 사회윤리의 차이점을 소개했다. 당신의 설명을 제시하라.
6. "저는 회계사가 되고 싶은데 왜 윤리학을 공부해야 합니까?"라고 누가 묻는다면, 당신은 어떻게 답할 것인가?
7. 기업의 경영자와 소유주 이외에, 다른 어떤 층의 사람들이 기업의 의사결정에 이해관계를 가지게 될까?

주석

1) 이 변화가 생긴 원인과 관련, 설득력 있는 사례가 있다.
Lynn Sharp Paine, *Value Shift* (New York: McGraw-Hill, 2003)
2) James Collins and Jerry Porras, *Built to Last: Successful Habits of Visionary Companies* (New York: HarperCollins, 1994), p. 73.
3) 동상, p. 67. 인용된 ≪포춘≫의 기사는 다음과 같다. "How Philip Morris Diversified Right." *Fortune*, Oct. 23, 1989.
4) 이 의사결정 모델은 Laura Hartman과 Joseph DesJardins의 공저 *Business Ethics: Decision Making for Personal Integrity and Social Justice* (McGraw-Hill, 2nd ed., 2010)에 제안된 보다 상세한 비즈니스 모델을 수정한 것이다.

제2장

윤리학 이론과 비즈니스

[학습 목표]

이 장을 읽고 나면 다음과 같은 일을 할 수 있다.

- 윤리학 이론의 기본 범주와 개념을 이해할 수 있다.
- 윤리적 상대주의의 오류를 확인할 수 있다.
- 공리주의적 윤리학 이론을 설명할 수 있다.
- 공리주의적 윤리학이 어떻게 시장 경제와 경영 방침에 유익한지를 설명할 수 있다.
- 공리주의적 윤리학에 대한 주요 도전을 명확히 알 수 있다.
- 의무론의 권리와 의무에 바탕을 둔 윤리학을 설명할 수 있다.
- 덕윤리학의 기본 개념을 설명할 수 있다.

논의를 위한 사례

AIG의 상여금과 임원 보수의 상한

2012년 4월 ≪포브스Forbes≫는 다음과 같은 기사로 임원들의 급여에 대한 연례 보고를 보도했다. "우리의 임원 급여에 관한 보도는 회사 측의 탐욕에 대한 분노만 불붙게 할 것이다. 2011년 미국 내 500개 대형 회사의 최고경영자에게 16%의 급여 인상이 있었던바 그 총액은 5.2조 달러에 달했다. 평균은 1인당 1050만 달러였다. (미국 노동자 평균 인상률 3%에 비하면 격차가 크다.) 지난해 미국의 공공관련 회사의 급여 문제에 대한 최초의 찬반 투표로써 주주에게 던져진 도덕적 질타에 관해선 더 이상 언급하고 싶지 않다." (포브스, 2012. 4. 4)

임원의 급여에 대한 국민의 비판, 특히 미국에 본사를 두고 있는 대중 상대 회사의 최고급 임원에 대한 비판 발언은 2008년에 시작한 경제 붕괴 후 현저하게 거세졌다. 고위급 임원이 받는 거대한 급여는 절대적 액수가 대단하며 평균 종업원과 비교해 너무 많아, 이는 경영의 실패가 국민의 피해와 경제 손실을 초래할 때에는 특히 감안해 다루어져야 할 문제였다.

2008년 후반의 금융시장의 위기와 그 후의 정부의 긴급구제조치는 도산한 회사의 고위직 임원에게 지불된 상여금과 급여와 마찬가지로 국민의 항의를 불러일으켰다. 아메리칸 인터내셔널 그룹AIG은 이 비판의 큰 표적이 됐다. AIG는 "너무 커서 도산하지 않는다"라고 하며 미국 연방정부는 AIG를 파산으로부터 구제하기 위해, 2009년 3월 1800억 달러를 투입했다. 2009년 3월 상순에 AIG는 바로 회사의 경영 붕괴의 중심이었던 그 금융부문의 400명 임원에게 1억 6500만 달러의 상여금을 지불한다고 공표했다.

AIG는 이 상여금 지급을 옹호하기 위해 주로 두 가지 요소를 들고 나왔다. 하나는, 상여금은 경영 붕괴 전에 협상과 서명이 된 계약의 결과로서 지불해야 한다는 것이었다. 또 하나는, 상여금은 가장 재능 있는 종업원을 가장 필요할 때 잡아두기 위한 인센티브로서 제공할 필요가 있다는 것이었다.

비판자들은 그런 상여금은 기업의 탐욕이 폭주한 보기라고 주장했다. 그들은 계약상의 책임은 파산 시점에 파기되고 재협상됐어야 했다고 논박했다. 그들은 또 이 "재능 있는" 사람들에게 AIG를 곤란에 빠뜨리고 실패한 경영 전략의 일차적 책임이 있으므로 인센티브를 운운하는 건 쓸모없다고 일축했다.

AIG에 대한 정부의 긴급구제조치의 일환으로서 2008년 9월 재무장관 헨리 폴슨의 동료인 에드워드 M. 리디가 AIG의 CEO로 임명됐다. 전 CEO 마친 설리번은 AIG의 경영 위기가 격화되었던 초 여름에 사임했지만, 그는 4700만 달러의 퇴직수당을 확보하고서야 퇴직했다. 대조적으로 리디 자신은, 계약은 미래 상여금의 가능성을 부여하고 있었지만, 1달러의 급료를 받았다.

CEO 임명 직후의 연방의회에서의 증언에서 리디는 AIG가 지원한 AIG 판매사원용 휴양소에 대한 최근의 지출이 얼마나 되느냐 하는 질의를 받았다. AIG는 휴양소에 40만 달러를 넘게 지출했는데, 리디의 말에 의하면, "업계의 표준적 관행"이었다. 6개월 후 1억 6500만 달러의 상여금의 지불에 관한 보도가 있었을 때, 리디는 "혐오스럽다"라고 평하면서 임원들에게 "옳은 일"을 생각해 상여금을 반환할 것을 제의했다.

오바마 행정부는 발족 후 수개월 내에 시티그룹, 제너럴 모터스, 뱅크 오브 아메리카의 전 CEO의 퇴직금을 포함해, 정부의 상당한 구제 금융 지원금을 받은 회사의 임원 보수를 제한하는 조치를 취했다. 이 결정을 발표했을 때, 재무장관 티모시 게이스너는 "이 금융 위기엔 여러 가지의 중대한 원인이 있었지만, 임원 보수의 관행이 그 요인의 하나였다"라고 했다.

기업의 경영 임원의 과도한 보수는 지난 10년에 걸쳐 자주 보도돼 왔다. ≪포춘≫의 2001년 6월 15일의 특종기사는 "위대한 CEO의 급료 도적의 내막"이라고 제목을 달았던 것이다. 이 고명한 비즈니스 잡지는 지금 얼마나 많은 기업의 최고경영자들이 "전대미문의 거액 급료"를 받고 있는지를 상세히 보도했다. ≪포춘≫의

표제는 "경영자의 보수는 공공연한 강도 행위가 됐다. 천하가 다 알고 있다"라고 표현했다.[1] 이 기사는 1990년대에 두드러지게 만연한 현상을 기록했던 것이다.

1960년엔 CEO의 평균적인 세금 공제 급료는 공장 노동자가 버는 평균 급료의 12배였다. 1974년에 이 금액은 평균해서 35배까지 올라가 있었다. ≪비즈니스위크≫의 추계에 의하면 1995년엔 그 계수는 공장 노동자가 받은 평균 급료의 100배로 상승해 있었다. 1998년 ≪포춘≫의 기사는 이 계수가 182배까지 상승했다고 추계했다.

AIG의 상여금을 둘러싼 논쟁에서 부통령 조세프 바이든은 2007년이 되면 CEO의 급료는 평균 노동자 급료의 275배로 올라갈 것이라고 주장하는 경제 정책 연구소의 보고를 인용했다. 바이든은 한 해에 260일 일한다고 하면 이 수치는 평균 노동자가 꼬박 일 년 걸려 받는 것보다 더 많은 돈을 CEO는 하루에 번다고 지적했다.

AIG의 상여금이 공표됐을 때, 오바마 정권은 연방의 긴급구제조치 자금을 받는 회사 CEO의 급료 상한선을 50만 달러로 정하는 새 정책을 발표했다. 이 정책의 발표에 즈음해 오바마 대통령은 다음과 같이 말했다. "우리 모두가 책임질 필요가 있다. 그리고 여기엔 미국 국민에게 머리를 숙이고 지원을 간청한 주요 금융 기관의 경영자도 포함된다. 그들은 곤란에 처했을 적에도 관례에 따라 마음껏 막대한 상여금을 스스로에게 지급했던 것이다. 이건 무책임의 극치다. 창피한 일이다. 그리고 바로 이 위기를 만든 그들의 행위가 초래한 손해와 결과를 외면하는 짓이다. 전체를 희생시켜 편협한 사리사욕과 단기적 이익을 찾는 문화다."

2009년 말 무렵엔, 골드만 삭스, 시티그룹, 뱅크 오브 아메리카를 포함한 연방의 긴급구제 자금을 받은 10개 이상의 최대형 금융 기관은 연방의 대부를 변제하고 결과적으로 연방이 명령한 보수 상한선을 회피했다.

논의를 위한 질문

1. 미국은 최저 임금법을 제정했다. 최고 임금법은 있어야 하는가?
2. 공정한 임금을 정하기 위해 쓰일 기준은 무엇인가? 경영 임원에 대한 기준과 시급의 종업원에 대한 기준은 서로 다른가? 누가 얼마의 급료를 받아야 하는지를 결정하는 요인은 무엇인가?
3. 손실을 내고 있는 회사의 경영 임원은, 이익을 내고 있는 회사의 경영 임원보다 낮은 보수를 받아야 하는 식으로, 보수와 결과가 연계돼야 하는가?
4. 고액 보수는 유익한 결과를 낳는 인센티브로서 정당화되는가? 아니면 과거 업적에 대한 보상으로서 정당화될 수 있는가?
5. 자기 자신의 이익을 위해 지나치게 많은 돈을 벌 수 있는 사람이 있을까?

2.1 서론

임원 보수 문제는 어떻게 비즈니스 활동이 공정, 정의, 공적, 덕, 권리라는 근본 문제를 제기하는지를 보여주고 있다. 윤리학의 용어가 비즈니스와 분리할 수 없는 부분이라는 게 확실하다면, 그렇다면 비즈니스 윤리에 대한 고찰을 철학적 윤리학의 기초에 대한 간단한 서론으로써 출발하는 게 바람직하다. 책임 있는 의사결정을 하기 위해 경제학과 경영학의 용어와 개념을 잘 알아야 하듯이, 윤리학의 기초도 알 필요가 있다. 이 장에선 윤리학의 중요한 개념을 소개하고 이들의 개념이 비즈니스 연구에 어떻게 중요하고 필요한지 설명하고자 한다.

제1장에서는 누구나 모든 사람이 묻는 아마 가장 중대한 물음, 인생을 어떻게 살아야 하는가에 대한 논증의 프로세스라고 윤리학을 소개했다. 하지만, 물론 이 물음은 새로운 것이 아니다. 인류 역사상 모든 주요한 철학적, 문화적, 정치적, 종교적 전통이 그것과 맞부딪쳐 왔다. 이 점을 비추어 보면, 비즈니스의 윤리적 쟁점을 고찰함에 있어서 이들 전통을 무시한다는 건 잘못인 것이다. 그럼에도 불구하고 윤리학 이론과 철학적 윤리학은 지나치게 추정적인 나머지 비즈니스에 크게 도움이 되지

않는다고 생각하는 학생이 많다. 윤리학 "이론"의 논의는 너무 이론적이기 때문에 비즈니스와는 큰 관련이 없는 것 같아 보일 때가 많다. 이 장에서 윤리학 이론을 좀 더 이해하기 쉽게 제시하고자 한다. 즉 기업인이 직면하는 실제 문제에 실천적이고 실용적으로 이론을 적용하는 방법을 구명하도록 이론을 살펴볼까 한다.

윤리학 이론은 "인간은 어떻게 자신의 인생을 살아야 하는가"라는 근본적 윤리학적 물음에 대한 체계적인 답을 제시하기 위한 시도일 뿐이다. 윤리학 이론은 "우리가 어떻게 살아야 하는가"라는 물음에 대해 답을 시도할 뿐 아니라, 자신의 답을 뒷받침한 이유도 제공해 준다. 윤리학은 왜 우리가 특정하게 규정된 방법으로 행동하고 결정해야 하는가와 관련해 합리적 정당성을 제시하기를 지향한다. 무엇을 해야 하며, 어떻게 행해야 하는가에 대해 누구나 조언할 수 있다. 그러나 철학적이고 조리에 맞는 윤리학은 "왜"라는 물음에도 답해야 한다.

첫 단계로서 AIG 임원에게 지급된 상여금을 지지하고 비판하는 데 제시된 이유를 고찰해 보자. 그 이유는 세 가지 일반적 종류로 분류된다. 제1의 이유는 상여금 지급의 귀결에 호소한다. 그 결과로서 우수한 근무와 유익한 장래의 귀결을 낳기 위한 인센티브를 제공할 것인가, 제공하지 않을 것인가이다. 제2의 이유는 어떤 원리에 호소한다. 즉 결과가 나쁘더라도 계약상의 약속을 파기해선 안 된다라든가, 사람은 나쁘더라도 계약상의 약속을 파기해선 안 된다라든가, 사람은 결코 자신의 행위로 인해 생긴 심각한 손해로 이익을 얻어선 안 된다라는 것이다. 제3의 이유는 개인적 특성과 관련한 요소를 제거한다. 상여금을 받는 건 탐욕스럽고 추하다. 또는 세상의 비판속에서 정당한 상여금을 지급하는 건 용기 있는 일이고 성실의 문제로서 하지 않으면 안 됐던 일이라고 하는 것들이다.

결국 이 책에서 의존할 윤리학 이론의 세 가지 주요 전통은 이러한 세 종류의 이유로 나타난다. 철학에 있어서의 윤리학의 전통은 어떻게 살아야 하느냐, 그리고 무엇을 해야 하느냐에 대해 사고하고 이유를 찾는 일반적 방법을 반영하는데, 이는 놀라운 일이 아니다. 귀결의 윤리학, 원리의 윤리학, 개인 특성의 윤리학은 이 장이 소개하는 윤리학의 전통이다.

이 장에선 비즈니스 윤리가 발전하는 데 영향력이 있었으며, 또한 비즈니스에 있어서의 윤리적 쟁점을 평가하는 데 실천적 가치를 가진 세 가지 윤리학 이론을 소개하고자 한다.

먼저, **공리주의**는 행위의 전체 **귀결**에 논거하여 의사결정을 하도록 지시하는 윤리학의 전통이다. 장래의 근무에 대한 인센티브를 제공하기 때문에 경영자 보수가 정당화된다고 결론짓는 것이 귀결주의 방법이다. 고액 보수는 임원에게 주주의 이익을 위해 열심히 일하라고 주는 인센티브다. 특히 스톡옵션이 장래의 귀결과 업적을 연결함으로써 이렇게 가능한 것으로 생각되고 있다.[2)]

둘째, **의무론적 윤리학**의 전통은 약속을 지키는 것이라든가, 사람들에게 상응하는 것을 제공하는 것과 같은 도덕적 **원리**에 근거하여 결정하도록 유도한다. CEO에게 지급되는 고액 급료를 옹호하는 측의 일부는 이사회를 통해 이루어지는 경영자 회사 간의 합의를 들고 나온다. 실제로 회사는 약속했으므로 그 약속을 이행할 **의무**가 있다. 또 다른 옹호자는 CEO가 달성한 직무나 입은 리스크는 그런 급료의 대가가 **될 만하다고** 시사한다. 이와 같은 높은 보수는 일해서 얻은 몫이다. 임원 보수를 계약상의 의무라고 정당화하는 논거는 원리에 바탕하는 의무론적 논법이다. 원리, 약속, 책무, 마땅히 받아야 하는 보답과 임무는 의무론적 윤리학의 핵심이 되는 개념이다.

마지막으로, **덕윤리학**은 개인의 **도덕적 특성**을 고려하고, 어떠한 성격 특성이 행복하고 의미 있는 인생에 이바지하고 또는 그걸 저해하는지를 고려하도록 우리를 이끈다. 경영자 보수가 탐욕스럽고 혐오스러운 것이고, 동시에 **편협한 사리사욕**에 기인한 것이라고 흠잡는 식의 논거는 덕에 기초하는 관점을 채용하고 있다. 의미하는 바는, 혐오스럽고 이기적인 일을 하는 욕심 많은 사람은 성취하는 인생을 누리지 못할 것이라는 말이다.

이 논의는 이 장의 후반부에서 더 깊이 있게 검토한다. 우선 인정해야 할 요긴한 것은 윤리학 용어의 불가피성이다. CEO 급료를 둘러싼 토론은 근본적으로 윤리학에 관한 토론이다. 즉 사람들은 무엇을 가질 만한 가치가 있는 존재인가? 전체의 유익한 귀결을 낳는 것은 무엇인가? 인간의 의무란 무엇인가? 무엇이 공정하고 무엇이 불공정한가? 탐욕스럽다는 게 왜 나쁜가?

이러한 이론을 논하기에 앞서서 윤리에 관한 논의의 정통성 자체에 대해 중요한 도전을 제기하는 철학적 관점을 생각해 보자. 윤리적 상대주의는, 모든 윤리적 판단은 그 판단을 하는 개인 및 문화와 상대적이라고 믿는 견해다. 비즈니스 사회의 안팎에서 이 견해가 넓게 지지를 받고 있는 건 사실이다. 윤리적 상대주의 분석을 주의 깊게 살펴보는 것은 실로 윤리 문제에 있어서 또는 그와 관련해 어떻게 논거를 세워 나갈 수 있는지를 밝히는 데 도움이 될 것이다.

2.2 윤리적 상대주의와 윤리에 있어서의 이론적 근거

필자가 이 장을 처음 쓴 날은 오전의 비즈니스 수업으로 시작됐다. 수업이 끝나자, 지난번 수업에서 저자가 돌려준 과제 리포트와 관련해 한 학생이 질문을 하기 위해 남아 있었다. 이 학생은 필자가 자신의 리포트를 어떻게 채점했는지, 특히 왜 예기치 못한 낮은 성적을 받았는지 알고 싶어 했다. 그 리포트가 거의 그녀의 의견에 지나지 않는 것이라고 지적을 하자, 그녀는 많은 윤리학 교사들이 자주 듣는 질문을 했다. "저의 의견이 틀렸다고 어떻게 말할 수 있습니까?" "모든 사람은 자신의 의견을 가질 자격이 있지 않습니까?" 사람들은 자신이 원하는 의견을 가질 자격이 있을지 모르지만, 모든 의견이 동일하지는 않다고 필자는 답했다. 옳은 것도 있고, 틀린 것도 있고, 이치에 맞는 것도 있고, 이치에 안 맞는 것도 있고, 사려 깊은 것도 있고, 사려가 얕은 것도 있다. "하지만 이건 윤리학입니다. 무엇이 옳은 건지, 무엇이 틀린 건지 누가 말할 수 있습니까?"라고 그녀는 응수했다.

이유를 가진 사람이라면 누구나 무엇이 옳고 틀린 것인지 말할 수 있다고 필자는 시사하고, 그녀에게 자신의 의견을 지지할 이유를 가지고 있지 않았던 게 아니냐고 물었다. 왜 그녀는 자신이 쓴 것을 믿고 있는가? 그녀는 모른다고 답하면서, 그건 "다만 그렇게 느낄 뿐입니다"라고 했다.

이런 회의론적 반응은 많은 학생들에게서 자주 볼 수 있는 현상이다. 윤리학은 수학이나 과학이나 회계학 같은 게 아니다. 옳은 답을 조사할 수 없으며, 수학적 정확성으로써 계산할 수 없다. 기하학의 증명을 하는 방법으로는 윤리적 판단에 대한 진실을 증명할 수 없다. 윤리적 의견을 지지하거나 거부하는 실험을 할 수 없다. 이러한 다른 학문분야와 달리, 윤리학은 단순한 의견에 바탕을 두고 있는 것 같다. 사람들은 서로 다른 윤리적 판단을 하며, 대치하는 결론 사이에서 판정을 내리는 합리적 방법은 없는 것 같다. 윤리 문제는 개인의 감정과 정서 속에 자리 잡고 있는 것 같다. 한 해에 수백만 달러를 벌어들이는 경영자의 사례가, 수많은 사람들에게 강한 정서적 반응을 불러일으킨 것은 충분히 있을 만한 일이다. 하지만 이 사건은 그것이 전부 다인가? 이 사건은 단지 선망과 시기의 문제일 뿐인가? 그에 대한 비판은 다만 그들이 탐욕스럽다고만 외치고 있는가? 아니면, 여기에 잘못된 점이 있다고 생각할 만한 **이유**가 있는가? 결론을 증명할 무슨 방법이라도 있는가?

윤리의 철학적 연구에는 **윤리적 상대주의**라고 하는 중요한 견해가 있다. 윤리적 상대주의는 윤리적 가치와 판단이 최종적으로는 그 사람의 문화나 사회나 개인의 감정에 좌우되며, 그것들과 상대적이라고 상정한다. 이 경우, 윤리학은 단순히 의견의 문제이고, 그건 자기 자신에 대한 의견이든, 문화, 사회, 종교에 관한 의견이든 다를 바가 없다. 윤리적 상대주의는 윤리학의 모든 고찰에 대해 심각한 도전을 제기한다. 상대주의는 합리적이거나 객관적 판단의 가능성을 부정한다. 특정 문화나 사회의 관점에 근거하는 것을 제외하고, 옳거나 틀리거나 하는 것은 없으며, 도덕도 부도덕도 존재하지 않는다.

수업 후에 남아 있던 학생은 일종의 윤리적 상대주의를 절대적으로 믿고 의심하지 않았다. 그 학생의 견해는 윤리적 판단은 의견의 문제이며, 양자 간에 이견이 있으며 양자 간에서 결정짓는 일은 없다. 각자는 자신의 의견을 가질 자격이 있으며, 어느 의견이 다른 의견에 비해 더 정통적正統的이거나 더 정확하지는 않다.

상대주의는 비즈니스 윤리를 포함해 윤리학에 심각한 도전을 제기한다. 왜냐하면, 상대주의가 옳다면 윤리학 연구를 계속할 이유가 없기 때문이다. 모든 의견이 똑같이 타당하다면, 그땐 비즈니스에 있어서 윤리적 판단을 평가하려고 시도하는 게 의미가 없다. 상대주의가 정확하다면, 그땐 기껏 해서 비즈니스 윤리는 윤리적 판단의 밑바닥이 되는 문화적 또는 사회적 가치를 설명하는 데 도움을 줄 뿐이지, 판단이 옳고 나쁘다고 하는 평가는 하지 못한다. 철학적 윤리학은 상대주의의 관점에서 보면, 가치의 명확화 과정에 불과한데, 이 과정에서 자신의 가치관을 명확히 하고 해석할 수 있지만 가치관을 정당화할 수는 없다.

상대주의는 특히 국제 비즈니스를 둘러싼 윤리 문제를 고려할 때 중요하다. 아동노동에 의해 제기되는 문제를 생각해 보자. 일부 서방 기업은 운동화와 브랜드 의류 등 고가 소비재를 생산하기 위해 가혹한 조건 아래 장시간의 낮은 임금을 받는 아동노동에 의존하고 있는 하청업자를 사용한 탓에 비난을 받아왔다. 이 같은 비판에 대한 반응은 그런 노동 조건은 해당국이 수용하고 있는 것이고, 그러므로 비판자들 자신의 문화적 규범을 남에게 덮어씌우는 건 정당화될 수 없다는 지적이었다. 한마디로 이게 윤리적 상대주의다.

비즈니스 윤리의 또 다른 사례로서 성희롱 (섹슈얼 해러스먼트) 사례에 대해 저자의 상대주의 학생이 어떻게 검토하는지 생각해 보자. 성희롱의 한 형태는 성적 호의에 대한 복종이 고용조건일 때 발생한다. (이것은 보상형 성희롱이라고 부른다.) 남성 경영자가 여성 응모자에게, 자신의 성적 유인에 따랐을 때만 그녀를 고용할 것이라고 말하고 있는 상황을 상상해 보자. 상대주의자는 성희롱에 대한 비판은 다만 의견의 문제일 뿐이고, 모든 의견은 똑같이 타당하고, 그녀는 성희롱이 나쁘다고 느낄지도 모르나 경영자는 그것이 옳다고 여길지 모른다고 결론을 내린다고 상상해 보자. (경영자는 저자의 학생처럼 비판에 대해 "다만 그렇게 느낄 뿐입니다."라고 응답할지 모른다.) 상대주의적 관점에선, 의견과 감정은 똑같이 타당하다. 이 같은 성희롱이 비윤리적이라는 주장을 옹호하는 방법은 없을까?

특히 성희롱은 여성을 불공평한 직장의 차별대우에 복종시킨다는 주장을 할 수 있을지 모른다. 권력의 불평등 때문에, 그녀는 자신의 생계와 성적 존엄 중에서 선택해야 하는 용인할 수 없는 상황에 떠밀리게 된다. 이런 선택은 근본적으로 강제적이고 협박적이다. 종업원을 그런 저열한 행위에 무리하게 복종시키기 위해 협박하는 고용주의 행위가 정당한 것이라는 원리를 남성 경영자는 일반적 규칙으로서 용인하지 않을 것이라는 지적도 있다. 이 같은 논의를 전개하는 가운데 우리는 단순한 의견으로부터 한층 더 이치에 맞는 결론으로 논의가 진전된 것 같다.

물론, 상대주의자는 평등, 공정, 고결, 자기존중, 강제, 협박으로부터의 자유와 같은 가치도 모두 개인이나 사회의 의견의 문제라고 주장할 수도 있을 거다. 상대주의자의 관점에서 보면, 우리가 지금까지 논한 건, 사람들이 차별과 위협이 없다고 전제가 되는 한 성희롱은 잘못이라는 뜻이다. 하지만 사람들은 그런 가치를 가지고 있다고 누가 말할 수 있겠는가?

논의를 다소 진전시켜 왔는지 몰라도, 아직 상대주의자에게 성희롱이 잘못이라는 걸 증명하지 못하고 있다.

논의가 어떻게 진전돼 왔는지를 살펴보자. 만일 저자의 학생처럼 단순한 의견과 감정으로부터 출발하더라도, 그 의견을 정당화하고 정통화하는 어떤 가치나 원리에 호소함으로써 논의는 단순한 의견을 넘을 수 있게 된다. 이건 단순한 의견이 아니고 원리에 근거한 의견이다. 이 논의를 좀 더 전개하면, 구직자와 고용주 간에 존재하는 불균형한 권력 관계 같은 사실을 주목하게 될 것이다. 우리는 일자리가 우리 인생에서 수행하는 불가결한 중요성과 실업에서 생기는 손해를 지적할 것이다. 우리는 자기존중이라는 심리적 선을 설명하고 자기의 고결함과 그 가치의 개념적 분석을 제공하여 인격의 자율성의 중요성을 설명할 수 있을 것이다. 또 사회적 관점에서 직장 여성의 현 위치와 차별대우에서 생길 수 있는 사회적 손해를 고찰할 수 있을 거다. 그리고 매우 중요한 건, 시종일관 논증을 통해 논리의 규칙을 주의 깊이 엄밀히 지키고자 한다는 것이다. 이 과정을 거쳐 다다르는 결론은 확실히 단순한 의견이라고 하기보다 더한층 정당성을 지니고 있다.

이런 논증 앞에서도 상대주의자는 논거를 계속 고집, 무한정 이런 질문을 계속할지 모른다. (학생에게 지적했듯이, 상술한 이치에 따른 이유로 성희롱에 반대하는 리포트는 보다 나을 것이다. 따라서 성희롱을 "저는 다만 그렇게 느끼기" 때문에 나쁘다고 하는 의견을 단순히 말하는 리포트보다 더 나은 성적을 받을 것이다.) 하지만 여기서 주목해야 할 것은, 상대주의자는 (성적 괴롭힘은 잘못이다라는) 당초의 결론뿐만 아니라, (모든 사람은 평등한 배려로 다루어져야 한다. 사람은 강제와 협박으로부터 자유로워야 한다. 자기존중은 좋은 것이고 고결성의 상실은 해롭다 등의) 광범위한 종류의 신념과 가치도 거부하게 될 것이라는 점이다. 상대주의의 비용—상대주의를 유지하기 위해 단념해야 하는 것—은 정말 커져 버렸다. 만일 이 상대주의자가 단단히 각오를 하고 있으며, 또한 그녀의 입증 기준이 너무 높다면, 그땐 증거에 대한 요구를 결코 충족하지 못할 것이다.

이 책의 목표를 좀 더 가벼운 것으로 설정하고자 한다. 저자는 이 책을 통해서, 윤리적 사항이 논의의 대상이 될 수 있다는 점, 그리고 어떤 견해는 다른 견해에 반해서 합리적으로 옹호할 수 있다는 점을 상정하고자 한다. 예컨대, 평등, 공정, 강제로부터의 자유, 고결성, 위해로부터의 자유 그리고 (남들과의 관계에 있어서) 성실성 등의 가치에 호소함으로써 옹호 · 지지되는 결론은, 단순히 개인 감정과 의견 문제로 주장되는 결론보다 더 이치에 맞는 결론이라고 저자는 상정하고 있다. 용의주도한 논리적 분석과 추리를 통해 얻은 결론은 단순히 우려된 결론보다 합리적이다. 평등, 공정, 강제로부터의 자유 등의 가치를 해명하기 위해 계속되는 논의는 더욱 합리적이다.

가장 흥미롭고 도전적 윤리학의 논쟁은 두 가지 이상의 가치 간의 충돌에 관한 논쟁이라는 걸 알게 될 것이다. 또한 바로 이 점과 관련해 오히려 더 엄격하고 주의 깊은 추리가 요구된다고 생각한다. 이를테면, 여성이 신체적으로 걸어서 떠나가는 것이 방해받지 않는 한, 그녀의 자유는 실업의 위협에 의해 침해를 받지 않았다고 논하는 사람도 있을지 모른다. 누군가를 보다 강력한 인물의 욕망에 순종케 하는 수단으로서의 일자리라는 소중한 인간의 필수요건이 위협을 받을 경우, 자유는 침해받는다고 주장하는 사람도 있을 것이다. 이러한 근본적 가치의 의미와 범위에 관해 논하는 것은 윤리학의 필요성을 더욱 정당화한다.

우리는 윤리적 상대주의에서 배울 수 있을 것이며, 그걸 우리 자신의 독선과 태만에 대한 도전으로 삼아야 한다. 우리가 당장 단념해 버리고 자기 자신의 의견이 옳다고만 생각하고 있을 땐 언제나 도전으로서 "무엇이 옳은지를 누가 말할 수 있는가?"라는 상대주의자의 질문을 상기하자. 이는 답할 만한 가치 있는 도전일 것이다.

상대주의자에게 답을 제공하는 일은 오랫동안 철학적 윤리학의 주요 관심사였다. 다음 절에서 고찰하는 윤리학 이론은 상대주의자에게 더 근본적인 답을 제시하기 위한 철학적 시도라고 생각할 수 있다. 하지만 이 이론을 다루기 전에, 그리고 윤리적 상대주의에 대한 고찰을 마치기 전에, 이따금 학생을 상대주의의 덫으로 유도하는 몇 가지 오해에 주의를 환기하고자 한다. 저자의 수업 경험에서는 이 덫을 피하지 못한 많은 학생들이 마침내 태만 때문에 상대주의의 결론에 빠지고 만다.

첫 번째 덫에 대해선 앞에서 언급했다. 윤리학을 지나치게 높은 증명 기준이라고 생각하지 않도록 주의해야 한다. 만약 윤리적 판단을 절대적으로 확실하고 의심의 여지가 없는 것으로 입증되지 않으면 안 된다고 상정한다면, 윤리학은 이 기준에 미치지 못할 것이 확실하다. 수학이나 물리학의 이론 부분, 공학과 과학은 이 기준을 충족할 수 있을지 모르지만, 다른 지적 분야는 이 기준에 다다르지 못할 것이다. 모든 인문과학의 논증, (경제학을 포함한) 사회과학, 생물학, 의학, 기상학, 물리학, 화학, 공학의 응용 분야도 그들의 결론에서 이 기준에 도달하지 못할 것이다. 경영학, 마케팅, 재정학, 회계학 등 비즈니스 관련 분야도 결코 그들의 결론을 의심 없는 것으로 정립시키지 못하고 있다. 그러므로 윤리학을 단순한 의견에 불과한 것으로 거부하기 전에, 인간 지식의 다른 영역에 대한 유사한 결론으로 유도하는 그러한 기준을 따라가지 않도록 유의해야 한다.

두 번째의 덫은 가치에 대해 광범위한 의견의 불일치가 있다고 하는 사실과, 의견의 일치는 가능하지 않다는 결론을 혼동하는 일이다. **문화상대주의**라고 부른 첫 번째 견해는 이문화異文化와 사회에 관해 사실에 입각한 기술을 제공한다. 사람들은 윤리 문제에 관해 의견을 달리한다. 제1장에서 논한 것처럼, 다양한 문화의 **에토스**는 크게 다르다. 사람들은 다양한 윤리적 의견을 갖고 있다. 실제로 아동이 노예적 노동자에 불과하다고 믿는 문화권도 있을지 모른다. 그렇지만 본질적으로, 의견의 불일치라는 말은 다양한 의견들 모두 똑같이 타당하다는 결론을 내리는 근거가 되지 않는다. 이 점을 이해하려면 과학적 사실에 관한 광범위한 불일치를 고찰해볼 필요가 있다. 지구는 평평하다, 지구의 연령은 수천 년밖에 안됐다, 진화는 일어나지 않았다, 우주인은 정기적으로 방문해 온다, 그리고 사람들은 혹성과 행성의 궤도를 만들어 봄으로써 미래를 예측할 수 있다고 믿는 사람들이 있는 문화권 전체를 발견할 수 있을 것이다. 물론 세계가 평평하다고 믿는다고 해서 지구는 평평해지는 것이 아니며, 우주인이 존재한다고 믿는다고 해서 그렇다고 하는 걸 의미하지도 않는다. 윤리도 마찬가지다. 사람들이 상이한 의견을 가지고 있다는 사실이 본질적으로는, 의견 하나하나가 똑같이 타당하다는 걸 의미하지는 않는다.

기본적 윤리적 가치와 관련해 불일치가 광범위하다는 것을 성급하게 상정하지 않도록 유의해야 한다. 확실히 문화적 신념, 관습, 가치, 관행은 매우 다양하다. 하지만 많은 가치에 대해서도 광범위한 일치가 있다. 아동 학대, 고문, 대량학살, 노예제도는 윤리적 근거에 의해 보편적으로 비난받는 행위다. 확실히 우리는 개인과 사회가 그런 잔학행위에 관여하는 사례를 찾아낼 수 있지만, 이런 행위가 정당하다거나 단순히 개인 의견의 문제라고 진지하게 옹호하는 사람은 거의 없을 것이다. 아동 노동을 합법으로 인정하는 문화권도 있는 것 같지만, 그런 상황은 불운한 일이지만 기아의 대안으로서 필요한 경우가 많은 것 같다. 비참한 상황을 덜 해로운 대안으로서 수용한다는 것은 윤리적으로 타당한 행위로서 수용하는 것과 동일하지 않다.

세 번째의 덫은 존중, 관용, 공평 등의 가치를 상대주의라고 오해하는 것과 관련된다. 남을 존중하는 것은 근본적인 윤리적 가치다. 사람을 존중한다는 말이 담고 있는 의미는, 그 사람의 의견을 듣는 것과 자신의 의견과 다른 의견에 관용을 표하는 것이다. 하지만 다양한 의견과 가치관을 관용한다는 건 윤리적 상대주의와 같지 않다. 상대주의 도전을 관용의 가치로 되돌리자. 관용(과 존중과 공평)은 단지 의견의 문제인가? 만일 그렇다면, 관용하지 않는 사람은 자신의 견해를 바꿀 이유가 없다. 불관용을 비난하는 건 다만 당신의 의견이다. 한편, 관용이 단지 의견의 문제가 아니라면, 바꿔 말해 정통적 사회적 가치라면, 그렇다면 우리는 상대주의의 비판을 면하는 최소한 하나의 가치 — 관용 — 를 가지고 있는 셈이다.

그러면 현대 사회에 있어서 가장 중요하고 영향력 있는 두 가지 접근법인 공리주의와 의무론적 윤리학으로 들어가자.

2.3 근대적 윤리학 이론: 공리주의적 윤리학

공리주의는 고찰할 필요가 있는 최초의 윤리학 이론이다. 공리주의란 근대 세계에 큰 영향을 주었으며, 특히 정치학, 경제학 그리고 공공정책을 형성하는 데 영향을 미쳤다. 그러므로 공리주의는 비즈니스에도 지대한 영향을 주었으며 지금도 지속하고 있다. 공리주의를 역사적 맥락 속에서 고찰하는 것이 유익할 것이다. 공리주의적 사상의 기원은 토마스 홉스(1588~1769), 데이빗 흄(1711~1776) 그리고 애덤 스미스(1723~1790)에서 찾아볼 수 있지만, 그 고전적 정식화定式化는 제레미 벤섬(1784~1832)과 존 스튜어트 밀(1806~1873)의 저작에서 찾을 수 있다. 이들 사회철학자는 각각 17세기와 18세기의 민주주의 대혁명을 배경으로 저술했다. 공리주의는 행위의 윤리적 중요성이 행위의 귀결에 따라 결정된다고 말하고 있다. 공리주의는 전형적으로는 "전체의 선善을 최대화하는" 방침, 또는 좀 다르게 말하면 "최대 다수의 최대 행복"을 창출하는 방침과 동일시된다. 이 목적을 실현하는 행위가 선이며, 실현하지 않는 행위가 악이라고 보는 것이다.

전체의 선과 최대 다수를 위한 최대 행복을 창출하는 걸 강조하는 공리주의는 정치적 엘리트를 이롭게 하는 권위주의적 정책에 맞서서 반대한다. 이처럼 공리주의는 민주적인 제도와 정책을 강력히 지지했다. 정부와 모든 사회제도는 전체의 복리를 위해 존재하는 것이지, 군주, 귀족이나 일부 소수의 이익을 증진하기 위해 존재하는 것이 아니다.

마찬가지로, 경제는 최대 다수의 사람에게 최고 수준의 생활을 제공하기 위해 존재하는 것이지, 소수의 특권층을 위한 부를 창출하기 위해 존재하는 것이 아니다.

이와 같이, 공리주의는 **귀결주의**의 윤리학이다. 행위의 선과 악은 행위의 결과에 의해 결정된다. (달리 어떻게 행위를 판단할 수 있을까? 우리는 귀결을 고려하지 않고, 원칙적으로 무슨 일을 해야 하거나 무슨 일을 해선 안 된다고 결정할 때가 더러 있다. 이 문제와 관련해 다음 절에서 상술하고자 한다.) 이런 측면에서, 공리주의자는 실천적 사상가가 되는 경향이 있다. 모든 상황의 모든 경우에 있어서 언제나 옳고, 언제나 그른 행위라는 건 없다. 모두가 그 귀결 나름이다. 예컨대, 거짓말은 그 자체는 옳지도 그릇되지도 않은 것이다. 거짓말하는 게 진실을 말하는 것보다 더 큰 전체의 선을 낳는 경우가 있을지도 모른다. 그런 상황에선, 거짓말하는 건 윤리적으로 옳은 일일 것이다.

이 장의 앞부분에서 언급한 사례를 생각해 보자. 미국 정부는 회사 CEO에게 지급되는 (또는 적어도 세금 공제 후의) 금액을 제한하는 법률을 제정해야 할까? 이 문제를 대처하는 공리주의자는 선택지의 하나에서 생길 만한 귀결을 생각할 것이다. 세금 공제 후의 경영자 보수액을 제한하는 것은 회사가 그런 고액 보수를 지불할 의욕을 꺾는다. 자원이 제한된 세계에서 이것은 다른 노동자의 평균 급료를 인상한다든가 소비자의 비용을 인하하도록 작용한다. 다른 한편으로, 보수가 낮으면 높은 자질을 가진 경영자를 미국 회사로 끌어넣는 일이 더 어려워지고, 미국 회사의 경쟁력을 쓰러뜨리는 결과가 될지 모른다. 이런 상황은 저임금의 노동자와 소비자를 포함한 모두에게 손해를 안겨주는 결과를 초래한다. 어느 쪽이든, 의사결정에 대한 윤리적 판단은 문제 발생 후에 일어나는 것이다.

하지만 행위의 귀결을 바탕으로 의사결정을 하는 경우엔 은연중에 선악에 관해 어떤 이론을 상정하고 있다. 그렇지 않은 경우엔, 추구해야 할 귀결과 피해야 할 귀결을 어떻게 구별할 수 있겠는가? 귀결의 관점에서 행위를 판단한다면, 좋은 귀결과 나쁜 귀결을 결정하는 독립된 기준이 있어야 한다. 일반적으로 말하면, 공리주의 사상가들은 전체의 선을 최대화해야 한다고 주장하고 있지만, 공리주의자들 간엔 이 "선"이 무엇을 의미하는지에 대해 다른 해석들이 있다.

일반적으로 공리주의의 입장은 행복이 궁극의 선이라는 것이다. 자체의 이익을 위해 존중되거나 존중될 수 있는 것만이 행복이다. (불행은 선이며, 행복은 악이라고 주장하는 건 부조리하게 들리는가?) 윤리학의 목표는 개인적으로나 공공정책의 문제로서 전체의 행복을 최대화하는 것이다. 하지만 정확히 행복이란 무엇인가?

제레미 벤섬은 즐거움만이, 또는 적어도 고통이 없는 것이 본질적으로 가치가 있다고 했다. 벤섬에 따르면 행복은 즐거움과 고통의 부재라는 관점에서 이해돼야 한다. 불행은 고통이나 쾌락의 박탈이라고 이해된다. 벤섬의 견해에 따르면 즐거움과 고통은 인간 본성의 두 근본적 동기 요인이다. 그는 다음과 같이 말하고 있다.

> 자연은 인간을 고통과 쾌락이라는 두 주권자의 지배 아래 있게 했다. 우리가 무엇을 해야 하는지를 지시하고, 또 우리가 무엇을 할 것인지를 결정하는 것은 오로지 고통과 쾌락이다. … 고통과 쾌락은 우리가 행하는 모든 것, 우리가 말하는 모든 것, 우리가 생각하는 모든 것과 관련해 우리를 지배한다.[3)]

그러면 벤섬의 공리주의적 논리를 고찰해 보자. 쾌락과 고통의 부재만이 그 자체로서 가치가 있다. 그러므로 쾌락과 고통의 부재는 본질적으로 객관적으로 그리고 확실히 좋은 것이다. 쾌락과 고통의 부재가 좋은 것이라면, 더 많은 쾌락 (또는 더 적은 고통)은 좋은 것이며, 최대 쾌락 (또는 최소 고통)은 최선이다. 그러므로 쾌락의 최대화 (공리 원리)는 근본적이며 객관적인 확실한 윤리학 원리다.

쾌락을 최대화하라는 요청은 이기적으로 들리지만, 공리주의는 중요한 점에 있어서 이기주의와는 판이하다. 이기주의는 개인의 행복에 초점을 둔다. 공리주의자의 행위는 일반적, 전체적 선으로 이어지는 귀결에 의해 판단된다. 하지만 민주적 평등을 일관되게 지향하는 전체의 선은 그런 행위에 의해 영향을 받는 개개인의 복리와 직결된다.

존 스튜어트 밀은 벤섬의 공리주의의 전반적 틀엔 찬성하면서도 행복에 대한 상이한 이해를 옹호했다. 밀은 쾌락에 초점을 맞춤으로써 벤섬이 놓치고 있는 행복의 질적 측면을 지적했다. 인간의 행복은 단지 쾌락주의가 아니다. 밀에 의하면, 인간은 행복을 낳는 다양한 경험을 누릴 수 있다. 벤 섬이 말한 감각의 쾌락 이외에, 인간은 단순한 감정과는 질적으로 다르고 또한 뛰어난 사회적인 지적 쾌락을 경험한다. 밀은 유명한 말에서 이렇게 주장했다. "만족한 돼지보다 불만족한 인간인 것이 더 낫고, 만족한 바보보다 불만족한 소크라테스가 더 낫다."[4]

그러나 쾌락의 감각보다 질적으로 더 나은 행복의 형태가 있다고 하는 주장은 논란의 대상이 된다. 만족한 바보보다 불만족한 소크라테스가 더 낫다고 하는 걸 어떻게 알 수 있으며, 어떻게 입증할 수 있는가?

밀의 답엔 의미 깊은 윤리적, 사회적 함의가 있다. 밀에 따르면, 어떤 쾌락이 더 좋은 것인지, 그리고 어떤 종류의 행복이 더 좋은 것인지를 결정하기 위해선, 양쪽의 경험을 해본 사람의 의견을 물어봐야 한다. 그러한 경험이 풍부하고 자격 있는 판정자가 최고의 행복을 결정하는 최상의 기준이 된다.

> 두 가지 쾌락 중 양쪽을 경험한 모두나 또는 거의 모두가 단호하게 선호하는 것이 더 바람직한 쾌락이다.[5]

그리고 여전히 불일치가 지속되면, 밀은 다음과 같이 시사한다.

> 유일하게 자격 있는 재판관의 판결을 근거로, 본인은 상고의 여지는 없다고 인정한다. 두 쾌락 중에서 어느 것이 가질 만한 가치가 있는가 하는 문제와 관련해서는 양쪽에 대한 지식을 가진 자격 있는 사람들의 판단이, 또 판단이 다르면 그 과반수의 판단이 최종적인 것으로 인정되지 않으면 안 된다.[6]

이와 같이 밀은 모든 의견이 평등하지 않다는 걸 인정하고 있다. 무엇이 좋은 것인지를 판단하는 데 있어서 다른 사람보다 역량과 자질이 더 나은 사람이 있다. 밀의 공리주의는 선에 대한 모든 의견을 똑같이 타당한 것으로 다루는 무비판적인 다수결 룰을 지지하지 않는다. 하지만 이것을 이유로 민주주의를 버려서는 안 된다. 유능한 판정자를 배출하는 길은 경험과 교육을 통해서다. 판단할 역량을 지니려면, 먼저 다양한 쾌락과 연관하여 배우고 경험을 쌓을 필요가 있다. 일단 경험을 쌓게 되면, 그땐 다수결 원리의 민주주의가 의사결정의 최선의 방법이다.

이와 같이 존 스튜어트 밀에서 자유민주주의와 자유교육의 한 고전적 옹호론을 찾아낸다. 가장 근본적인 윤리학 원리는 최대 다수의 사람을 위한 행복을 최대화하는 방향으로 사회를 구축해야 하는 의무를 우리에게 안겨준다. 이 목표를 달성하기 위한 최선의 방법은 교육받은 시민이 다수결 원리의 민주주의를 통해 결정하는 것이다. 교육받은 시민을 확보하기 위한 최선의 방법은 개인에게 자신의 목적을 추구하기 위한 선택의 자유를 부여하는 것이다. 이런 선택들이 지혜롭지 못한 것일지라도, 개인은 선과 악, 고상한 쾌락과 저속한 쾌락을 구별하는 데 필요한 경험을 쌓게 된다.

이 견해는 비즈니스와 경제학에 대한 커다란 의미를 내포하고 있다. 고전적 자유시장 경제학에 있어서 소비자의 수요는 절대적이다. 경제적 거래는 개인이 자신의 행복을 추구할 때 일어나지만, 그 행복은 구하고 있는 걸 취득하는 것이라고 이해되고 있다. 만약 개인이 잘못해 만족스럽지 않은 제품을 사더라도 자신의 잘못으로부터 깨달아, 더 이상 그 제품을 구입하지 않게 되며, 수요와 공급에 의해 시장의 힘은 마침내 불만족스러운 제품을 배제한다.

아마 사회 사상과 정치 사상에 대한 공리주의의 최대 공헌은 경제학에 있어서의 그 영향을 통해서 실현됐다. 벤섬과 밀을 위시해 애덤 스미스를 기원으로, 20세기 신고전파 경제학에 있어서의 윤리 — 기본적으로 우리가 자유 시장 자본주의라고 생각하는 것 — 는 당연코 공리주의적이다. 이와 같이 공리주의는 비즈니스와 비즈니스 윤리에 압도적인 영향을 주었다.

자유 시장 경제 아래에선 경제 활동은 소비자의 수요를 충족하는 걸 목적으로 한다. 수요와 공급의 법칙은, 경제는 소비자가 요구하는 걸 (수요) 재화와 서비스로서 생산 (공급)해야 하며, 건전한 경제는 그렇게 하고 있다고 말하고 있다. 부족과 경쟁 때문에 모두가 구하는 모든 걸 얻을 수 없으므로, 자유 시장 경제의 목표는 욕구를 최적으로 충족하는 것이다. 자유 시장은 개인에게, 무엇을 가장 구하고 있는지를 결정하는 것과 자유롭고 경쟁적인 시장에서 이런 재화를 거래하게 해줌으로써 이 목표를 실현한다. 개인이 자신의 선호를 결정하고 시장에서 가격을 붙이는 과정은 시간의 흐름과 함께, 그리고 올바른 조건 아래서 욕구의 최적 만족을 보장할 것이다.

이 짤막한 기술은 자유 시장 경제가 어떻게 공리주의의 틀에 적합한지를 시사하고 있다. 경제 활동의 목적과 목표는 경제학자가 종종 효용과 복리라고 표현하는 것인데, 즉 소비자 수요의 최대한의 충족이다. 가능한 한 많은 사람이 가능한 한 많은 욕구를 만족할 수 있도록 할 때, 최대 다수를 위해 최대 선을 실천한다. "선"은 욕구의 충족이라는 관점에서 정의된다. 하지만 부족과 경쟁은 모든 욕구를 얻는 걸 방해하기 때문에 개인은 욕구에 우선순위, 바꿔 말하면 자신의 선호를 확정하지 않을 수 없게 된다. 이같이 자유 시장 경제학은 일종의 선호공리주의라고 생각할 수 있으며, 공리주의의 목표는 선호의 최대한의 만족이다.

이 목표를 고려하면, 자유 시장 경제학은 그 목표를 달성하기 위해 가장 효과적 수단이 자유 시장 자본주의 원리에 따라 경제를 구축하는 것이라고 조언하고 있다. 개방적이고 자유롭고 경쟁적 시장에서 개인이 자신을 위해 거래할 수 있는 자유를 인정해야 한다. 이기적 개인 (그리고 주류파 경제학은 자기이익이 적어도 인간의 동기 중 강렬한 경향이라고 상정한다)은 늘 자신의 지위를 개선하기 위한 방법을 찾고 있다. 약속 (계약)은 거래가 자신의 지위를 개선하리라고 쌍방 당사자가 믿을 때 발생한다. 이 상황에 있어서 합리적이고 이기적 개인 간의 경쟁은 최대의 전체 선을 촉진하는 기능을 한다. 한 개인이나 복수의 개인이 타인의 행복을 조금도 해치지 않고 자신의 행복의 개선을 달성할 수 있는 상황이 생길 때마다, 시장의 힘은 이렇게 되는 걸 보장한다. 이처럼 행복을 최대화한다는 공리주의의 목적에 대해, 시장은 가장 효과적 수단으로 인정되고 있다.

2.4 공리주의에 대한 도전

제3장에서 자유 시장형 공리주의를 둘러싼 논의를 고찰한다. 여기서는 공리주의 윤리학에 대한 몇 가지 일반적 도전을 생각해 보자.

이 도전을 두 종류로 분류할 수 있다. 한편으로 옹호 가능한 종류의 공리주의를 모색하려고 하는 공리주의적 견해 내부로부터 제기되는 문제들이 있다. 또 다른 한편으로, 공리주의 전체의 연구 과제의 타당성에 대한 외부로부터 제기되는 문제들이 있다.

여기선 공리주의적 견해 내부에서 논의되는 두 도전을 논하고자 한다. 첫째, 모든 공리주의자들은 행복을 축적하기 위해 정당한 방법을 발견해야 한다. "전체 선의 최대화"와 "최대 다수의 최대 행복" 같은 표현은 측정과 비교하는 형태를 필요로 한다. (그렇지 않으면, 이 상황이 다른 상황보다 행복을 최대화한다는 걸 어떻게 알 수 있는가?) 벤섬은 쾌락을 수량화하는 데 유용한 "쾌락 계산"을 개발하기 위해 전력을 다했다. 밀은 이 문제를 식견 있고 유능한 다수가 판정하는 판단에 일임했다. 경제학자들은 전체의 행복을 결정하기 위해 국민총생산(GNP)과 같은 지표를 과학적으로 측정 가능한 윤리학을 탐구했다. 하지만 공리주의자 간에도 전체 행복을 측정하는 방법에 대한 통일된 견해는 없다.

이 문제는 혼란스럽기만 한데, 그 이유는 공리주의자들이 영향을 받는 모든 당사자가 갖는 귀결을 고려해야 한다고 주장하기 때문이다. 많은 비즈니스 윤리의 쟁점은 이 점이 얼마나 어려운지를 강조하고 있다. 재생 불가능 자원의 사용과 에너지를 위해 화석 연료의 연소가 가져오는 귀결을 생각해 보자. 재생 불가능 자원에 투자하는 일과 석탄, 석유에 현재처럼 계속 의존하는 일 간의 선택의 귀결을 공리주의자들이 어떻게 평가하고 싶어 하는지 판단하기 어렵다. 그러나 이것은 바로 공리주의 원리가 필요로 하는 것이다. (경제학자가 자주 그러하듯이, 행위의 "예측되는" 효용으로 초점을 옮기는 건 공리주의를 단념하는 것이다. 이렇게 되면 귀결이 아닌 의도의 윤리학을 채용하고 있는 것이며, 그건 이미 공리주의가 아니다. 다음 절에서 이 견해를 더 살펴보자.)

공리주의적 견해의 둘째 문제는 상이한 여러 종류의 선과 그것들이 인간의 자유에 주는 의미와 관련된다. 역사적으로, 공리주의자는 사회적, 정치적으로 자유민주주의자다. 즉 그들 모두는 개인의 선택의 자유에 높은 가치를 두었다. 하지만 선과 개인의 자유의 여러 평가들 간엔 갈등이 있다. 간단히 말하면, 자유로운 개인은 자신에게 선이 되는 걸 반드시 선택하는 건 아니다. 공리주의자가 자유를 강조하면 할수록, 그들은 선에 대해 더욱 상대주의적 평가를 견지한다. 이 관점에선 선이 단지 의견, 개인의 욕망, 선호, 욕구의 문제다. 그렇지만, 이것은 윤리학의 전체 과제를 송두리째 단념하는 것인 것 같다. 왜냐하면, 결국 사람들은 때때로 하찮고 비도덕적이고 나쁜 것을 추구하기 때문이다. 반대로 공리주의자가 선한 인생의 내용을 규정하고자 하는 열의를 많이 가질수록, 개인의 자유를 지키고자 한 다짐을 포기할 필요성이 더욱 높아진다. 진실로 무엇이 선인지를 안다면, 그땐 비록 원하지 않더라도, 개개인은 (선을 최대화하기 위해) 일정한 방법으로 행동하지 않으면 안 된다. 개인의 자유와 전체의 선 간에 균형을 발견하는 건 대부분의 공리주의가 직면하는 도전이다.

최후의 도전은 공리주의 견해 내부로부터가 아니고, 공리주의 핵심으로 직접적으로 연결된다. 공리주의의 본질은 귀결주의다. 행위의 선악은 그 귀결에 의해 판단된다. 요컨대, 목적이 수단을 정당화한다. 하지만 "목적은 수단을 정당화하지 않는다"라는 우리가 배운 가장 오래되고 가장 근본적 윤리학 원리 하나를 부정하는 것같이 보인다.

이 도전은 규칙이라든가 원리의 관점에서 설명이 가능하다. 목적은 수단을 정당화하지 않는다고 말할 때, 우리가 의미하는 바는, 귀결이 어떠한 것이든 관계없이 지켜야 할 일정 규칙이나 원칙이 있다는 말이다. 바꿔 말하면, 전체 행복에 진짜 보탬을 낳지 못하더라도 우리에겐 따라야 할 일정한 의무나 책무가 있다. 그런 의무의 예로는 정의, 충성, 존중이라는 원리가 요구하는 덕목들이 있으며, 또 어버이, 배우자, 부인, 시민으로서의 역할에서 생기는 의무가 있다. 의무와 책무를 강조하는 윤리학의 접근 방법은 그리스어의 의무deon에서 온 **의무론적 윤리학**deontological ethics이라고 불린다. 다음 절에서 이 윤리학 전통을 상세히 고찰하고자 한다.

이 비판을 설명하기 위해 몇 가지 예를 들어볼까 한다. 공리주의는 전체 귀결에 초점을 맞추기 때문에, 공리주의는 보다 큰 전체 선을 위해 개인의 선을 기꺼이 희생하는 것같이 보인다. 이를테면, 인구의 소수를 노예적 노동에 몰아넣음으로써 전체의 행복이 증대하는 게 가능할지 모른다. 공리주의자는 원리의 문제로서가 아니고, 노예 제도가 전체의 선을 훼손할 때, 그 정도에 따라 노예 제도에 반대를 할 수 있을 것이다. 만약 노예 제도가 진짜 전체 선을 증대한다고 판명되면, 공리주의는 노예 제도를 지지하지 않으면 안 될 것이다. 많은 사람들의 판단은, 그런 결정은 정의와 평등과 존중의 원리를 침해한다는 것이다. 다음 절에서 전개되는 것처럼, 의무윤리학은 공리주의를 비판하는 데 윤리적 **권리** 개념에 호소한다. 이 관점에선, 그렇게 함으로써 사회 전체의 행복이 증대한다고 하더라도, 개인은 침해받아서는 안 되는 일정한 기본적 권리를 가진다. 따라서 임원 보수를 제한하는 법률을 비판하는 인사들은, 기업은 임원에게 급료를 얼마나 지급해야 하는지를 스스로 결정할 재량을 가져야 한다고 주장하고 있다. 임원에게 지급되는 소득은 회사에 속하는 것이고, 정부에 속하는 게 아니다. 그러므로 그런 법률은 재산권을 침해한다. 권리는 일정한 주요 이익이 더 큰 전체의 행복을 위해 희생되지 않도록 보호하는 기능을 한다. 공리주의는 권리가 전체 선에 기여하는 정도만큼만 권리를 옹호할 수 있다.

공리주의에 대립적으로 제기되는 또 하나의 예는 우리가 형성하는 특정한 관계의 약속과 관련이 있다. 예를 들면, 부모로서 우리는 아이들을 사랑하며 아이들에 대해 일정한 의무를 가지고 있다. 당신 아이의 생명을 구제하는 일과 재능 있고 헌신적인 뇌 외과 의사의 생명을 구하는 일 사이에서 선택을 해야 하는 상황을 상상해보자. 공리주의자는 각 선택의 전체 귀결을 계산함으로써 윤리적 결정을 내리며, 전체 선이 최대화하기만 하면 무엇이든 해야 하는 의무가 부여돼 있다. 이 사례는 뇌 외과의사를 구하는 게 분명히 전체 선에 기여한다는 전후의 맥락이 형성돼 있다. 그러나 그러한 계산을 하기 시작하는 부모에 대해 우리는 어떠한 윤리적 판단을 해야 하는가?

공리주의자라면, 부모의 사랑과 의무가 전체 선에 기여하는 정도만큼만 가치를 고수하는 것같이 보일 것이다. 부모는 아이를 사랑해야 한다. 왜냐하면 그것이 사회 전체의 선에 기여하기 때문이다. (그렇지 않다면 어떻게 되는가?) 하지만 확실히 이 생각은 부모의 사랑의 본질을 오해 (그리고 모욕)하고 있다. 저자가 자신의 아이를 사랑하는 건, 그게 사회에 가져다주는 귀결 때문이 아니다. 의무론자는 그렇게 함으로써 전체 행복을 증대한다고 하더라도 범해서는 안 되는 일정한 약속과 의무가 있다고 주장하고 있다. 그런 약속과 의무를 위반하는 것은 개인에 대해 공통 선을 위해 자신의 고결성을 희생하도록 요구하게 될 것이다. 이와 같이 아론 포이어스타인은, 전체의 좋지 않은 귀결에도 불구하고, 원리의 문제로서 종업원에게 계속 충실해야 했다고 주장할지 모른다. 또는 과도한 임원 보수에 대한 비판자들은, 급료상의 지나친 불평등은 원리적으로 불공정하고 부정이라고 주장할지 모른다. 뒷장에서 기업의 직업상의 책임이 수행하는 역할을 논할 때, 직업적 약속과 의무와 관련된 유사한 주제를 고찰하고자 한다.

2.5 공리주의와 경영 방침

의무윤리학으로 옮겨 가기 전에 공리주의적 윤리학과 비즈니스 윤리의 일반적 관심사를 연결하는 게 유익할 것이다. 가장 기본적 면에 있어서 공리주의는 사회철학인데, 기업과 경제와 같은 사회제도의 기본구조를 결정하는 기준을 제시한다. 사회제도는 전체 선을 최대화하는 방식으로 구조가 짜여야 한다.

앞에서 본 것처럼 공리주의에 대한 비판자는 이것이 적절하거나 완전한 사회 윤리라는 것을 부정한다. 하지만 공리주의자 간에는 공리주의 목표를 달성하기 위한 최선의 수단에 대해서 불일치가 있다. 여기서 공리주의 사상의 두 가지 해석을 소개하는 게 유용할 것이다. 일반적으로 공리주의자는 최고 행복의 목적을 달성하는 수단이면 어떠한 것이든 거기에 주목한다. 이 견해에선, 정책 문제는 시간과 장소라는 특정 상황에 의존하는 실로 실용적 문제다. 그럼에도 불구하고 몇 가지 일반적 패턴을 발견할 수 있다.

공리주의적 공공정책의 한 유형은 다양한 정책의 성과를 예측하고 목적 달성을 위한 정책을 실행하는 전문가가 있다고 생각한다. 이 전문가는 경제학과 같은 사회과학에서 훈련을 받아, 사회가 어떻게 작동하는지 그에 대한 상세한 지식을 가지고 있으며, 따라서 전체 선을 최대화하는 정책을 결정할 수 있다.

공공정책에 대한 이 접근은 정부의 행정적, 관료적 측면 전체에 관한 하나의 이론적 기초가 된다. 이 견해에선, 입법부 (연방정부로부터 지방의 시의회까지)는 공적 목표를 달성, 행정부 (대통령, 주지사, 시장)는 이 목표를 달성하기 위한 정책을 집행 (지휘)한다. 행정부 내에서 근무하는 사람들, 즉 표준적 정부 관료는 사회, 정치 시스템이 어떻게 움직이는지를 알아야 하며, 이 지식을 활용해 입법부의 지침을 실행해야 하며, 전형적으로는 경제학, 법학, 사회과학, 공공정책, 정치학 등의 분야의 교육을 받은 사람들이 많이 배치돼 있다. 이 접근법은 기업에 대한 정부의 광범위한 규제를 정당화한다. 이 규제에 의해 기업 활동이 전체 선에 꼭 공헌할 수 있도록 보장한다.

연방준비제도 이사회가 어떻게 이자율을 정하는지를 생각해 보자. 연방준비제도 이사회가 국가를 위해 최대 선이라고 생각해 설정한 목표, 즉 공공정책상의 "선"이라는 게 있다. (이 목표는 최소한의 인플레이션과 양립하는 지속 가능한 최고 성장률이라고 하는 것이다.) 연방준비제도 이사회는 적절한 경제 지표를 검토해, 현재와 장래의 경제 상태를 판단한다. 만약 경제 활동이 감속하고 있는 것같이 보이면, 연방준비제도 이사회는 경제 성장을 지속하기 위한 수단으로서 이자율을 인하하는 결정을 할 것이다. 만약 경제가 가속이 심하고 인플레이션율이 상승하고 있는 것같이 보이면, 이자율을 올리는 선택을 할지 모른다. 이자율을 올리거나 낮추는 그 자체는 좋은 것도 아니고 나쁜 것도 아니다. 그 행위의 정당성은 그 귀결 여하에 달렸다. 공무원의 역할은 자신의 전문 지식을 이용해 있음직한 귀결을 판단해 최고의 결과를 낳을 것 같은 결정을 내리는 것이다.

공리주의적 정책의 또 한 가지 영향력 있는 유형은 애덤 스미스의 전통을 상기시키는 것인데, 경쟁적 시장이 공리주의적 목표를 달성하기 위한 최선의 수단이라고 주장한다. 이 유형은 민간 사업의 규제를 완화하고, 재산권을 보호하고, 자유로운 교환을 인정하고 경쟁을 촉진하고 추진한다. 그러한 상황에서 합리적 개인의 이기심은 애덤 스미스의 말에 따르면, "보이지 않는 손"에 의해 이끌어지듯이 개인의 행복을 최대한으로 실현하는 결과를 낳는다.

"전문가형"과 "시장형"이라고 부를 수 있는 이 두 유형의 공리주의적 정책 간의 논쟁은 비즈니스 윤리에 있어서 수많은 논쟁을 특징 짓고 있다. 하나의 명확한 사례는 불안전한 직장에 대한 규제에 관한 것이다. 한쪽은 안전과 위험 문제는 전문가에 의해 결정돼야 할 것이며, 이 전문가들은 기업이 지켜야 하는 기준을 제정할 것이라고 주장한다. 정부 측의 규제자 (이 경우는 노동안전위생관리국, 즉 OSHA)는 직장의 안전 기준을 지키는 행정 책임을 맡는다. 다른 쪽은 수용되는 위험과 안전의 최고 판정자는 노동자 자신이라고 주장한다. 자유롭고 경쟁적인 노동시장은 사람들이 원하는 안전의 기준을 얻을 수 있도록 보증할 것이다. 개인은 자신을 위해 자신이 어떤 위험을 취하기 바라며, 안전성을 얻기 위해 어떤 거래를 원하는지를 계산한다. 위험을 꺼리지 않는 노동자는 안전한 노동 환경을 요구하는 노동자보다 급료를 더 많이 받을 것이다. 따라서 시장에 바탕하는 해결은 이런 다양하고 경합하는 이익을 최적으로 충족하는 데 있어서 최선이라고 판명될 것이다.

공리주의적 논법이 정책 입안자와 정책 집행자 간에서 지배적이라는 건 의심의 여지가 없다. 모든 지위의 정책 전문가는 결과와 종결을 중시한다. 이렇게 귀결을 중시함으로써 공리주의는 경제학, 비즈니스 그리고 통치와 같은 분야에 대해선 매력적인 것이 된다. 정책 문제가 결과와 귀결에 의해 평가되어야 한다는 건 명확한 것 같다. 공리주의자의 측정, 비교, 수량화를 중시하는 입장은 또한 정책 입안자가 중립적 관리자여야 한다는 견해를 강화한다. 표준적 견해는, 정책 목표는 사람들(국민)의 민주적 결정에 맡겨야 한다는 것이다. 사람들은 무엇을 원하는지, 그리고 무엇이 자신들을 행복하게 만들어 주는지를 결정한다. 사회 정책은 가능한 한 효율적으로 그들이 목표를 달성할 수 있도록 도울 뿐이다. 효율은 행복의 최대화를 대신하는 말일 뿐이다.

끝으로 공리주의자와 마찬가지로, 정책 전문가는 공동체 전체의 복리에 관심이 많다. 그들은 집단적이거나 총체적 선에 초점을 집중한다. 바로 그 성격으로 인해, 정책 입안자는 광범한 사회적 시야를 가지고 있다. 이 점도 역시 공리주의가 전체선을 중시하는 것과 일치한다.

공리주의와 공공정책 간에 이 같은 긴밀한 관계가 있음에도 불구하고, 심각한 윤리학적 도전은 여전히 남아 있다. 여기서 공리주의적 윤리학의 주요한 대안인 의무론적 윤리학으로 들어가 보자.

2.6 의무론적 윤리학

의무론과 의무론적 윤리학은 우리 대부분이 잘 아는 개념을 주목하고 있다. 윤리학에 대한 이 접근은 개인 도덕과 공공정책의 두 측면에 있어서, 때로는 바른 방침이 그 귀결에 의하지 않고 일정한 의무에 의해 결정된다는 점을 강조한다. 의무duty라는 말보다 더 친근한 동의어엔 책무obligation, 약속commitment, 책임responsibility이 있다. 의무론적 접근은, 공리주의에서 행위는 전체 선에 기여하는 귀결에 따라 언제나 판단돼야 한다는 사고가 틀린 생각이라고 비판한다. 수단을 정당화한다는 공리주의의 신념을 부정한다. 의무론은 귀결에도 불구하고, 우리에겐 해야 할 일과 해선 안 될 일이 있다고 생각한다.

왜 목적은 수단을 정당화하지 않는가를 이해하기 위해, 우리는 공리주의의 목적이 집합적 또는 총체적 선에 초점이 맞춰져 있는 점을 강조할 필요가 있다. 공리주의는 전체의 행복에 관심이 있다. (이 점은 공리주의가 공공정책의 입안자에게 매력적인 한 원인이다.) 하지만 우리들 대부분은 개인의 존엄과 깊은 관계가 있다. 우리는 개인이 더 큰 전체 선을 위한 단순한 수단으로서 사용되어선 안 된다고 믿고 있다. 이 점을 설명하는 뛰어난 방법은, 개인마다 권리가 있으며, 그건 단지 집합적 선의 참된 증진을 낳기 위해 희생되어선 안 된다고 말하는 것이다.

앞에서 언급한 개발도상국의 아동 노동에 관한 논의를 생각해 보자. 빈곤국의 정책 입안자는, 자신의 나라의 생활 수준을 향상하기 위한 최선의 수단은 수출을 증가하는 것이라고 믿고 있다. 수출의 증가는 그 나라가 식료, 의약, 교육 (그리고 빚의 변제)을 위해 쓸 수 있는 국제 결제 통화를 안겨준다. 수출의 증가는 전 시민의 생활 수준을 향상하고, 나아가 이로써 집합적 선의 향상이라는 공리주의 목표를 달성할 수 있다. 그러나 수출을 증가하기 위해선 그 나라는 경쟁국보다 낮은 가격으로 자신들의 재화를 팔 수 있어야 한다. 노동은 주요한 생산요소이므로 인건비를 낮게 유지하는 게 국가 전체에 유익하다. 불행하게도 저임금을 유지하는 하나의 수단은 어린이들의 고용이다. (운동화나 의류 공장에서의 아동 노동 사례는 가장 흔한 현상 가운데서 가장 널리 알려진 예에 불과하다.)

그런 상황에서 아동을 고용하는 건 윤리적인가? 이 관행을 옹호하는 사람은, 전형적으로 공리주의적 근거에 입각해, 어린이는 그 일을 함으로써 그 일을 하지 않는 경우보다 더 잘 살고, 가족 수입에 보탬을 주고, 사회 전체의 복지에 기여한다고 논한다. 비판하는 사람은 의무론적 근거에 입각하여, 비록 유익한 결과가 있다고 하더라도 이런 방법으로 어린이를 다루는 건 비윤리적이라고 논한다. 이 견해에 따르면,

아동 노동은 윤리적으로 아동 학대나 노예 제도와 같다. 그건 원리적으로 잘못된 일이다.

의무론의 한 전통에서는, 윤리적 의무를 독일 철학자 임마누엘 칸트가 지상명령 categorical imperative이라고 부른 원리의 관점에서 설명하고 있다. (imperative는 명령이나 의무이고, categorical은 예외가 없다는 뜻이다.) 칸트에 따르면, 우리의 으뜸가는 의무는 우리 행위의 격률maxim이 보편적 법칙이 될 수 있는 방법으로만 행동하는 것이다. 이 말은 꽤 직관적인 것에 대한 매우 추상적 표현이다. 우리 행위의 "격률"은 우리 행위의 배후에 있는 의향이라고 생각할 수 있다. 격률은, 나는 무엇을 하고 있는가에 답한다.

칸트는, 우리는 보편적으로 용인되고 따를 수 있는 격률에 따라서만 행위해야 한다고 말하고 있다. (모든 인간 행위가 자신의 이익을 위한 것이라는 이기주의 견해에 칸트는 어떻게 응답할까 생각해 보자.) 예컨대, 칸트는 진실을 말하는 건 보편적 법칙이 될 수 있으나, 거짓말을 하는 건 그렇지 않다고 믿고 있었다. 만일 모든 사람이 언제나 사정이 좋을 때 거짓말을 한다면, 합리적 의사소통은 불가능할 것이다. 따라서 거짓말은 비윤리적이다. 이 같은 보편성의 조건은, 황금률처럼, 우리 자신의 개인적 견해에다 타인의 견해를 뛰어넘는 특권적 지위를 부여하지 못하게 한다. 이것은 윤리를 위한 강력한 불편성不偏性과 평등에 대한 요구다.

칸트는 또 다소 추상성이 적은 지상명령의 다른 두 가지를 제시하고 있다. 그는 윤리학이 우리에게 모든 사람을 결코 수단으로서만 다루지 말고, 목적으로 다룰 것을 요구한다고 주장한다. 또 하나는, 우리가 사람을 객체가 아니고 주체로서 다루어야 한다고 요구받고 있다. 이들은 사람을 스스로 생각하고 선택하는 능력을 가진 존재로 다룰 약속을 재확인하고 있다. 인간은 주체다. (문법에서 잘 아는 주어, 목적어 범주를 빌려 설명하자면, 인간은 남에 의해 움직이는 게 아니라 스스로 행동한다.) 인간은 자신의 목적을 가지고 있으며, 그러므로 타인의 목적에 대한 수단으로서 단지 다루어져선 안 된다. 제3장에선, 칸트주의적 근거에 입각해, 기업 경영자가 기업 활동의 영향을 받는 모든 이해관계자 (스테이크홀더)에 대해 직접적 책임이자 윤리적 책임인 기업의 사회적 의무에 관한 견해를 검토하고자 한다.

이와 같이 이 칸트주의의 이론에 따르면, 근본적인 윤리적 의무는 사람을 인격적으로 존중하고, 사람을 자율적 삶을 동등하게 영위할 능력을 가진 존재로서 다루어야 한다는 것이다. 그러나 각자가 타인에 대해 이 같은 근본적 의무를 갖고 있으므로, 우리 각자는 존경심을 갖고 다루어져야 하는 권리, 즉 목적으로 다루어지되 수단으로서는 다루어져서는 안 되는 권리를 가지고 있다고 말할 수 있다. 내가 타인을 내 목적을 위한 수단으로 취급하지 않는 한, 나는 자신이 자율적으로 선택한 자신의 목적을 추구할 권리를 가지고 있다.

이는 권리와 의무를 이해하는 보통의 방법을 말한다. 철학자는 때때로 권리와 의무의 상관관계를 주장한다. 이는 내 권리는 당신 권리를 설정하며, 내 의무는 타인의 권리에 해당한다는 말이다. 의무론의 전통은 의무에 초점을 맞추는데, 그 의무는 내 행위에 윤리적 제한을 설정하는 것이라고 생각할 수 있다. 필자의 생각으로는, 의무란 내가 타인에 대해 지고 있는 빚이다. 타인은 내 행위에 대해 무엇인가를 요구한다. 바꿔 말하면 그들은 나에 대해 무엇인가 권리를 가지고 있다.

따라서 앞의 사례로 돌아가 보면, 칸트주의는 아동 노동을 반대할 것이다. 왜냐하면 그런 관행은 어린이를 존중심으로써 다루어야 하는 의무에 반하기 때문이다. 어린이를 생산과 경제 성장의 목적을 위한 단순한 수단으로 다룬다면, 어린이의 권리를 침해하게 된다. 우리는 어린이를 단지 수단으로 취급하고 있다. 왜냐하면, 어린이는 자신의 목적을 합리적으로 자유로이 선택할 능력이 없기 때문이다.

여기서부터 의무론적, 또는 권리에 바탕을 둔 윤리학에의 접근이 더한층 복잡해진다. 완벽한 이론이 되려면, 우리가 어떤 권리를 가지고 있는가, 그런 권리가 어떻게 정당하게 되는가, 권리의 영역과 범위, 그리고 권리의 우선순위를 정하고 상이한 권리 간의 충돌을 해결하는 과정이 구체화되지 않으면 안 된다. 후속하는 여러 논의를 평가하기 위한 준비로서, 이 물음들과 관련해 간단하게나마 논의해 보고자 한다.

권리를 이해하는 한 가지 방법은 권리를 이익의 보호라고 생각하는 것이다. 개인의 욕구와 이익은 자주 구별되곤 한다. 욕구 (또는 욕망)는 개인의 심리 상태다. 실제로 그건 사람이 추구하는 것이다. 개인은 자신이 무엇을 욕구하는지를 알고 있음에 대해 특권적 지위를 갖는다는 의미에 있어서, 욕구는 주관적으로 인식된다. (무엇을 욕구하는 개인의 주장을 반대하는 경우를 상상해 보자.) 이익은 개인의 편익을 위해 작용하며, 그 개인에게 좋은 것과 객관적으로 연결돼 있다. 사람들은 가져서 이익이 되는 걸 항상 바라는 건 아니다.

예컨대, 만일 선택이 주어진다면, 아이들은 아침마다 단맛이 나는 시리얼 식사를 먹고 싶어 할지 모른다. 부모는 그런 식사는 그들의 이익이 되지 않는다는 이유로 그걸 반대한다. 이 경우, 욕구와 이익은 충돌한다. 마찬가지로, 강의를 '빼먹고' 싶어 하는 대학생이 많지만, 그건 그들의 이익이 되지 않는다. 다른 한편, 욕구와 이익은 일치할 수 있다. 좋은 교육과 양호한 건강을 원한다면, 이 양쪽을 얻으면 이익이 된다.

위에서 보았듯이 공리주의의 일부 유형은 행복을 욕구의 충족이라고 이해하며 윤리학의 최종 목표로 이해한다. 이 공리주의는 욕구와 이익에 대한 결정의 최선의 방법은 그 사람 자신의 결정에 일임하는 것 (그들에게 자신의 욕구 추구를 맡기는 것)이라고 논할 것이다. 어느 쪽이든 공리주의자는 모든 욕구와 이익은 그것이 대등하게 행복을 낳는 정도만큼 대등하게 충족될 만한 가치를 가지고 있다고 믿고 있다. 만일 불안전한 직장으로부터 보호를 받고자 하는 욕구가 높은 임금에 대한 욕구와 동등하다면, 각각의 욕구는 동등하게 충족되어야 한다. 이 평등성을 고려해 보면, 가급적 많은 욕구를 충족하고자 하는 공리주의의 약속은 이치에 맞는 전략처럼 보인다. 그러나 의무론자는 욕구와 이익은 같은 것이 아니라고 논한다. 의무론자는 적어도 어떤 이익은 개인의 복지를 위해 매우 중요하므로, 그것들은 단지 전체의 행복 증진을 위해 희생되어선 안 된다고 주장한다. 권리는 이런 이익이 희생되는 걸 방지하는 역할을 한다.

인터넷상으로 음악과 영화 파일을 내려받아 공유하는 사례를 생각해 보자. 무제한의 다운로드를 허용하는 공공정책을 채용함으로써 더 큰 전체의 행복을 도모하는 경우라고 하면 납득하기가 쉬울 것이다. 다만 상대적으로 소수의 사람들, 대부분 예술가와 제작자가 불만일 것이다. 공리주의적 근거에 따르면, 규제받지 않는 다운로드를 허용함으로써 공공의 이익을 최대한으로 도모할 수 있는 것같이 보인다. 그러나 예술가와 제작자는 자신들이 그런 정책을 금지해야 하는 재산권을 가지고 있다고 주장할 것이다. 사람들이 무료로 음악을 듣고 무료로 영화를 보는 권리는 개인이 자신의 재산을 관리하는 이익과 같은 레벨의 것은 아니다. 권리는 때때로 집합적 선에 우선하는 "으뜸패"라고 설명된다. 권리는 그렇게 기능한다. 왜냐하면 권리는 타인의 단순한 행복보다 인간 행복에 중요하고 중심적인 어떤 이익을 보호하기 때문이다. 권리와 이익의 관계는 중요한데, 그 이유는 우리가 어떤 권리를 가지고 있는지를 결정하는 방법을 제시해 주기 때문이다. 중심적이고 중요한 이익을 규정하고 이익을 단순한 욕구와 구별함으로써 인권의 범위를 결정할 수 있다.

그러면, 우리는 어떤 권리를 가지고 있는가? 과제는 너무 많지도 너무 적지도 않은 권리를 부여하는 이유를 밝히는 것이다. 내가 사는 지역 사회에 또 하나의 예가 있다. 도시 계획자는 이 지역에 도로를 건설하는 청사진을 가지고 있다. 계획된 도로의 하나는 그 시내의 귀한 참나무 숲 지대를 뚫고 파괴하는 것이었다. 그 계획이 공표되자, 지역 주민은 갖가지 환경보호의 이유를 내세워 반대했다. 도시 계획 그룹의 감독자는 반대자에게 답하길, 지역 주민에게는 "체증 없는 도로를 가질 권리가 있다"고 주장한다. 확실히 이 권리에 대한 견해는 너무 넓다. 앞에서 언급한 권리와 이익의 관계는 이것을 위한 좋은 기준이다. 만일 권리가 의무를 수반한다면, 또 사람들은 교통 체증이 없는 도로를 가질 권리가 있다면, 그땐 누군가 (지방 정부일까?)가 사람들이 교통 체증 속에서 피해를 입지 않도록 충분한 도로를 제공할 의무를 가지고 있는 것으로 생각한다. 세금을 인상하고, 환경을 파괴하고, 토지를 수용하는 등 많은 사람들의 행복에 큰 손해를 끼치지 않고서는 그 일을 이루기가 어렵다.

이 점은, 단지 무엇을 절실히 바란다고 해서 "권리"를 얻을 수 있는 것은 아니라는 것을 시사한다. (비판자들은 이것이 권리를 바탕으로 한 윤리학 문제라고 생각한다. 이런 경우는 사람들을 자기중심의 개인주의로 밀어 넣고, 자신의 욕구를 권리라고 치부함으로써 자신의 이기적 욕구를 특별 취급하려고 한다. 누군가가 원하는 것이 무엇이든 결국 권리라고 부르게 되고, 그 결과 사람들은 사회가 이걸 자신들에게 제공해 주길 기대하게 된다.) 하지만 우리도 권리에 대해 지나치게 좁은 견해를 가지고 싶지 않다. 이유가 너무 약해도, 권리가 너무 적어도, 공리주의를 지향하는 전체 이론은 무너진다.

우리는 최소한 존중에 대한 본래의 개념과 그 기초가 되는 자율과 존엄의 요소로 되돌아감으로써 권리의 일반적 설명을 할 수 있다. 인간이 특별한 존엄을 가지고 있다는 상정을 정당화하는 인간의 특성은 무엇인가? 인간을 목적이나 주체가 아니고, 단순한 수단이나 객체로 다루는 게 왜 잘못인가?

서양 윤리학 전통을 통해 제시된 가장 일반적 답은, 합리적 선택을 하는 인간 능력이 인간 특유의 특성이라는 것이다. 인간은 오로지 본능과 조건 부여로부터 행동하지 않으며, 자신의 인생을 어떻게 살 것인지에 대해서, 그리고 자신의 목적에 대해서 자유로운 선택을 한다. 이 의미에서 인간은 자율성을 가졌다고 말할 수 있다. 인간은 행동을 일으키고, 선택하고, 자신을 위해 행동한다는 뜻에서 주체다. 누군가를 수단으로서나 객체로 다룬다는 건, 이 고유의 본질적 인간의 특성을 부정하는 것이다. 그건 마치 바로 그 사람의 인간성을 부정하는 것일 것이다.

이 견해를 통해 철학적 윤리학 내부에서 어떻게 하여 두 가지 관련된 권리가 기본적인 것으로 나타났는지를 알 수 있다. 만약 자율성, 즉 자기 지배가 인간 본성의 근본적 특징이라면, 그땐 자신의 선택을 하는 자유가 기본권으로서 특별히 보호할 가치가 있다. 하지만 모든 인간이 이 근본 특성을 가지고 있으므로, 대등한 취급 (또는 배려)도 기본 권리다.

요약하면, 권리는 일정한 중심적 인간의 이익을 보호해 주며 단순한 전체의 행복을 증대하기 위해 이런 이익이 희생되는 걸 금지한다고 할 수 있다. 하지만 욕구에 반하는 이익은 객관적으로 보아 인간의 행복과 연관되어 있다. 자유롭고 자율적인 선택을 하는 능력이라고 특징화되는 인간 본성은 중심적 이익과 단순한 욕구를 구별하는 근거가 된다.

2.7 덕윤리학

대체적으로 윤리학에 대한 공리주의적 접근과 의무론적 접근은, 우리가 개인으로서 그리고 시민으로서 무엇을 해야 하는지를 결정하는 데 따를지 모르는 규칙과 원칙에 초점을 맞춘다. 그런데 제1장에선, 윤리학은 또한 개인은 어떠한 사람이 돼야 하는가 하는 문제에도 관심이 있다는 걸 지적했다. 덕윤리학德倫理學은 선하고 충실한 인간의 삶을 구성하는 성격 특성, 즉 덕德에 관한 충분하고 상세한 설명을 탐구하는 철학적 윤리학의 한 정통이다. 이 장을 마무리하기에 앞서 비즈니스 윤리에 중요한 덕과 그에 대치되는 악에 대해 고찰하는 게 가치 있을 것이다.

덕윤리학이 어떻게 공리주의적 접근과 의무론적 접근과 다른지를 이해하기 위해, 이기주의 문제를 고찰하고자 한다. 앞에서 언급했듯이 이기주의는 사람들이 자기이익에 따라서만 행동한다는 견해다. 예컨대, 많은 경제학자는 모든 개인이 언제나 자기이익을 위해 행동한다고 상정한다. 확실히, 많은 사람들은 합리성 자체가 자기이익에서 행동하는 것으로 정의되어야 한다고 상정한다.

이기주의에 의해 제기되는 최대 도전, 즉 윤리학에 대한 최대 도전은 자기이익과 이타주의 간의, 즉 "자기 중심적" 동기와 "타인 중심적" 동기 간에 있는 명백한 간극이다. 윤리학은 우리에게 적어도 때로는 남의 행복을 위해 행동하길 요구한다. 하지만 그건 불가능하다고 주장하는 사람도 있을 것이다. 인간은 오로지 자기이익의 동기에서 행동한다.

그러나 철학자와 심리학자가 알고 있듯이, 인간 동기는 이보다 더 복잡하다. 이기적 이유에 의해서만 동기를 갖게 되는 사람도 있으나, 그렇지 않은 사람도 많다. 타인에 대한 깊은 배려, 동정, 공감, 존경에 의해 동기를 갖게 되는 사람도 있다. 중요한 건, 모든 부모가 알고 있듯이, 이런 동기의 요인은 가르치고 배울 수 있다는 점이다. 인간은 본성적으로 상냥하고 동정적이지 않으며 아니며, 본성적으로 이기적이고 탐욕스럽지도 않다. 인간에겐 이기적 존재와 상냥한 존재가 될 수 있는 양쪽의 능력이 있다.

우리는 일단 이 사실을 알게 되면 (그리고 철학자는 적어도 플라톤과 아리스토텔레스의 시대로부터 이를 알고 있다), 선하고 의미 있는 인생으로 유도할 것 같은 동기와 불행한 인생으로 유도할 것 같은 동기를 구별할 수 있게 된다. 전자의 동기군動機群, 즉 성격 특성은 **덕**이라고 부르며, 후자의 동기는 **악덕**이라고 부른다. 덕의 윤리학은 우리를 의미 있는 행복한 인생으로 유도하는 성격 특성과 습관의 계발을 도모한다. 덕윤리학에 있어서 이런 특성의 획득은 윤리학의 근본 문제가 된다. 사람들에게 정직하고, 신뢰받는, 충실하고, 예의 바르고, 절도 있는, 공손하고, 동정적인 사람이 되는 것을 가르칠 수 있을까?

부모 되는 사람은 매일 이 물음에 직면한다. 만일 내 아이들이 정직하고, 공손하고, 쾌활하고, 절도 있고, 탐욕스럽지 않고, 시기심이 없고, 우울하지 않고, 교만하지 않고, 이기적이지 않으면 그들은 더 행복하고 의미 있는 인생을 살 것이라는 걸 알고 있다. 그러나 단순히 정직하고 욕심을 내지 말라고 말하는 것만으론 불충분하다. 소극적인 태도로 있으면서 이런 특성은 자연히 발달한다고 상정할 수 없다. 이런 성격 특성이나 습관을 주입시키려면 시간이 걸려 장기 과정이 필요하다.

또한 기업체들도 성격 형성은 어렵고 피할 수 없는 것이라고 인식하게 됐다. 종업원은 일정한 성격 특성과 습관을 지니고 직장에 오는데, 이것들은 직장에서 형성되고 강화된다. 나쁜 성격 특성을 가진 사람을 고용하면, 앞으로 골칫거리가 생긴다. 직장을 설계하고 회사 문화를 조성하고 덕을 강화하고 악덕을 막는 일은 윤리적 기업의 최대 도전의 하나다.

덕윤리학은 '사람이 무엇을 **해야** 하는가'라는 물음으로부터 '그 사람이 어떤 종류의 사람**인가**'라는 물음으로 초점을 옮기고 있다. 이 이동은 윤리학에 대한 다른 견해를 요구할 뿐만 아니라, 적어도 똑같이 중요한데, 우리 자신에 대한 다른 견해도 요구한다. 이 구별이 묵시적으로 시사하는 바는, 우리의 개인으로서의 아이덴터티가 우리의 욕구, 신념, 동기, 가치관, 태도에 의해 어느 정도 구성돼 있다고 인식하는 것이다. 개인의 특성, 즉 일반적으로 "개성"이라고 하는 기질, 관계성, 태도, 신념은 그 사람의 아이덴터티와 독립적인 특징은 아니다. 오히려 자기란 개인의 가장 근본적인 지속적 기질, 태도, 가치관, 신념과 같다.

예로서 이 장 앞부분에서 다룬 경영자의 과잉 보수 사례를 생각해 보자. 모든 CEO가 도를 넘는 보수를 요구하고 있는 건 아니라는 사실을 알고 있는 게 중요하다. 덕이니 악덕이니 하는 말은 우리가 연관된 동기와 관련해 고찰할 때 매우 중요한 관계가 있는 것 같다. 왜, 상대적으로 더 낮은 보수로도 행복한 사람들이 있는 한편, 1년에 수백만 달러나 요구하는 사람들이 있는가? 과잉 보수를 받을 수 있음에도 불구하고 받지 않는 CEO를 생각하면, 온건, 절제, 자기억제, 멸사滅私, 겸손이라고 하는 덕목들이 생각난다. 방종, 탐욕, 후안, 경쟁심, 이기심은 그 반대편의 CEO와 관련해 생각나는 단어들이다. 온건하고 억제된 욕망을 가진 사람에겐 도를 넘는 보수가 단순히 한 선택지가 아니다. 그건 그 사람에게 어울리지 않는다.

덕윤리학은 비즈니스 내부의 인생을 더욱 충실하고 세밀하게 이해할 수 있게 해준다. 사람들은 단지 좋다 나쁘다, 옳다 그르다라고 묘사하지 않고, 윤리학은 더 상세한 묘사를 하도록 힘을 보탠다. 예컨대, 우리는 아론 포이어스타인을 영웅적이고

용감하다고 묘사할지 모른다. 그는 고결한 사람이며, 종업원을 동정해 그들의 복지를 생각한다. 다른 경영자들은 탐욕적이거나 무자비하고, 자만하거나 경쟁을 좋아하는 사람으로 묘사될지 모른다. 곤란한 딜레마에 직면할 때 우리는 이렇게 물을지 모른다. 고결한 인격자라면 어떻게 할까? 정직한 사람이라면 어떻게 말할까? 나는 내 소신대로 할 용기를 가졌는가?

하지만 덕윤리학은 비즈니스 라이프의 상세한 묘사 이상의 것을 구한다. 모든 윤리학 이론처럼 덕윤리학도 우리가 어떻게 살아야 하는가에 대한 조언에 있어서 규범적이다. 덕윤리학은 두 가지 더 깊은 물음에 대해 생각해볼 것을 요구한다. 도덕적 행위와 관련해 더 상세하고 체계적인 묘사가 주어진다면, 어떤 일련의 덕이 더 충실하고 만족스럽고 의미 있고 풍부한 가치 있는 인생을 구체화할 것 같은가?

비즈니스는 관대하거나 아니면 탐욕스럽게, 무자비하거나 아니면 동정심이 있게, 공정하거나 아니면 속이는 행동을 하는 기회를 제공한다. 이런 기회가 주어지면, 우리는 각자 어느 성격 특성이 선한 인생을 살도록 도와줄 것 같은지, 그리고 어떤 성격 특성이 그걸 좌절시킬 것 같은지 묻지 않으면 안 된다. 우리는 어떠한 사람이 되어야 하는가?

덕과 충실한 인생의 개념을 연결하는 일 이외에, 덕윤리학은 성격 특성이 어떻게 형성되고 조절되는지를 고찰해 보도록 한다. 우리가 성인이 되기까지 우리의 성격 대부분이, 말하자면 부모, 학교, 교회, 친구, 사회라는 요인에 의해 형성된다. 하지만 기업처럼 강력한 사회제도, 특히 우리 자신의 직장과 거기서의 자신의 특정한 (예컨대, 경영자, 전문가, 견습생) 사회적 역할은 우리의 성격 형성에 깊은 영향을 준다. 한 그룹의 견습생을 고용하더라도 그 절반 이하만 남고, 더욱이 그 소수만 파트너 (공동 경영자)가 되는 회계법인이 촉진하는 동기 부여와 행동은, 더 적은 인원을 고용하되 그 전원에게 장기적 성공 기회를 주는 회사와 크게 다르다. 비현실적 판매 목표를 설정하는 회사의 판매진은 판매를 고객 서비스로 이해하는 판매진과는 다르다.

덕윤리학은 우리가 비즈니스 세계에서 발견하는 실제 관습에 주목하고, 어떤 형의 인간이 이 관습에 의해 만들어지는가를 묻도록 한다. 비즈니스 윤리 내부에서 발생하는 여러 가지 개인적 도덕상의 딜레마는 우리가 되고자 원하는 인간형과 기업이 원하는 인간형 간의 갈등에서 생기는 것이라고 이해하는 게 가장 좋다.

판매회사와 광고대리점 내부에서 발견된 가치관의 실증적 연구를 하고 있는 사람이 필자에게 설명해 준 사례를 생각해 보자. 이 사람이 전하는 바에 의하면, 몇 번인가 광고대리점 사원이 그녀에게, 그는 자신의 아이들에게 자기 회사가 제작한 텔레비전 프로나 광고를 보는 걸 금하고 있다고 했다. 그들 자신이 인정하는 바에 의하면, 그런 프로의 광고는 실제 가치가 없는 제품을 어린이에게 속여서 판다거나 부모에게 파는 걸 목적으로 하고 있다. 일부의 예이지만, 광고에서 맥주를 마시는 걸 선전하고 있는데, 그 광고주 자신이 "더러운 비밀"로서 그것이 10대 젊은이 시장을 겨냥한 것이라고 인정한 적이 있었다. 게다가 그들 자신의 조사는 그 광고가 매상을 늘리는 데 얼마나 성공했는지를 보여 주었다.

어린이를 향한 광고에 대해 우리가 갖는 윤리적 물음과는 별도로, 덕윤리학의 접근은 자신과 자신의 가치를, 자신의 하는 일과 그 일을 독려하는 사회제도뿐만 아니라 관행과 관계를 끊을 수 있는 인간형을 주목할 것이다. 어떤 인간형이 자신의 아이가 수용하기를 꺼리는 마케팅 관행에 어린이들을 밀어붙이는가? 그런 사람은 가장 기초적 형태의 인간적 순수성마저 없는 것같이 생각된다. 어떤 종류의 조직이, 자신들이 품위 없다고 인정하는 방법으로 어린이를 취급하라고 사람들을 촉구하는가? 어떤 종류의 사람이 그런 조직체에서 일하게 되는가?

2.8 요약과 복습

분명코 철학적 윤리학에 관한 이 개요는 매우 추상적이며, 비즈니스 세계로부터 유리돼 있는 것처럼 보일지 모른다. 보기엔 그러할지 모르지만, 이들은 윤리 문제를 고찰하는 데 기본적 범주다. 그렇지만 이 이론들을 특정한 결정을 낳도록 하는 방법으로 상황에 적용돼야 하는 외적 규칙으로서 다루고 싶은 유혹은 극복해야 한다. 이 이론들은 일반적 사고 방식에 이미 존재하고 있는 기본 원리를 추출해 명확화하기 위한 시도라고 이해하는 게 좋다. 일단 그런 원리가 명확히 설명되고 나면, 철학자의 역할은 거기에 담겨 있는 의미를 꺼내어 정당화하는 것이다. 그리고 원리는 실천적 의사결정으로 다가간다.

이렇게 이해하면, 윤리학 이론은 처음에 그렇게 보인 것처럼 추상적이고 막연한 것이 아니다. 윤리학 이론은 사고 방법을 유도할 것을 의도하면서 이와 못지않게 사고의 일반적 방법에서 밝혀져 나왔다.

공리주의를 생각해 보자. 공리주의 사상의 근본적 통찰은 무엇을 해야 하는가를 결정하기 전에, 행위의 모든 귀결을 고려해야 한다는 것이다. 이치에 맞는 한 원리는, 행위가 자신에게 안겨주는 귀결뿐만 아니라, 영향을 받는 모든 당사자에게 미치는 우리 행위의 귀결도 고려해야 한다는 것이다. 공리주의의 윤리학 이론은 이 통찰의 의미하는 바를 규명하려고 노력하고 있다. 그렇게 함으로써 이 이론은 우리가 어떻게 인생을 살아야 하는가라는 윤리학의 근본 문제에 답할 수 있는 강력한 접근법을 제시한다.

대부분의 경제적 결정은 묵시적으로 공리주의적 근거에 의해 정당화된다고 말하더라도 지나친 말은 아닐 것이다. 공리주의의 장점과 단점을 이해하는 건 여러 가지 경제적 사항에 대한 합리적 관점을 개발하는 데 필요하다. 애덤 스미스에서 볼 수 있는 시장에 기초하는 경제의 독창적 이론적 근거로부터 유한책임회사의 설립을 위한 초기의 법적 이론적 근거 그리고 공공정책, 법에 기초한 재정, 고용, 소비자 운동과 세계 무역에 이르기까지, 공리주의적 고찰은 결정적이지는 않지만 현저한 역할을 수행했다.

마찬가지로, 윤리학에 대한 의무론적 접근은 "목적은 수단을 정당화한다"라는 일반적 표현으로 인식되고 있는 또 다른 통찰을 가지고 있다. 공리주의 윤리학이 귀결의 관점에서 판단을 한다면, 의무론적 접근은 귀결을 고려하지 않고 해야 하는 일과 해서는 안되는 일이 있다고 주장한다. 원리의 문제로서 해야 할 행위와 해서는 안 되는 행위가 있다. 그리고 비록 유익한 귀결을 얻기 위해선 다른 행동을 취해야 하더라도 원리에 따라 행동을 하는 건 우리의 의무다. 개인의 권리를 존중하고 윤리적 의무를 수행하는 건 좋은 귀결을 낳는 걸 목표로 하는 결정에 제한을 가하는 경우도 있다.

권리와 의무라는 어구는 앞으로의 논의에 있어서 주된 역할을 할 것이다. 칸트주의 윤리학이 종업원은 어떻게 다루어져야 하는가에 대한 논의에 큰 공헌을 하리라는 걸 확인하기 위해선, "인적자원 관리"와 "생산의 한 요소로서의 노동" 같은 표현을 곰곰이 생각해 보기만 하면 된다. 생산성이라는 목적을 위한 단순한 수단으로서 종업원을 다루는 건, 유익한 귀결이라는 관점에선 유용할지 모르나, 의무론적 윤리학은 이를 거부한다. 마찬가지로 회계사, 감사, 법률가, 재무분석가, 이사회 같은 문지기 역할과 관련 있는 전문직의 의무도 기업 활동에 윤리적 제한으로서 기능한다.

마지막으로 덕윤리학은 우리에게 특정 결정과 행위로부터 한발 물러서, "나는 누구인가?" "나는 어떤 종류의 사람이 되어야 하는가?"라는 대단히 의미심장한 개인적인 질문을 하라고 촉구한다. 일생의 과정을 통해 우리 각자는 개인의 성격을 발달시켜 가는데, 이 성격은 우리가 무엇을 믿는가, 무엇을 가치 있는 것으로 평가하는가, 무엇을 욕구하는가, 어떻게 행동하는가에 반영된다. 이 성격은 습관, 기질, 개성에 나타난다. 덕윤리학은 어떤 습관과 성격 특성이 의미 있고 행복한 인생의 일부가 될 것 같은지를 밝히는 일을 추구한다. 정직, 고결, 절도, 신뢰라는 덕목을 보통 언어로 나타내든, 탐욕, 물질주의, 호전성, 무례와 같은 악덕이 흔히 듣는 말로 표현되든, 덕윤리학은 통상 비즈니스 생활에 있어서 중요한 역할을 한다.

이 장에서 설명한 윤리학에 대한 기본 접근법은 비즈니스 윤리를 이해하며 비즈니스에 있어서 책임 있는 윤리적 결정을 하는 데 불가결한 수단을 제공할 것이다.

논의를 위한 사례를 다시 생각해 보자

첫머리의 논의를 위한 사례에서 기술한 거액의 급료에 대한 크게 상반되는 두 가지 반응을 생각해 보자. 한쪽의 반응은 어깨를 으쓱하면서 이건 당연하다고 주장하는 태도일 것이다. 한편 막대한 회사 재산에 대한 권한을 가진 사람이 있어 자신과 친구가 거대한 금전상의 이익을 거두기 위해 그 권력을 행사한다는 걸 단순히 인정하는 사람도 있을 수 있다. 실제 기업 내부와 외부엔 이런 태도를 취한 사람은 거의 없었다. 예외 없이, 이런 급료에 대한 일반 사회의 반응은 규범적이거나, 아니면 평가적인 것이었다. 즉 모두가 이 결정을 비판하거나 옹호하는 입장을 취한다. 윤리적 개념과 범위를 건드리지 않고 경영자 보수에 대해 의견을 제시하긴 어려울 것이다.

이 입장들을 곰곰이 생각해 보면, 대부분의 사람들이 규범적 쟁점을 생각하는 방향으로 패턴을 발견할 수 있다. 많은 사람들은 귀결의 관점에서 경영자 보수의 윤리성을 판단한다. 즉 옹호자는 유익하다고 생각하며, 비판자는 유해하다고 생각한다. 어느 견해를 취할 것인지를 결정하려면, 적어도 부분적으로는, 그런 급료에서 생기는 현실 세계의 귀결을 조사해야 할 것이다. 윤리학적 분석은 이따금 실증적 조사를 요구할 것이다. 즉 고액의 경영자 보수는 실제로 그 업적과 높은 상관관계가 있는가, 스톡 옵션은 단기적 사고와 소득 조작을 실제로 촉진하는가. 사실의 규명은 윤리학적 분석에 있어서 중요한 역할을 한다. 그리고 이것은 분석 과정에서 취할 유익한 제일 단계일 것이다.

이 사례는 또한 실증적 귀결과는 연관이 없는 원리와 기준이라는 윤리학적 쟁점을 제기한다. 재산권과 수탁 의무는 귀결주의적 사고에 윤리적 제약을 부과하는 두 요인이다. 예컨대, 이사는 주주에 대해 회사 경영자에게 이익을 주는 욕망을 능가하는 수탁 의무를 가지고 있다고 주장하는 사람이 많다. 원리와 의무를 식별하는 과정에 있어서 유익한 방법은 양자택일의 결정에 의해 누가 이익을 보느냐, 그리고 누가 손해를 보는지 묻는 것이다. 일단 그런 이해관계자가 밝혀지면, 이번엔 이익을 제공하는 의무와 위해를 막는 의무를 가진 개인이나 조직이 있는지를 묻는 것이다.

끝으로 이 사례는 또한 개인의 덕과 악덕에 대해서도 묻는다. 얼핏 보면 다음과 같은 일은 기술적記述的 작업이다. 예컨대, 돈을 욕심내는 나머지 소득 신고서를 조작하는 사람을 기술하는 일, 매년 10만 달러의 보수가 충분하지 않은 사람을 기술하는 일. 하지만 이 기술 속엔 규범적 요소와 평가적 요소가 들어 있다. 탐욕스러운 것으로 기술된 사람은 실제로 성격상의 결점을 가지고 있다. 고결한 사람은 칭송되고 영예스럽다. 물론 이런 기술에 대한 한 가지 도전은 "그래서 어떻단 말이냐?"라는 물음에 답하는 것이다. 내가 욕심이 많은데, 어떻단 말인가? 내가 고결하지 않다고 해서, 왜 걱정해야 하는가? 이 물음들은 윤리적 동기의 핵심과 직결된다. 비즈니스 윤리는 좋은 행위와 옳은 행위의 정당화를 추구할 뿐만 아니라, 사람들이 그에 따라 행위하도록 동기를 부여하기 위해 노력한다. 이것은 오늘날의 회사 경영자가 직면하는 가장 중요한 윤리학적 도전의 하나다.

복습 문제

1. 윤리적 상대주의와 그 입장에 대해 적어도 세 가지 철학적 도전을 설명하라.
2. 윤리학에의 공리주의적 접근, 의무론적 접근, 덕에 바탕하는 접근을 구별하라. 각각의 장점과 단점은 무엇인가?
3. 공리주의적 윤리학은 비즈니스와 어떤 관련이 있는가? 공리주의적 윤리학에 대해 적어도 세 가지 주요한 도전을 설명하라.
4. 의무론적 윤리학은 어떻게 개인의 권리와 인간 본성의 관계를 정립하는가?
5. 덕과 악덕의 리스트를 작성하라. 참고로, 보이스카우트와 걸스카우트 단원의 "스카우트 단원은 신뢰가 있고 충성심이 있고 유용한 … "로 시작되는 서약을 생각해 보자. 이들의 다양한 덕은 어떤 방법으로 통합되는가?

주석

1) *Fortune*, June 25, 2001. 이 특집 기사는 아래 가사를 포함한다.
   "The Great CEO Pay Heist" by Geoffrey Colvin (p. 64).
   "This Stuff Is Wrong" by Carol Loomis (p. 73), and "The Amazing Stock Option Sleight of Hand" by Justin Fox (p. 86).
2) 경영자 보수의 윤리에 관한 설득력 있는 분석으로선 아래를 참조.
   Jeffrey Moriarty, "How to (Try to) Justify CEO Pay"
   Bill Shaw, "Justice, Incentives, and Executive Compensation"
   Jared Harris, "How Much is Too Much: A Theoretical Analysis of Executive Compensation from the Standpoint of Distributive Justice" in *The Ethics of Executive Compensation*, ed. by Robert Kold (Boulder, CO:Jopha Volume in Business Ethics, Blackwell Publishing, 2005).
3) Jeremy Bentham. *An Introduction to the Principles of Morals and Legislation* (Oxford: Clarendon Press, 1907), p. 1.

4) John Stuart Mill. *Utilitarianism*, ed. by George Sher (Indianapolis: Hackett Publishing Co., 1979), p. 10.
5) 위와 같음, p. 8.
6) 위와 같음, p. 11.

제3장

기업의 사회적 책임

[학습 목표]

이 장을 읽고 나면 다음과 같은 일을 할 수 있다.

- 기업의 사회적 책임의 경제적 모델을 위한 공리주의 및 권리를 바탕으로 한 정당성을 설명 · 분석할 수 있다.
- 경제 모델은 최저한의 덕을 통해 어떻게 확대 · 발전되는지를 설명할 수 있다.
- 기업의 사회적 책임의 스테이크홀더 모델을 기술할 수 있다.
- 스테이크홀더 모델의 윤리적 기반을 설명할 수 있다.
- 기업의 사회적 책임의 자선 모델을 기술할 수 있다.
- 기업의 사회적 책임의 전략 모델을 기술할 수 있다.
- 지속 가능성이 어떻게 기업의 전략적인 사회적 책임이 됐는지를 설명할 수 있다.

논의를 위한 사례

월마트

2012년 4월 21일 ≪뉴욕타임스≫는 월마트가 실시한 6년간의 내부조사에서 동사의 멕시코 내의 경영 내부의 뇌물 수수 비리에 대한 증거가 발견됐다고 보도했다. 월마트 직원이 멕시코 내에서의 비즈니스 확장을 위해 2400만 달러가 넘는 금액을 뇌물로 지출했다는 게 수사의 결과였다. 게다가 ≪타임스≫는 멕시코에 근무하는 월마트 경영자들은 뇌물 수수를 인지하고 있었을 뿐만 아니라, 미국 본사의 경영진이 모르도록 그 내용을 고의적으로 은폐했다고 보도했다.

멕시코 내의 뇌물 사건 보도보다 더 나쁜 것은, ≪뉴욕타임스≫의 보도는 이 내부 수사 내용이 회사 본부에 전해지자, 월마트의 경영진이 수사를 종결해 버렸다고 주장했다는 사실이다. ≪타임스≫는 신문사 자체의 조사 내용을 알고 기사를 쓸 계획을 했을 뿐 아니라, 사법 당국에 알려주었다고 보도했다. 결국 연방 법무부는 2011년에 부패행위방지법의 위반 여부와 관련해 수사에 착수했다.

월마트만큼 기업의 사회적 책임과 관련해 많은 물의를 빚고, 나서서 비판하거나 옹호하는 사람을 많이 가진 기업은 거의 없다. 그 이유의 하나는 이 회사의 큰 규모와 영향력이다. 월마트는 세계 최대 소매 비즈니스다. 동사의 발표에 따르면, 15개국의 8,100의 점포에 매주 2억 명의 고객이 찾고 있다. 2011년의 총 매상은 418억 달러에 달했다. 전 세계에 월마트는 210만 명을 고용하고 있다. 미국 최대의 민간 고용주이며, 25개 주에서 최대 규모의 고용주다.

여러 측면에서 월마트는 사회적으로 책임 있는 기업이며, 자체적으로 "정직, 존중, 공정, 고결을 바탕으로 이룩된 기업"이라고 말하고 있다. "월마트 문화"란 개인의 존중, 고객에 대한 봉사, 수월성을 위한 노력이라는 창업자 샘 월턴이 제창한 세

"기본 원리"에 근거하고 있다. 옹호하는 사람들은 월마트가 ≪포춘≫의 연례 조사에서 "가장 칭송되는" 기업의 하나로 항상 포함돼 있다고 지적했다.

누구에게 묻더라도 월마트는 재정 면에 있어서 세계에서 가장 성공한 기업의 하나다. 옹호자들은 이 같은 경제적 성공 자체는 월마트가 사회적 책임을 얼마나 잘 수행하는가에 대한 증거라고 지적할 것이다. 월마트는 주주, 소비자, 종업원을 위해 엄청난 가치를 창출했다. 개인 투자가와 기관 투자가 모두 월마트로부터 상당한 재정상의 혜택을 받았다. 소비자는 저가격 상품에 의해, 종업원은 일자리를 얻음으로써, 수많은 기업은 월마트에 상품과 서비스를 공급함으로써, 지역 사회는 기업의 납세에 의해 혜택을 얻고 있다.

이런 경제적 이익 이외에 월마트는 지역 사회와 사회 복지 사업에 정기적으로 공헌하고 있다. 월마트의 자선부문인 월마트 재단은 미국의 최대 규모의 현금 기부 단체다. 2009년도 월마트는 3억 7,800만 달러의 현금과 물품을 국내 자선 단체에 기부했다. 또 4,500만 달러 이상을 국외의 자선 단체에, 점포 내의 모금 활동으로 모금한 1억 달러를 지역의 자선 단체에 제공했다. 월마트는 재해 구조, 식량・기아 대책 그리고 교육 분야에 집중적으로 지원했다.

근년에 월마트는 사업 운영과 취급하는 상품 양면에 있어서 지속 가능성을 높이는 대응을 시작했다. 2005년 월마트는 에너지 효율의 향상, 탄소 배출량의 삭감, 폐기물・포장재의 감소, 제품 순환성이 높은 소재의 개발 등 지속 가능성의 향상을 위한 주요 목표를 발표했다.

이 같은 긍정적 측면에도 불구하고, 월마트가 높은 윤리 기준을 지키고 있다고 모든 사람이 믿고 있는 건 아니다. 멕시코에서의 광범한 뇌물에 대한 혐의의 목소리는 월마트의 윤리 기준에 대한 최근에 있었던 고발에 불과하다. ≪포춘≫의 기사와 달리, 세계에서 가장 좋아하지 않는 기업으로서 월마트를 거명하는 비평가들도 있다. 소비자, 종업원, 납품업자, 경쟁 기업, 지역 사회 등 월마트와 관계가 있는 모든 층으로부터 월마트에 대해 윤리적 관점에서 비판의 소리가 쏟아져 나오고 있다.

예를 들면, 저가격 상품과 그 상품의 점포 내에서의 진열은 소비자가 고가 상품을 구입하도록 유인하는 술책이라고 비판하는 사람도 있다. 그런 비판자들은 월마트가 기만적으로 가격을 조작하고 마케팅을 하는 행위를 고발하고 있다.

하지만 월마트에 대한 최대의 윤리적 비판은 아마 종업원의 처우 문제일 것이다. 월마트는 인건비 억제를 위한 공세적 관행으로 유명하다. 이것은 소비자에게 싼 값으로 상품을 제공하기 위한 불가피한 전략이라고 한다. 월마트는 임금 억제를 통한 인건비 삭감, 최소한의 노동 시간, 높은 생산성 그리고 노동조합을 배제함으로써 소비자에게 싼 값으로 상품을 제공할 수 있다. 종업원 처우에 있어서 가장 악명 높은 것은 의료 혜택에 관한 것이다.

2005년 10월 ≪뉴욕타임스≫는 월마트가 종업원에게 지급하는 의료비 삭감안을 담고 있는 사내 메모 자료에 관한 상세한 기사를 보도했다. 이 자료는 두 안을 제안했다. 즉 의료비 지급 부담의 대상이 안 되는 시간제 종업원들의 비율을 높이는 것과 건강이 좋지 않은 구직자를 채용하지 않는 것이다. 메모는 또한 월마트의 종업원 처우에 대한 오랫동안의 비판을 인정하고 있으며, 이런 변경안에 대한 비판의 소리를 막기 위한 홍보 전략도 언급하고 있다.

이 메모는 종업원 복지후생 담당 부사장 수전 챔버즈가 작성했다. 메모는, 월마트의 종업원은 일반인에 비해 "병에 잘 걸리고, 특히 당뇨병과 관상동맥 질환을 포함한 비만 관련 질병에 걸리기 쉽다"고 지적하고 있다. 한 구절에서 챔버즈는, 건강하지 않은 종업원과 구직자를 줄이기 위해, "모든 종류의 육체 노동 (예: 수납원에 의한 카트의 회수)을 포함하는" 것을 제안하고 있다. 메모는 "기존 종업원의 행동을 바꾸기보다 건강한 노동자를 끌어들이는 게 훨씬 쉬울 것이다. 이런 조치는 건강하지 않은 사람이 월마트에서 근무하는 일이 없도록 할 것이다"라고 적고 있다.

젊은 종업원은 나이가 많은 종업원보다 임금이 낮고 의료비 부담도 적지만 생산성은 높다는 걸 감안해, 젊은 종업원을 이끌어 들이고 고령의 종업원의 응모를 줄이는 방향으로 교육 수당을 지급한다든가, 퇴직 적립금을 삭감하는 등 전략적 제안을 하고 있다. 메모엔 "근속 7년의 종업원에게 드는 경비는 근속 1년의 종업원에게 소요되는 금액을 55% 상회하지만, 그 생산성엔 차이가 없다. 더욱이 근속 연수가 늘수록 급여와 수당이 늘기 때문에, 노동 시장의 적정 가격보다 과잉 급여를 지급하게 되고, 그런 종업원은 월마트에 계속 근무할 가능성이 많아진다"라고 적혀 있다.

메모는 미국의 월마트 종업원 133만 명의 자녀 중 46%가 보험에 가입이 안 되어 있거나 메디케이드 (Medicaid: 공적 의료보험)의 대상이라고 지적하고 있다. "월마트를 비판하는 사람들은 우리 복지수당 지급 제도의 일부 측면을 들고 나와 쉽게 공격의 대상으로 삼을 수 있다. 바꿔 말하면, 비판자들의 일부 관찰은 정확하다. 특히 우리 보험 패키지 (적용범위)는 저소득 세대에겐 고액이다. 공적 보조를 받고 있는 종업원과 그 자녀의 비율이 대단히 높다."

월마트는 또한 노동자에게 빈곤 수준의 임금을 지급하는 것에 대해 비판을 받아 왔다. 월마트의 판매원의 2001년 평균 연간 소득은 13,861달러, 시급은 8.23달러였다. 같은 해 발표된 미국의 빈곤선은 3인 세대로 14,630달러였다. 월마트는 정규 사원에게 의료 수당을 제공하고 있지만, 다른 고용주와 비교하면, 월마트의 종업원은 저임금에 비해 높은 부담금을 납부하고 있다. 저임금과 혜택 부족의 결과, 월마트의 다수 종업원들은 식품 구입권과 의료와 관련한 정부의 보조를 받고 있으며, 월마트의 저임금을 보상하는 정부 보조금을 효과적으로 만들어낸 셈이다.

월마트는 또 무보수로 잔업을 강요하거나 장시간 근무를 강요한 위법 행위에 대해서도 고발을 받아 왔다. 위스콘신주, 미시간주, 미주리주, 캔서스주, 오하이오주, 일리노이주, 워싱턴주, 웨스트버지니아주, 아이오와주의 종업원들은 이런 위법 행위에 대해 소송을 제기했다. 월마트는 종업원이 노동조합을 결성하는 걸 방해한 것에 대해서도 고소를 당하고 있다. 전국 노동 관계 위원회는 펜실베이니아주와 텍사스주의 월마트 점포에서의 불법적 반노동조합 활동에 대해 제소했다. 메인주의 노동국은, 20개 점포에서 1,436건의 아동노동법 위법에 대해, 월마트에 벌금을 부과했다. 월마트는 미주리주, 캘리포니아주, 아칸서스주, 애리조나주의 장애자법 위반으로 피소됐다.

월마트는 미국의 어느 민간 기업보다 여성을 많이 고용하고 있다. 판매원의 70% 이상이 여성으로 구성돼 있으나, 점장店長의 90%는 남성이 차지하고 있다. 관리직의 여성 비율은 3분의 1 이하이며, 경쟁 기업인 타기트와 K마트의 56%보다 훨씬 더 낮다. 관리직 상위 20명 중 여성은 1명뿐이다. 2004년 6월 캘리포니아주의 연방 판사는 한 소송을 월마트의 여성 종업원 전체의 집단 소송으로 한다는 재정裁定을 내렸다. 이 사건은 시민권을 둘러싼 집단 소송으로서 사상 최대 규모가 됐다. 판결에 있어서 마틴 젠킨스 판사는 "원고는 다음과 같은 사실을 보여주기 위해 논쟁의 여지가 없는 통계 자료를 제출했다. 모든 지역의 월마트에서 근무하는 여성은 남성보다 임금이 낮다. 임금 차별은 거의 모든 직종에서 볼 수 있다. 급여 격차는 연수와 더불어 확대한다. 여성은 관리직으로 승진하는 데 시간이 더 걸린다. 조직의 상부층으로 갈수록 여성의 비율은 낮다"라고 지적했다.

미국 연방정부 수사요원은 2003년 10월 20개 주의 월마트의 60개 점포의 수색 조사에 돌입했다. 이 조사에 의해 점포에서 잡일에 종사하고 있던 불법 입국자 250명이 검거됐다. 그들은 모두 월마트가 야간의 잡일을 위탁한 제3자인 하청업자에게 고용되고 있었다. 이 노동자 중 몇 사람이 소송을 제기했는데, 그 주장은 월마트가 불법 노동자란 걸 알면서 자신들을 고용해, 법정 최저 임금보다 낮은 임금을 지급하며, 시간 외 수당도 거부하는 등 노동자들의 불법 입장을 이용하고 있다는 것이었다.

많은 지역에서는 월마트의 진출이 소도시와 지방 비즈니스를 쇠퇴시키는 주요 원인이라고 비판받고 있다. 소규모 소매업자는 월마트의 가격 전략이나 시장 전략과 경쟁하기가 어렵고, 월마트가 교외와 농촌지대에 대형 점포를 건설하면 지역 사회는 타격을 받는다. 이것은 스프롤 현상 (도시의 무질서한 팽창)을 초래하고 도로와 교통망에 부하를 줄 뿐만 아니라, 지방의 세수원稅收源을 침식한다. 더욱이 지방 산업의 실패는, 지방 납품업자와 더불어 회계사, 변호사, 은행과 같은 전문직이 월마트의 국내외 납품업자를 상대하는 지방 비즈니스를 잃게 하는 등 그 영향이 줄줄이 이어진다. 이 문제는 월마트 점포를 유치하고 싶어 하는 지방 자치 단체가 제공하는 조세보조금과 세제우대조치를 월마트가 받게 되면 더욱 복잡해진다.

월마트의 공세적 저비용 전략은 국내외 납품업자에게 미치는 손해와 관련해서도 비난을 받고 있다. 월마트는 일종의 "역옥션" 형식으로 납품을 최저가로 공급하기 위해 납품업자들이 서로 경쟁하도록 강요하고 있는 것으로 알려져 있다. 월마트는 거대한 시장권을 지배하고 있기 때문에, 월마트로부터 수주가 없으면 살아남지 못하는 납품업자가 많을 것이다. 이 관행에 의해 경영이 벽에 부딪친 기업도 있으며, 남은 기업 대부분은 해외로 생산 거점을 이동하지 않을 수 없었다. 월마트는 1980년대에 "미국 제품을 사자" 캠페인을 펼쳤는데, 그 가격 목표를 달성하기 위한 유일한 수단으로서 미국 기업들이 생산을 외주 (아웃소싱)하지 않을 수 없게 되어,

무수한 미국인의 실업에 책임이 있다. 끝으로 중국, 중앙아메리카, 사이판의 월마트 납품업자의 노동 관행, 월마트 봉제품을 제조하고 있는 공장에서의 착취적 조건을 조성한 데 대해 고발을 받고 있다.[1)]

논의를 위한 질문

1. 이 장에서 서술된 사례를 바탕으로, 월마트의 경영 철학을 서술해 보라. 어떤 원칙이 내포돼 있는가? 월마트의 으뜸가는 목적, 가치, 목표는 무엇인가?
2. 이 장의 사례 중 어떤 점에 있어서 월마트가 사회적으로 책임 있게 행위를 했는지 하지 않았는지에 대해 어떠한 결정을 내리겠는가? 어떤 고려사항이 결정하는 데 도움이 되겠는가?
3. 월마트가 비윤리적으로 행위를 했느냐 하지 않았느냐 하는 문제는 잠재적 고객 또는 잠재적 피고용자의 입장에서 당신에게 중요한 일인가?
4. 비윤리적 운영도 하고 윤리적 운영도 하는 월마트 같은 복합적 대형 기업에 대해, 그 운명과 관련해 총괄적으로 윤리적 판단을 내리는 것이 가능할까?
5. 월마트 경영진은 멕시코에서의 뇌물 사건을 알고 난 후, 자신들의 행위를 어떻게 옹호했을까? 뇌물이 멕시코에 보통 있는 비즈니스 관례라고 한다면, 당신의 판단은 바뀌겠는가?
6. 월마트의 임금은 법정 최저 임금을 상회하고 있으며, 의료 수당도 법적 의무는 아니다. 기업은 법적으로도 의무가 없는데, 이윤을 감소하는 행위를 취할 이유가 있는가?
7. 월마트는 납품업자에 대해 계약서에 명시돼 있는 이상의 책임이 있는가?

3.1 서론

월마트의 사례는 기업 경영에 의해 매일 실행되는 사회적으로 중대한 결정의 범위를 보여준다. 그러나 비즈니스 윤리는 단순히 경영 실천의 사실들을 기술하는 것뿐만 아니라, 본질적으로 규범적인 입장을 취한다. 그와 같은 결정을 내릴 때, 기업 경영자의 적절한 역할은 무엇일까? 사회에 있어서 기업의 적절한 역할은 무엇일까? 월마트와 같은 회사가 사회에 대해 빚지고 있는 건 무엇인가? 기업 경영자에겐 사회의 이익보다 주주의 이익을 우선해야 하는 윤리적 책임이 있는가? 경영 관리자는 주주의 이익을 도모함으로써 사회의 이익에 이바지하는가? 경영 관리자에겐 법이 정한 책임을 넘어 종업원, 납품업자, 소비자에 대한 윤리적 책임이 있는가? 주주의 이익은 종업원, 소비자, 납품업자, 더 넓은 지역 사회 등 이해당사자 (스테이크홀더)의 이익보다 우선하는가? 이 장에서는 이런 물음을 고찰하기 위해 기업의 사회적 책임에 관한 주요 이론을 검토하고자 한다.

3.2 기업의 사회적 책임의 경제 모델

기업의 사회적 책임의 경제 모델은 자유 시장과 신고전파의 경제 이론에서 유래한다. 이 관점은 전 세기의 가장 영향력 있는 기업의 책임론이다. 이 관점에 의하면 기업 경영의 역할은 법의 범위 안에서 이익을 최대화하는 것이다. 이 경영의 역할은 자유 시장 경제 속에 있는 조직에 주어진 기능에서 나온다. 따라서 경제 이론은 윤리적 기반으로서 두 가지 명확히 다른 윤리규범 — 공리주의와 자유 및 재산에 대한 개인의 권리 — 에 호소할 수 있다.

기업의 사회적 책임의 경제 모델의 옹호자로서 가장 저명한 사람은 노벨 경제학상 수상자 밀턴 프리드먼일 것이다. 그는 저서 ≪자본주의와 자유≫에서 경제 모델을 다음과 같이 명쾌하게 말하고 있다.

> 기업의 임원들은 … 주주의 이익에 이바지하는 이상의 사회적 책임이 있다고 하는 견해는 널리 받아들여지고 있다. … 이 견해는 자유 경제의 특징과 본질의 근본적 오해를 보여준다. 자유 경제 아래에선 기업의 사회적 책임은 오직 하나뿐이다. 일정한 룰 아래, 즉 사기와 부정 행위 없이, 개방적이고 자유로운 경쟁을 하면서, 자원을 활용해 이익을 올리는 일이다. … 주주를 위해 될수록 많이 버는 것 이외에, 기업 경영자에게는 사회적 책임

이 있다고 하는 걸 받아들이는 것만큼, 자유로운 사회의 기반을 침식하는 것은 없다.[2)]

이 견해는 일부 비판자에겐 기업의 역할에 대한 시야가 좁은 이기적인 이해처럼 보일 수 있다. 그러나 더 깊게 분석해 보면, 프리드먼의 인용 속에 이 견해의 윤리적 근거를 볼 수 있다. (이 물음에 관해 제1장에서 검증한 비즈니스 윤리에 대한 회의론을 재검토하는 것도 유용할 것이다.) 경영자의 사회적 책임은 "주주를 위해 가능한 한 많은 돈을 버는" 것이다. 이 책임은 "자유 경제의 특징과 본질"에서 나온다. 따라서 특정 경제 이론, 즉 알기 쉽게 부르는 **자유 시장 이론**은 이 경영자의 역할을 정당화한다. 하지만 왜 우리는 이 경제 이론을 받아들여야 하는가? 프리드먼은 이 결정적인 윤리적 물음에 대한 힌트를 제공하고 있다. 자유 시장 이론에 의해 경영자의 역할을 무시하는 건 "자유 사회의 기반을 침식할" 수 있다는 것이다. 경영자는 이 심각한 윤리적 잘못을 피하기 위해 이윤을 최대화할 도의적 의무를 지고 있다.

이 짧은 구절은 비즈니스 윤리에 대한 시장 접근에 담겨 있는 다양한 사회적, 정치적, 윤리적, 경제적 과제를 암시하고 있다. 사실, "시장"은 현대사에서 가장 영향력 있는 공공정책 원리의 하나라고 표현하는 게 타당할 것이다. 환경 보호로부터 의료 교부에 이르기까지 비즈니스 윤리의 모든 문제와 관련해, 우리는 통상적으로 "시장의 결정에 맡긴다"라는 의견을 본다. 그러나 이 책에서는 종업원의 건강과 안전, 기만성이 있는 광고, 제품의 안전성, 종업원의 권리 · 책임 그리고 환경 보호 등 갖가지 문제와 관련해 시장을 바탕으로 하는 행위를 검증하고자 한다. 이 관점을 깊이 고찰하는 건 가치 있을 것이다.

기업의 사회적 책임의 경제 모델의 관점에서 월마트의 사례를 검증해 보자. 월마트의 엄청난 재무 측면의 업적은 "날마다 낮은 값으로"라는 경영 전략이 시장에서 성공한 좋은 증거다. 월마트는 다양한 경영 전략을 구사해 저가격을 유지해 오고 있다. 공세적인 방법으로 인건비를 억제했다. 구매력을 이용해 납품업자와 힘으로 저가격 거래를 하고, 그 결과 납품업자가 중국이나 인건비와 생산비가 낮은 다른 나라로 생산 거점을 옮기도록 했다. 잡무는 다른 기업으로 외부 위탁하고, 납품업자와 협상해 최저가를 얻어낸다. 월마트는 새로이 개척한 시장에 진입, 그들의 효율성을 발휘해 경쟁 상대를 물리치고, 나아가 지방 자치체와의 교섭을 통해 세제상의 우대

조치와 재무상의 인센티브를 얻었다. 소송과 규정 위반에도 불구하고, 월마트는 기업의 방침이라고 내세워, 법의 준수를 항시 약속하고 있는 것으로 보인다. 단적으로 말하면, 월마트의 경영진은 법의 범위 내에서 주주의 이익을 최대화하는 노력을 해왔다.

"시장"은 이 기업 전략을 어떻게 평가할까? 월마트는 프리드먼 모델이 생각하는 전형적인 사회적 책임 있는 기업인 것처럼 보인다. 월마트의 투자 이익은 과거 35년에 걸쳐 엄청나다. 소매업이 자유이고 개방적이라고 가정하면, 그리고 월마트가 부정, 사기, 위법 행위를 하지 않았다고 가정하면, 월마트의 기업 전략은 시장의 관점에서 보면 몇 가지 중요한 윤리적 목적을 달성했다. 아마 가장 중요한 건, 월마트의 낮은 가격 덕택으로 더 많은 소비자들이 원하는 걸 더 많이 구입할 수 있었다는 것이다. 효율적 기업이 더 많은 제품을 저가로 판매하게 되면 사회는 혜택을 본다. 가능한 최저가의 노동과 납품 단가를 실현함으로써 월마트는 같은 비용으로 더 많은 노동자를 고용하고 더 많은 제품을 매입할 수 있다. 이 전략은 잡무로부터 비누와 가전 제품까지 모든 상품의 조달을 그들에게 가장 효율적인 납품업자에게 옮기게 하는 요인이 되기도 한다. 효율이 높을수록 지출과 관련한 의사결정으로부터 좋은 결과가 나온다. 따라서 이런 효율성은 더 많은 투자자를 유인하고, 나아가 이 투자자의 자금은 비즈니스를 증대하는 데 사용된다. 전체적으로 보면, 월마트의 이익 추구는 사회를 이롭게 하고 있다.

자유 시장에 대한 이 같은 정당화 견해는, 사람은 전체의 선을 최대화하기 위해 행동해야 한다고 하는 공리주의적 윤리 원칙에 바탕을 두고 있다. 공리주의 이외에, 자유 시장을 윤리적으로 옹호하는 입장이 있다. 시장의 좋은 결과보다 사유 재산권에 호소하는 접근이다.

밀턴 프리드먼은 이 원리에 관해 다시 간결하게 설명을 한다.

> 자유 기업, 즉 사유 재산 제도에 있어서 기업 임원은 기업 소유자의 일개 종업원이다. 그는 고용주에 대해 직접 책임을 갖고 있다. 그 책임은 고용주의 욕구에 따라 기업을 운영하는 것인 바, 그 욕구는 일반적으로 법과 윤리적 관습에 담겨 있는 사회 기본 규칙의 범위 안에서 최대한의 돈을 버는 것이다. … 중요한 건, 기업 임원으로서 경영자는 기업을 소유하는 개

인의 대리인이고 … 그의 첫째 책임은 소유자에 대한 것이라는 점이다.[3)]

이 견지에서 보면, 기업은 사유 재산이며, 다른 사유 재산처럼 소유자가 결정권을 가지고 있다. 말덴 밀즈의 소유주인 아론 포이어스타인이 자신의 재산을 종업원과 지역을 위해 사용하기를 결정했다면, 그건 문제가 없는 일이다. 이건 그의 자유 선택이다. 하지만 월마트의 경영자가 주주의 재산을 종업원과 지역 사회를 위해 사용하기를 선택한다면, 그건 무책임한 행동이다. 이윤의 최대화를 제쳐두고 사회적 목적을 추구하는 건 자기 자신의 목적을 위해 남의 돈을 쓰는 일이 된다. 이 경제 모델의 옹호자는 이 행위를 윤리적 절도 행위라고 생각한다.

따라서 기업의 사회적 책임의 경제 모델은 기업 경영이 이윤의 최대화로 나아가도록 유도한다. 이는 기업 경영의 으뜸가는 윤리적 책임이며, 공리주의 입장과 개인 권리 보호의 두 입장에서 옹호 · 주장되고 있다. 바로 이런 윤리적 관점들은 정부가 기업에 대해 무간섭주의 접근을 취하도록 유도한다. 기업은 정부 규제와 관리로부터 자유로워야 하며, 시장이 가장 능률적으로 기능할 수 있도록 해야 한다.

3.3 경제 모델의 비판적 검토: 공리주의적 옹호

기업의 사회적 책임의 경제 모델은 여러 관점으로부터 심하게 도전을 받았다.[4)] 우리의 목적에 따라, 윤리적 도전에 초점을 맞추어 공리주의적 옹호를 겨냥하는 도전과 사유 재산의 옹호에 대한 도전을 검토할 수 있을 것이다.

경제 모델에 대한 공리주의적 옹호를 고찰하기 위해선 제2장의 공리주의 관련 논의를 다시 생각해 볼 필요가 있다. 공리주의적 윤리는 수단과 목적 그리고 행위와 귀결의 관점에서 이해될 수 있다. 경영자는 자유 경제 아래서 일정 역할을 부여받고 있는데, 이는 그 역할을 수행함으로써 유익한 결과를 낳기 때문이다. 이렇게 볼 때, 두 가지 일반적 과제를 제기할 수 있다. 즉 소비자 수요를 최대한으로 충족하는 목적에 대한 수단으로서의 자유 시장의 타당성을 초점으로 하는 것과, 정당한 윤리적 목표로서의 그 목적의 적절성을 초점으로 하는 것이다. 쉽게 말하면, 자유 시장은 목적에 대해 적절한 수단인가, 그리고 그 목적은 윤리적으로 적절한가?

경제학자들은 이윤 추구가 반드시 소비자의 만족을 가져오지 않는 다양한 상황을 알고 있다. 그런 상황을 **시장의 실패**라고 부른다. 왜냐하면 바로 이런 상황에선 시장이 의도한 바를 실천하지 못했기 때문이다. 여기선 경제학에서 일반적인 세 가지 시장 실패의 예를 소개하고자 한다.

대기 오염과 자원 고갈 같은 외부 사정은 가장 잘 알려진 시장 실패의 예일 것이다. 외부 사정은 효율 있게 기능하고 있는 시장이 최적 결과를 달성하지 못하게 하는 경우를 초래케 한다. 그 일반적 예는 대기 오염, 지하수의 오염과 고갈, 토양 침식, 핵폐기물 등이다. 이런 문제에서 생기는 부담은 매도인도 매수인도 아닌 사람들 (예, 피해 주민, 이웃 주민, 미래 세대)이 져야 한다. 그런 사람들은 경제적 거래의 외부적 존재라고 할 수 있다. 이런 문제들의 "비용"은 외부인이 짊어지므로 그 거래 가격은 실제 가격과 이익의 균형 상태를 나타내지 않는다. 그런 외부 비용 (또는 이익)이 발생하는 것은, 시장 거래가 균형 상태에 의해 나타나야 하는 비용과 이익의 최적 분배를 달성하지 못한다는 걸 의미한다. 요컨대, 시장은 기대하는 결과를 얻지 못하는 것이다. 최적 분배를 얻고 싶으면, 시장은 이런 외부 사정을 내재화하기 위해 규제와 관리를 받을 필요가 있을 것이다.

두 번째의 시장 실패 예는 공공재와 관련된 것이다. 깨끗한 공기, 지하수, 해양 생물, 경관, 우호적 · 협조적 이웃과 지역 사회, 안전한 도로 등 사회재가 많이 있으며, 여기엔 가격 설정이 없다. 가격이 없으면, 이런 공공재를 가장 가치 있다고 평가하는 사람들에게 분배할 수단이 없다. 공공재와 관련하여 시장은 공공 이익을 최대한으로 충족하리라는 보장이 없다. 그런 공공재를 보존 · 보호하고 싶으면, 경제 시장이 아닌 다른 조치가 정책 메커니즘으로서 필요할 것이다.

시장 실패의 세 번째 형태는, 합리적 자기 이익을 개인이 추구하는 일 — 경쟁 시장이 필요로 하는 행동 — 이 협력이나 규제에 의해 당사자들의 행동이 조정되는 경우보다 나쁜 결과를 초래하는 경우에 발생한다. 이른바 **죄수의 딜레마**의 경우는 경쟁보다 협력이 더한층 적합한 결과를 낳는 걸 보여주는 사례다.[5] 하지만 더 일반적인 것은 아마 개인의 합리성이 공공에 해를 끼치는 상황일 것이다.

정책 결정을 개인의 결정 결과에만 맡기면, 중요한 윤리적 정책상의 물음을 놓치게 된다. 이 문제는 비즈니스 윤리의 여러 과제, 특히 직장에서의 화학 물질에 의한 피해, 살충제나 식품 첨가물이 들어 있는 식품, 질산염과 잔여 화학 물질이 들어 있는 음료수, 다수 소비자의 개인적 선택의 결과에서 생기는 공해와 관련한 건강 피해와 관련한 과제에서 발단한다. 한 예로서, 연비가 나쁜 스포츠용 다목적차SUV를 운행하고자 하는 의사결정을 생각해 보자.

그런 차를 운전하면 주행 중에 배출되는 대기 중의 오염 물질량은 증가한다. 1갤런당 13마일 달리는 SUV는 그 수명 기간에 12만 4000마일을 주행, 134톤의 이산화탄소를 배출한다. 1갤런당 36마일을 달리는 소형 승용차는 같은 주행 거리로 48톤밖에 배출하지 않는다. 만일 내가 자유 시장 경제학을 전제로 하는 합리적 이기심을 가진 개인으로서 행위를 한다면, 나는 SUV를 운전해 얻는 이익을 계산해, 그 비용의 증가와 오염이 가져오는 건강 피해를 계산해볼 것이다. 내가 SUV를 운전함으로써 자신 (또는 이 선택에 직면하는 모든 개인)에게 안겨주는 리스크는, 소형 승용차보다 극히 미소하므로 SUV를 운전하는 이기적 선택은 개인적 합리성에 대한 시장 개념에 따르면 타당한 것이다.

이런 사실을 개인의 시점이 아닌 집단적 주민, 예컨대 로스앤젤레스 주민의 관점에서 생각해 보자. 개인적 계산이 보여 주듯이, 어느 개인이든 SUV를 선택하는 건 합리적일 수 있으며, 시장에 의한 해결에 있어서 암시적인 개인주의적 접근은 로스앤젤레스 오염도를 합리적 정책기준이라고 받아들일 것이다. 이런 개인의 계산이 사회 전체에 미치는 결과로서 대기 오염이 퍼지고 천식과 알레르기 등 오염이 원인이 되는 질병이 크게 증가했다고 생각된다. 대기 오염과 오염 관련 질병에 대처할 몇 가지 대책이 있다. (예를 들면, SUV의 판매 규제, 휘발유에 대한 증세 등이다.) 그렇지만 이런 대안은 이 문제를 개인주의적 관점이 아니고 사회 문제로서 검토하지 않으면 다룰 수 없다. 이들은 중요한 윤리적 문제이고 시장 거래 범위 안에서 문제시되지 않은 채로 있기 때문에 사회 전체의 선을 달성하는 수단으로서 (기껏해야) 시장은 불완전하다고 결론을 내리지 않을 수 없다. 바꿔 말하면, 개인들에게 좋고 합리적인 것이 반드시 사회에 좋고 합리적인 것은 아니다. 재언하면, 사회가 이 문제에 대응하고 싶으면, (예컨대, 시장 같은) 민간이 아니고 공공의 의사결정 메커니즘에 의지할 필요가 있다.

이런 도전에 대한 결론은, 경제 시장은 대단히 복잡해, 이윤의 최대화 같은 단순한 단일 방침이 모든 경우와 모든 상황에서 전체 이익을 낳을 것 같지 않다는 것이다. 제2장에서 본 것처럼, 공리주의는 매우 실천적 이론이다. 행위에 대한 윤리적 판단은 항상 행위 후에 무엇이 일어나는가에 달려 있다. 공리주의자는 기대되는 결과가 나올 때, 그리고 기대되는 결과가 나오는 정도에 따라 특정한 원칙을 지킨다. 복잡다난하고 변하고 있는 세계에서 미래를 결코 예측할 수 없기 때문에, 공리주의자는 늘 변하는 결과를 감안해 자신의 원칙을 수정할 준비가 돼 있다. 기업의 사회적 책임의 경제 모델이 기업의 경영 관리자에게 요구하는 무조건의 윤리적 지침은 공리주의 이론에 대해선 적절하지 않다. 경영을 위한 공리주의 시장 원리를 보다 정확하게 공식화하려면, 최대한의 사람들을 위해 최대한의 전체 이익을 낳으면서 이윤을 최대화해야 한다. 따라서 이 원리는 재정 측면뿐만 아니라 다른 여러 측면에 있어서도 결정이 미치는 영향에 대한 고려를 경영자에게 요구한다.

물론 시장에 의한 해결의 옹호자는 이런 물음에 즉답을 갖고 있다. 자유 시장 옹호자까지도 기업이 외부 사정을 내재화해야 하는 규제를 지지할 수도 있다. 아마 그들은 국립공원과 자연 보호구역을 공유지로서 제쳐둘 때, 가격이 붙어 있지 않은 사회재에 잠재 가격을 설정하거나, 그런 재화를 시장에서 제외하는 입법을 지지할 것이다. 법률은 개인의 선택에 의해 얻을 수 없는 사회재를 취급하기 위한 적절한 방법이다. 단적으로 말하면, 기업이 법을 준수하는 한, 기업은 시장에 있어서 소비자의 수요를 충족함으로써 사회적 책임을 다하게 되는 것이다.

하지만 시장의 실패를 특별히 보상해 주는 방법이 사회적으로 적절하지 않다고 생각하는 데는 충분한 이유가 있다. 첫째는 **제1세대의 문제**라고 부르고자 한다. 시장은 시장 실패가 실제로 발생했다는 정보를 접하고 비로소 손해를 막는 작용을 할 수 있다. 우리는 북대서양의 물고기가 격멸하고 나서 비로소, 소유자가 없는 공공재를 겨눈 세계 어업계의 자유 · 개방적 경쟁이 대구, 황새치, 대서양 연어, 새우의 마구잡이를 방지하지 못했다는 걸 알았다. 석면이나 석탄진 등 작업장의 오염 물질에 노출돼 노동자가 목숨을 잃거나, 소비자가 연료 탱크의 폭발이나 오염된 식품으로 인해 사망하고서야 비로소, 사회는 이런 상황의 위험을 알게 됐다. 즉 우리는 제1세대를 정보 얻는 수단으로 희생시킴으로써 시장 실패를 알게 되고 잠재적 손해를 예방하는 셈이다. 공공정책이 공중위생과 안전 같은 바꿀 수 없는 공공재를 다룬다면,

이 같은 사후 약방문은 지각 없는 전략이다.

하지만 우리가 기업이 지켜야 할 사회적 기준을 확립하기 위해 정부 규제를 인정한다손 치더라도, 정부 규제와 소비자 수요 양쪽에 대해 기업의 영향력 행사에 직면한다. 기업의 사회적 책임의 경제 모델은 법의 준수와 소비자 수요의 충족만을 기업의 책임으로 제한한다. 이 모델에선 시장의 실패를 막는다든가 보상하는 일은 정부의 책임이라고 생각한다. 일단 시장 실패가 적절히 처리되면, 기업은 법을 준수하고 시장에 대응하기만 하면 된다. 그러나 이 말은 기업이 부적절한 방식으로 법에 영향력을 미칠 수 없거나 영향력을 미치지 않는다는 걸 전제하고 있다. 이 모델에서 말하는 "부적절한" 영향력이란, 전체의 이익 (결국, 시장의 목표)의 최적화가 아니고, 기업의 이익 보호를 목표로 하는 영향력을 가리킨다. 알기 쉬운 예는, 법이 정한 기업 평균 연료비 효율CAFE 기준을 지키기 위해 자동차 산업이 SUV를 승용차가 아닌 트럭 취급을 받도록 노력한 로비 활동의 성공이다.

우리는 기업이 정부의 정책뿐만 아니라 소비자에게도 영향력을 미칠 수 있다는 걸 꼭 알아야 한다. 기업이 소비자의 요구에 응하면 그 사회적 책임을 수행한다고 결론짓는 건, 여론 형성에 있어서의 기업의 역할을 과소평가하는 것이다. (이 문제는 제8장에서 더 상세하게 고찰한다.) 광고업은 미국에서만 연간 2000억 달러 규모의 산업이다. 기업이 소비자의 요구에 대해 수동적으로 대응한다든가 소비자가 기업 측의 메시지의 영향을 받지 않는다고 주장하는 건 정직하지 못한 태도다. 기업이 제품의 광고나 정부에 대한 로비 활동을 중단하지 않는다고 한다면, 기업의 사회적 책임의 경제 모델에 함축돼 있는 시장을 바탕으로 하는 접근은 부적절하다.

경제 모델에 대한 공리주의적 옹호에 대한 제2의 비판은 능률적으로 기능하는 시장에 의해 달성된 목표마저도 윤리적 관점에선 만족스럽지 않다는 주장이다. 이 장을 통해, "전체 행복의 최대화" "소비자 만족의 최적화" "전체 이익의 우선" "최대 다수의 최대 이익" "욕구의 최대 충족" "소비자 선호의 만족" 등 시장 목적을 다양하게 표현했다. 제2장의 논의로 돌아가, 효율적으로 기능하는 시장의 목적을 더 엄밀하게 분석하고자 한다.

공리주의적 윤리는 행복의 최대화를 지향한다. 시장은 어떻게 이 목표를 달성할까? 첫눈에, 자신이 원하는 걸 얻고, 시장이 소비자의 욕구를 충족해 주면 사람들은 행복해하는 걸로 보인다. 하지만 더 엄밀하게 보면, 시장은 시장 안에 표출된 욕구만 다룬다. 이런 욕구는 소비자의 수요 또는 소비자의 선호라고 부르는 게 좋을지 모른다. 그런데 물론, 소비자로서 사람들의 욕구와 그들을 행복하게 해주는 게 반드시 동일한 건 아니다. 우정, 정신 건강, 사랑은 행복한 인생의 중요한 요소지만, 이 중 어느 것도 개방된 시장에선 살 수 있다. 약물, 포르노, 담배는 윤리적으로 사람을 행복하게 해주지 않지만, 소비자의 요구가 있으므로 판매되고 있다. 실제로, 때로는 소비재를 많이 가진 사람이 더 적게 가진 사람보다 더 행복하지 않다는 증거는, 사례로서도 사회과학적으로 존재한다. 바꿔 말하면, 사람들이 소비자로서 원하는 것과 서비스를 모두 손에 넣는다고 해도, 행복이 보장되는 것은 아니다.[6)]

자유 시장의 옹호자는, 소비자의 만족이 인간 행복의 전부는 아니더라도, 적어도 그 일부라고 주장할지 모른다. 비록 좋은 것 일부를 살 수 없다고 하더라도, 살 수 있는 것을 더 많이 얻는 것도 인간 행복에 기여한다.

이 문제의 중요한 의미를 다시 살펴보자. 시장 경제와 이를 둘러싼 여러 정치 기구는 (때로는 무비판적으로) 경제적 생산성과 경제 성장의 가치를 당연한 걸로 상정한다. 경제 성장이란 말은 더 많은 사람이 원하는 것을 더 많이 얻는 걸 단적으로 표현하는 말이다. 구체적으로 말하면, 그것은 시장에 표출되는 욕구가 더 많이 충족되는 것일 것이다. 하지만 시장에서 구하는 것을 많이 얻는 것이 좋다는 게 맞는 말일까? 소비자의 선호를 충족시키는 게 좌절시키는 것보다 윤리적으로 언제나 좋은 것인가? 경제 성장은 언제나 좋은 것인가?

하지만 확실히, 이 물음에 대한 답은, 경제 성장 그 자체가 반드시 윤리적으로 좋은 것만은 아니라는 것이다. 경제 성장은 소비자가 지출한 것의 수량만 측정할 뿐, 그 질은 평가하지 않는다. 엄밀하게 시장의 관점에서 보면, 교통사고로 발생한 1만 달러의 의료비와 사고 방지를 위한 안전 장치 비용 1만 달러 간에는 차이가 없다. 그러나 윤리적으로 보면, 이 두 가지 서로 다른 소비자의 선택에 의해 달성되는 성과, 그것을 선택하는 이유에는 큰 차이가 있다.

경제 성장은 소비자가 원하는 것을 더 많이 얻는 것을 의미할 뿐이며, 시장에서 소비자의 지출에 의해 결정된다. 영양가 있는 식품, 교육, 의료와 같은 좋고 가치 있는 것도 있다. 한편 사람들이 원하는 것엔 바보스럽고, 의미 없는, 하찮은 것도 있고 수치스럽고 도덕에 반하는 것도 있다. 몇 가지 예를 보면 이해하기 쉬울 것이다. 유감스럽게도, 유아를 매매하는 시장이 있지만, 이 행위는 윤리적으로 악이다. 아동 포르노와 아동 매춘 시장이 있지만, 이는 도덕적으로 극악한 비행이다. 약물, 핵무기, 화학 병기, 군사 기밀 등을 취급하는 경제 시장도 있다. 요컨대 시장에는 윤리적 내용과 소비자 선택의 질을 평가하는 독립된 윤리적 기반이 없다. 이론상이라 할지라도 소비자 선택의 최적화밖에 달성하지 못하는 효율적 시장에선 윤리적으로 가치 있는 성과를 실현할 보증은 없다.

물론 밀턴 프리드먼까지도 이익의 추구에는 한계가 있음을 인정하고 있다. 경영자는 "게임의 규칙 내에서, 즉 개방된 자유 경쟁 안에서 사기와 부정 행위를 하지 않고" 또한 "법률에 구체화되고 윤리적 습관에 구현되는 사회의 기본 룰을 지키는" 범위 내에서 이윤을 추구해야 한다. 이 인용들은, 이윤 추구에는 윤리적 제약이 있으며 또 있어야 한다는 것에 대한 인증이다. 하지만 경제 모델의 옹호자는 이 제약은 최소한의 것이라고 말할지 모른다. 실제적으로 윤리적 제약이 어느 정도인가 하는 게 이 책의 남은 부분에서 다룰 물음이다. 그러나 이런 인정이 있다고 해서 철학적 논점이 상실돼선 안 된다. 자유 시장 경제의 경제적 귀결은 본래, 기업의 사회적 책임의 경제 모델에 충분한 정당성을 주지 않는다.

이와 같이, 경제 모델에 대한 공리주의적 합리성을 의심할 만한 이유가 있다. 여러 가지의 시장 실패가 확실하게 존재한다는 건 공리주의자가 바라는 공리주의적 목표를 달성한다는 보증이 없다는 걸 보여준다. 효율적으로 기능하고 있는 시장이라 할지라도 그 귀결을 잘 생각해 보면, 그런 귀결은 그 시장과 거기서 생기는 경영자의 역할에 대해 결정적인 논리적 근거를 제공하지 못하는 걸 시사하고 있음을 알 수 있다.

3.4 경제 모델의 비판적 검토: 사유 재산의 옹호

경제 모델의 두 번째 윤리적 옹호는 시장이 준다고 주장하는 이익보다 소유주의 권리를 주장한다. 이 관점에 따르면, 경영자는 이윤을 최대화할 최대의 의무가 있다고 한다. 왜냐하면, 그것이 고용주인 기업의 소유주가, 기업의 자산을 써서 해주기를 바라는 일이기 때문이다. 다른 대안이 있다면 그건 소유자의 재산권에 대한 부당한 제한을 주는 행위가 된다. 이를테면, 월마트 경영자가 지방 노동 시장의 노동자를 끌어들이는 데 필요한 이상으로 높은 의료 급여를 종업원에게 지급하면, 이는 기업의 자원을 잘못 분배하는 셈이 된다. 사실상, 그들은 기업의 소유주에게서 자산을 도용하게 된다.

다시, 윤리적 이론의 일반적 고찰이라는 맥락 안에서 재산권의 특징을 다룬 제2장의 테마로 돌아가 보자. 경제 모델의 옹호자에 대한 두 가지 중요한 도전을 제시할 수 있다.

첫째, 재산권은 절대적이 아니라는 걸 인정할 필요가 있다. 적어도, 재산을 사용하는 자신의 권리는 타인의 권리에 제약을 받는다. 알기 쉬운 예로, 나는 내 총을 당신을 쏘기 위해 사용할 수 없다. 재산권도 그렇게 극적인 방법은 아니지만, 규제를 받는다. 도시구획법은 재산권이 공익을 위해 제한되는 사례를 제시하고 있다. 예컨대, 이웃 주민의 이익을 고려해, 내 집을 비즈니스용으로 사용할 수 없는 건, 내 이웃의 주거지 용도 계획이 이런 상업적 용도를 금지하기 때문이다. 나는 친척이 아닌 지방 학생 5명 이상에게 집을 빌려줄 수 없다. 뒤뜰을 폐차나 다른 폐기물을 두는 장소로 사용할 수 없다. 이전에 거주하던 이웃 주민과의 약속 때문에, 내 집의 자연목의 판자벽을 비닐이나 철제벽으로 교체도 못하고 있다. 자유 민주 사회에선 사유 재산에 대한 이런 제한이 널리 수용되고 있다.

물론 경제 모델의 옹호자는 제한의 존재를 인정은 하더라도, 그건 잘못이라고 주장한다. 경영자는 언제나 주주를 위해 이윤을 추구할 의무가 있다고 하는 원칙을 성공적으로 지키기 위해선 이익 추구를 위해 사유 재산을 이용하는 게, 다른 이익과 다른 권리에 우선한다는 걸 주장할 필요가 있을 것이다. 밀턴 프리드먼이 말한 계약을 고려하면, 그마저 이런 극단적인 주장은 하고 싶어 하지 않는 것 같다. 프리드먼까지도 "법과 윤리적 관습"의 테두리 안에 체계화된 사회의 기본 원칙에 어긋나는 경우, 재산권을 제한한다.

두 번째 도전은 옹호론 속에 주주에 대한 이해가 담겨 있느냐 하는 물음이다. 역사적으로 기업의 재산권과 개인의 재산은 다르다. 주주의 권리와 책임은 특정의 사회적 목표를 염두로 법적으로 정해진 것이다. 법인 재산에 의해 생기는 행위에 대해, 주주의 법적 책임은 한정적이다. 주주는 기업에 불리한 사태에서도 개인 재산을 잃지 않도록 보호를 받는다. 이 보호제도의 대가로 사회는 유익한 경제적 수단, 즉 주요 경제 활동을 지원할 거액의 자본을 조달하는 수단을 가지게 됐다. 이것은 법인의 소유권엔 개인의 재산권에 포함돼 있는 것과 같은 권리와 특권이 모두 포함돼 있지 않다는 걸 시사한다. 구체적으로 말하면, 개인의 재산과 관련해 존재하는 소유권과 지배의 관계는 기업 재산의 경우에는 법적으로 존재하지 않는다.

이 과제는 소유자와 투자자를 구별함으로써 이해될 수 있다. 어떤 기업에선 몇 사람의 개인이 사적으로 주식을 소유하고 있다. 예를 들면, 말덴 밀즈의 경우, 아론 포이어스타인과 그 가족이 소유하고 있다. 한편, 엔론과 월마트 같은 주식 공개가 돼있는 회사의 주식의 소유는 수백만의 주식이 분산돼 나누어져 있을 것이다. 이들 회사의 주주는 소유자라기보다 투자자라고 이해하는 게 낫다. 프리드먼이 내비치는 말처럼, 투자자는 자신의 투자로부터 최대한의 수익을 얻을 것을 바라고 주를 산다. 하지만 경영자 입장에서 보면, 투자자는 고객에 가깝지 소유자는 아니다. 기업은 종업원의 노동력, 납품업자로부터 원재료, 금융 기관 · 회계사 · 변호사로부터 조원組員과 전문서비스 그리고 소비자에 의해 제공되는 시장과 마찬가지로, 투자자로부터 자본이 필요하다. 시장은 경영자를 압박, 투자에 대한 높은 수익을 내도록 요구해 투자자가 계속해 자신들의 자본을 회사의 주식 속에 확보하게 한다. 또한 시장의 압력으로 경영자 측은 자질이 높은 종업원을 확보하기 위해 높은 보수와 수당을 지급해야 한다. 노동 시장이 존재하는 것처럼, 자본 시장도 있다. 투자자는 자신의 투자에 대한 뒤떨어지지 않는 수익을 얻어야 하며, 종업원은 뒤지지 않는 임금과 복지 급여를 받아야 한다. 투자자는 경영자의 결정이 마음에 들지 않으면, 다른 곳으로 자본을 옮길 자유가 있다. 종업원도 경영자의 결정이 마음에 들지 않으면, 다른 직장으로 옮길 자유가 있다. 어느 방향이든, 경영자는 시장의 힘에 대해 자신의 방침을 적절히 조정하는 방향으로 유도될 것이다.

이 말은 경영관리자가 기업의 자원을 가지고 자신이 원하는 일이면 무엇이든 할 수 있다는 걸 의미하지 않는다. 이 책 전체를 통해 경영자 특권에 대한 윤리적 한계에 관해 검토한다. 하지만 윤리적 한계는 주주의 이익뿐만 아니라, 종업원, 소비자 그리고 일반 사회의 이익에서도 생기는데, 경제 모델의 비판자도 그렇게 주장했다.

기업의 사회적 책임의 경제 모델은 주주의 이익을 최우선으로 다룬다.

고찰할 만한 가치가 있는 프리드먼의 저서의 마지막 테마는, 법의 준수가 이익 추구에 대한 유일한 합법적인 견제 장치라는 제안이다. 이 철학적 결론은, 윤리 관련 프로그램과 윤리 담당 부서를 마련한 여러 기업의 실행 업무에 반영돼 있다. 윤리 담당 직원들은 많은 일을 잘하고 있으나, 그 대부분의 일이 법령 준수에 따른 문제에 집중돼 있다. 즉 실제로 대부분의 비즈니스 윤리는 법의 준수와 동일시되고 있다. 하지만 제1장에서 서술한 대로, 법을 준수하는 것으로는 윤리적 행위를 실천하는 데 충분하지 않다.

실무 면에서 보면, 기업의 윤리적 책임이 법의 준수로 결말이 난다고 말하는 건 바로 법적 규제를 점점 더 늘리는 일이다. 엔론과 월드콤 같은 기업에서 개인의 윤리가 흩어지게 되자, 결국 사베인즈-옥슬리 법의 제정과 여러 가지 다른 법적 개혁이 나왔다. 만일 기업이 그 윤리적 책임을 법의 준수에 한정하면, 그 전엔 자주적 행위였던 것을 법제화하는 정부 규제의 새로운 파도를 보게 되는 것도 놀라운 일이 아닐 것이다.

더 중요한 건, 준수만으로 윤리적 책임이 충분하다는 견해는 법에 대한 오해에 기인한다는 것이다. 이 견해는 법은 명백하고 모호하지 않은 룰이고 적용하기 쉽다고 생각하고 있다. 제1장에서 논한 것처럼, 이 법의 룰 모델은 대단히 일반적이지만, 그다지 정확하지 않다. 법이 명백하고 모호하지 않다면, 변호사와 법정의 역할은 그리 많지 않을 것이다.

제1장에서 논한 몇 가지 포인트를 생각해 보자. 최근의 기업 스캔들에 연루된 사람들 중 대부분은 변호사였다. 엔론의 경우, 고문 변호사와 회계사는 법의 "한계 이탈"을 청탁받았다. 특히 관례에 의거해 대부분 결정되는 민법에서는 법의 적용에 항상 모호한 부분이 있다. 결국, 새 판례는 과거의 것과는 어딘가에 차이가 있다. 게다가 민법의 경우, 누구든 법정에서 유죄 선고를 받을 때까지는 무죄로 추정되는 추정무죄의 원칙이 있다. 즉 행위에 대해 소송이 생기지 않는 한, 합법이라는 뜻이다.

프리드먼이 지적한 것처럼, 기업 경영자가 법의 범위 내에서 이익을 최대화할 책임이 있다는 말을 들어보면, 책임 있는 경영자는 고문 변호사와 회계사에게 법이 어디까지 허용하는지를 물을 것이다. 유능한 변호사나 회계사 같으면, 합법과 위법의 한계를 분명하게 조언해줄 것이다. 이 상황에선 경영자가 이익 추구에 있어서 법의 "한계 이탈"의 책임을 지는 것 같다. 프리드먼의 견해에 따르면, 명백하게 불법이 아닌 한, 사회적 책임이 있는 행동이다. 근년의 기업 스캔들의 대부분은, 고객에게 그들의 행위는 법정에서 변호 가능하다고 조언을 한 변호사와 회계사와 연관이 있다. 엔론과 아서 앤더슨의 실패를 초래한 탈선적 합작은 법정에 가서라도 승소하리라고 생각한 변호사의 조언에 따라 만들어졌다. 이 시점에서 "한계 이탈"의 결단은 윤리 문제라기보다 리스크의 평가와 비용 편익 분석의 문제가 된다. 이 모델에서는 재판을 하게 되는 가능성, 패소의 가능성, 재정적 손해 해결의 가능성을 검토하고, 그런 조치에 따른 재정 수익과 경비를 비교하고자 하는 동기가 강해진다.

법은 모호하고 많은 경우 법이 요구하는 것이 명확하지 않기 때문에 경영자는 자신의 윤리적 판단에 결정을 맡기는 경우가 많다. 그 반대를 하자고 내비치면 회사 현실에 대한 그릇된 모습을 보여줄 뿐이다. 그러므로 법의 준수를 다짐하고 있는 기업가마저도 근본적인 윤리적 물음에 맞부딪치게 되는 것이다. 어떻게 해야 하는가? 어떻게 살아야 하는가?

3.5 기업의 사회적 책임의 자선慈善 모델

대기업과 소기업에 관계없이 매우 공통적인 한 변종을 고찰함으로써 경제 모델에 관한 논의를 마무리하고자 한다. 자선적인 의미의 기업의 사회적 책임은 개인과 마찬가지로 기업은 자선 행위로서 항상 자유롭게 사회적 목적에 기여한다는 입장을 취한다. 이 관점에 따르면, 기업은 사회 공헌에 대한 엄격한 의무를 가지고 있지 않으나, 그렇게 한다면 좋은 일이다. 개인이 자선 사업에 공헌하거나 지역 사회의 자원 봉사에 참여할 윤리적 의무가 없는 것처럼, 사회도 개인에게 이를 요구할 수 없다. 또한 기업도 널리 사회적 선행을 도모할 윤리적 의무는 없다. 그러나 자선은 좋은 것이고, 우리 모두가 장려하는 것이다. 마찬가지로, 기업은 법과 경제의 좁은 의무를 넘어 사회에 기여하도록 권장돼야 한다. 이 접근은, 그 소유자가 탁월한 리더십을 발휘하는 자신의 지역 사회의 소규모 기업에서 특히 자주 볼 수 있다.

자선 모델에서 자선 행위는 기업의 굳건한 대외 관계와 세금 공제, 그리고 지역 사회의 친선과 평판을 가져다주는 기회가 된다. 예술 활동의 지원과 지역 행사에 대한 공천은 많은 기업에 이런 효과가 있다. 지역의 아트 갤러리, 미술관, 극장, 학교 행사의 프로그램을 자세히 들여다보면, 지역 기업이 행사에 기여한 기증자나 스폰서로 나와 있는 명단을 볼 수 있다. 이런 활동을 통해, 기업은 좋은 일을 하게 되고 그 대신 다소의 혜택을 본다. 그러나 기업이 명성 등을 기대하지 않고 사회에 공헌하는 경우도 있다. 익명으로 자선 활동을 하는 기업이 많다. 수많은 기업은 지역 사회에 대한 보답으로 사업상으로나 재정상의 소득과 관계없이 사회에 공헌하고 있다. 이런 활동을 통해, 사회를 위한 기업의 지원은 잠재적 이익을 위해서가 아니고, 기업의 경영자나 소유자가 옳은 일이라고 판단해 결정을 하기 때문에 이루어지고 있다.

기업이 사업상의 이익을 대가로 얻을 것을 기대해 사회 공헌을 지원하는 건, 기업의 사회적 책임의 경제 모델의 좁은 관점과 크게 다르지 않다. 이 경우 경영자는 경영자로서 자신의 재량으로 사회 공헌이 경제적 이익을 낳는다고 판단한다. 이 경우 사회 공헌은 동시에 투자이기도 하다. 기업의 사회적 책임의 경제 모델을 옹호하는 사람들까지도 이런 의미에서 사회적 책임을 지지할 수 있을 것이다. 이와 같이 기업의 평판을 위해 행해지는 자선 활동은 기업의 사회적 책임의 경제 모델에 가장 가까운 것이라고 생각된다.

오로지 옳은 일이기 때문에 이루어지는 기업의 사회 공헌에 대한 지원은 명성을 위해 이루어지는 사회 공헌과 근본 동기에 있어서만 다를 뿐이다. 이걸 사소한 차이라고 생각하는 사람도 있다. 한쪽은 경제적 목적을 위해 사회적 선행이 행해지고, 다른 한 편은 그 자체가 목적으로 행해진다. 그렇지만 이 서로 다른 동기는, 일부 다른 사람의 의견에 따르면, 한쪽은 윤리적이고 다른 쪽은 그렇지 않다. 기업의 사회적 책임의 경제적 모델에서 보면, 명성이나 경제적 이익을 위해 행해진 자선 활동만이 윤리적 책임이 있는 행위다. 기업 경영자는 소유자의 대리인이기 때문에, 소유자가 투자한 것에 대해 보다 많은 이익을 안겨주기 위한 경우 이외에, 기업의 자원을 사용할 권리가 없다. 또 다른 관점에선, 재정적 이유로 행해진 자선 활동은 충분한 윤리적 행위도 아니며 참된 사회적 책임의 행위도 아니다.

3.6 경제 모델의 수정형: 최소한의 윤리

이론상, 경제 모델은 여전히 매력적인 것 이상이다. 그것은 공리주의, 자유, 사유 재산 등 중요한 윤리적 규범에 호소하는 세련된 이론이다. 자유 기업 제도, 자유 시장으로 연결되는 강력한 수사적 힘을 지니고 있다. 그러나 실제는 가장 완고한 옹호자까지도 그 한계를 인정한다. 이윤 최대화의 명령은 "법과 윤리적 관습에 구체화돼 있는 사회의 기본 룰을 지키면서" "법의 범위 내에서" "사기나 부정 행위가 없는" 등의 어구에 의해 항상 조건이 붙는다. 이런 제한은 이윤 추구에 대해 단순한 법의 준수를 넘어 윤리적 제약을 설정하는 정당성을 인정한다. 여러 견해가 있겠지만, 이러한 제한을 어디에 설정하느냐는 문제는 남아 있는 유일한 논의의 대상이다.

아마 이 같은 생각이 1991년 철학자 노먼 보위로 하여금 "지난 10년 사이 기업의 사회적 책임에 관한 논의에 대한 어떤 합의가 있었다"라고 주장하게 했을 것이다. 보위는 이 합의를 기업의 사회적 책임의 **신고전파** 모델이라고 부른다. 이 모델에 따르면, 이윤 추구는 최소한의 도덕에 따르는 의무에 의해 제약을 받는다. 경영 관리자는 먼저 최소한의 도덕적 의무를 지켜야 하는데, 일단 그걸 지키면 이윤 추구의 문이 열린다.[7)]

이 최소한의 도덕의 개념을 설명하기 위해, 보위는 전통적 윤리 이론에서 기준이 되는 의무를 구별하는 틀을 제창하고 있다. 사실, 보위는 자신의 접근을 비즈니스 윤리의 칸트 이론과 같다고 보고 있다. 간단히 말하면, 이 틀은, 윤리적 명령은 해를 끼치지 않는 것, 해를 방지하는 것, 선을 실천하는 것으로 구분한다.

사람들은 해를 끼치지 않아야 할 강한 윤리적 의미를 가지고 있는 한편, 해를 막고 선을 행하는 **겉보기**만의 의무만 가지고 있다. 선행은 좋은 행위로서 장려돼야 하며, 실천하면 칭찬받아야 한다. 하지만 그런 의무는 부당한 부담과 제약을 뒤집어씌우기 때문에 윤리적으로 실천해야 할 의무는 아니다. 정당한 이익 추구는 이런 윤리적 의무에 의해 제한될 수 있다. 다른 한편, 보위는, 경영자는 주주 · 소유자의 대리인이며, (양자의 계약에서 나오는) 주주의 이익을 증진할 의미를 가진다는 경제 모델의 견해를 받아들이고 있다. 따라서 경영자가 해를 막고 선행하는 게 윤리적으로 바람직하지만, 한편으로 주주에 대한 경영자의 의무는 이러한 배려보다 우선한다.

경영자가 최소한의 도덕을 지키고 해를 끼치지 않는 한, 그들에겐 이익을 극대화할 책임이 있다. 이와 같이 신고전파 모델은 기업의 사회적 책임의 경제 모델의 수정판이라고 할 수 있다.

해를 끼치지 않는 일, 해를 방지하는 일, 좋은 일을 실천하는 일은 처음엔 명확했을지 모르지만, 일관성 있게 이들을 구별하는 건 큰 과제를 제기한다. 해를 끼치는 것과 막는 게, 생각하는 것처럼 윤리적으로 의미가 없을지 모른다. 또한 해와 선의 구별도 반드시 명확하고 쉬운 건 아니니다. 신고전파 모델과 경제 모델의 차이는 이 구별을 어떻게 해석하느냐에 달려 있다. "해를 끼치지 않는다"라는 명령을 협의로 해석하면, 신고전파 모델의 경영자가 갖는 의무 범위는 경제 모델과 크게 다르지 않다. 해를 끼치는 것과 방지하는 것, 그리고 선과 악을 확고히 구별하지 않으면, 경영자의 의무 범위가 늘어나고 이 두 모델 간의 차이도 그만큼 변할 것이다. 이 문제를 깊이 고찰하기 위해 배상법의 예를 생각해 보자.

해를 끼치는 것과 해가 일어나는 걸 막는 것의 구별은, 기업에 대한 배상을 요구하는 소송에서 법정이 해결해야 하는 주요한 쟁점이었다. **팰스그라프 대 롱아일랜드 철도** 사건은 이 문제를 상세히 다룬 고전적 판례다. 팰스그라프 부인은 앞 열차가 떠나려고 하자, 자신이 탈 다음 열차를 기다리기 위해 플랫폼에 서 있었다. 그 열차가 홈을 출발하자 늦게 도착한 승객이 차장의 도움으로 차에 뛰어 올랐다. 승객이 뛰어 탄 순간 열차 아래로 소포를 떨어뜨리고 말았다. 차장은 몰랐지만 소포엔 불꽃이 들어 있어, 차륜에 끼어 폭발했다. 불꽃이 번져 팰스그라프 부인도 부상을 입었다. 그녀의 부상에 대한 철도회사의 책임 여부를 판결하는 자리에서, 법정은 인과관계에 대한 의문을 제기했다. 철도회사 사원의 행위가 팰스그라프 부인의 부상의 **원인**이었는가?

인과관계의 타당한 근거란 그것이 없었다면 해가 발생하지 않았을 것이라는 견해다. 원인이란 그 해의 **필수조건**이다. (그것 없이는 성립이 안 된다.) 그러나 이렇게 되면 원인은 무수히 많아진다. 즉 늦게 도착한 승객, 불꽃, 열차의 차륜, 차장의 행위, 열차 계단 위치, 팰스그라프 부인이 열차를 타려고 하는 결단 등이다. 흥미롭게도, 실제 없었던 일도 그녀의 부상의 원인이라고 생각할 수 있다. 철도회사는 늦게 도착한 승객이 움직이기 시작한 열차에 달려가 탑승한 일, 움직이는 열차에 사람이 접근한 일, 열차 출발 시에 열차 문을 열린 채 그대로 둔 일, 사람이 홈에 가까이 간 일, 폭발물을 차에 반입한 일 등을 막지 못했다.

문제는 해의 원인이 되는 행위와 그걸 방지하는 행위의 차이는 행위 자체의 본질보다 그 행위를 어떻게 해석하는가에 달려 있을지 모른다는 점이다. (이것은 안락사를 둘러싼 논의의 중심 과제다. 환자의 사망을 적극적으로 초래하기 위해 인공호흡기를 떼는 결단이, 사망을 막기 위한 조치를 취하지 못함으로써 환자가 사망하는 걸 소극적으로 허용하는 것일까?)

선한 행위를 하는 것과 해를 방지하는 것을 구별하는 데도 같은 과제가 제기된다. 자동화 제조 회사가 하이브리드 전기 자동차나 연료 전지용 자동차에 투자하는 예를 생각해 보자. 이 결정은 칭찬할 만하나 의무적인 윤리적 "선"인가, 아니면 오염과 자원의 고갈을 통해 타인에게 해를 끼치지 않아야 하는 윤리적 의무인가? 이들 예의 요점은 해와 선의 사이 또는 해를 끼치는 것과 해를 끼치지 않는 것 사이에 구별이 없다는 걸 말하고 있지 않다. 그보다도 기업의 사회적 책임의 한 이론으로서 경제 모델의 수정판은 기업의 사회적 책임 한계에 정면으로 대립하지 않을 수 없다는 것이다. 수정판 이론은 왜 특정한 예가 해를 끼치고 윤리적으로 금지되는가, 또는 선행이 자선과 동등한지를 이치에 맞게 설명할 필요가 있다. 곰곰이 생각해 보면, 이 문제는 우리가 기업의 사회적 책임의 범위를 원리적으로 결정하는 생각을 버리고 케이스 바이 케이스로 결정해야 한다는 걸 내비친다. 이 말의 뜻은, 주주의 이익이 종업원, 소비자, 납품업자 또는 사회의 이익과 대립하는 경우엔 언제나 기업 경영자가 윤리적 책임을 확인하기 위해 상황을 주의 깊게 분석해야 한다는 것이다.

최소한의 도덕 접근의 중요성은, 윤리적으로 책임 있는 기업이 되기 위해선 법의 준수만으로는 불충분하다는 걸 인정하는 것이다. 기업의 사회적 책임 이론이 충분한 것이 되려면, 법을 넘어 윤리적 의무를 인정해야 한다. 기업의 경영 관리자와 임원은 법령 준수 담당관을 채용하는 것이 윤리학을 비즈니스에 통합하는 과정에 있어서 첫 걸음에 불과하다는 걸 이해할 필요가 있다. 하지만 윤리적 의무가 경영 관리자를 구속하고 이익 추구를 제한한다는 인식을 함으로써 최소한의 도덕적 접근은 윤리적 책임의 이해를 넓혀준다. 그러면 다음에, 최소한의 도덕을 그 이론적 결론으로 연결해 주는 접근인 기업의 사회적 책임의 스테이크홀더 이론에 대해 생각해 보자.

3.7 기업의 사회적 책임의 스테이크홀더 모델

기업의 사회적 책임의 스테이크홀더 모델은 모든 경영 판단이 폭넓은 사람들에게 영향을 끼치며, 어떤 사람들에겐 이익을 주고, 어떤 사람들에겐 손해를 준다는 인식으로부터 출발한다. 엔론과 월마트의 사례에서 본 것처럼, 기업 경영자의 의사결정이 사회 전체에 광범위한 귀결을 초래한다는 걸 보았다. 사실 경제학자들이 오랫동안 인식해 오고 있듯이, 모든 의사결정은 다른 기회를 무시하는 의미로 부담을 강요한다. 윤리적 기반을 찾고 있는 기업의 사회적 책임 이론은 어느 것이든 아래 의문에 대한 답을 옹호해야 한다. 즉 기업의 결정 하나하나에 대해 누가 이익을 얻어야 하며, 누가 비용을 치러야 하는가. 경제 모델도 최소한의 도덕 모델도 이 물음의 답 속에서 주주에게 특권을 부여하고 있다. 일단 최소한의 법적 및 또는 윤리적 수준이 충족되면, 주주는 결정의 최우선 수혜자로 마땅히 다루어져야 한다.

스테이크홀더 이론은 주주의 이 특권적 입장을 거부한다. 주주는 경영자의 의사결정에 대해 윤리적 요구를 할 수 있으며, 반대로 이 요구는 그 의사결정에 대해 의무를 진다. 그러나 경영자의 의사결정에 이해 관계를 가진 많은 사람과 마찬가지로, 주주의 윤리적 요구도 경영자의 의사결정에 의해 영향을 받는 다른 사람의 윤리적 요구와 동등하게 다루어져야 한다. 앞에서 논한 이론의 논리는 경영자의 의사결정이 윤리적으로 정당한 남들의 요구에 의해 제약을 받아야 한다는 걸 인정하고 있다. 스테이크홀더 이론도 이 논리를 받아들이지만, 주주만이 경영자에게 윤리적으로 정당성을 요구할 수 있다는 결론엔 반대하고 있다. 논리적으로, 다른 관계자의 윤리적 요구가 주주의 그것과 동등하면, 경영자는 이들 다른 관계자에 대해서도 책임을 지게 된다. 스테이크홀더 이론은 이런 윤리적으로 정당한 요구가 많이 존재한다고 지적하고 있다.

스테이크홀더 이론은 주주를 소유자라기보다 투자자, 즉 자본가로 본다. 투자자는 기업의 성공을 위해 자본이라는 필요한 요소를 제공하지만, 그건 기업이 노동자, 물자, 사회 인프라 또는 시장이 필요한 것과 같다. 경영자의 역할은, 많은 경우 대립하는 이해의 균형을 조정하여, 모든 이해관계자에게 가치를 계속 제공할 수 있게 해야 한다. 스테이크홀더 이론의 연구자 에드 프리먼이 이 점을 간결하게 서술하고 있다.

> 기본적 관점은 기업과 그걸 경영하는 임원들은 고객, 납품업자, 종업원,

> 지역 사회와 자본가 (즉 주주)를 위해 가치를 창출해야 한다. … 임원의 주요 책임은 스테이크홀더를 위해 최대한의 가치를 창출하는 일이며, 어느 스테이크홀더의 이익도 다른 스테이크홀더의 이익과 무관계가 아니다.[8)]

이 장 서두에서 서술한 월마트 사례로 돌아가 보자. 기업의 사회적 책임의 경제 모델은 (법이 허용하는 범위 내에서) 월마트의 이사나 경영자가 종업원, 납품업자, 고객, 지역 사회를 희생시키고 주주를 이롭게 하는 결정을 내리도록 유도할 것이다. 이 견해의 윤리적 근거는, 이 방식이 전체 사회에 더 많은 이익을 주게 되고, 소유자로서의 주주에겐 이런 이익을 얻을 권리가 있다는 신념이다. 그러나 이 장의 앞 절에서 언급했듯이, 이 논리는 어느 쪽도 설득력이 없다. 그래서 의사결정에 의해 영향을 받는 모든 당사자의 이익이 그 의사결정에 있어서 동등하게 고려돼야 한다는 윤리적 가설을 생각해볼 수 있다. 스테이크홀더 측에서 보면, 다른 관계자의 이익을 고려해볼 때, 경영자의 책임 범위는 매우 광범위하다는 걸 알게 된다. 스테이크홀더 이론은, 월마트의 이사진은 주주에 대한 책임과 윤리적으로 동등한 책임을 종업원, 납품업자, 고객, 지역 사회에 대해서도 가지고 있다고 주장할 것이다.

윌리엄 이밴과 R. 에드워드 프리먼은 그들의 논문 "A Stakeholder Theory of the Modern Corporation: Kantian Capitalism"에서 스테이크홀더의 개념에 대해 협의와 광의의 설명을 하고 있다. 협의의 스테이크홀더는 "기업의 존속과 성공에 불가결한 그룹"을 가리킨다. 광의로는 "기업에 대해 영향을 미치거나 영향을 받는 그룹"이라고 할 수 있다.[9)] 그들의 저술에선 협의의 개념에 초점을 맞추고 있으나, 우리는 이 견해를 고찰함에 있어서 양쪽의 해석을 염두에 두고자 한다.

이밴과 프리먼은 경제 모델이 기업 경영의 정확한 기술적 설명으로서도, 적절한 규범적 설명으로서도 맞지 않다고 지적하고 있다. 기업의 기술적 설명으로서는 경제 모델은 판례법과 입법에서 1세기 이상에 걸쳐 축적된 법적 관례를 무시하고 있다. 1세기 전엔 경영자가 주주에 대해 집중적인 책임을 가졌던 것은 사실이었을지도 모르나, 현재의 법률에선 소비자, 종업원, 경쟁 상대, 환경, 장애자 등의 스테이크홀더에 대한 폭넓은 의무를 인정하고 있다. 따라서 법적으로 보아, 경영자가 주주 이외의 모든 사람에 대한 의무를 무시할 수 있다는 주장은 잘못이다.

우리는 이 같은 법적 관례가 하늘에서 단순히 떨어진 게 아니라는 걸 인정할 필요가 있다. 기업의 경영자에게 기업의 경영에 의해 영향을 받는 다양한 계층의 사람들의 권리와 이익이라 하는 이름 아래서 주주에 대한 수탁 의무를 제한하지 않으면 안 되는 것은, 민주주의 사회의 가장 근본 되는 기관, 법정과 입법부가 심사숙고해서 얻은 판단이다.

경제적 고려도 경제 모델의 신용을 떨어뜨린다. 성숙한 경제에 있어서 시장의 실패가 보여 주듯이, 경영자가 이익을 추구하는 경우일지라도 주주의 이익이나 사회의 이익에 이바지한다는 보증은 없다. 시장이 목표를 달성하지 못하면 사회는 주주에 대한 수탁 의무가 으뜸이라는 걸 용인할 이유가 없다.

하지만 스테이크홀더 이론을 지지하는 가장 중요한 논점은 윤리적 고려인 것이다. 앞에서 본 것처럼, 경제 모델은 사회의 행복에 대한 공리주의적 고려와 개인의 권리, 이 두 기본적 윤리 규범을 그 정당성으로 주장하고 있다. 그렇지만 각각의 규범적 설명에 따라 영향을 받는 모든 관계자에게 적절한 고려가 주어져야 한다. 모든 공리주의 이론에 있어서 중요한 건 모든 관계자의 이익을 균형 있게 하고 각각을 동등하게 배려하는 다짐이다. 스테이크홀더 이론은 영향을 받는 모든 관계자의 윤리적 이익을 균형 있게 함으로써 이 사실을 솔직히 인정하고 있다. 때로는 경제 모델이 그러하듯이, 경영자는 균형을 유지하기 위해 주주 이익을 최대화해야 한다. 하지만 그렇지 않은 경우도 있다. 공리주의는 모든 관계자의 행복을 위해 의사결정이 어떠한 귀결을 초래할 것인지 고려해볼 것을 경영자에게 요구하고 있다. 스테이크홀더 이론도 같은 것을 요구한다.

또한 도덕적 권리에 관한 이론은 모든 사람의 동등한 권리를 인정하고 있다. 칸트 이론의 설명에 따르면, 모든 걸 능가하는 도덕적 명령은 모든 사람을 목적으로 다루어야지 결코 수단으로서만 다루어선 안 된다는 것이다. 이윤을 추구할 때, 종업원과 다른 관계자의 권리를 고려하지 않는 기업 경영자는 이 사람들을 주주의 목적을 달성하기 위한 수단으로 다루게 되는 것이다. 칸트 이론에선, 이것을 부당이라고 한다. (물론 주주의 이익을 무시하는 것도 똑같이 부당하다.)

따라서 스테이크홀더 이론은, 경제 모델을 정당화하는 데 사용되는 똑같은 관점에서 기업의 사회적 책임의 광범한 스테이크홀더 이론이 윤리적으로 우위에 있다고 판명되고 있다는 걸 주장한다. 이밴과 프리먼은 "한 집단이 다른 집단의 희생으로 이익을 얻는 때도 있지만, 스테이크홀더 이론은 특정 집단에게 다른 집단을 능가하는 특권을 부여하지 않는다. 그러나 일반적으로 경영자는 스테이크홀더 간에 균형을 유지해야 한다"고 말하고 있다.[10)]

스테이크홀더 이론에 대해 두 가지 일반적 도전이 있다. 첫째는 실질적 근거에 입각한 논의인데, 주주 이익의 우위성을 지지한다. 둘째는, 스테이크홀더 이론이 지나치게 일반적이고 모호해 경영자에게 실질적 지침이 안 된다는 의견이다.

실질적 근거에 입각한 스테이크홀더 이론을 물리치기 위해선, 경제 모델의 옹호자는 주주에 대한 책임이 항상 다른 관계자에 대한 윤리적 책임을 능가한다고 주장해야 한다. 그 논거로서 공리주의의 견지에서 보면, 이익의 최대화가 가져온 사회의 순수한 귀결이 다른 관계자의 이익을 고려해 이익을 제한하는 결정에서 생기는 사회의 순수한 귀결을 능가한다고 주장해야 한다. 자유주의 또는 재산권의 견지에서 생각하면, 이 주장은 다른 개인의 권리보다 재산의 우위성을 확립해야 할 것이다. 이미 본 대로 어느 쪽의 논거도 철학적으로 중대한 도전에 직면한다.

스테이크홀더 이론에 대한 실천적 도전은 두 가지다. 즉 스테이크홀더와 그 이익을 확정하는 문제와 스테이크홀더의 이익을 균형 있게 해야 하는 명령을 따라 취할 행동 방향을 결정하는 문제다. 우리가 스테이크홀더의 의미를 넓게 잡아, 영향을 받는 모든 사람들이라고 해석을 하면, 모든 결정에 의해 누가 영향을 받는가를 경영자가 판단하는 건 불가능한 일이다. 협의의 해석은 보다 실천적 선택이긴 하지만, 윤리적으로 관련이 있는 사람들을 무시하는 가능성도 있다. 비록 모든 관계자와 영향을 받은 그들의 이익을 확인할 수 있다고 하더라도, 스테이크홀더 이론은 경영자에게 실천적인 면에서 도움이 되지 않는 것 같다. 엄밀히 말해, 경영자는 다양하고 대립하는 모든 관계자들의 요구를 어떻게 균형 있게 다루어야 하는가? 일부 비판자의 견해에 따르면, 이 질문에 답할 수 없는 것은 스테이크홀더 이론의 뚜렷한 결점이다.

그렇지만 이런 비판가들은 스테이크홀더 이론에 대한 과도한 비판을 하고 있다. 경영자 책임에 관한 규범적 이론은 구체적인 실천 지침을 제공해야 한다고 생각하고 싶기도 하다. 그런 이론은 기업의 경영 방법에 따라 달라진다. 그런 이론이 제시하는 실천적 지침은 모든 잠재적 상황에서 명확하고 구체적 조언을 해야 한다는 결론을 내리는 오류를 범해선 안 된다.

기업의 사회적 책임의 경제 모델과 스테이크홀더 이론에서 유래한 두 가지의 일반적인 규범적 원칙을 비교해 보자. 경제 모델은 경영자가 이윤을 최대화하기를 요구하며, 스테이크홀더 이론은 경영자에게 스테이크홀더의 대립하는 주장을 균형 있게 다룰 것을 요구한다. 어느 것이 현실적이고 구체적인 어드바이스인가? 경제 모델마저도 경영자에게 의사결정에 있어서 상당한 재량을 주고 있다. 이윤의 최대화 명령은 일반적 지침일 뿐, 정확한 실천 지침은 아니다. 결국 이 이론의 범위에서 경영자의 권한은 경영자가 주주와의 신탁관계에 있어서 가지는 전문성에 호소함으로써 정당화된다. 경영자의 의사결정에 상당한 자유 재량을 인정해야 비로소 경영자가 전문적 역할을 갖는 의미가 있다. 가장 단순한 경영상의 결정 이외, 즉 경영자의 전문적 판단에 의존하는 의사결정에 있어서는 어느 방향이 실제로 이윤을 최대화할 수 있는지 사전에 알 수 없을 것이다. 결과를 알고 난 후, 어떤 특정 결정이 이윤을 최대화했는지를 증명하기 위해선, 만일 경영자가 다른 결정을 했다면 이윤은 낮아졌을 것이라는 반대 사실이 성립하는 걸 실증해야 한다. 다시 말하건대, 가장 단순한 경우를 제외하면, 이 같은 관계를 실증하는 일은 어렵다. 실제로 이윤의 최대화와 관련한 경영의 효과는 하나의 요건 — 주주는 회사에 자금을 계속 투자할 것을 선택하는가 — 이라는 물음에 의해 평가된다.

스테이크홀더 이론이 제공하는 실천적 지침에 관해서는 같은 결론이 나와야 한다. 어떤 특정 판단이 스테이크홀더의 이익을 균형 있게 조절할 수 있을까 사전에 판단하는 건 불가능하지는 않으나 어렵다. 이것을 측정하는 최상의 방법은 다음과 같이 똑같은 질문을 하는 것이다. 즉 다양한 스테이크홀더는 기업과 관계를 계속할 것인가? 불만을 품은 종업원, 불신하는 고객, 주식의 하락은 경영자가 스테이크홀더의 이익을 균형 있게 조정하지 못하고 있다는 좋은 증거다. 마찬가지로, 무수히 많은 성공한 기업이 보여 주었듯이, 경영자가 대립하는 이익을 적절히 균형 있게 조절하는 좋은 증거도 있다. 물론 이 응답은 스테이크홀더 이론이 경영자의 의사결정을 유도하는 데 유익하지 않다는 비판을 반박하는 건 아니다. 그러나 스테이크홀더 이론은 이 점에 있어서 독특하지 않다는 점을 강하게 암시하고 있다. 경제 모델처럼, 대안을 부정함으로써 실천적 어드바이스를 제공하며 동시에 시장에서 검증할 수 있다. 아마 실천적인 면은 충분할 것이다.

3.8 기업의 사회적 책임의 전략적 모델: 지속 가능성

마지막으로 검토할 기업의 사회적 책임의 모델은 사회적 책임이 기업의 사명 또는 전략적 비전에 담겨 있는 모델이다. 이 경우 사회적 책임이 회사의 조직 속에 포함돼 있으며, "사회적 목표"와 사적인 목표의 구별은 없고, 사회적 목표를 추구함으로써 주주의 목표가 달성된다. 주주의 재정적 목표를 추구함으로써 사회적 목표를 달성하는 경제 모델과는 전혀 반대의 생각이다.

이 범주엔 두 종류의 조직이 있다. 우리가 잘 아는 것은 사회적 목표에 이바지하는 걸 사명으로 하는 비영리 조직이다. 자선 단체, NGO, 교육 · 의료 · 보건 기관 등이 이 분류에 속한다. 그러나 영리 조직 중에서도 사회적 목표를 조직의 전략적 사명의 중심으로 내세우고 있는 기업이 나타나고 있는 게 널리 알려지고 있다. 특히 사회 기업가의 활동과 지속 가능성이라는 두 분야에 있어서, 이윤과 사회적 책임 간에 갈등이 없는 영리 기업이 존재한다. 이들 기업은 "비영리"라고 하기보다 "초영리"라는 특징을 가지고 있다.

기업의 사회적 책임과 관련한 대부분의 논의는 기업이 사회적 목표를 위해 이윤을 희생해야 하느냐, 아니냐 하는 토론의 형태로 돼 있다. 기업의 사회적 책임에 관한 많은 문헌은 이윤 추구와 사회적 책임 간의 대립을 전제로 하고 있다. 그러나 이런 갈등을 멀리하고, 사회적 목표를 그들의 사명의 중심으로 내거는 조직들도 물론 존재한다. 병원, NGO, 재단, 전문가 단체, 학교, 대학, 정부기관 등 비영리 조직은 사회적 목적을 그 운영의 중심으로 하고 있다. 경영 · 관리와 마케팅으로부터 인적 자원과 회계에까지, 비즈니스 스쿨에서 가르치는 지식과 기술은 영리 조직과 마찬가지로 비영리 조직에도 유용하다. 이 이유만으로도, 비즈니스 스쿨 과정의 여러 관련 분야의 학생들은 비영리 비즈니스 모델을 잘 알아둘 필요가 있다.

하지만 조직의 전략적 사명의 중심에 사회적 목표를 내세우는 영리 조직이 존재하고 있다고 알려지고 있다. 사회적 기업가 활동과 지속 가능성을 추구하는 분야에선, 이윤과 사회적 책임 간에 갈등이 없는 영리 기업이 있다. 노벨 평화상 수상자 모하마드 유나스가 설립한 방글라데시의 그라민 은행은 사회 기업가 활동의 한 보기다. 그라민 은행은 가난한 사람들에게 소액 융자를 실천한 선구자다. 제10장에서 소개하는 회사 인터페이스는 지속 가능성이 높은 환경 만들기를 사명으로 한 예다.

이런 기업들은 사회적 목표를 자신들의 비즈니스 모델의 전략의 중심으로 내걸고 있기 때문에, 우리는 이걸 사회적 책임의 전략적 모델이라고 부를 수 있다. 첫눈에, 전략 모델을 채용하고 있는 기업은 특별한 윤리적 문제를 제기하지 않는다. 밀턴 프리드먼 같은 기업의 사회적 책임의 경제 모델의 옹호자까지, 기업의 소유자는 비즈니스 모델의 일부로서 사회적 목표를 추구할 자유가 있다고 인정할 것이다. 이런 사회적 목표가 **모든** 기업의 사명의 일부여야 한다는 주장에 반대하고 있을 뿐이다.

모든 기업이 사회 기업가의 원칙을 받아들여 모든 활동을 사회적 목표를 위해 바치도록 기대하는 건 확실히 너무 지나친 욕심일 것이다. 기껏해야 사회 기업가는 이윤이 선행과 양립할 수 없는 것이 아니라는 점과 이윤을 얻으면서 선행을 할 수 있다는 점을 나타낼 뿐이다. 그러나 지속 가능성을 지닌 윤리적 책임이 모든 기업에 필요하다고 주장하는 사람도 있다. 어떤 의미에 있어서, 지속 가능성은 윤리적 목표가 모든 기업의 사명의 핵심이라고 생각하는 기업의 사회적 책임의 모델을 제안한다. 지속 가능성은 기업의 사회적 책임을 논하는 데 있어서 점점 중요성이 높아져 가는 개념이라고 생각하는 이유가 있다.

지속 가능성은 제10장에서 더 상세하게 논의될 것인데, 기업의 사회적 책임에 관련한 화제로서 지속 가능성의 생각은 기업의 재정상의 목표보다 환경에 대한 배려와 균형을 취할 것과 심지어 환경이 우선시된다는 점이다. 이 견해의 옹호자는 모든 경제 활동이 모든 생명을 떠받치는 생물권 속에서 이루어진다고 지적하고 있다. 경제학 모델, 특히 경제 성장의 매크로 경제학은 생명 유지를 위해 현재의 생명권의 역량이 이미 한계점을 넘고 있다고 논한다. 인간이 기본적으로 필요로 하는 깨끗한 공기, 물, 영양가 있는 식품, 온화한 기후는 현재의 경제 활동의 지배적 모델의 위협을 받고 있다.

이 시점에서 보면, 기업의 성공은 수익성과 관련된 재정 수지뿐만 아니라 지속 가능성과 관련된 환경 및 사회적 수지에 의해 판단돼야 한다. 재정적으로 이윤을 얻고 있는 기업이나 산업이지만 자원 (예컨대, 화석 연료)을 지속 불가능할 정도로 이용하며, 지구가 처리할 역량을 초과할 정도로 폐기물 (예컨대, 이산화탄소)을 배출하고 있다면, 기본적인 사회적 책임을 다하지 않고 있는 것이다. 중요한 것은, 환경 면에서 지속 불가능한 기업은 장기적으로 보면 재정적으로도 지속 불가능하다.

기업의 사회적 책임의 지속 가능성 모델은, 기업의 장기적 재정의 건전성은 그 기업이 자연 환경에 얼마나 영향을 주며, 또 얼마나 영향을 받는지라고 하는 물음과 직결돼 있다고 주장한다. 북대서양의 어업이 어려움을 경험한 것처럼, 생물리학적 및 환경학적 배경을 무시한 비즈니스 모델은 실패할 운명에 있다. 하지만 더 중요한 것은, 기업들이 이제 지속 가능성을 납품업자로부터 운영, 고객에 이르기까지 모든 면에서 점점 더 중요해지고 있다는 걸 인식하고 있다는 것이다. 최근 월마트가 지속 가능성 지표를 도입한 것은 지속 가능성에 대한 관심이 높아진 대표적인 예다.

지속 가능성 모델의 영향이 커져 가는 양상은 기업의 연례 재무 보고서를 기업의 지속 가능성 보고서로 바꾸는 조치가 유행하고 있는 점에서도 볼 수 있다. 전통적인 연례 보고서는 역사가 길다. 여러 법률과 규칙은 기업에 대해 전년의 기업 활동을 포괄적으로 나타내는 연례 보고서를 발행하도록 요구하고 있다. 이 보고서는 주주와 일반 대중에게 그들이 투자한 기업의 재무 업적에 관한 정보를 제공하기 위한 것이다. 연례 보고서엔 다양한 정보가 포함돼 있지만, 종래는 재무 보고가 주된 것이며 일반적으로 감사인의 보고와 손익계산서의 요약이 들어 있다.

지난 10년간, 수많은 회사들이 이 연례 재무 보고를 기업의 지속 가능성 보고로 보완해 환경 및 사회적 문제에 대한 회사의 대응을 전면적으로 알 수 있도록 하고 있다. 재무, 환경, 사회에 관한 실적 평가를 한 권의 종합 보고서에 모아서 재무 보고를 대신하는 지속 가능성 보고서를 공표하는 기업도 있다. 지속 가능성의 보고 방식이 광범위하게 수용되도록 하는 데 공헌한 비영리 단체인 글로벌 리포팅 이니셔티브에 따르면,

> 지속 가능성 보고는 조직의 경제적, 환경적, 사회적 활동 실적을 공표하는 과정이다. 많은 조직은 재무 보고만으로는 주주, 고객, 지역 사회, 그 밖의 스테이크홀더가 필요로 하는 조직 전체의 실적에 관한 정보를 제공하지 않는다고 보고 있다. "지속 가능성 보고"란 용어는 시민 보고, 사회 보고, 트리플 보텀 라인 보고 등 조직 실적의 경제, 환경, 사회적 측면을 다루는 용어와 동의어다.[11]

3.9 요약과 복습

이 장에서는 기업의 윤리적 책임을 이해하기 위한 기본 이론 몇 가지를 소개했다. 이 이론들은 기업이 어떻게 운영돼야 하는지를 이해하기 위한 규범적 모델을 제시하고 있다. 이것들은 규범적 모델에 불과하기 때문에, 그것들이 현대 기업을 얼마나 정확하게 기술하는가라는 점만으로 그 유효성이 판단돼서는 안 된다. 그러나 현대 기업이 더욱 명확하게 윤리적 배려를 일상 운영에 받아들이는 방향으로 진전하고 있는 증거는 많다.

기업의 사회적 책임의 여러 대립적 모델들은 소비자 욕구에 대응해 이윤을 증대하는 일반 목적에 대한 윤리적 제약의 연속선상에 있다. 한쪽 끝에는 밀턴 프리드먼과 신고전파에 의한 가장 협의의 기업의 사회적 책임론이 있다. 기업의 사회적 책임은 소비자 요구를 충족함으로써 이윤을 최대화하는 것이다. 이윤 추구에 대한 제약은 오로지 법의 준수다. 물론 그 자유주의의 극단적 견해에서, 이 경우의 유일하게 적절한 법이란 재산 보호와 사기와 부정 행위의 금지에 관한 법이다.

기업의 사회적 책임에 관한 이론은 이윤 추구에 대한 제약이 확대됨으로써 극단적인 면이 줄었다. 예를 들면, 노먼 보위는 칸트파의 관점에 따라 기업은 법의 준수를 넘어, 해를 끼치지 않아야 할 윤리적 의무가 있다고 말하고 있다. 극단적인 면에선, 유일하게 윤리적으로 정당하다고 인정되는 해는 남의 권리의 침해이지만, 해를 폭넓게 이해하게 되면 기업의 책임에 대한 개념도 넓어진다. 스테이크홀더 이론은 투자가 이외에 윤리적으로 정당한 스테이크홀더를 식별함으로써, 그리고 그들에 대한 구체적 의무를 밝힘으로써 그 주장을 본질적으로 발전시키고 있다.

우리는 이 이론들을 공리주의와 의무론적 윤리의 균형을 잡는 데 따른 변형이라고 특정 지을 수 있다. 이윤 추구란 기업이 소비자의 수요를 충족시키고 전체 이익을 최대화하는 공리주의 목적에 공헌하는 메커니즘이다. 하지만 이 공리주의 목적 그 자체는 이런 행위의 영향을 받는 사람에 대한 의무에 의해 제약을 받아야 한다. 적용하는 의무와 권리의 이론 여하에 따라, 법의 준수라는 최소한의 의무로부터 스테이크홀더 이론이 제시하는 더 넓은 의무까지, 그 제약에도 폭이 넓다.

마지막으로 생각해야 할 점은 기업의 본질과 목적을 이해하는 데 필요한 스테이크홀더가 가지고 있는 의미다. 주주가 경영자의 윤리적 책임에 있어서 특별한 위치를 갖게 되면, 비즈니스는 소유주의 이익을 위해 관리되는 사유 재산의 모델을 바탕으로 개념화되는 게 보통이다. 그러나 주주의 이익이 경영자의 의사결정에 의해 영향을 받는 다른 사람들의 이익과 동등한 지위를 갖게 된다면, 기업을 사유 재산이라고 보는 모델은 설득력이 적다. 만일 경영자가 모든 스테이크홀더의 윤리적 이익의 균형을 잡을 책임이 있다면, 그런 기업을 독립한 존재로 이해할 수 있다.

밀턴 프리드먼이 명쾌하게 논하고 있는 것처럼, 기업의 목적이 이윤의 최대화라고 하는 말은, 이윤 수혜자인 주주가 독특한 윤리적 신분을 가지고 있을 때만이다. 하지만 이익의 최대화가 기업의 목적이 아니라면, 무엇이 그 목적이 될까? 다양하고, 때로는 대립적 스테이크홀더의 요구를 균형 잡고자 하는 경영자는 어떤 목표를 따라야 하는가? 하버드 비즈니스 스쿨에서 오랫동안 마케팅 교수로 재임했던 셰오도르 레비트는 수십 년 전에 타당한 대안을 제시했다. 아래 레비트의 인용은 이 장을 마무리하는 데 매우 고무적이다.

> 비즈니스의 목적은 고객을 낳고 유지하는 것이다. 이를 위해 사람들이 원하는 상품과 서비스를 만들어 배달하며, 적당히 매력적인 조건으로 가격을 붙여야 한다. … 수많은 기업이 비즈니스의 목적과 관련해 꽤 다른 것을 상정하기 시작한 건 그리 오래된 옛날이 아니다. 그런 기업들은 비즈니스의 목적을 단순히 돈벌이라고 했다. 하지만, 인생의 목적은 먹는 것이라고 말하는 것과 똑같이 공허하다. … 이윤이 비즈니스의 목적이라고 한다면, 그건 도덕적으로 천박할 뿐이다. … 더 이상의 목적을 찾지 못하면, 또는 인정할 수 없으면, 비즈니스는 도덕적으로 그 존재를 정당화할 수 없다. 그것은 역겨운 생각이며, 시대에 뒤떨어진 생각이다. … 결국 그것은 공허한 생각이다. 이윤은 많은 교활하고 일시적 수법으로 생긴다. 기업이 고객을 유인하고 유지해야 한다고 하는 말은, 사람들이 참으로 무엇을 필요로 하고 평가하는지를 생각하는 것, 그리고 그 요구와 평가에 대응한다는 뜻이다. 이것은 구체적 지침이며 도덕적 가치이기도 하다.[12]

논의를 위한 사례를 다시 생각해 보자

월마트는 사회적 책임이 있는 기업인가? 당신은 이 물음에 어떻게 답을 하는가?

월마트에 대해선 찬반양론이 있다고 말하는 게 공평할 것이다. 기업의 사회적 책임의 경제 모델은 월마트의 재정 면의 성공을 칭찬하겠지만, 고용 문제를 둘러싼 법적 분쟁의 역사에 대해선 비판적일 것이다. 월마트의 재무적인 성공은 상품과 서비스를 싼 가격으로 제공함으로써 사회 전체에 공헌했으며, 주주에게 기대 이상의 이익을 안겨 주었다는 것에 대한 설득력 있는 증거다. 경제 모델에서 월마트가 고용법을 위반했다면, 사회적 책임을 수행하지 못한 결과가 될 것이다. 월마트는 여러 자선 사업에 있어서 관대한 자선가이며, 이 같은 공헌으로 명성을 높이는 걸 부끄러워하지 않았다.

최소한의 도덕적 접근은 엄격한 법적 권한보다 도덕적 권리에 초점을 맞추고 있다. 월마트의 종업원, 납품업자, 경쟁 기업, 지역 사회의 취급은 정밀한 윤리적 조사 대상이다. 예컨대, 2005년의 의료에 관한 규약은 존중과 공정에 관한 중요한 윤리적 문제를 제기했다.

스테이크홀더 모델은 월마트가 모든 스테이크홀더를 위해 창출한 가치에 주목할 것이다. 아마 스테이크홀더 접근에서 나오는 최대 의문은 균형 문제일 것이다. 모든 스테이크홀더가 월마트의 성공에서 이익을 얻은 것처럼 보이지만, 역사를 되돌아보면 찬반양론이다. 월마트는 확실히 대규모 고객층에 봉사하고 있으며, 그들에게 상당한 가치를 주고 있다. 투자가와 다른 재정 면의 스테이크홀더들도 월마트의 성공으로부터 이익을 많이 얻고 있다. 종업원도 확실히 소득은 생겼지만, 진짜 의문은 종업원을 어떻게 다루었느냐 하는 것이다. 마찬가지로, 납품업자는 월마트가 자신들의 제품을 취급하면 상당한 이득을 얻게 돼 있으나, 그 협상 방식에는 의문의 여지가 있다. 월마트는 경제 발전에 공헌했지만, 온갖 별별 행위에 의해, 특히 수많은 소도시와 농촌지역, 수많은 지역 사회에 문제가 발생했다.

마지막으로, 월마트가 근년에 시작한 지속 가능성 추진 대책은 절대적이지는 않지만 환경 보호론자들로부터 강한 지지를 얻고 있다. 비판적인 사람들은 이 회사의 사회적 책임을 분식하는 것에 불과하다고 지적한다. 하지만 윤리적으로 더 나은 평판을 가진 다른 기업이 같은 대응을 했다면 세상은 어떻게 반응했을까?

월마트는 사회적 책임을 다하고 있는 기업일까?

복습 문제

1. 기업의 사회적 책임의 경제 모델과 "자유 시장" 또는 "신고전파" 경제 이론의 관계를 설명하라.
2. 기업의 사회적 책임의 경제 모델을 윤리적으로 정당화하는 두 근거란 어떤 것인가? 이 근거에 대한 가장 중요한 도전이란 어떤 것인가?
3. 기업의 사회적 책임의 자선 모델을 설명하라. 그것은 경제 모델과 비교해서 어떻게 다른가?
4. "최소한의 도덕"이라는 개념이 담겨 있는 경제 모델의 수정형은 기업의 사회적 책임의 경제 모델과 어떻게 다른가?
5. 기업의 사회적 책임의 스테이크홀더 이론과 그 윤리적 근거 그리고 두 가지 도전에 관해 설명하라.
6. 스테이크홀더 모델의 가치 창조는 경제 모델과 어떻게 다른가?
7. 지속 가능성이 비즈니스의 전략 목표가 되는 이유는 무엇인가?

주석

1) ≪비즈니스위크≫ 이외의 월마트에 관한 기술의 참고 자료는 월마트 홈페이지를 포함한 아래의 웹사이트. http://www.walmartstores.com/wmstore/wmstores/Homepage.jsp. PBS, Now, with Bill Moyers. broadcast December 12, 2003. "Walmart: Sex Discrimination by the Numbers,"*Forbes*, June 6, 2004. Jerry Useem, "Should We Admire Walmart?"*Fortune*, February 23, 2004. Frontline, "Is Walmart Good for America?" November 16, 2004 (아래에서 참조 가능: http://www.pbs.org/wgbh/pages/frontline/shows/walmart). CNBC, "The Age of Walmart" 첫 방영 2004년 11월 10일 (녹화와 비디오: http://cnbc.burrelles.com/product.asp?ProductID=439911). Steven Greenhouse, "Walmart Said to Be in Talks to Settle Illegal-Immigrant Case," *New York*

Times, August 5, 2004. 젠킨스 판사의 발언 인용은 *Duke v. Walmart,* Inc. (N.D.Cal. No C-01-2252)에서.

2) Milton Friedman, *Capitalism and Freedom* (Chicago: University of Chicago Press, 1962), p. 133.

3) Milton Friedman, "Social Responsibility of Business Is to Increase Its Profits," *The New York Times Magazine* (September 13, 1970). reprinted in Joseph R. DesJardins and John McCall eds., *Contemporary Issues in Business Ethics*, 4e (Belmont, CA: Wadsworth Publishing, 2000), p. 9.

4) ≪포춘≫에 게재된 엔론과 아서 앤더슨社의 사례를 분석한 기사는, 그런 견해는 "주주지상주의"라고 부르는데, 다수 기업이 도산하고, 재무 상황이 악화한 것은 자사의 주가를 인상하기 위해 "지독한" 머니 게임을 한 임원 때문이라고 격렬하게 비판했다. 이 장에 소개된 프리드먼의 견해에 대한 비판은 윤리적이다. 이 견해는 비현실적이고 추천할 만한 것이 못 되는 기업의 지배와 소유에 관한 모델을 채용하고 있다고, ≪포춘≫이 비판했다. 아래 참조: Andy Serwer. "Dirty Numbers" (February 18, 2002), pp. 75-84.

5) 이 고전적 예는, 두 죄수가 혐의를 받아, 경찰로부터 자백 여부에 대한 두 가지 선택지가 주어지는 얘기다. 한쪽이 자백하고 다른 쪽이 하지 않으면, 자백한 사람은 풀려나고 다른 쪽은 10년 금고형을 받는다. 만일 양쪽이 자백하면, 각각 5년형이 된다. 양쪽 모두 자백하지 않으면 둘 다 6개월을 형무소에서 보낸다. 합리적이고 이기적인 사람이라면 이 경우 어떻게 할까? 내가 피의자 A라고 하면, 자백을 하는 게 낫다. 상대가 자백하고 내가 하지 않으면 나는 10년의 양형을 받게 된다. 그러므로 상대가 자백하면, 나도 하는 게 좋다. 만일 상대가 자백하지 않고 내가 자백하면 풀려난다. 어느 것이든, 나는 자백하는 게 합리적이다. 하지만 똑같은 생각으로 피의자 B도 같은 결론을 내린다면, 이기적이고 비협력적인 두 사람 개인의 "합리적" 선택은 양쪽에 최선이라고 할 수 없다. 한편 두 사람이 협력해 서로 믿고 약속을 지킨다면 양쪽 모두 자백하지 않고 6개월 형기로 결말을 지을 수 있다. 이 예가 보여주는 건, 협력적으로 최소한의 조정된 관계가 이상적 시장보다 중요하다는 점이다.

6) 사회과학자와 철학자에 의한 행복과 소비에 관한 많은 유일한 논의가 아래에 소개돼 있다. David Crocker and Toby Linden, *The Ethics of Consumption* (Lanhan, MD: Rowman & Littlefield, 1998). 이 문제와 관련, 흥미 있고 정보가 많이 들어 있는 영상 자료가 Affluenza의 사이트에 있다. Affluenza(부자병)이란 부유층이 걸리기 쉬운 질병이다.

7) Norman Bowie, "New Directions in Corporate Social Responsibility," in *Business Horizons*, July-August 1991, 56. 보위의 고찰은 아래 저서에 더 깊이 있게 서술돼 있다. Norman Bowie, *Business Ethics: A Kantian Perspective* (Oxford: Blackwell, 1999).

8) R. Edward Freeman, "Managing for Stakeholders" in Hartman, Laura and Joseph DesJardins, *Business Ethics: Decision-Making for Personal Integrity and Social Justice*, 2e (McGraw-Hill, 2010).

9) William Evan and R. Edward Freeman, "A Stakeholder Theory of the Modern Corporation: Kantian Capitalism" in Joseph R. DesJardins and John McCall, eds., *Contemporary Issues in Business Ethics* (Belmont, CA: Wadsworth Publishing, 2005), p. 80. 프리먼의 견해는 아래의 문헌에서 더 상세히 논의되고 있다. R. Edward Freeman, *Strategic Management: A Stakeholder Approach* (Marshfield, Mass: Pitman 1984).

10) 위와 같음, p. 89.

11) 출처는 http://www.globalreporting.org

12) 이 인용은 아래의 출처에서 Theodore Levitt, "Marketing and the Corporate Purpose: The Purpose Is to Create and Keep a Customer", a speech delivered at New York University, March 2, 1977, *Vital Speeches of the Day* 참조 가능. 같은 주장을 아래 글에서도 볼 수 있다. Theodore Levitt, *The Marketing Imagination* (New York: Free Press, 1983)의 제1장 "Marketing and the Corporate Purpose."pp. 5 and 7. 이 인용을 처음 알려준 라일라 해밀턴에게 감사드린다.

제4장

기업 문화, 기업 통치, 윤리적 리더십

[학습 목표]

이 장을 읽고 나면 다음과 같은 일을 할 수 있다.

- 기업 문화를 정의할 수 있다.
- 기업 문화가 윤리적 의사결정에 어떠한 영향을 주는지 설명할 수 있다.
- 기업 문화의 구축에 있어서의 리더십의 역할을 논할 수 있다.
- 효과적 리더와 윤리적 리더의 차이를 설명할 수 있다.
- 윤리적 기업 문화의 창조에 있어서 사훈社訓을 명시한 미션 스테이트먼트와 행동 규범의 역할을 논할 수 있다.
- 윤리 핫라인과 옴부즈만 같은 다양한 보고 체제가 얼마나 유효한지 설명할 수 있다.
- 윤리를 기업 속에 통합할 수 있다.
- 기업 문화와 윤리 프로그램의 평가, 감시, 회계 감사의 역할을 논할 수 있다.
- 기업 문화가 정부 규제에 의해 어떻게 강화될 수 있는지 설명할 수 있다.

논의를 위한 사례

골드만 삭스의 "독소적 문화"

2012년 3월 14일 골드만 삭스의 전무이사 겸 유럽 · 중동 · 아프리카 지역의 주식 파생 상품 사업의 총책을 맡고 있던 그레그 스미스가 그 직에서 사퇴했다. 직원의 사임은 매일 같이 있는 일이지만, 그의 사퇴는 이례적인 것이었다. 그 이유는 사임에 대한 소식이 스미스가 ≪뉴욕 타임스≫에 보낸 편지로 보도됐는데, 스미스가 그 편지에서 골드만 삭스의 기업 문화와 경영진을 질타했기 때문이다.

골드만 삭스에서 12년을 재직한 스미스는 "내가 솔직히 말하건대, 회사 환경은 내가 여태 보지 못한 정도로 독소적이고 파괴적이다"라고 결론지었다. 골드만 삭스가 돌보게 돼 있는 고객의 이익은 조직적으로 계속 무시당하고, 회사에만 이윤을 증대해 주는 결과가 됐다고, 스미스는 설명했다. 경영진은 "고객에게서 돈을 얼마나 빼앗는가?"를 생각하게 하는 존재로 묘사돼 있다. 또 스미스는 고객이 "허수아비 인형"처럼 묘사되고 있다든가, 종업원들이 골드만만 이롭게 하는 수법으로 고객에게 "바가지를 씌우는" 자신들의 행위를 자랑하는 회의 모습도 설명하고 있다.

스미스는 회사의 대표이사 겸 사장을 포함한 고위 경영진이 "회사의 도덕적 기반을 붕괴"하고, 고결, 신뢰, 긍지, 정직의 문화를 없앤 것을 비난했다. "회사는 리더십에 대한 사고 방식을 바꿨다. 리더십이란 이전까지만 해도 이념에 관한 것이었으며, 모범을 보이는 일이고 옳은 일을 하는 것이다. 오늘날, 회사가 크게 돈을 벌도록 해주면 (그런데 도끼 살인자가 아니라면) 높은 지위로 승진한다." 스미스는 편지 끝에, 자신의 사퇴가 이사회에 대한 "각성제"가 되기를 바라며, 이사회와 회사가 살아남으려면 고객의 신뢰를 잃지 말아야 한다고 썼다. 그는 이사들에게, "회사를 위해 아무리 많은 돈을 벌어도, 윤리적으로 타락한 사람은 제거하라. 그리고 사람들이 정당한 이유로 근무할 수 있도록 문화를 바로세워라. 돈벌이만 생각하는 사람은 이 기업을 또는 고객의 신뢰를 오래 지속시키지 못한다"라고 충고했다.

놀랄 일은 아니지만, 골드만의 CEO 로이드 C. 블랭크페인과 사장 개리 콘은 스미스의 주장에 대해 논박했다. 스미스의 사임 발표 직후에 나온 신문 보도에서 그들은 스미스의 편지가 "절대 다수의 사람들이 골드만 삭스를 어떻게 평가하고 있는지" 바르게 언급하지 않았다고 논박했다. 그리고 회사 종업원 90% 가까이가 회사는 고객에게 "극진한 서비스를 제공하고" 있다고 생각한다는 내부 설문 조사도 언급했다.

논의를 위한 질문

1. 당신이 속해 있는 조직 (예: 학교, 클럽, 동창회, 친목회, 스포츠 동호회)에 "문화"가 있는가? 어떻게 해서 생겼는지? 어떻게 바꿀 수 있는가?
2. 골드만 삭스의 문화가 스미스의 묘사대로라면, 고위 경영진은 그걸 어떻게 바꾸었을까? "도덕적으로 타락한 사람을 제거하는 게" 가능할까?
3. 기업의 임원들은 어떻게 조직의 문화를 구축할 수 있을까? 그들은 문화를 창조할 책임이 있는가?
4. 문화는 개인에게 어떠한 영향을 주는가? 기업 문화를 받아들이거나, 거부하는 데 있어서 개별 종업원은 어떤 역할을 하는가?

출처: Greg Smith, "Why I Am Leaving Goldman Sachs", *New York Times*, March 14, 2012. http://www.nytimes.com/2012/03/14/opinion/why-i-am-/eauing-goldmansachs.html (2012. 8. 8.에 접속). Lloyd C. Blankfein and Gary D. Cohn "Goldman Sachs' Response to March 14, 2012, The New York Times Op-Ed", Press release. March 14, 2012. http://www.goldmansachs.com/ media-relations/comments-and-response/current/nyt-op-ed-response.html (2012. 8. 8에 접속).

4.1 서론

제3장에서 검토한 여러 문제들은 기업을 사회적 제도로서, 즉 외부의 시점으로부터 기업을 다루었다. 우리는 시민으로서 기업이 재화, 서비스, 고용, 이윤의 제공

이라는 경제적 책임을 넘어 사회적 책임을 가졌는지를 묻고 논의한다. 이 장에선 비즈니스의 윤리적 책임을 내부의 시점에서 검토한다. 기업 내에서 윤리적 행동과 윤리적 의사결정을 실행시키기 위해 기업은 어떻게 통치되고 경영돼야 하는가? 윤리적 행동을 촉진 · 장려하는 데 있어서 이사, 경영 임원 그리고 관리자 등 조직의 요직자들의 적절한 역할은 무엇인가? 이 책임은 개인에게 귀속하는가, 제도적 구조에 귀속하는가? 일이 잘못되면 누구의 책임인가?

제3장에서 서술한 기업의 사회적 책임의 경제 모델은 사회적 · 윤리적 배려를 비즈니스에 부과되는 외적 제약으로 다루었다. 그것은 마치 비즈니스가 사회적으로 책임 있게 행위를 하도록 강력한 외적 이유를 필요로 하는 것과 같다. 그러나 많은 기업들은 사회적 책임을 특별한 것은 아니지만 비즈니스 모델에 내재하는 요소로 인정하고 있다. 이것은 놀라운 일이 못 된다. 결국 기업에 종사하는 개인들도 다른 사람 못지않게 윤리적이다. 기업은 사회적으로 책임 있고 윤리적 방법으로 운영하기를 원한다고 상정하면서, 이 장에서는 윤리적으로 책임 있는 기업을 구축 · 유지하는 전략을 모색한다.

특히 이 장에서는 기업이 윤리적으로 책임 있는 의사결정을 하도록 독려되고 지원받도록 기업이 윤리적 기업 문화를 구축하는 방법을 검토한다. 윤리에 관한 일반적 생각에선, 기업에 있어서 개인의 의사결정에 대해 개인의 책임을 강조하는 건 쉬운 일이다. 이런 의사결정은 자신의 성실성에 영향을 미치며, 동시에 기업 조직이 관계하는 많은 스테이크홀더에게도 중대한 결과를 미친다.

하지만 개인의 의사결정과 윤리적 행동이 진공 속에 존재하는 건 아니다. 기업 내에서의 의사결정은 회사의 기업 문화에 의해 영향을 받으며, 제한되고, 형성되고, 어떤 경우엔 실질적으로 결정된다. 개인은 옳고 그른 일을 판단하는 데 있어서 자신이 생활하며 근무하는 조직의 기대, 가치, 구조에 의해 방해를 받기도 하고 도움을 얻기도 한다. 이 장에서는 기업 문화의 구축 · 영향 · 관리를 둘러싼 주요한 문제와 윤리적 문화를 창조 · 유지하는 데 있어서 기업의 지도자 역할을 알아본다.

4.2 기업 문화란?

그렇다면, "기업 문화"란 무슨 뜻인가? 모든 조직에는 문화가 있다. 그것은 조직 구성원의 사고와 행동에 영향을 주며 공유하는 신념, 기대, 의미에 의해 형성된다. 조직 문화는 조직의 구성을 형성한다. 당신 자신의 회사, 조직 또는 학교 (또는 기숙사, 친목회나 부인회)가 다른 것과 어떻게 다른지 생각해 보자. 당신의 조직, 친목회, 기숙사, 부인회에 "전형적"인 타입의 사람이 있는가? 당신의 대학에 학생을 "양성하는" 묵시적이고 영향력 있는 기준과 기대가 있는가? 만일 당신이 다른 대학을 선택했거나, 다른 친목회나 부인회에 입회했다면, 또는 다른 조직에 가입했다면, 당신은 어떻게 달라졌을까?

기업에도 묵시적이지만 영향력이 있는 기준과 기대가 있다. IBM은 한때 풀을 잘 먹인 흰 셔츠와 넥타이 (그것은 확실히 남성 문화였으므로)를 복장 규정으로 하는 문화로 유명했다. 그것은 격식을 지키지 않는 문화로 평판이 높은 애플 같은 회사와 비교하면 매우 대조적이다. 근무 시간을 9시에서 5시까지 꼭 지키는 회사도 있고, 종업원이 장시간 그리고 주말에도 근무하길 바라는 회사도 있다. 오전 9시부터 오후 5시 근무에 습관이 된 사람이 다른 회사에 들어가 5시가 되자마자 퇴근하려고 한다면, 적응하기도 출세하기도 어려울 것이다. 기업의 가치관과 관련해서도 마찬가지다. 만일 당신에게 만족스러운 것과 다른 가치관을 지지하는 문화를 가진 회사에 취직을 한다면, 좋거나 나쁘거나 가치관의 충돌이 발생한다.

기업에 있어서나 어떤 다른 데 있어서나 문화는 고정적이지 않다. 문화는 변한다. 하지만 문화를 변하게 한다든지, 조금이라도 문화에 영향을 준다는 건 마치 빙산을 움직이는 것과 같은 일이다. 빙산은 항상 움직이고 있다. 빙산은 어느 순간에도 흐르는 조수와 더불어 계속 떠 있다. 한 사람의 힘으로써는 그 진로를 바꿀 수 없으나, 강력한 리더는 문화에 큰 영향을 줄 수 있다. 따라서 강력한 기업 리더는 확실한 기업 문화에 지대한 영향을 줄 수 있다.

회사의 문화는 곤란할 때 회사에 방향성과 안정성을 제공하고 회사를 지탱하는 가치관이 될 수 있다. 그러나 회사의 문화는 조직이 일반적으로 문제를 처리하도록 강요하는 역할을 하는데, "그건 여기서 언제나 일을 처리하는 방식이다"라든가 "그

건 우리의 지배적인 분위기다"라고 표현되기도 한다. 한때 이익이 되는 안정성은 다른 때는 성공의 방해가 되기도 한다.

기업 문화는 문제가 되는가? 베스트셀러 ≪비전 기업의 성공적 습관≫의 저자 짐 콜린스와 제리 포라스는 성공 요인을 설명하는 공통적 관행을 탐색하기 위해 여러 성공 기업을 조사 연구했다. 이들 기업은 재무적으로 경쟁 기업을 압도했을 뿐 아니라, 장기간에 걸쳐 경쟁에서 앞섰다. 그들이 조사한 기업은 평균해서 1879년에 설립됐다. 그들의 중요한 발견 중 하나는, 참으로 뛰어나고 지속적인 기업은 모두 일련의 핵심 가치를 대단히 중시하고 있었다는 사실이다. 이 핵심 가치는 기업을 규정하고 "재정적 이익이나 단기적 득실과 바꾸어서는 안 되는" "본질적이고 영구적 신조"라고 해석된다.[1)]

콜린스와 포라스는 핵심 가치가 창업자와 CEO에 의해 표명되고 실천돼 온 수많은 사례를 언급하고 있다. 예를 들면, IBM, 존슨 앤 존슨, 휴렛 팩커드, 프록터 앤 갬블, 월마트, 머크, 모토로라, 소니, 월트 디즈니, 제너럴 일렉트릭, 필립 모리스가 거명되고 있다. 어떤 기업들은 고객에 대한 헌신을 핵심 가치로 삼고 있었다. 종업원, 자사 제품, 혁신, 심지어 위험 부담에 초점을 맞추는 회사도 있었다. 공통 테마는 핵심 가치관과 명확한 기업 목적, 즉 조직의 중핵적 이념이라고 표현되는 이 두 요소가 함께 영구적이고 재정적으로 성공한 기업의 본질적 요소라는 것이다.

우리가 기업 "문화"에 관해 언급할 때, 그건 기업이 일련의 식별 가능한 가치관을 가지고 있다는 말이다. 콜린스와 포라스가 논의한 회사들은 모두 강력한 기업 문화와 명확한 일련의 가치관을 가지고 있는 것으로 묘사돼 있다. 물론 논의를 위한 사례가 보여 주듯이, 기업의 가치관 그 자체가 윤리적 비판의 대상이 될 수도 있을 것이다.

4.3 문화와 윤리

문화라는 개념은 실제로 어떻게 윤리와 연관되고 있는가? 더 정확하게 말하면, 기업 문화는 비즈니스 윤리에 있어서 어떤 역할을 하고 있는가? 앞에서 소개한 몇 가지 토픽을 다시 생각해 보면 그 답을 찾을 수 있을 것이다.

제1장에선 법과 윤리의 관계를 고찰하고, 법의 준수만으로는 윤리적 행동을 보증하는 데 불충분하다고 결론지었다. 예를 들어, 미국장애인법은 기업이 장애를 가진 종업원을 위해 적절한 편의를 도모할 것을 의무로 하고 있다. 하지만 법률은 기업이 알레르기, 우울증, 독서 장애, 관절염, 난청, 고혈압을 갖고 있는 종업원을 위해 적절한 시설을 마련해야 하는지를 판단하는 데 모호한 경우가 있다. 법률이 윤리적 의사결정을 내리는 데 불완전한 경우, 기업 문화는 그 결정에 있어서 결정 요인이 될 것이다. 윤리적 기업은 윤리적으로 책임 있는 의사결정을 장려하고 구체화하고 허용하기 위한 방도를 찾아내야 한다. 기업 문화는 어떤 형태의 의사결정을 장려하고 구체화하고 허용하고, 그 밖의 다른 의사결정을 못하게 막는 기업의 모든 관행의 총체라고 이해하면 된다.

그러므로 윤리적 문화라고 하는 건, 법적 요구가 없는 경우일지라도 종업원이 윤리적으로 책임 있는 행동을 하도록 해주고 동시에 기대되는 문화다. 기업 문화는 어떤 결정을 내려야 할 것인지를 판단하는 기대와 규범을 설정한다. 이 장의 뒷부분에서 기업이 여러 문화 유형과 윤리적 행동을 권장하는 문화를 창조할 수 있는 여러 가지 방법을 검토한다. 그러나 문화가 어떤 행동을 권장하고 어떤 행동은 못하게 한다는 걸 이해하기 위해서, 2005년 9월에 발생한 허리케인 카트리나 후의 복구 노력과 관련한 두 가지의 조직적 대응을 예로 알아보자.

연방긴급사태관리청FEMA은 허리케인에 대한 정부의 대응을 전적으로 책임지고 있었다. FEMA는 소방과 화재 보험으로부터 민간 방위까지 몇 개의 정부 기관이 통합되어 1979년에 설립됐다. 그 후 FEMA 자체는 연방국토안전국에 흡수됐다. 허리케인이 발생했을 당시, FEMA는 관료적이고 계층적 조직으로 알려져 있었다. 의사결정에 있어선 엄격한 규칙과 절차를 지켜야 했다. 많은 결정은 권한자의 승인이 있어야 했다. 한 번은 긴급 요원이 수일 늦게 허리케인 발생 지역에 도착했는데, 그건 FEMA가 그들에게 현장에 가기 전에 직장에서의 성희롱 방지 교육에 참가할 것을 요구했기 때문이다.

몇 년간의 준비와 계획에도 불구하고, 허리케인의 규모와 결과로 발생한 홍수는 FEMA의 대응 능력을 압도했다. 사태가 계획에 맞지 않고 규칙이 더 이상 적용 불능

일 때, FEMA의 관료 조직은 작동 불능인 것 같다. 임시 가옥과 물자가 인근에 확보돼 있었지만 그 시점에 아직 권한자의 허가가 없었으므로, 그것들은 허리케인 발생 후 몇 달이 지날 때까지 피해지에 운송되지 않았다. 결정이 내려지고, 또 철회되곤 했다. 사람들은 집을 잃고, 식량이 부족하고, 병에 걸려 있기도 했는데, 긴급용 주택, 식료품, 의료 물자는 홍수 발생 후 수주에서 수개월 동안이나 이용되지 않은 채 방치되어 있었다. 뉴올리언스의 컨벤션 센터에 수천 명이나 되는 사람들이 남아 있다는 것을 텔레비전 뉴스가 방영하고 난 수일 후, FEMA 장관 마이켈 브라운은 기자의 질문으로 처음 생존자의 존재를 알았다고 주장했다. 분명히 FEMA 장관에게 보고한 사람은 없었고, 그러므로 그는 의사결정을 할 수 없었으며, 수천 명이 구제되지 못했다. 이 조직은 의사결정자에게 정보를 올려 보내지 못했으며, 하급 관리자들은 의사결정 권한이 없었다.

또 하나의 조직은 미국해안경비대인데, 긴급 사태 발생 시에 수색과 구출을 하는 책임을 맡고 있다. FEMA 장관 브라운은 결국 해임되고, 그 후임으로 해안경비대장이 부임했다. 해안경비대는 관료적 경향이 다소 약한 조직이라고 알려져 있다. 그들의 비공식 모토는 "구출을 먼저, 허가는 후에"이다. 해안경비대는 최전선의 대원에게, 상사의 판단이나 지시를 기다리지 않고 문제를 해결하는 권한을 부여하고 있다. 같은 인간이 어느 한 조직에 소속해 있으면서 어떤 결정을 내리려고 하는 상황을 상상해 보자. 조직 문화의 중요성이 어떤 것인지 알 수 있을 것이다.

FEMA와 해안경비대는 유사한 사명과 규칙 그리고 유사한 법적 규제를 가진 비슷한 조직이지만, 전혀 다른 문화를 가지고 있다고 말할 수 있다. 두 조직의 의사결정은 각 조직의 문화를 반영한다. 이 두 기관에서 권장되고 강화된 태도, 기대, 습관은 문화의 차이를 반영한다.

기대와 습관이라는 개념은 앞에서 논한 또 하나의 주제가 기업 문화의 논의와 관련이 있다는 걸 시사하고 있다. 제2장에선 덕윤리학을 소개하고, 덕을 성격 특징과 습관으로 설명한다. 윤리적 덕의 계발을 포함해 개인 습관의 계발은 개인이 살고 있는 문화의 영향을 크게 받아 가능해진다.

윤리적 의사결정과 행동에 관해 말할 때, 행동하기 전에 선택지 하나하나를 깊이 검토해, 합리적이고 용의주도한 절차에 따라 생각해 보는 것도 어렵지 않다. 덕윤리학 전통은 판단과 행동이 그렇게 용의주도하게 이루어지지 않았다는 걸 보여준다. 신중하게 생각한 후에 행동하기보다 습관과 성격에 좌우되어 행동하기 쉽다. 그러므로 습관과 성격을 어디서 얻었는가 하는 물음은 대단히 중요하다.

이 물음에 대한 답의 일부는, 확실히 습관은 선택 여하에 달렸다는 것이다. 하지만 우리의 습관은 교육과 우리의 훈련, 즉 문화에 의해 생겨나 굳어진다는 게 분명하다. 이 교육은 가정과 종교로부터 사회 전체와 문화에 이르기까지 모든 사회적 환경에서 이루어진다. 또 교육은 직장에서도 이루어진다. 직장에서 개인은 적절하고 기대되는 행동을 단기간에 익힌다. 기업은 의도적이든 아니든 상관없이, 습관이 형성되고 덕이나 악덕이 생기는 그런 환경을 제공한다. 그런 환경에 관해 이야기하는 건 윤리적 기업 문화에 관해 말하는 것과 같다.

이 같은 비교적 추상적인 고찰을 떠나서, 윤리적 문화는 기업의 최저 기준에 직접적이고 실질적인 영향을 준다. 만일 강력한 윤리적 문화가 관심을 이끌고 뒷받침을 받게 되면, 스테이크홀더의 손해를 억제하는 기능을 하고 최저 기준의 지속성을 향상한다. 만일 이것이 무시되면, 기업 문화는 "무엇이든 상관없다" "최저 기준을 위해서라면 방법은 상관없다"라는 인식을 강화하며 결국엔 장기적 지속 가능성을 해친다. 그런 윤리적 기업 문화를 창조하고 지속하는 책임은 비즈니스 리더에게 달려 있다.

콜린스와 포라스의 저서 ≪비전 기업의 성공적 습관≫을 읽으면, 기업에 종사하는 사람의 개성을 만드는 기업 문화의 큰 힘에 놀라지 않을 수 없다. 개인들이 조직을 형성할 수 있다는 건 사실이겠지만, 아마 카리스마가 있는 리더라면 특히 그러할 것이다. 그리고 그 이상은 아니더라도, 조직이 개인을 만드는 것도 사실이다. 같은 조직에서 20년, 30년, 40년이나 커리어를 쌓는 것을 상상해 보자. 예를 들어, 앞 장의 논의를 위한 사례에서 언급한 월마트의 메모 필자가, 만일 애플의 복지후생 담당 부장이었다면 어떻게 유사한 문제에 대응했을까 상상해 보자. 애플의 경영 환경과 월마트의 경영 환경은 서로 크게 다르다. 당신이라는 인간 — 당신의 태도, 가치관, 기대, 마음가짐, 습관 — 은 모두 당신이 근무하는 조직의 문화에 의해 거의 결정된다.

4.4 윤리적 리더십과 기업 문화

기업 문화의 목표가 윤리적 의사결정을 가장 효과적으로 지원하는 가치관, 기대, 신념 그리고 행동 패턴을 계발하는 것이라면, 이 같은 일에 노력을 쏟는 건 기업 리더의 주요 책임이다. 리더에게 이런 의무가 주어지는 건, 부분적으로 스테이크홀더가 상당한 정도로 "상부의 성향"에 의해 좌우되기 때문이다.

머크社의 CEO 레이먼드 길마틴은 다음과 같이 설명하고 있다. "사고, 언어, 행위에 있어서 회사 리더는 분명하게, 솔직하게 윤리적 행위를 주창하고 그 모범을 보여야 한다."[2] 리더가 자신의 직무를 피하거나, 기업의 자산을 잘못 쓰거나, 기업의 능력을 잘못 전달하든가 또는 부적절한 행동을 하고 있다고 인식되면, 스테이크홀더는 이런 행동이 허용될 뿐 아니라, 아마 조직 내에서 성공하기 위해 해야 하는 확실한 방법이라는 메시지를 받게 되는 셈이다. 그 반대로 리더가 명확하게 자신의 윤리적 행동을 다른 고려 사항보다 우선시하는 경우, 스테이크홀더는 그런 롤 모델을 따르고 그런 우선순위를 배우는 방향으로 유도되는 것이다.

리더십은 개인의 행동을 넘어, 자원 배분과 같은 다른 메커니즘을 통해서도 일정한 성향을 조성한다. 윤리적 비즈니스 리더는 개인으로서 윤리를 운운하고, 윤리적으로 행동할 뿐 아니라, 윤리적 행동을 지원·촉진하기 위해 기업 자원을 배분한다. "예산은 가치의 전부다"라는 예부터 전해지고 있는 경영 이념이 있다. 더 흔한 표현으로 "필요한 곳에 자금을 투입하라" "언행일치하라"란 말이 있다.

예컨대, 1990년대 윤리 담당자가 처음 기업에 도입됐을 때, 이 담당자들은 재정적인 예산 지원을 받았는데, 이는 바로 이 부서의 타당성과 영향력을 명확히 반영한 것이었다. 만일 법무 담당자가 "여가 시간에" 윤리 담당자로 근무하고 추가 예산이 그 업무를 위해 배분되지 않았다면, 윤리가 우선해야 할 문제가 아니란 점은 명백하다. 그 반대로, 만일 매우 유능한 인재가 윤리 담당자로 임원직에 채용되고 그 업무를 지원하기 위해 직원과 예산이 주어진다면, 윤리는 이 기업에서 판이한 위치를 가지게 된다. 마찬가지로, 기업이 행동 규범의 실천을 통해 윤리적 의사결정을 하도록 종업원에게 요구할 때, 같은 기준을 판매회사, 납품업자, 기타 거래업자에게 확대하는 건 이 규범이 얼마나 중요시되고 있는지를 상징한다.

윤리적 리더십의 본질에 관한 한 연구는, 리더가 가시적인 윤리적 행동을 하는 것만 중요하다고 보는 관점 이외에 사람을 중시하는 리더로서 인식되는 것의 중요성을 강조하고 있다.[3)]

성실성, 정직성, 신뢰성 같은 전통적으로 중요시되는 특성 이외에, 수용력, 듣는 힘, 개방성 같은 특성도 중요하다. 끝으로 리더가 폭넓은 윤리적 자각심을 가지고 있으며 다수 스테이크홀더에 대한 관심을 가지고 있다고 인정받는 것과 윤리적 의사결정 절차를 이용한다는 것도 중요하다. 윤리적 리더로 인정되고 있는 리더들은 "정통적 리더들"이 한 대부분의 일을 하고 있으나 (예컨대, 기대하고 있는 행동을 강화하는 일과 행동 기준을 정하는 일), 그들은 윤리 과제라는 맥락 속에서 그 일을 한다. 사람들은, 윤리적 리더의 목표는 단지 직무상의 성과가 아니고 일련의 윤리적 가치와 원칙에 합치되는 성과라고 인식하고 있다. 결론적으로 말하면, 윤리적 리더는 업무 과정 속에서 사람 (종업원과 외부의 스테이크홀더)에 대한 배려를 실행한다.

그런데 앞에서도 말했듯이, 이런 특성과 행동은 모두 눈으로 볼 수 있는 것이어야 한다. 경영 임원이 최고위 경영진의 테두리 안에서만 "조용하게 윤리적"이라고 하면, 아래의 종업원들은 그걸 알지 못하며 그런 임원은 윤리적 리더로서 인식되지 못할 것이다. 특성과 행동이 주목을 받아 인식에 영향을 미치기 위해서는 대인관계 속에서 보이고 이해돼야 한다. 경영 임원은 언행이 일치하고, 공동 선과 사회 전체를 위해 장기적으로 배려해 행동할 때 윤리적 리더로 인식된다. 경영 임원은 재무상의 이익과 증권 분석가의 단기적 요구에 초점을 맞출 것으로 기대되기 때문에, 더 폭넓고 장기적 일에 초점을 집중하게 되면 사람들로부터 윤리적 리더로서 인식된다. 또한 힘든 상황에서 용기 있는 의사결정을 하는 건 윤리적 리더로서 주목받게 되는 또 하나의 방법이다. 윤리적 리더는 "충분한 용기가 있어 자신들의 윤리적 가치관에 반하는 행동에 대해 '노'라고 말할 수 있다."[4)]

4.5 효과적 리더십과 윤리적 리더십

리더로 인식되는 건 윤리적 기업 문화를 창조하고 변혁하는 리더의 능력에 있어서 중요한 역할을 한다. 요직에 있는 경영관리자는 비즈니스 문화를 좋은 방향으로나 나쁜 방향으로 바꿀 능력을 갖고 있다. 기업 내부에서 기업 문화가 윤리적 의사결정에 큰 영향을 미치는 경우, 리더는 윤리적 의사결정이 잘 되도록 환경을 조성할 책임이 있다. 그런데 "리더"가 된다는 건 무슨 뜻인가? 더 중요한 건, "윤리적" 리더란 무엇을 의미하는가? 좋은 리더와 윤리적 리더를 구별하는 게 중요하다. 좋은 리더란 단지 리더들이 하는 일을 잘하는 사람이다. 리더는 목적을 향해 타인을 안내하고 이끌고 동행하는 사람이고, 좋은 리더는 이를 성공적으로 확실하게 효율적으로 하는 리더다. 좋은 리더는 추종자를 효율적으로 공통 목적으로 향하게 할 수 있다. 하지만 좋은 리더가 반드시 윤리적 리더인 것은 아니다.

기업의 측면에 있어서 애플의 스티브 잡스는 매우 훌륭하고 효과적인 리더다. 그는 애플을 기술과 미디어 분야에서 선도적 거대 기업으로 변혁할 수 있었다. 잡스는 근년 ≪포춘≫의 "지난 10년의 최고 CEO"로 선정됐다. 누구의 말을 듣더라도 그는 종업원에게 강한 충성심을 주입하는 상상력과 창조성이 풍부한 리더다. 버나드 마도프도 감성이 뛰어나고 창조성이 풍부한 리더였으나, 윤리적이지는 않았다. 그렇다면 효과적 리더와 윤리적 리더의 차이는 무엇인가? 하나의 관건이 되는 차이는 사람들을 자극해 목적을 달성시키는 데 이용되는 수단에 있다. 스티브 잡스는 대단히 성미가 까다로운 상사라고 전해지고 있다. 효과적 리더는 위협, 협박, 괴롭힘, 강요로써 자신들의 목적을 달성할 수 있을지 모른다. 윤리적 행동을 모범적으로 보여 주거나, 설득을 통하거나 또는 단지 제도적 역할의 힘에 의한 방법 등 보다 매력적인 방법으로 남을 이끌 수 있다.

리더십에 관한 문헌에 따르면, 윤리적 리더십은 지휘하는 방법에 의해서만 결정된다고 한다. 어떤 리더십 스타일을 주창하는 사람들은 자신들의 스타일이 다른 것보다 더 우수하다고 내세우고 싶어 한다. 그 결과, 그들은 어떤 한 지도 방법이 윤리적 의미의 "참된" 리더십이라고 생각하기 쉽다. 예를 들어, 이 주장의 선상에서 로버트 그린리프의 저서 ≪봉사자의 리더십≫은, 최고의 리더는 남에게 봉사하는 모범으로써 남을 지도하는 비계층적 인물이라고 주장하고 있다. 그 밖의 다른 논의에서도 비슷한 주장으로, "변혁형"이라든가 "집행형" 리더는 하급자에게 권한을 이양하고 주도권을 주어서 문제를 해결하는 방법을 취하고 있으며, 이 방법이 최고의 윤리적 리더십 스타일이라고 한다.

확실히 윤리적으로 적절한 리더십 방법은 윤리적 리더가 되는 데 있어서 중심적 과제다. 종업원에게 권한이 이양되고 종업원이 윤리적으로 책임 있는 의사결정을 하도록 기대되는 기업 문화를 구축하는 것은 윤리적 비즈니스 리더가 되기 위해 필요한 요건이다. 하지만 방법 중에는 나은 것도 있고 그렇지 않은 것도 있으므로 (예컨대, 강요보다 설득), 리더를 윤리적으로 만드는 건 방법뿐만이 아니다. 한편 필요는 할지 모르지만, 남을 이끄는 윤리적 방법만으로는 윤리적 리더십을 확립하기에 충분하지 않다. 윤리적 리더십의 다른 요건에는 리더가 지향하는 목적, 즉 목표가 포함돼 있다.

나아가는 방향이나 목표가 없는 한 누구도 리더가 될 수 없으며, 추종자도 있을 수 없다. 비즈니스의 측면에서 생산성, 효율성, 수익성은 최소한의 목적이다. 회사를 파산에 빠지게 하는 기업의 경영 임원은 효과적이라든가 좋은 리더로 인정받지 못할 것이다. 비즈니스를 생산적이고 효율적이고 수익성이 높은 비즈니스로 변혁하는 경영 임원은 효과적 비즈니스 리더라고 판단될 것이다. 부하를 존중하고 또는 부하가 창조적이고 성공할 수 있도록 힘을 실어주는 방법으로 이런 일을 하는 경영 임원은, (적어도 첫눈에) 효과적이며 윤리적 리더다. 하지만 비즈니스 리더를 윤리적 리더로 만들기 위해서, 윤리적 수단만으로 달성되는 수익성과 효율성은 충분한가? 어떤 비즈니스 리더가 부하에게 권한을 이양하고 상담과 의견 청취로 부하의 자주성을 존중하지만, 그 비즈니스가 아동 포르노를 출판하거나 환경을 오염시키거나 과격 조직에 무기를 팔고 있다고 상상해 보자. 리더십의 방법만으로써 그런 리더의 윤리적 입장을 판단할 수 있을까? 그 리더가 완전히 윤리적이라고 하는 결론을 짓기 전에, 수익성 이외 다른 사회적 책임이 있는 목표가 필요할 것이다.

이 책의 남은 장에서 윤리적 리더의 비전의 일부가 될 만한 다른 목표에 대해 여러 가지 방법으로 검토하고자 한다. 종업원의 권리, 소비자의 안전, 윤리적 마케팅, 다양성, 환경에 대한 책임 등에 대응하는 목적은 단순히 효과적인 기업 리더가 아니라 완전히 윤리적 기업 리더의 사명과 목적의 요건이다.

4.6 가치에 기초한 기업 문화의 구축

앞에서 언급한 빙산의 비유처럼, 조직 내의 개인은 기업 문화에 영향을 준다. 그러나 아마 요직의 리더를 제외하면 개인 한 사람은 문화를 구축하거나 변경할 수 없다. 문화는 리더십, 통합 정책, 평가 · 모니터링에서 나온다. 윤리적 문화는 다양한 경영 전략과 방책에 의해 창조되고 유지된다.

미션 스테이트먼트, 행동 규범, 가치관의 표명

윤리적 리더십을 보여주는 중요한 방법의 하나는 조직의 가치관을 명료하게 밝히는 것이다. 물론 명료한 표명은 가치관의 포괄적 확인 과정을 거친 후에 가능하다. 그것은 최고경영자의 특정 가치관을 단지 흉내 내듯이 따라 하기만 하면 좋다는 말은 아니다. 그러나 종업원의 의사결정 과정을 이끌 체계적 원칙에 의해 기업이 운영되도록 보증하는 것은 그런 리더의 책임이다.

행동 규범이나 가치관의 표명으로 문화에 영향을 주기 전에, 기업은 먼저 사명을 정해야 한다. 다른 가치관이 없다면, 유일한 가치는 이익이다 — 어떤 희생이 따르더라도. 그러므로 상부로부터 추가적 지시가 없으면, 기업은 종업원에게 이익을 위해선 무슨 일이라도 하지 않으면 안 된다는 메시지를 보내는 셈이다. 그래서 행동 규범이 그 기반을 더 상세하게 종업원 같은 내부의 스테이크홀더와 고객 같은 외부의 스테이크홀더에게 명시하게 된다. 그러므로 행동 규범에는 기업의 평판을 높이고 내부의 의사결정을 위한 구체적 지침을 제공하는 두 가지 기능이 잠재돼 있으며, 리스크 관리 시스템도 그 속에 갖추어져 있다.

데이비드 패커드가 별세하자, HP社의 공동 창업자인 빌 휴렛은, "우리 회사에 관해 말하면, 그가 남긴 최고의 가치는 'HP웨이'[5]라고 알려져 있는 윤리 규범이다"라고 말했다. 비전vision은 창조력을 불러일으킬 수 있으며, 또 그래야 한다. ≪비전 기업≫과 ≪비전 기업2≫의 저자 짐 콜린스는 다음과 같이 설명하고 있다. "비즈니스 스쿨의 원리에 반해 대부분의 비전 기업의 역사를 통해 보면, '주주 부의 최대화'라든가 '이익의 최대화'는 주도적 원동력도 주요한 목적도 아니었다. 이들 기업은 여러 가지 목적을 설정하는 경향이 있었다. 그 중에 돈은 한 목적일 뿐, 반드시 유일한 목적은 아니다".[6] 회사의 존립 기반이 되는 기본 이념을 (특히 참가형 프로세스를 통해) 확립함으로써, 기업의 리더십은 모든 장래의 의사결정을 위한 기반과 목적에 관한 규정을 효과적으로 정하고 있다.

1990년대에 미연방 양형量形 지침에 대한 기업의 대응으로서 기업의 행동 규범과 미션 스테이트먼트가 확산됐다. 그리고 2002년의 조사에 따르면 이들의 75%가 "윤리"를 언급하고 있다.[7] 이 규범들이 얼마나 성공하느냐 하는 건, 어떻게 실행되는가 하는 문제는 물론, 어떤 절차에 의해 의도되고 작성됐는가에 크게 의존한다. 개인의 행동 규범이나 사명을 설정할 때처럼, 자신이 추구하는 바가 무엇인지, 회사가 추구하는 바가 무엇인지 스스로 물어보는 게 중요하다. 왜 회사가 존재하는가, 그 목적은 무엇인가, 어떻게 목적을 달성하는가? 일단 결정이 되면 동료와 부하에게 그것들을 어떻게 공유하게 하고, 그것들에 대한 다짐을 하게 할 것인가?

회사의 지도 이념을 정하는 제2 단계는 회사의 방향에 대한 명확한 비전의 표명이다. 왜 규범이 필요한가? 프라이스워터하우스쿠퍼즈社의 글로벌 윤리 리더인 보비 킵은 다음과 같이 설명하고 있다. "우리는 모든 고객, 사원 그리고 그 밖의 스테이크홀더가, 회사가 무엇을 추구하며 회사의 경영과 관련해 어떠한 기대를 하는지를 정확하게 이해하는 게 중요하다고 생각한다. … 규범은 우리가 하는 비즈니스의 기본 성격을 바꾸지는 않으나, 회사 경영을 위해 노력하는 방법을 분명히 한다. 규범은 우리의 가치관을 어떻게 일상 비즈니스 관행에 적용하는지를 나타낸다."[8]

제3 단계는 문화적 변용이 어떻게 일어나는지를 확인하는 것이다. 엔론의 저명한 윤리 규범과 관련해, 윤리 자원 센터장 스튜어트 길만은 단지 "인쇄하고 배부하고 기원하기"만 해서는 안 된다고 충고하고 있다. 완수와 실천이 극히 중요하다.

끝으로 문화에 훌륭하게 영향을 줄 수 있는 효과적 규범을 가지기 위해선, 이 문화가 현실적으로 가능하고 달성 가능하다는 신념이 조직 전체에 확산돼 있어야 한다. 규범의 일부의 실현을 방해하는 대립이 남아 있거나, 지도급 임원들의 참여가 없으면, 아무도 표명된 변화를 믿지 않을 것이다.

윤리 핫라인, 옴부즈만, 통합된 윤리 문화

길만의 "인쇄하고 배부하고 기원하기"만 해서는 안된다는 경고를 다시 생각해 보면, 기업은 비윤리적 행동에 대해 종업원이 의문, 염려, 정보를 가지고 능동적으로 대응하는 걸 허용하는 메커니즘을 갖추고 있어야 한다. 회사 전체에 윤리적 문화를 하나로 통합해 실시할 수 있는 수단을 제공하는 일은 문화를 바꾸는 데도, 모든 스테이크홀더에게 미치는 영향에 있어서도 극히 중요하다. 조직 문화와 절차의 최종 목표에 따라 통합이 취할 수 있는 형태는 다양하다.

통합의 가장 결정적 요인의 하나는 커뮤니케이션이다. 왜냐하면, 그것 없이는 목적, 우선순위, 절차가 명확해지지 않기 때문이다. 문화에 관한 커뮤니케이션은 회사의 용어 습관, 태도 속에 스며들어 한 덩어리가 돼, 회사의 생명, 의사결정, 성공의 확정에 있어서 불가결한 요소가 된다.

기업의 통합 프로세스의 효과를 검사하기 위해선, 동기 부여에 따른 조치가 윤리적 의사결정을 촉진하기 위해 적절하게 마련돼 있는지, 종업원의 업적 평가 시에 윤리적 행동이 평가되고 있는지 고려할 필요가 있다. 지출 명세서를 정확하게 작성하는 등 적절한 행위에 대해 보수를 주는 건 곤란하지만, 적절한 표창과 긍정적 평가 등의 장려는 가능하다. 하지만 윤리 문제에 관한 커뮤니케이션은 어떻게 생길까? 실제적으로 윤리적으로 의심스러운 행동을 신고하기는 어려운 일이다. 어린 시절의 "고자질"이라든가 "밀고"와 관련한 기억과 타인에 대한 밀고를 부정적으로 생각하는 일반 사회의 관습이 비윤리적 행동의 고발을 막고 있다. 더 나쁜 것은, 비윤리적 행동을 신고하는 사람은 손해를 보는 경우가 많은데, 특히 직장의 상사가 연루됐을 때는 더욱 그러하다.

"내부 고발"은 비즈니스 윤리의 일반 논제인데, 제7장에서 상세히 검토하고자 한다. 내부 고발은 비윤리적이거나 위법 행위를 방지하고 처벌하는 위치에 있는 사람에게 그 사실을 통보하는 걸 의미한다. 내부 밀고는 비윤리적 행위를 적발하고 종식시킬 수 있으나, 의리 없는 것으로 보일 수도 있으며, 비즈니스에 손해를 줄 수도 있으며, 내부 고발자에게 상당한 대가를 치르게 할 가능성도 있다.

내부 고발은 사내에서 발생할 수 있다. 예를 들어, 쉐런 왓킨스는 엔론 사장 켄

레이에게 염려 사항을 고발했다. 내부 고발은 외부에서도 발생할 수 있는데, 제프리 웨이건드는 (영화 〈인사이더〉에 묘사된 것처럼), 브라운 앤드 윌리엄슨社의 행위에 대해, 담배의 유해한 영향을 은폐하고 대중을 고의로 기만했을 뿐만 아니라 잠재적 유해성을 높이는 첨가물을 사용했다고 TV 보도 프로 〈60 미니츠〉에 고발했다. 고발이 외부에서 발생하는 사례는 종업원이 위법 행위를 사직 당국에 고발하는 경우다. 예를 들면, 로케트 기술자 로저 보이스졸리는 스페이스 셔틀 〈챌린저〉 발사 전에 그 고용주 모턴 티오콜社와 NASA의 행위와 관련해 고발했다.

언론 기관과 사직 당국 같은 외부 단체에 고발하는 건 고발자와 회사 쌍방에 심각한 손해를 줄 가능성이 있기 때문에, 비행의 밀고는 내부에서 하는 게 더 바람직하다. 하지만 내부 방식은 효과적이되, 익명이 허용되어야 하고 피고발자의 권리를 보호해야 한다. 윤리 문제 담당관과 법규 준수 임원의 임용 이외에, 또 그 일부로서 많은 기업은 윤리 옴부즈만과 핫라인을 설치하고 있다. 이런 틀에 의해 종업원은 비행을 보고하고, 윤리 추적 조사와 집행을 위한 절차를 제정할 수 있다.

기업 문화의 평가와 감시: 감사監査

유감스럽게도 어떤 일을 측정할 수 없으면, 그것의 중요성은 저하한다. 문화도 그렇게 된다. 문화를 측정, 평가, 감시하지 못하면, 조직의 종업원들에게 문화에 관심을 가지라고 권하기가 어렵다. 그렇지만 감시와 계속적 윤리 감사는 그 후에 회사에 문제가 될 가능성이 있는 취약점을 발견할 수 있게 해주며, 결과적으로 리스크의 평가와 방지에 있어서 중요한 요소의 역할을 한다. 계속되고 있는 평가에 나섬으로써 조직은 스테이크홀더 (내부 및 외부)보다 앞서서 그런 취약한 곳을 더 확실히 발견할 수 있다. 하지만 "독소적" 문화라고 일컬어지는, 손해를 줄 가능성이 있는 또는 윤리적으로 문제가 있는 기업 문화를 어떻게 발견할 수 있을까? 앞에서 언급한 것처럼, 제일 먼저 나타나는 명확한 징조는 일반적으로 용인되고 있는 조직의 기본 가치관의 결여다. 게다가 그런 경고를 주는 징조는 조직의 여러 부문에서 나타난다. 회사는 고객, 납품업자, 거래선, 종업원을 어떻게 다루어야 하는가? 내부와 외부의 관계를 관리하는 것은 가치관을 가지고 있다는 중요한 증거다. 회사는 재정을 어떻게 관리하고 있는가? 물론, 비록 비윤리적 행위에 관여하지 않더라도 회사는 재정 위기에 빠질 수 있으나 (그 반대도 가능하다), 재정 상태를 다루고 공개하는 방법은 그래도 나쁘지 않다.

4.7 윤리적 문화의 요청과 실시: 연방 양형 가이드라인

윤리적 기업 문화를 구축하는 내부의 체제가 불충분하다고 판명이 되면, 비즈니스계는 이를 메우기 위해 정부의 규제를 기대할 수 있다. 미국양형위원회USSC는 독립한 사법 기관으로서 연방 법원 시스템의 양형 정책을 통제하기 위해 1984년에 설립됐다. 그 이전엔 판결의 불균형, 자의적 처벌, 범죄의 규제는 중요한 의회의 쟁점이었다. 판결 절차를 의무화하는 데 있어서 의회는 USSC를 통해 재판에 있어서 판결의 본래 목적들을 통합하여 관련된 문제점을 통제할 수 있었다.

1987년부터 USSC는 강제적 연방 양형 가이드라인이 개인과 조직의 피고에게 적용할 것을 규정하여 재판 제도에 통일성과 공정성을 불어넣었다. 이 규정들은 위반 행위의 정도를 바탕으로 대부분의 연방 범죄를 43단계의 "위반 수준"의 한 단계에 적용한다. 각 위반자는 과거의 범행의 정도와 시기에 따라 범죄 유형으로 분류된다. 그 다음, 법정은 이 정보를 판결 그리드에 맞추어 조정을 전제로 위반자의 양형 가이드라인의 범위를 결정한다. (범위는 6개월이나 25% 중 긴 쪽) 그러나 최고재판은 **미국 대 부커 사건**[9)]에 대한 2004년 10월의 판결에서, 그 강제적 성격은 배심원 재판에 대한 제6차 수정의 권리에 위반한다고 보고, 가이드라인이 담고 있는 권고적 역할로부터 그 "강제적" 요소를 제거했다. 따라서 강제적이지는 않으나, 법정은 아직 가이드라인 범위를 고려해야 하지만, 다른 법적 관심사를 고려해 판결을 바꾸는 것도 허용되고 있다. 이 수정이 혼란 없이 이루어진 것은 아니었다. 법학 교수 더글라스 버만은, "재판관들은 대개 아직도 새 재판에서 가이드라인을 따르고 있다. 하지만 옛 가이드라인 아래서 판결이 내려진 모든 사건을 어떻게 처리하는지를 확인하는 것은 혼란 상태에 빠지는 것에 가깝다"라고 말하고 있다.[10)]

이 가이드라인과 우리가 검토하고 있는 윤리, 특히 윤리적 직장을 만들기 위한 기업의 능동적 노력에 대한 논의는 어떤 관련이 있는가? USSC는 그 가이드라인에 몇 가지 수정을 가해 합법적이고 윤리적 기업 문화를 구축하려 노력했다. 사베인즈-옥슬리 법은 USSC에 사법 방해뿐만 아니라 증권과 회계와 관련한 사기 행위에 대해서도 가이드라인을 재검토할 것을 요구하고, 구체적으로 엄격하고 적극적인 억제력을 요구했다. 기업 문화가 윤리적 의사결정에 지대한 영향을 미친다는 점을 인식해, USSC는 가이드라인을 2004년에 개정하고, 법령 준수 프로그램뿐 아니라 "윤리와 법령 준수" 프로그램에 대한 참조 사항도 첨가했다. 게다가, 종전에는 가이드라인 속의 주석으로 기술돼 있던 효과적인 프로그램의 기준이 지금은 독립한 가이드라인이 됐다.

가이드라인은 효과적 윤리와 법령 준수 시스템을 구축한 기업에 혜택을 주려고 한다. 예를 들어, 만일 효과적 프로그램이 있는 데도 한두 가지 비행으로 법정에서 심판을 받는 경우, 그 기업은 처벌을 받지 않는다 (또는 벌이 경감된다)고 한다. 한편, 효과적 윤리와 법령 준수 시스템을 구축하지 않은 기업은 추가적으로 집행유예의 판결을 받으며, 그 사이에 프로그램 개발에 대한 명령을 받는다.

USSC는 다음과 같이 기술하고 있다.

> 바람직한 조직 문화의 상세한 조사와 촉진은 8개의 필요 최저 조건의 달성에 의해 나타난다. 법령 준수와 윤리적 행동을 촉진하기 위해 효과적 프로그램이라는 걸 증명한다.

가이드라인은 범죄 방지를 위한 상세한 조사와 효과적 법령 준수와 윤리 프로그램을 위한 필요 최저 조건으로서 기능하는 조직의 상세한 법령을 예시·확인하고 있다. 8개의 필요 최저 조건은 다음과 같다.

1. 법령 준수 기준과 절차를 확립한다. (법령 위반의 방지와 발견에 효과가 있도록 적절히 설계하고 시행되도록 한다.)[11]
2. 통치 기관의 확립. 통치 기관은 사려 깊게 행동해, 법령 준수와 윤리 프로그램의 내용과 운영에 관해 숙지하고 있을 의무가 부과돼 있으며, 계속적으로 일관성 있는 훈련을 받아야 한다.
3. 법령 준수의 감독과 프로그램의 일상 운영의 책임자로서, 특정 상위층 인재

를 배치한다. 그는 이사회나 다른 통치 권한자에게 직접 보고하며, 충분한 예산 지원을 받는다.

4. 리스크가 높다고 알려진 사람에게 중요한 책임을 맡기지 않도록 충분히 배려한다.
5. 프로그램을 전 종업원과 대리인에게 효과적으로 주지시킨다. 이사회 이외에, 조직의 리더들, 종업원, (해당하는) 대리인에게도 훈련을 받게 해야 한다.
6. 프로그램의 운영이 효과적이고 범죄 행위를 발견할 수 있도록 감시 · 감사한다. 종업원과 대리인이 위반의 가능성을 경영진에게 보고하거나 지도를 구하더라도 보복이 없고 익명 제보, 또는 기밀의 수단을 확립한다.
7. 종업원의 위반 행위에 대한 일관된 원칙을 포함해, 프로그램에 따른 행동을 촉구하는 장려 체제와 억제 체제를 제정한다.
8. 위반 행위에 대해 신속하고 적절하게 대응해, 프로그램의 결함은 어떠한 것이든 수정한다.[12)]

위의 단계가 효과적 프로그램으로 연결될 것 같지만, "(이런 프로그램은) 단순히 열거된 사항을 점검하는 것만 하는 게 아니다. "상세한 조사"의 개념은 하루의 주요 뉴스에 반영되는 일상 변화하는 일처럼 유연하고, 잠재적 위반자의 마음처럼 창조적이고 끊임없이 변하는 기준이다."[13)] 예를 들면, 가이드라인은 위반 행위의 보고가 있으면 조사를 하도록 요구하지만, 그 이상을 요구하고 있는 것 같다. 회사는 잘못으로부터 배우는 게 있어야 하며, 추적 조사와 프로그램 강화 같은 재발 방지의 조치를 취해야 한다. 또 USSC는 조직의 규모, 비즈니스 리스크의 수와 성격, 조직의 연혁에 대한 배려를 명하고 있다. 또 위반 행위의 자기 신고, 사직 당국에의 협력, 책임의 수용 등 처벌의 경감 요인, 그리고 범죄 행위에의 관여 또는 용인, 우선 명령의 위반 또는 사법 방해 등 처벌 강화 요인을 고려하는 것을 명하고 있다. 이 기준들은 해당하는 산업의 기준에 비추어 판단돼야 하지만, 회사마다 유사 회사와 비교할 것을 요구하고 있다.

1997년에 실시한 윤리담당이사협회 회원들의 조사에 의하면, 47%의 회원은 가이드라인이 기업의 윤리에의 관여를 유도하는 결정적 요인이라고 보고했다.[14)] 그리고 다른 위탁 조사는, 가이드라인이 윤리담당이사의 44.5%에 영향을 주어 기존의 법령 준수 프로그램을 강화하게 했다고 보고하고 있다.[15)]

논의를 위한 사례를 다시 생각해 보자.

그레그 스미스의 사례를 관련된 여러 스테이크홀더의 관점에서 생각해 보자. 정부의 규제 담당자, 고객, 경쟁 회사까지 포함해 관련된 여러 당사자들은 어떻게 해야 하는 것이 마땅한지 생각해 보자. 정부의 규제 담당자가 개입해야 하는가, 아니면 모든 문제를 경쟁적 시장의 흐름에 맡겨야 하는가?

그의 경쟁자들은 스미스를 심술이 많고 의리가 없고 신용할 수 없는 사람이라고 보고 있었다. 또 일부 사람들은 그를 윤리적이고 용기 있고 원칙을 지키는 사람이라고 생각했다. 사람들은 왜 이런 견해를 가질까? 이 사례에 대한 당신의 이해에 따르면, 스미스에 대한 당신의 판단은 어떠한가? 스미스의 성격에 대한 확실한 결론을 얻기 위해 더 알고 싶은 건 무엇인가?

현재의 종업원들도 이 사건에 이해 관계가 걸려 있다. 확실히 헌신적이고 윤리적인 전문직들도 있고, 스미스에 의해 정확하게 평가받을 만한 종업원들도 있다. 스미스는 골드만 삭스의 무고한 종업원을 어느 정도 고려했어야 할까? 스미스는 다른 종업원들에게 영향을 주지 않고 다른 어떤 방법으로 자신의 목표를 달성할 수 있었을까?

골드만 삭스의 거래처도 스미스의 폭로 사건에 이해 관계가 있었다. 이 정보가 세상에 공개돼 있는 상황에서, 예를 들면, 거래처의 이익을 보호하기 위해 정부의 조치가 있어야 하는가? 또는 시장에 맡겨야 하는가? 거래처들은 이 정보를 알고 있는 이상, 골드만 삭스와의 관계를 앞으로 계속하느냐에 대한 결정을 자유로이 해야 하는가?

고위 관리직도 이 사건에 책임이 있다. 경영관리직은 누구에 대해 책임을 지고 있는가? CEO는 스미스, 종업원, 거래처, 이사회에 대해 어떤 의무가 있는가? 끝으로 이사회 자체는 책임이 없는가? 당신이 골드만 삭스의 한 이사라면, 알고 싶은 게 무엇인가? 고위 관리직 임원에게서 무엇을 기대하고 요구하겠는가?

복습 문제

1. 조직 문화를 이해하기 위해 당신이 속해 있는 조직을 생각해 보자. 당신의 회사, 학교, 친목회, 부인회는 문화를 가지고 있는가? 어떤 특징이 있는가? 당신이 다른 학교에 입학했거나, 다른 친목회나 부인회에 입회했다면, 당신은 다른 인간이 돼 있을 거라고 생각하는가? 당신의 조직 문화를 바꾸는 데 어떻게 나설 것인가?
2. 어떤 회사가 "좋은 녀석"인지 아닌지 어떻게 평가할 것인지를 생각해 보자. 이 판단을 내리는 데 쓰는 요소는 무엇인가? 이들 요소의 배경에 있는 사실을 실제로 알고 있는가, 아니면 당신 판단은 그 기업의 평판에서 얻은 것인가? 품위가 있거나 윤리적이라고 믿는 한 회사를 찾아내어, 그 결론의 근거를 적어보자. 그 다음엔 윤리적이지 않거나 의심스러운 가치관을 가지고 있다고 믿는 회사를 찾아내어, 그 결론의 근거를 적어보자. 그리고 인터넷과 다른 정보원을 사용해 그 회사의 문화와 의사결정을 탐색하고, 그 결과를 당신이 그 회사에 대해 지니고 있는 인상과 비교해 보자. 각 회사가 윤리적인지를 당신이 모른다고 가정해 그 문화와 의사결정을 평가해 보자. 당신의 인상은 정확한가, 아니면 약간 수정할 필요가 있는가?
3. 기업 문화를 바꾸는 것은 매우 어렵다. 당신이 최고 경영자에게서 환경적 요인과 사회적 요인을 재무 지표와 같은 것으로 중시하는 트리플 보텀 라인 회계를 도입하는 방향으로 회사를 움직이게 도와줄 것을 부탁받는다고 상상해 보자. 이것이 회사의 일대 변혁이라고 가정해 보자. 당신은 어떻게 이 변화를 위한 무대를 설치하겠는가? 변화를 지원하기 위해 어떤 이유를 내세우겠는가? 태도와 가치관을 어떻게 바꾸겠는가?
4. 기업 문화와 그것에 영향을 미치는 변수를 이해했으니, 이익을 낳고 장기적 지속 가능성을 회사에 가져다주는 윤리적으로 효과적인 기업 문화를 어떻게 특징짓겠는가?
5. 회사 문화에 확실히 영향을 미치는 한 요소는 종업원 집단이다. 한편으로 기업 문화는 종업원의 태도와 습관을 형성하지만, 이미 태도와 습관을 몸에 붙이고 있는 사람이 먼저 고용돼 있는 경우에는 습관 협성이 더욱 간단히 이루어진다. 당신 회사의 특정 문화에 최적인 사원을 가장 확실하게 채용할 수 있게 해주는 모집과 채용 방식을 어떻게 개발할 것인가? 기업 문화를 공유하지 못하는 사원을

어떻게 제거할 것이며, 제거해야 할 것인가?

6. 법령 준수를 기반으로 하는 문화에 의한 최대의 혜택과 해로운 비용은 무엇인가?
7. 당신은 회사의 업무를 통해서 부적절한 행동과 행동 규범을 위반한 일을 알고 있다. 하지만 연대감과 긍정적 분위기를 유지하기 위해, 동료에게 이를 보고하도록 권하지 않는다. 유감스럽게도, 당신은 이 분야에 변화를 일으키지 않으면 안 되며, 강제적 보고를 제도화할 필요가 있다고 생각한다. 어떻게 그 제도를 설계할 것이며, 기존의 연대감이 파괴되지 않도록 이 새 프로그램을 어떻게 시행할 것인가?
8. 회사를 밑바닥으로부터 구축하고 있는 사람의 입장에서 보자. 어떤 유형의 리더가 되고 싶은가? 그런 이미지나 인식을 어떻게 만들어낼 것인가? 회사의 미션 스테이트먼트나 행동 규범을 책정할 것인가? 이를 위해 어떤 수순을 밟을 것인가? 윤리 프로그램과 법령 준수 프로그램을 책정한다면, 조직 내 전 부서를 통해 미션 스테이트먼트와 어떻게 통합할 것인가? 당신의 성공은 어떤 것이고, 과제는 무엇이라고 예상하는가?

주석

1) James Collins, Jerry Porras, *Built to Last: Successful Habits of Visionary Companies* (New York: HarperCollins, 1994), p. 73.
2) Raymond Gilmartin, "Ethics and Corporate Culture", *Raytheon Lectureship Business Ethics* (November 10, 2003).
3) L. Trevino, M. Brown, L. Hartman, "A Qualiative Investigation of Perceived Executive Ethical Leadership: Perceptions from Inside and Outside the Executive Suite", *Human Relations*, v. 56, no. 1 (January 2003), pp. 5-37.
4) 위와 같음.
5) James Collins, Jerry Porras, "Building Your Company's vision", *Harvard Business Review* (September-October 1996).
6) Mark Satin, "We Need to Alter the Culture at Places Like Enron-Not Just Pass More Laws", *Radical Middle Newsletter* (March/April 2002), http://www.radicalmiddle/com.
7) American Management Association Report, *2002 Corporate Values Survey* (2002).
8) PricewaterhouseCoopers, "Why Have a Code?"http://www.pwc.com/extweb/newcoatwork.nsf/docid/BCC554487E1C3BC680256C2B003115D5

9) *U.S. vs Booker*, 543 U.S. 220 (2005) (*slip opinion*)

10) Kris Axtman, "Cases Test New Flexibility of Sentencing Guidelines," *Christian Science Monitor* (February 18, 2005).

11) USSC, *Guidelines Manual*, sec. 8A1.2, comment (n.3(k)) (2000).

12) USSC, *Guidelines Manual*, sec. 8A1.2, comment (n.3(k)) (2000).

13) Joseph Murphy, "Lost Words of the Sentencing Guidelines", *Ethikos* (November-December 2002), p. 5.

14) Ethics Officer Association, 1997 Member Survey (2003), p. 9.

15) USSC, Corporate Crime in America: Strengthening the "Good Citizen"Corporation, 123-191 (1995).

제5장

일의 의미와 가치

[학습 목표]

이 장을 읽고 나면 다음과 같은 일을 할 수 있다.

- 당신 자신의 커리어와 직장의 결정에 관한 목표와 가치를 검토할 수 있다.
- 일이 갖는 다양한 의미와 가치를 설명할 수 있다.
- 기업이 종업원에게 의미 있는 일을 제공할 책임이 있음을 설명할 수 있다.
- 종업원에 대한 기업의 윤리적 책임을 평가할 틀을 기술할 수 있다.
- 종업원의 권리와 책임을 평가하는 틀을 기술할 수 있다.

논의를 위한 사례

사회적 기업과 사회적 기업가

비즈니스 스쿨 과정에 있는 학생은 기업에 있어서 성공적 커리어를 쌓기 위해 폭넓은 지식 기반과 일정한 기능을 습득하기를 원한다. 그런데 무엇이 성공적 커리어를 낳는가? 무슨 기준으로 성공적 커리어의 유무를 판단하는가? 고용된 것만으로 충분한가? 장기간 근무하고 보수만 많은 게 중요한가? "많다"는 것은 어느 정도인가? 성공은 수입에 의해 측정되는가? 능력 이하의 일에 고용돼 있다면, 즉 앞길이 보람과 전망이 없고 학교에서 습득한 지식과 기능을 필요로 하지 않는 일자리라고 한다면, 문제가 되는가? 커리어를 통해 어떤 제품과 서비스를 생산하느냐 하는 게 중요한가? 업무상의 책무를 얼마나 잘 수행했느냐 하는 것은 중요한가? 일의 종류와 누구를 위해 일을 하느냐 하는 게 중요한가? 커리어는 목적을 가지고 있는가?

제4장 서두의 논의를 위한 사례에서 서술된 골드만 삭스의 이사인 그레그 스미스의 사건을 다시 생각해 보자. 스미스는 분명히 높은 보수가 따르는 자리인 골드만 삭스의 직을 사퇴하고 싶어 했는데, 그 이유는 그 회사에 계속 근무하는 건 그에겐 의미 없고 가치 없는 일이라고 믿었기 때문이다. 그 자신의 말로는, "조직에 대한 긍지와 신뢰가 상실됐다. 여러 해 동안 내가 이 회사를 위해 일하고 싶게 만든 그 문화의 흔적을 오늘날 아무리 살펴봐도 찾아볼 수 없는 건 슬픈 일이다. 더 이상 긍지도, 믿음도 없다"라고 했다. 한 회사를 위해 일하기 "좋아하고", 그 조직을 "자랑"으로 여기게 하기 위해서는 무엇이 필요한가? 만일 당신이 그런 사랑과 자랑을 상실했다면 높은 보수의 직을 기꺼이 내던지겠는가?

기업과 윤리에 관한 논의의 대부분엔 기업이 이익을 추구하는 것은 개인적 또는 사회적 책임을 추구하는 것과는 일치하지 않는다는 묵시적 전제가 존재한다. 이 전제는 "비즈니스 윤리란 모순된 표현이다"라는 흔한 주장에서, 제3장에서 검토한 화제의 대부분에서도 뚜렷이 보인다. 이 견해는 기업의 사회적 책임에 대한 논의에서 빈번히 등장하는 한편, 기업 내의 사람들의 근로 생활에 있어서도 중요한 의미를 가지고 있다. 종업원의 근무 시에 실천적 지침 원칙인 이윤의 추구가 사회적으로 책임 있는 일을 수행하는 것과 모순된다고 판단될 때, 종업원에겐 어떤 메시지가 전달될까? 종업원이 양심을 집에 두고 출근하라고 지시를 받는다면 일하는 데서 의미와 가치를 발견할 수 있을까?

물론 이런 갈등을 좋은 방향으로 전환하는 조직, 사회적 목적을 자신들의 사명의 핵심으로서 추구하는 조직은 늘 존재해 왔다. 비영리 단체, NGO, 재단, 전문직 단체, 학교, 대학, 정부 기관은 그 사업의 중심에 사회적 목표를 두고 있다. 경영 관리와 마케팅으로부터 인적 자원과 회계에 이르기까지 비즈니스 스쿨에서 가르치는 지식과 기능은 영리 조직에 있어서 중요한 것과 마찬가지로 비영리 조직에 있어서도 중요하다. 비즈니스 스쿨의 과정 아래에 있는 여러 전공 분야의 대부분의 학생들은 비영리 기업 모델에 대해 잘 알고 있으며, 비영리 부문에서 높은 보수를 받고 성공적 경력을 쌓고 있는 사람도 많다.

하지만 사회적 목표를 전략적 사명의 중심 부분으로 내세우고 있는 영리 조직도 있다는 인식이 확산되고 있다. "사회적 기업가" "사회적 기업" 등 다양한 명칭으로 불리는 확대 일로에 있는 움직임이, 이익과 사회적 목적은 동시에 추구하기가 불가능하다는 전제에 도전하고 있다. 사회적 기업가는 이익 추구를 명확히 목적으로 한다는 점에 있어서 NGO와 기업형 재단 등의 비영리 단체와는 다르다. 사회적 기업가는 혁신, 창조성, 위험 감수라는 기업의 일반적 특징을 가지고 있지만, 사회적 요구에 대처하기 위해 이런 기능을 조직화한다. 기업가는 일반적으로 남보다 앞서서 미개발된 시장을 찾아내어 수요를 충족하는 방법을 개발하기 위해 창조성을 발휘하고, 창조한 것이 실제로 그 수요를 충족시키는 데 따른 리스크를 마다하지 않는 사람이다. 사회적 기업가에 있어서, 미개발 시장은 사회적 정의, 환경 보호, 교육, 보건이라는 사회적, 윤리적 요구를 말한다.

가장 잘 알려진 사회적 기업가의 한 사람은 방글라데시의 그라민 은행의 설립자 모하마드 유누스다. 미국에서 대학 교수로 출발한 경제학자 유누스는 방글라데시가 파키스탄으로부터 독립하자 곧 1970년 초에 모국으로 돌아갔다. 그는 경제학의 전문 지식으로써 새 나라의 독립에 공헌하기를 바랐다. 방글라데시는 혹독한 기근의 후유증과 싸우고 있는 절망적인 빈국이었다. 유누스는 당장 방글라데시 사람들은 대학에서 경제학을 강의함으로써 제공할 수 있는 도움보다 직접적인 도움이 필요하다는 걸 믿게 됐다. 그라민은행 설립의 발상은, 가난한 사람들에게 저금리로 직접 대부하는 소액자본이 마을 전체가 빈곤의 연쇄로부터 벗어나게 하는 데 절대적 플러스 효과를 줄 수 있을 것이라는 인식에서 생겨났다. 그라민은행의 비즈니스 모델은 가장 빈곤한 사람들에게 소액의 자금을 직접 대부해, 소기업을 설립해 유지하는 걸 돕는 것이었다.

유누스는 하나의 사회적 요구를 인식했다. 즉 여성이 빈곤의 연쇄로부터 벗어날 수 있도록 해주는 저금리의 소액 대부다. 그는 마이크로 파이넌스를 전문으로 하는 은행 설립이라는 혁신적 생각을 하게 된 것이다. 처음엔 자본이 기부와 조성금으로 쌓였으나, 그라민은행이 성공을 거두게 되자 지금은 예금과 대부에서 생기는 금리에서 나오는 자금이 모든 론을 처리하고 있다. 그라민은행의 소유자는 차용자들이며, 론에 담보는 필요하지 않으며 1976년의 설립 당초 3년간을 제외하고, 매년 이익을 내고 있다. 오늘날, 그라민은행의 대차대조표는 최근의 은행 위기와 금융 위기를 극복하지 못한 무수한 전통적 은행의 선망의 대상일 것이다. 2009년경에 그라민은행은 800만 명에 가까운 차용자를 거느리고 있었으며, 그 97%가 여성이다. 마이크로 론에 의해 80억 달러 이상을 대여하고 있으며 그 변제율은 98%다. 유누스는 그라민은행의 공적으로 2006년에 노벨 평화상을 받았다.

또 마이크로소프트의 익스플로러를 대신하는 인기 웹브라우저인 파이어폭스를 개발한 기업 모질라를 생각해 보자. 모질라는 비영리 조직 모질라재단의 영리 자회사다. 모질라는 스스로를 "사람들의 생활을 풍요롭게 하기 위한 테크놀로지의 힘을 진지하게 신봉하는 수천 명으로 이루어진 세계적 공동체다. 돈벌이가 아니고 모든 곳에 있는 사람들이 인터넷을 체험하는 방법을 개선하는 일에 전념하는 공적 이익 조직이다"라고 말하고 있다. 모질라에서 근무하는 소프트웨어 엔지니어나 회계사 또는 마케팅 매니저는 마이크로소프트에서 일하는 유사한 커리어와 어떻게 다른가?

20세기의 대부분에 걸쳐 경제학적 사고를 지배한 근로 모델은 더욱 넓은 이해를 가져왔다고 해도 좋을 것이다. 특히 제2차 세계대전 후 수십 년간, 아마 "근로"는 공업 모델이라고 일컫는 것에 따라 이해됐을 것이다. 커리어는 동일 기업 내의 장기적 고용 관계 속에 존재한다. 종업원은 안정적이고 고정적 고용, 확실한 임금과 복리후생, 기업 내의 승진 기회를 얻었다. 고용주는 안정, 숙련된 유능한 노동력에 의해 창출되는 생산성의 증가에 따른 이익을 얻었다. 이와 같이 이 노동 모델은 종업원과 고용주의 쌍방 목적에 매우 유효했다.

1990년대는 근로자의 생산성 증가와 유례 없는 기술의 진보에 힘입어 전례 없는 경제 성장과 번영의 시기였다. 동시에 직장에선 대규모의 일시 해고에 의한 대전환이 발생, 미국의 노동 관련 용어에 "다운사이징"이라든가 그에 따른 "아웃소싱", 더 싼 노동 시장에의 일의 "오프쇼"라는 신조어들이 보태어졌다. 2008년부터 2010년의 경기 후퇴에 의해 실업률이 높아졌는데, 이를 많은 경제학자는 "뉴노말"이라는 현상으로 향후 여러 해 지속할 것이라고 예측했다.

이 같은 상황에서, 사회적 기업가와 사회적 기업은 변하고 있는 근로의 본질에 대해 숙고하는 데 유용한 배경을 제공한다. 종업원이 동일한 지방 기업에서 장기간 안정된 고용을 기대할 수 없는 시대에, 어떻게 해서 의미 있고 성공적인 커리어 (그런 것이 더 이상 있다고 하면)를 발견할 수 있을까? 직장은 의미와 목적을 제공할 수 있는가? 아니면 직장은 일 이외에 아무것도, 즉 돈을 버는 장소밖에는 제공할 수 없는 것이라고 생각하는 게 좋은가?

논의를 위한 질문

1. 모질라에 근무해서 얻는 이익과 그라민은행에 근무해서 얻는 이익을 비교해 보자. 어떻게 다를 것 같은가? 어떻게 비슷할 것 같은가?
2. 퇴직 전 당신의 인생에서 임금과 수입을 더 많은 여가 시간과 기꺼이 교환하는 순간을 상상해볼 수 있는가? 가족을 돌봐야 하는 일로부터 해방되는 이유 이외에, 그런 결정을 고려하게 된 이유는 무엇인가? 실제로 그런 일을 한 사람을 아는가?
3. 임금 이외 어떤 요인으로 직업을 바꾸게 하는가, 취직을 하고 퇴직을 하는가? 임금 이외 당신이 직업에서 구하는 세 가지 가장 중요한 측면은 무엇인가?
4. 임금을 위해서가 아니라면, 일하는 이유는 무엇인가? 매일 여가 시간이 주어진다면 그 시간 일부를 일하는 데 쓰겠는가?

5.1 서론

제1장에서 말했듯이 철학에선 일상 생활에서 한 발 물러서서 자기의 결정을 숙고하고 검토할 것을 촉구하고 있다. 우리는 왜 우리가 하는 일을 하는가? 제1장은 매우 자기 반성적 질문으로써 시작했다. 왜 윤리학을 배우는가? 하지만 이 물음은 더욱 확대할 수 있다. 왜 지금 수강하고 있는 과목을 공부하고 있는가? 왜 학교에 입학하는가? 이런 질문에 답하기 위해 많은 학생들이 다음과 같이 이유를 제시할 것이다. 전공 필수이기 때문에 수강하고 있다. 졸업 후 좋은 직장을 갖기 위해 이 전공 과정에 등록했다. 돈을 많이 벌기 위해 좋은 직장을 갖고 싶다. 행복해지기 위해 돈을 많이 벌고 싶다.

전부는 아니지만, 우리의 일상 사고의 대부분은 이 수단·목적의 논리 패턴에 해당한다. 우리는 어떤 일 (과정에 등록하고, 어떤 학과를 전공하고, 어떤 직장에 취업하고)을 어떤 다른 목적 (대학 학위, 직, 돈, 행복)에 도달할 수단으로서 행한다. 일에 대한 우리 자신의 사고도 이 모델에 꼭 맞는다. 우리는 목적에 대한 수단으로서 일을 한다. 하지만 일 자체는 단순한 수단이 아니고 목적이 될 수 있는가? 일의 본질은 무엇이며, 무엇이어야 하며, 일을 함으로써 어떤 가치가 이루어지는가? 근로의 장소로서의 기업의 책임은 어떤 것인가?

앞의 장들에서는 "기업"을 매우 일반적 의미로 고찰했다. 이 장부터 기업 조직의 특정 운영과 관련된 윤리적 책임에 대해 더한층 면밀히 살펴보고자 한다. 아마 우리 대부분에게 가장 중요한 건, 기업이 일하는 장소라는 것일 게다. 재화와 서비스의 생산과 더불어 고용의 공급이란 기업의 가장 중요한 사회적 기능이다. 제5장과 제6장에서 직장 내에서 발생하는 광범위한 윤리적 문제를 검토한다.

복권으로 수백만 달러에 당첨되고도 지금의 직장에서 계속 근무하겠다고 주장한 사람들의 얘기를 잘 알고 있다. 우리들 대부분은 이런 얘기에 흥미를 갖는다. 그런 태도는, 임금을 받기 위해 일을 한다는 우리의 일반 상식에 반하기 때문이다. 이 생각은 ≪시카고 트리뷴≫의 칼럼니스트 마이크 로이코가 수년 전에 표명했다.

> 왜 복권은 그렇게 인기가 있는가? 특등상이 정육공장의 야간 근무라면, 복

> 권을 살 사람이 있겠는가? 부자가 돼 일하지 않고 살 수 있다면 복권을 살 것이다. … 몇 년 전에 내가 말했듯이 — 일이 그렇게 좋으면 왜 일을 시키기 위해 임금을 지급해야 하는가?[1]

많은 사람들이 일을 생각할 때 이런 상반되는 감정을 갖는다. 일은 우리 생활의 중요한 부분이며, 우리가 내버리거나 내버릴 수 있는 것이 아니다. 그런데도 일이라고 하는 개념 자체는 고역과 노고, 즉 가능하면 회피하고 싶은 것을 암시하고 느끼게 한다. 일은 필요악인 것처럼 여겨진다.

태고시대로부터 사람은 일의 본질에 끊임없이 강력한 흥미를 지녀 왔다. 이 흥미는 영광과 치욕으로 나뉘는 경우가 많다. 일은 의기를 높이고 용기를 북돋우며 성취감을 주는 한편, 자존심을 떨어뜨리고 지루하고 귀찮은 일일 수도 있다. ≪창세기≫엔 일이 원죄에 대한 저주이자 벌罰이 되어 나타나지만, 그럼에도 불구하고 인간은 땅을 개척하고 지구를 정복하고 정원을 경작 · 유지하도록 부름을 받고 이끌어졌다.[2] 그리스 철학자 아리스토텔레스는 일을 좋은 삶을 위한 필요한 것으로 인식했지만, 바로 그 필요성과 그 "노예적" 성질 때문에 일을 경시하기도 했다.[3] 마틴 루터, 존 칼빈, 벤자민 프랭클린은 모두 일의 고역스러움을 인정했지만, 각자는 대단히 고통스러운 이 성질을 한층 높은 목적을 위해 어떻게 이용할 수 있는지를 강조했다.[4] 인간의 창조성을 개발하는 자립한 직업인에 대한 장자크 루소의 낭만적인 견해는, 사회에서 인간은 "도처에서 쇠사슬에 묶여 있다."는 인식에 의해 약해져 있다. 칼 마르크스에게 있어서 노동은 인간성 자체를 표현하는 가능성을 가지고 있지만, 적어도 현대 자본주의 사회에서 노동은 그 목적으로부터 소외되고 있다.[5]

이 상반하는 양면 때문에 비즈니스 윤리에 대해 서로 다른 문제들이 제기된다. 일은 가치 있고 의미 있으며 인간 활동을 앙양하는 기회를 제공하는 경우도 있는 한편, 인간성을 박탈하고 창피스럽고 억압적인 경우도 있다. 일이 인간 활동을 고양하는 정도만큼 비즈니스 윤리는 좋은 일과 좋은 직장을 명확히 정리할 의무가 생긴다. 일이 우리 모두가 견디지 않으면 안 되는 부담이 되는 정도에 따라, 비즈니스 윤리는 일이 공평, 공정하고 인간적인 것이 될 수 있는 조건을 분명히 밝히고 지킬 의무가 있다.

이 장에선 일의 의미와 가치에 관한 다양한 이론을 검토하고자 한다. 일을 어떻게 개념화하느냐 하는 것은 직장을 어떻게 구성하고 조직하느냐 하는 것에 중대한 영향을 미친다. 다음 장에서 직장에서의 여러 가지 권리를 고찰한다. 일의 필요성에 의해 인간의 이익이 위태로워지는 상황 속에서 종업원의 권리는 중요한 인간 이익을 지킬 수 있을 것이다.

5.2 일의 의미

일의 성질에 대한 이해는 개인으로서 우리 자신과 직장이라는 기관에 중요한 영향을 미친다. 심리학적으로는, 일의 전반에 대한 이해와 자신의 특정한 일에 대한 이해가 우리가 매일 가지는 바로 그 태도에 큰 영향을 미친다. 종업원에게 있어서 일에서 발견하는 의미와 가치는 신체적 · 정신적 건강에는 물론, 자존심에도 크게 기여한다. 경영관리자에게 있어선, 종업원이 일을 어떻게 생각하느냐가 업적과 생산성부터 종업원 이직률까지, 그리고 임금과 복지후생부터 결근율까지 모든 것에 영향을 미칠 것이다. 이런 문제의 중요성에 대한 증거로서, 경영관리 분야에 있어서 직職의 만족도와 근로자의 도덕적 행위 등의 화제에 대한 일반 논의를 보면 된다.

그렇다면, "일"이란 무슨 뜻인가? 첫눈에, "일work"이란 단어는 동사, 명사 양쪽으로 여러 가지 의미로 쓰인다. 동사로서의 "일"은 보통 어느 정도 진지하고 집중해서 행하는 인내, 훈련, 노고를 수반하는 활동을 가리킨다. "일한다to work"라는 동사는 태만하고 한가하고 노는 것과 대조적이다. 여기 컴퓨터에 앉아서, 책을 쓰고 있을 수도 있고working on a book, 단지 인터넷에서 놀고 있을 수도 있다playing on the Internet. 오늘 오후 골프 라운드를 하기 위해play a round of golf 나가거나 솜씨를 늘리려 연습장에 갈지 모른다.

명사로서 일은 특정한 성과 (예: 예술 작품a work of art), 일반적 일이나 과제 (예: 숙제homework), 또는 직이나 고용을 의미한다. 이 책이 비즈니스 윤리에 초점을 맞추고 있는바, 그 초점은 구체적으로는 임금과 교환으로 이루어지는 일, 즉 직이나 고용을 의미하는 "일"에 맞추어질 것이다.

그러나 이 초점을 다루면서도 중요한 것은 일의 다양성을 외면해선 안 된다는 것이다. 대기업의 경영 임원으로 근무하는 사람, 공장의 조립 라인에서 일하는 사람도 있고, 임시직도 있고 정규직도 있으며, 몇 가지 일자리를 가지고 있는 사람도 있다. 정부 기관에 근무하는 사람, 예술가나 장인으로서 일하는 사람도 있고, 건설업과 교직에 종사하는 사람도 있다. 기업에 근무하는 사람도 있으며, 자영업을 하는 사람도 있으며, 대부분은 소기업에서 일하고 있다. 늘 통근하거나 출장을 다니는 사람도 있고, 재택 근무자도 있다. 특히 일의 가치와 중요성을 고찰할 때 지나치게 협소한 초점을 갖지 않는 게 매우 중요하다.

이를테면, 사회보장과 실업보험 같은 사회 프로그램과 결혼과 이혼에 관한 여러 가지 사회 정책은 가사 노동과 육아를 일관해서 과소평가해 왔다. 그런 역할을 맡아서 하는 것이 보통인 여성들은 임금직을 얻지 못했으므로, 사회보장과 세법 아래서의 그녀들의 지위는 남편의 고용에 의존돼 있었다. 풀타임으로 육아와 가사에 종사하는 여성은 일하지 않는 사람으로 인식되고 경시되는 일이 많았다. 또 한편, 여성이 노동력으로 고용되더라도 사회는 그들이 육아와 가사의 "일"에 대한 책임을 맡아 주기를 기대한다. 여성은 풀타임으로 직장을 가지고 있으면서 가정을 경영하는 "수퍼마마"가 되기를 기대하고 있지만, 남성은 그렇지 않다.

"일"이란 단어를 임금이나 보수와 교환해 행해지는 활동에 한해서만 사용하더라도, 다양하고 독특한 의미를 발견할 수 있다. "일work"은 일자리, 전문직, 커리어, 생업, 노동, 직업, 사명, 천직 등을 의미한다. ≪마음의 습관≫을 쓴 사회학자 로버트 벨라와 그 공동 저자는 미국 문화와 가치관에 관한 중요한 연구에서, 일의 다양한 의미와 그 의미들 간의 관계에 대한 통찰력이 풍부한 관찰을 제시하고 있다. 벨라 등은 일자리job, 커리어career, 천직calling을 구별하고 있다.[6] 그 하나하나의 구별은 그 역할을 하는 사람의 아이덴터티가 역할 자체에 의해 어느 정도 결정되느냐에 따른다.

사람의 아이덴터티가 일에 의해 결정된다고 하는 건 무슨 뜻인가? "무슨 일을 하십니까?"란 말은 우리가 소개받았을 때 처음에 묻는 아주 흔한 질문이라는 걸 생각해 보자. 사람은 남에게 자신의 신분을 일에 의해 밝힌다. "나는 회계사입니다" "나는 작은 사업을 하고 있습니다" "대학교수입니다" "주의 사회복지부에 근무하고 있습니다" 무엇을 하고 있느냐에 의해 어떤 사람인지가 결정된다. 자신은 컴퓨터 프로그래머라고 당신이 내게 말한다면, 일에 의해 자기 신분을 밝힌 셈이다. 우리는 남이 무엇을 하는지를 앎으로써 남을 알게 된다. 우리도 자기의 일에 의해 자기에 대해 생각하게 되고, 자기상을 형성한다. 누군가가 "국제적 대기업의 마케팅 부장입니다"라고 자기소개를 하면, 일이 강력하고 긍정적으로 보여 자기상에 도움이 된다. 때로는 일의 유무가 자기상을 떨어뜨리는 원인이 되기도 한다. 예를 들어, "전 실업 중입니다" "정육 공장에서 야근을 하고 있습니다"와 같은 경우다.

≪마음의 습관≫에서 "직job"은 자기의 아이덴터티가 그 활동으로부터 독립한 일로서 기술돼 있다. 직은 돈을 버는 수단으로서 시작하고 중단하는 역할에 불과하다. "어쩌다 이 패스트푸드 레스토랑에서 일하고 있지만, 내일은 직을 바꿔 건설 현장에서 일하게 될지 모른다" 직은 임금을 버는 수단으로서 도구적 가치 이외엔 의미가 없다.

커리어는 자기와 활동 사이에 발전적 관계가 있다. "졸업 후 홍보 분야에서 커리어를 시작할 생각이다"라든가 "저는 부동산의 커리어를 추구하고 있습니다"라고 말하는 경우도 있을 것이다. 커리어는 성취와 진보의 기준을 확립하는 광범한 사회적 제도에 의해 정의되는 계속적 활동을 의미한다. 사람은 커리어를 통해 발달한다. 이 직에서 저 직으로 전전하는 의미에서가 아니라, 여러 단계를 달성해 새 단계로 전진하는 의미에서 발달한다. 이 발달이 품은 의미는, 커리어엔 직이 얻지 못하는 사회적 지위와 자존심이 생긴다는 뜻이다. 커리어를 지향하는 상황에선 도제에서 장인으로 진보하고 이 진보에 따라 지위와 자존심을 얻는 전통적 도제제도의 자취를 느낄 수 있다.

천직도 또한 아이덴터티와 활동이 "윤리적으로 불가분"이었던 옛날의 일의 전통으로 소급된다. 어떤 사람이냐 하는 건 어떤 일을 하느냐에 의해 결정됐다. 전통적으로 전문직, 장인, 농업이 이렇게 이해됐다. "저는 성직자입니다" "음악가입니다" "농부입니다"라고 하면 그 사람과 일에 관해 많은 걸 알 수 있다. 옛날보다 오늘날은 많지 않을지 모르겠으나, 의학, 군대, 교직에서 보내는 일생을 "천직"이라고 생각하는 사람도 있다.

이 분류는 절대적이고 완전한 것이라고 생각하지 않으며, 일의 복잡성을 이해하는 데 도움이 되리라고 생각한다. 일은 좋든 나쁘든, 우리의 밑바닥에 있는 가치관과 밀접하게 연결될 가능성이 있다. 자기 일생을 되돌아보고 그 가치를 판단할 때, 어떤 일을 어떻게 했느냐가 인생이 얼마나 가치 있는 것이었는지를 판단하는 데 중요한 역할을 할 것이다. 그러므로 현실적이든 잠재적이든 일의 의미와 가치는 직장의 구조와 운영과 중요한 관계가 있다.

5.3 일의 가치

일에 관한 다양한 이론을 개관하기 전에 일이 가지는 가치 몇 가지를 고찰하는 것은 유익할 것이다. "왜 일을 하는가?" "일은 무엇에 도움이 되는가?"라는 질문을 뻔한 사소한 질문이라고 생각하는 사람도 있는 것 같지만, 곰곰이 생각해 보면 일에는 여러 가지 가치가 있는 걸 알 수 있다.

분명히 일은 수입을 낳고, 그 수입을 통해서 우리가 필요로 하고 원하는 다른 목적을 달성하는 수단이므로 중요한 가치가 있다. 사람은 식품을 사고, 주택 론을 지불하고, 의복을 사고, 자녀 교육비를 지불하기 위해 일을 한다. 필자는 다행히 건강보험과 생명보험, 교육상의 혜택과 퇴직금 프로그램도 마련해 주는 직을 가지고 있다. 일에는 높은 수단적 가치가 있다. 즉 일을 함으로써 다른 많은 재화를 얻을 수 있다. 일은 다른 여러 가지 재화를 입수하는 데 필요하기 때문에, 일에는 극히 중요한 수단적 가치가 있다고 할 수 있다.

일의 수단적 가치의 정도는 모든 재화를 얻었을 때 일을 계속할 것인지 물어보면 이해가 된다. 수단적 가치밖에 없는 활동에 효율적인 대안이 발견되면, 그 활동을 계속할 이유가 없다. 예컨대, 만일 내가 돈벌이만을 위해 일을 하고 있는데 유산을 상속받게 되면, 일을 중단할 것이다.

일하는 데 다른 가치가 있는지 알기 위해, 필자는 가끔 학생에게 복권 몇 백만 달러에 당첨된다면 어떻게 할 것이냐고 묻는다. 어떤 수업시간에 한 학생은 골프만 치고 시간을 보내겠다고 답했다. 필자는 그 학생에게 단순히 놀play 것인지, 솜씨를 향상하기 위해 힘쓸work on 것인지를 물었다. 그는 높은 점수를 계속 내면서도 솜씨가 늘지 않으면 싫증을 느낄 것이라고 인정했다. 최종적으로 파 (기준 타수)에 도달하는 걸 목표로 솜씨의 향상을 위해 노력하고 싶은 것도 기꺼이 인정했다. 그는 자신의 골프 솜씨를 높이고 싶어 했으나 생계를 위해 계속 일하지 않을 것이다. 그러고 나서 필자는 학생들에게 왜 빌 게이츠 같은 사람이 계속 일을 하는지 생각해 보라고 했다. 이 글을 쓰고 있던 날, ≪포춘≫은 1999년 게이츠의 재산이 900억 달러 이상이라고 발표했다. 확실히 이 금액은 하고 싶은 것이면 무엇이든지 할 수 있는 정도인데도 불구하고, 그는 마이크로소프트에서 풀타임으로 일하고 있다. 왜 그럴까? 게이츠가 오로지 이익을 늘리는 것을 계속하기 위해서 일한다고 비꼬는 사람에게, 필자는 게이츠가 (거부들 거의 모두가 하듯이) 거액을 기부하고 있다고 지적한다. 금전욕이 일의 유일한 동기라고 한다면, 기부를 하지 않고 일을 덜 할 수 있을 것이다.

일에 단지 돈벌이 이상의 무엇이 있는 것은 분명하다. 골프의 예가 시사하는 것처럼, 도전적 목표를 달성하는 데서 오는 만족감 — 이것만은 아니지만 — 같은 여러 목적을 달성하기 위해 일을 한다. 고용이 이런 것들을 제공할 때, 사람들은 수입이 필요하지 않더라도 일을 계속할 것이다. 이처럼 일의 수단적 가치에는 임금과 복지 혜택 이외의 여러 가지 이익이 포함된다. 왜 사람들은 마라톤을 하거나, 장애 아동을 가르치거나, 사경에 있는 환자를 간호하거나, 자영업을 하거나 또는 경찰관의 일을 하는가?

일을 하는 데서 임금과 복지 혜택 이외 어떤 이익을 얻을 수 있는가? 완벽한 답은 바랄 수 없으나, 그 일부는 대략 열거할 수 있다. 첫째, 일은 수입 이외의 이익을 얻을 수 있는 수단이다. 그 이익의 대부분은 값을 붙일 수 없는 가치가 있고, 따라서 일로써 번 돈으로 얻을 수 없다. 이른바 일과 관련된 다양한 정신적 재산이라는 게 존재한다. 열거하면, 개인적 만족감과 자기 가치, 성취감, 자존심, 행복감 등이다. 일은 가장 깊은 부분의 태도와 성격의 표현이 될 수도 있다. 많은 사람은 자신이 그런 타입의 인간이기 때문에 그런 일을 한다. 많은 사람은 일을 통해 성격이 표출된다. 사람은 근면하고 싶은 마음이 있고 진지하고 활동적이고 창조적이다. 창조적이고 근면한 사람이 일을 하지 않는 경우가 없는 것은, 마치 무기력하고 태만한 사람이 일에 몰두하는 경우가 없는 것과 마찬가지다.

일은 많은 사람에게 있어서 사회적 의미도 있다. 일과 더불어 사회적 지위, 명예,

존경, 교우, 동료 의식이 생긴다. 아리스토텔레스는 인간이 사회적 존재라고 했는데, 일은 우리의 사회적 성질이 표현되는 주된 활동이다. 왜 회계사보다 교사를, 판매직보다 사회 사업가를 택하는지 그 이유를 생각해 보자. 농업이나 군대처럼 일생의 생활양식과 직결되는 경우도 있다.

일이 깊은 사회적 의미와 가치를 갖게 하는 것을 보여주는 개인적 일화가 있다. 필자의 아내는 소기업을 소유 · 경영해온 집안의 4대손이다. 아내는 대기업에서의 전직에서 성공했다. 부친이 퇴직할 연령이 되고 사업체를 매도하려고 했을 때, 아내는 그 회사의 출세의 계단을 밟아 승진할 입지에 와 있었다. 부친이 하던 사업은 증조부가 시작한 것이고, 백 년 가까이 운영돼 왔다. 아내는 그 사업을 중단하거나 남에게 매각해 버리는 걸 허용하지 않고, 대기업의 커리어를 버리고 가업을 매수하기를 택했다.

수단적 가치의 관점으로 보면, 이 일의 결단은 많은 희생이 있었다. (애석하게도) 급료가 낮아지고, 근무 시간이 늘고, 골치와 스트레스가 심해지고, 책임이 많아졌다. 하지만 이 일은 다른 중요한 가치도 제공한다. 적어도 증조부가 시작한 전통을 계승하고 있다는 사실이다. 이것은 일이 가질 수 있는 "사회적 가치"를 의미하는 것일 것이다. 마찬가지로 빌 게이츠 자신이 설립한 회사에 대한 그의 헌신은 금전상의 필요가 없는데도 계속 일을 하는 이유를 설명할 수 있다.

끝으로 어떤 일은 다른 일보다 더 가치 있으며 사회적으로 할 만하다. 많은 사람들이 간호사, 간병인, 사회 사업가, 경관, 군인이 되기를 선택한다. 왜냐하면 지역에 대해 중요한 공헌을 할 수 있는 직업이기 때문이다. 안정된 지역 공동체라면 필요한 중요한 직이다. 많은 사람에게 있어서, 이 점만으로 그런 일에 종사할 충분한 이유가 된다. 예술가와 음악가의 공연, 공예, 농업 같은 일은 그 자체 또는 거기서 나오는 생산물에 가치가 있다. 이 일의 대부분은 생산물뿐만 아니라 생산물의 질을 위해서도 가치가 있다.

예를 들면, 필자에겐 도예가인 친구가 있다. 그의 작업은 지극히 불결하고 (하루 종일 진흙을 만지면서 일한다), 땀에 젖어 (가마에서 장작을 지피면서) 하는 일이다. 작업 시간은 길고 보수는 얼마 되지 않는다. 그렇지만 그는 가장 아름답고 세련된 도자기를 만들어 낸다. 또 환경을 배려한 지속 가능한 방법으로 제작한다. 그의 작품이 특별한 가치를 가지는 이유는 작품과 그 작품이 제작된 방법 때문이다. 그의 일은 그의 아이덴터티의 중요한 일부다. 이 같은 가치는 그가 일로써 얻는 수입을 크게 능가하는 것이다.

더글라스 맥그레고는 그의 고전적 저서에서, 일을 통해 얻는 다양한 가치를 인식하는 경영 이론 (Y이론이라고 부른다)을 주장했다. 맥그레고가 제시한 가치는 생존, 안전, 남에 의한 수용, 남과의 연결, 우정, 자존심, 지위, 존경, 창조성, 자기발달이다.[7)]

여기서 앞에서 논한 일을 구분하는 문제로 돌아가 보자. 일은 근면과 인내로써 행하는 **활동**을 의미하면서, **고용**을 의미한다. "일"이라고 부르는 근면한 활동에 가치가 수반되는 한편, 위에서 말한 가치는 고용에 의해, 때로는 고용에 의해서만 얻을 수 있다. 그러나 일에 그러한 가치가 있다면, 왜 마이크 로이코가 묻는 것처럼 "일을 시키기 위해 임금을 지불해야 하는가?"

감히 예비적 답을 해보자. 어떤 일은 가치가 너무나 많기 때문에 사람들이 적은 보수나 무보수로 그 일을 한다. 어떤 일은 그 일을 하는 사람에게 중요한 의미와 가치를 가져다준다. 어떤 일은 상황에 따라 가치 있는 것이 될 수 있다. 직의 체제, 급료와 복지 혜택, 직의 특전과 책임, 직의 안전성, 직의 제도적 배경, 직의 사회적 지위 같은 일의 조건에 따라 직의 가치가 증가하고 감소한다. 하지만 수많은 사람에게 일은 생계 유지를 위해 필요하고, 필요하기 때문에 다른 가치를 얻을 가능성은 수입을 추구하는 가운데 놓쳐 버리는 경우가 많다.

그렇다면 윤리적 직장의 목표는 무엇이어야 할까? 일이 그렇게 많은 이유로 그렇게 중요하다면, 모든 사람이 직에 대해 도덕적 · 법적 권리를 가져야 하는가? 모든 근로자에게 의미 있고 가치 있으며 할 만한 값있는 직을 제공하는 것이 가능한가? 가능하지 않다면, 의미가 적은 일을 더 의미 있는 일이 되도록 하는 방법은 없을까? 기업은 종업원에게 의미 있는 일을 제공할 책임이 있는가, 아니면 하루의 적정 근무에 적정 임금을 지불하면 기업의 책임은 완료되는가?

현대의 노동 현장에서 볼 수 있는 세 공통적 측면을 인식하면, 이런 의문의 중요성이 더욱 확실해진다. 첫째, 직장에서 자유롭게 행사할 수 있는 중요한 선택권이나 선택지를 가지고 있는 노동자는 거의 없다. 생계의 수단으로서 일이 가진 수단적 가치의 중요성을 고려하면, 자신의 직을 위기에 빠뜨리게 하는 위치에 있는 사람은 거의 없다. 이것은 사람들이 이상적 조건 이하의 조건을 받아들이지 않으면 안 되는 상황에 놓일 수도 있다는 걸 의미한다.

다른 두 가지는 현대 경제에 나타나고 있는 경향과 관계있다. 오늘날 사람들은 옛날보다 한평생 동안 여러 직에서 일하는 것 같다. 오늘날 전직轉職은 우리 부모와 조부모 시대보다 노동 생활의 현실이 됐다. 이것은 선택의 문제인 경우도 있으나, 종업원이 맘대로 할 수 없는 요인의 결과인 때도 많다. 이 같은 현상은, 적어도 일의 가치의 일부, 즉 수입의 안정과 자존심이 오늘날 과거보다 큰 위기에 처해 있을지도 모른다는 점을 시사한다. 또 하나의 추세는 특히 **비정규 고용**이라고 불리는 직의 증가다. 오늘날 많은 일자리가 임시적, 시간제 또는 제3자에의 하청이다. 시간제로 일하면서 학교에 다니고 육아를 하는 것처럼, 이것이 일에 대한 부가가치적 요소가 되는 사례도 있다. 하지만 일의 가치와 복지 혜택이 더 조건적이고 불확실해진다는 걸 의미하는 경우도 많다. 동료 의식이라든가 사회적 지위 같은 일의 사회적 가치는 대부분, 시간제 근무자와 임시 노동자에게는 사라져 버렸다.

이 점과 관련해 기업의 책임을 다루기 전에 일에 관한 주요 이론 몇 가지를 생각해 보자.

5.4 일의 고전적 견해

저널리스트이자 사회비평가인 스터즈 터켈이 1974년에 기술한 ≪일하기≫는 미국 블루컬러 노동의 현황을 기록하고 있다. 이 책은 종래의 일에 대한 관점이라고 인식되는 발언으로 기술을 시작하고 있다.

> 일에 관한 이 책은, 본질적으로 폭력 — 정신과 육체에 대한 — 에 관한 것이다. 위궤양과 사고, 고함지르기, 싸움, 신경쇠약과 개를 발로 차는 것에 대한 서술이다. 무엇보다도 (또는 그 이하로) 일상적 치욕에 관해 쓰였다.

> 우리들 대부분이 그러하듯이 상처를 입고 걸어 다니는 자에게는 그 날을 살아남는 게 충분한 승리다.[8)]

일은 견디어 내야 하는 것으로 보인다. 일은 어렵고 힘들고 귀찮다. 일상 언어에서 **일**과 **노동**이라는 바로 그 말에는 부정적 함의가 있다. 확실히 이 전통적 견해는 많은 사람에게 일의 특징을 정확하게 나타내고 있다. 이 전통적 견해의 본질은, 일이란 가능한 한 회피해야 하고 해야 할 때는 견뎌야 하는 것이다.

이 전통적 관점에서 두 흐름을 볼 수 있다. 한 견해는 그 기원을 고대 그리스의 사상으로까지 소급할 수 있는데, 일보다 고차적이고 의미 있는 인간 활동이 있다고 생각하는 입장이다. 일은 더 가치 있고 세련된 이익을 추구할 수 있도록 회피해야 하는 것이다. 인간에게 있어서 좋은 생활이란 관조의 생활이며, 예술과 정치와 문화의 드높은 기쁨을 즐기면서 보내는 생활이다. 이 같은 견해는 이 장 서두의 논의를 위한 사례에서 서술한 여가와 풍요를 연구하는 사회과학자들의 전제 속에 잠재적으로 들어 있는 것일지 모른다. 노동자가 자신의 모든 필요를 충족하는 데 충분한 풍족을 얻게 되면, 더 가치 있고 세련된 문화적 재산을 추구할 수 있도록 일하는 시간을 줄인다.

이 노동의 **고전적 해석**은 인간을 지적 존재로 생각하는데, 일은 육체적이다. 인간은 자유로운 존재이며 일은 필연이다. 따라서 일은 끊임없이 인간성과 인간의 가능성을 감소하는 것이다. 고전적 시대엔 일이 노예에게 맡겨졌다. 문화적이고 세련된 사람들은 일을 명예스럽지 못한 것으로 생각해 피했던 것이다.

로마의 철학자 플루타크는 이 고전적 견해를 다음과 같이 묘사하고 있다.

> 신사는 조각가의 걸작을 관조하는 걸 즐기지만, 결코 스스로 망치와 끌을 사용해 땀과 먼지에 뒤덮이지는 않을 것이다.[9)]

20세기 철학자 이브 시몬은 일의 상대적 가치에 관한 플루타크의 소감에 찬동하고 있다.

> 현대사에 있어서 노동자 계급의 출현은, 일을 찬미하고 사실상의 모든 인간 활동을 일의 한 종류로 퇴화시키는 결과를 초래한 한편, 여가를 태만과

> 동일시하게 된다. … 일을 정당하게 평가하는 건 좋으나, 참된 문화는 사회적 효용과 시간을 초월하는 관조와 기쁨이라는 내재적 활동 위에 번영한다는 걸 인식해야 한다.[10]

또 한 사람의 20세기 철학자 한나 아렌트는 큰 영향을 준 저서 ≪인간의 조건≫의 앞머리에서 비슷한 소감을 피력하고 있다.

> 현대는 … 노동자가 노동의 족쇄로부터 해방되려고 하고 있는데, 이 사회는 이 자유를 쟁취하는 데 걸맞은 드높고 의미 있는 활동을 이제는 모른다.[11]

전통적 모델의 제2형은 현대 세계에서 훨씬 흔하게 볼 수 있는 것이다. 우리가 말하는 "쾌락주의적 해석"은 일을 인생의 기쁨을 얻는 필요한 수단이라고 이해한다. 자신을 행복하게 해주는 것을 사기 위해 일한다. 일은 생활 필수품과, 인생을 즐겁고 기쁘게 해주는 많은 것을 얻는 데 지불하는 대가다. 고전적 해석은 인간의 행복을 위한 매우 구체적 내용을 주장하지만, 쾌락주의적 해석은 개인이 원하는 목적이 무엇이든 선택하는 걸 허용한다. 고전적 모델의 행복은 다양한 문화 활동을 즐기는 것이다. 쾌락주의 모델의 행복은 단지 자신이 원하는 것을 손에 넣는 것이다. 고전적 모델은 쾌락주의적 모델을 창피스럽다고 볼지 모르지만, 일이 주는 고역이 인간 행복을 방해한다는 점에는 의견이 일치한다.

쾌락주의 모델은 욕망의 충족이 행복이라 강조하기 때문에, 이 견해는 신고전파 경제학의 가설과 매우 합치한다. 개인은 자신이 좋아하는 걸 선택할 자유를 가지고 있으며, 경제 활동의 목표는 좋아하는 걸 만족시키는 것이다. 개인은 만족을 얻기 위한 수단으로서 노동을 시장에서 교환한다. 일은 대개 목적을 얻기 위한 단순한 수단이다. 그러므로 신고전파 경제학에 크게 영향을 받고 있는 세계에서 일에 대한 가장 일반적 견해가 인간의 행복에 대한 가설을 공유하고 있다는 건 아마 놀라운 일이 아닐 것이다. 또한 신고전파 경제학의 원리에 따라 구성·운영되는 직장—종업원이 단순히 임금을 벌기 위해 일을 하고, 고용주가 종업원을 단순히 생산 목적을 달성하는 수단으로 취급하는 직장—이 반감과 불만의 감정을 유발하는 직장이라는 점도 아마 놀라운 일이 아닐 것이다. 이 관점에선, 일 그 자체는 아무 가치가 없다. 즉 일은 단지 다른 목적을 달성하기 위해 견디어야 하는 필요한 대가다.

5.5 인간의 자기실현 모델

둘째 견해를 **자기실현 학파**라고 부르고자 한다. 이 관점에서 일이라고 하는 것은, 사람이 인간으로서 자신의 모든 가능성을 발달시키기 위한 주요한 활동이다. 몇 가지 의미에서 이것은 고전적 모델의 정반대다. 양쪽 견해 모두, 좋은 생활에는 인간의 가능성의 발달과 번창이 중요하다는 점에는 일치한다. 그러나 고전적 모델은 일을 인간의 가능성의 발달을 방해하는 것이라고 보는 데 반해, 자기실현 학파는 일을 이 발달의 주요한 수단이라고 본다.

이와 같이 이 학파의 철학적 뿌리도 고대 그리스 철학자와 같이 하고 있는데, 인간에게는 나면서부터 잠재적 가능성, 즉 **목적인**目的因 telos이 있으며, 좋은 인생이란 **목적인**을 발달 또는 실현하면서 보내는 인생이라고 주장했다. 이 일반적 접근은 **목적론적 윤리**라고 일컬어져, 중세의 위대한 기독교 철학자들을 거쳐 내려온 전통이다. 미국 육군의 현대 슬로건인 "네가 될 수 있는 최고가 돼라"에는 이 윤리적 태도가 담겨 있다. 인간이 가진 잠재적 가능성이 반드시 실현되는 것은 아니다. 좋은 인생이란 이 잠재적 가능성이 실현되는 인생이다. 자기실현 학파는 일을 이 잠재적 가능성이 실현되는 과정이라고 믿는다.

하지만 일을 통해 실현될 수 있는 "잠재적 가능성"이란 무엇인가? 다시 한 번, 인내 · 근면 · 집중을 요하는 일반적 활동으로서의 일 (놀이의 반대로서의 일)과 고용으로서의 일을 구별하는 논의로 돌아가 보자. 또 일을 하지 않으면 무엇을 잃게 되는지를 물어봄으로써 이 문제를 생각해 보자. 먼저, 인내 · 근면 · 집중을 요하는 활동에 전혀 종사하지 않는다면, 우리가 어떤 인간이 될지 생각해 보자. 그리고 실직이 되면 어떻게 될지, 이 문제로 돌아가자.

앞에서 언급한 골프를 치는 학생의 예를 생각해 보자. 골프를 치면서도 기량을 향상하기 위해 게임을 아예 하지 않는 사람은 어떻게 되는가? 게임을 하면서 계속 골프를 치는 사람이 있는데, 이 학생은 지루하고 뜻대로 되지 않고 흥미가 없어졌다고 털어놓았다. 무관심, 수동적, 무기력해지고, 골프 게임의 가치는 없어질 것이다. 이 사례를 일반화한다면 근면 · 인내 · 집중을 쏟으면 재능과 능력을 향상할 수 있다고 할 수 있을 것이다. 주의를 집중하고 과제를 달성하기 위해 무엇이 필요한지 곰곰이 생각하면 지적 기능은 향상한다. 근면 · 인내 · 집중은 인간의 행복을 증진하는 데 공헌하는 성격 특성이고, 철학자들이 미덕이라고 부르는 것이다. 그런 기질로써 과제에 대응하는 능력이 있으면, 사람으로서 향상한다. 반대로 과제에 대응하지 않는 사람은 태만하고 부주의하고 무기력하게 되기 싶다. 좋은 일 습관을 가지게 되면, 유능하고 역량 있고 효과적이고 숙련된 성격을 계발하는 데 힘이 된다. 예를 들어, 부모들은 자녀들에게 중요한 평생 기능을 부여하기 위해 그런 일의 습관을 주입하려고 노력한다. 심리학자 조지 밸리언트와 캐롤라인 밸리언트에 의한 연구에서, "어린 시절의 일에 대한 열의와 능력이 가장 중요한 — 선천적 지능, 사회적 계급, 또는 가정 상황보다 중요한 — 정신 위생상의 징후"라고 결론짓고 있다.[12]

그러면, 고용으로서의 일은 어떠한가? 확실히 실업에는 수입이 없는 것보다 훨씬 큰 대가가 수반한다. 실업의 정신적 손실은 잘 알려져 있다. 자존심과 자부심의 상실, 스트레스, 불안, 우울, 고독, 무기력이 흔한 결과다. 실업의 사회적 손실도 크다. 대부분의 대도시의 극빈 지역에서 고용이 보이지 않는다. 만성적 실업은 문자 그대로 한 지역 공동체를 파괴할 수 있다.[13]

반대로 일은 노동자에게 높은 자존심과 자만심과 함께 안정된 심신 건강과 같은 정신적 재산을 얻을 수 있는 기회를 제공한다. 일은 또한 노동자에게 우정, 동료 의식, 소속감, 목적 의식 같은 사회적 재산도 제공할 수 있다.

자기실현 모델은 이 같은 정신적, 사회적 재산이 단지 주관적이며 개인적 선호 이상이라는 걸 시사한다. 이런 이익은 단순히 개인이 선호하는 가치만이 아니다. 일을 통해 발달되는 성격 특성과 달성되는 목적은 충실하고 의미 있는 인간 생활을 살아가는 것과 연결된다. 인간의 **목적인**目的因을 실현하는 것과 연결된다.

자기실현 모델은 모든 직이 인간의 잠재적 가능성의 발달에 기여하지는 않는다라고 하는 걸 인정하고 있다. 그러나 적절한 일과 알맞은 직장은 이 발달에 기여한다. 이 모델은 또한 개인과 일이 상호관계에 있다고 주장하고 있다. 개인은 자신의 직을 제어하지만, 직도 개인에게 영향을 미치고 개인을 형성한다. 따라서 이 모델 아래서 비즈니스 윤리의 과제는 인간의 잠재적 가능성을 완전히 발달시킬 수 있는 일의 종류를 명확히 밝히는 것이다.

이것을 일의 쾌락주의적 모델과 비교해 보자. 쾌락주의적 견지에선 일은 단지 인간의 목적을 달성하는 수단이다. 일의 가치는 단순히 수단적인 것이고, 노동자의 지침이 되는 물음은 "이 일은 나를 **위해** 무엇을 해주는가?"이다. 자기실현 모델은 우리에게 다른 질문도 하라고 촉구한다. "이 일은 내게 **대해** 무엇을 해주는가? 나는 이 일을 통해 어떤 사람이 되는가? 나를 **위해** (수입을 제공함으로써) 좋은 일을 하는 일마저도 나에 **대해** (예: 자존심을 깎아내리고, 정신적, 육체적 건강을 손상시키는 등) 나쁜 작용을 할 수 있다.[14)]

경제학자 E. F. 슈마허는 이 견해를 발전시켜, 일이 노동자에게 어떻게 나쁜 작용을 하는지를 상술하고, 그에 상대하는 좋은 작용은 어떤 것인지를 시사하고 있다. 나쁜 일은 "기계적, 인공적이고 자연으로부터 이탈해 있고, 인간이 잠재적으로 가진 능력의 최소 부분만을 활용한다. 즉 좋지 않은 일은, 노동자 외 압도적 다수에게 보람 없는 도전, 자기 완성에 대한 자극, 발전의 기회 그리고 아름다움, 진실, 고결의 요소가 전혀 없는 방법으로 노동 생활을 하도록 강요한다."[15)]

일에 의해 꺼내지기도 하고 억제되기도 하는 인간의 잠재적 가능성 (고전철학에서는 **목적인**)이라는 게 존재한다고 하는 사고 방식은 칼 마르크스의 소외의 개념에서 비롯한다. 대충 말하면, 소외란 인간의 잠재적 가능성이 충분히 발달하는 것을 저해하는 것의 결과다. 이런 상황에서 인간은 참된 자기 (잠재적 가능성)에서 분리되거나 소외되고 만다. 자본주의에 대한 마르크스의 비판의 일부는, 자본주의의 생산 시스템에선 노동자가 소외 생활에 필연적으로 직면한다는 주장에 바탕을 두고 있다. 노동자는 자본주의 시스템 내에서 발생하는 여러 형태의 소외를 직면한다고, 마르크스는 시사했다. 즉 자신의 일이 생산한 제품, 일 자체의 창조적 과정, 그리고 사회적 동물로서의 자신의 본질로부터 소외된다는 것이다.[16)]

마르크스는 특히 초기의 저서에서 인간은 노동을 통해서 자신을 창조하고 표현하는 사회적 존재라고 이해하고 있다. 노동을 통해서 인간은 생산물을 낳을 뿐 아니라 자신이 사는 사회 그 자체를 창조한다. 일은 본질적으로 사회적 활동이고, 인간은 사회적 존재로서 일을 통해 이 인간성을 표현하는 기회를 가진다. 이런 사회 구조는 또한 인간의 태도, 신조, 가치관 (일이 인간에 **대해** 하는 일)을 만들고 영향을 주기 때문에, 일은 우리 자신의 성격을 만드는 데도 기여한다. 마르크스에 따르면,

자본주의 경제 시스템 — 특히 산업 자본주의의 특징적인 분업 체제, 즉 조립 라인 생산 — 에서 노동자는 자신의 노동의 산물, 일의 활동, 동료 인간들로부터 소외된다. 노동자 (현대의 언어로 인적 자원)와 그 노동의 산물은 이익이라는 목적을 위한 단순한 수단으로서 취급된다. 노동자는 자신이 생산하는 것으로부터 분리되고, 생산물과 생산 활동 자체의 양쪽에 대한 지배력을 갖지 않으며, 단지 기계의 톱니바퀴로 존재한다.

1981년 교황 요한 바오로 2세는 회칙回勅 "일에 대하여"에서 일에 대한 같은 견해를 표명했다.[17] 교황은 마르크스에서 볼 수 있는 몇 가지 테마와 전통적 가톨릭 신학을 통합해, "일은 인간을 다른 생물과 구별하는 특성의 하나다. … 인간만이 일할 수 있는 능력을 가지고 있으며, 인간만이 일을 한다"라고 단언한다. 인간은 "신의 모습을 닮아서" 창조되어 "땅을 정복할" 사명을 받고 있다는 ≪창세기≫의 이야기를 인용해, 교황은 일이 인간 성질의 본질적 부분이라고 주장한다. 이 성서의 기술은 (창조주인 신의 모습으로 창조된) 인간이 공동 창조주로서 땅을 만들고 지상에서 생명을 유지하도록 운명이 지워져 있음을 시사하고 있다.[18]

되풀이하건대, 이 견해는 인간과 일이 상호적이고 변증법적 관계에 있으면서 양자가 서로 영향을 주고 받으며 상대를 만든다고 하는 사실을 강조한다. 인간은 필요와 욕구를 얻기 위해 일을 창조하지만, 일도 인간을 형성한다. 평론가 그레고리 바움의 말에 의하면, "사람이 자신의 세계를 창조하는 건 노동을 통해서이며, 어떤 의미에서 자신을 창조하는 것도 같은 노동을 통해서다."[19] 인간은 "식량과 살 곳을 얻기 위해 노동을 통해 자연의 일부를 변형하지 않으면 안 된다." 생존 조건을 개선하기 위해 사람은 분업, 사회 조직, 지배 체계를 고안해야 한다. 노동이 사회를 창출한다. 그렇게 하는 가운데서 인간은 사회적, 문화적 세계를 창조하며, 이 세계가 자신을 사회화하고 의식, 태도, 신념, 가치관, 흥미를 창출한다. 이런 의미에서 인간 노동을 통해 자신이 어떤 인간이 될 것인지를 결정함으로써 자신을 창조하는 것이다.[20]

그렇다면, 일에 의해 실현 가능한 인간의 잠재적 가능성이란, 단적으로 말하면 무엇인가? 이 짧은 논의로부터 네 가지를 들 수 있다. 우리는 일을 통해 선택하고 인생의 방향을 정하면서 자유와 자립성을 행사한다. 일은 또한 재능을 발달시키고 창조력을 발휘하는 기회도 제공한다. 인간은 일을 통해 자신의 사회와 문화를 창조하며 나아가 자신의 아이덴터티를 창조한다. 끝으로 일은 사회적 존재로서의 인간 본질의 표현이다. 즉 일은 유아론적唯我論的 자기 중심적 생활에 빠지는 것을 저지한다.[21] 철학자 알 지니는 자기실현 모델을 다음과 같이 요약하고 있다.

> 데카르트는 틀렸다. “Cogito ergo sum. (나는 생각한다. 그러므로 나는 존재한다)”이 아니고, 오히려 “Laboro ergo sum. (나는 일한다. 그러므로 나는 존재한다)”이다. 우리에게는 일이 필요하다. 성인으로서 행하는 일에 의해 아이덴터티를 찾기도 하고 남과 구별된다. 이것이 진실이라면, 우리가 지금 하는 일이 자신의 장래를 결정하므로 생계를 위해 무엇을 할 것인지를 선택하는 것에 각별히 주의해야 한다. 윈스턴 처칠의 말을 바꿔 표현하면, 우리는 먼저 일을 선택·형성하고 이어서 일이 우리를 형성한다.[22]

5.6 일의 자유주의 모델

일의 자유주의 모델이라고 일컬어지는 것은 전통적 모델과 자기실현 모델의 중간을 차지하는 것이라고 생각할 수 있다. 전통적 모델처럼, 자유주의자들은 개별 노동자가 자기 일의 목적을 자유로이 선택해야 한다는 견해를 가지고 있다. 사람들은 여러 가지 이유로 일을 선택하며, 다만 돈을 버는 수단으로서 바람직하지 않은 일도 기꺼이 받아들이는 경우도 있다. 자유주의자들은 모든 일이 지향하는 어떤 단일한 목적이 있다는 것에는 동의하지 않는다. 그럼에도 불구하고, 자유주의자는 자기실현 학파처럼, 인간은 자신의 일의 영향을 많이 받을 수 있다는 걸 인정하며, 일이 어떻게 노동자에게 영향을 미치느냐에 따라 일을 윤리적으로 평가해야 한다고 주장한다. 자유주의자는 평가를 하는 근거와 관련해 자기실현 학파와 의견이 다르다. 자기실현 학파는 무엇이 좋고 의미 있는 삶을 만드느냐 하는 관점을 바탕으로 그 판단을 한다. 한편, 자유주의자는 노동자가 자신의 생활에 관해 자유롭고 자립적 결정을 할 능력에 대해 일이 어떻게 영향을 미치는가 하는 관점에서 그 판단을 한다.

철학자 노먼 보위는 일의 자유주의적 이론과 관련해 좋은 예를 제시하고 있다.

보위는, 의미 있는 일에 관한 자신의 칸트파의 철학 이론은 일의 가치를 노동자의 일시적 기분에 맡긴다고 생각하는 파와 의미 있는 일의 "객관적 규범적 정의"를 주장하는 파의 중간이라고 설명하고 있다.[23)]

> 나는 회사의 도덕적 의무의 하나가 종업원에게 의미 있는 일을 제공하는 것이라고 늘 믿어 왔다. 하지만 무엇이 의미 있는 일을 만드느냐 하는 그 자체는 논의의 대상이 돼 왔다. "의미 있는 일"이란 종업원이 말하는 대로일 뿐이라고 정의돼야 하는가? 아니면 "의미 있는 일"이라는 용어는 비록 종업원이 동의하지 않더라도 경영자가 정의를 제시하도록 허용하는 식의 객관적 · 규범적 정의에 따라 나오는 말인가? (전자의) 견해에 따라 다니는 문제는 그것이 주관적이고 개인주의적이라는 것이다. … 경영관리자는 왜 종업원이 정의하는 의미 있는 일을 제공해야 하는가? 한편, 객관적 · 규범적 정의에 대해서도 정당한 이유를 찾기란 어려웠다는 것이다.[24)]

보위의 주장을 생각해 보자. 일의 의미와 가치는, 적어도 전통적 모델의 쾌락주의적 견해가 생각하고 있는 것처럼, 일하는 사람이 결정하는 것이라고 결론을 내린다면, 노동자에게는 의미 있는 일을 구할 권리가 있다고 말할 수 없으며, 경영관리자도 그것을 제공할 의무를 가졌다고 할 수 없다. 노동자 권리에 대한 이 같은 무제한적 개념은, 권리와 단순한 욕구를 구별할 수 없게 돼, 무의미하게 된 것이다. 거기엔 일련의 경영상의 의무가 수행되지 못할 것이라는 점도 암시되고 있다.

물론 이 쾌락주의적 모델을 옹호하는 측, 특히 자유 시장이라는 더욱 자유주의적 견해에 동조하는 사람은, 이것은 단지 노동자에게는 의미 있는 일을 가질 권리가 없다는 것을 의미할 뿐이라고 결론 내릴지 모른다. 기업에는 의미 있는 일을 제공해야 하는 도덕적 의무가 있다는 보위의 신념은, 이 관점에서 보면 단순히 틀린 것이다. 일의 의미와 가치는, 일의 다른 여러 조건과 마찬가지로, 종업원과 고용주 간의 개별 협상에서 나오는 자유 선택에 맡겨져야 한다.

보위의 칸트학파 철학 이론과 같은 일에 관한 자유주의적 접근은, 이 견해가 인간 자유에 대한 지나치게 빈곤한 이해라고 보고서 이를 부정한다. 개인은 지겹고 어렵고 기를 죽이며 보수가 적은, 심지어 위험한 일을 선택하는 경우도 있다. 그러나 선택지가 거의 없다면 이것을 "자유로운" 선택이라고 불러선 안 된다. 보위의 입장

같으면, 일을 강요받는 사람이 많을수록, 직장의 조건이 가능한 한 인간적인 것으로 해야 할 책임이 더 커진다고 주장할 것이다. 이런 경우, 일의 필요성이 바로 일이 노동자에게 무슨 일을 해주는가를 우리가 검토해야 하는 이유가 된다. 그런 직장에선 어떤 인간이 창조되고 있는가?

그러나 자기실현 모델과 달리, 자유주의자는 모든 사람이 갖추어야 하는 종류의 사람을 결정하는 실질적 · 객관적 규범이 있다고는 믿지 않는다. 비록 존재한다고 하더라도, 종업원이 동의하지 않으면 경영자는 그런 인간을 "창조하는" 것을 허용받거나 아니면 요구받게 되겠느냐고, 보위는 묻는다. 사람에게 창조적이거나 사교적이 되라고 강요한다든지, 재능과 능력을 충분히 발달시키도록 강요하는 그런 직장을 고안해야 하는가? 누가 이런 문제를 결정하는가?

이 결론은 자유주의 정치 철학이 인간의 **목적인**과 공통 이익 등의 개념에 대해 늘 품고 있는 저항감을 반영하고 있다. 정의에 관한 자유주의 이론은 개인의 자유가 사회 정의의 기본적 필요 요소라고 주장한다. 자유주의자는 모든 사람이 살아가야 하는 공통의 특정하고 구체적 방법을 명시하는 고전적 정치 이론을 늘 부정해 왔다. 비록 그런 인생이 어떤 것이어야 하는지를 구체화할 수 있을지라도, 그걸 달성하는 유일한 길은, 개인에게 자신이 택한 것과 다른 인생을 살아가는 걸 강요하는 방법밖에 없을 것이다. 한편 대부분의 자유주의자는 보다 자유의사론적 해석에 의한 주관적 · 상대주의적 합의도 받아들이지 않는다. 원하는 것이면 무엇이든 하는 것은 인간에게 좋지 않다는 것이다. 윤리적으로 다른 것보다 나은 생활 양식은 존재한다.

자유주의자는 자립성, 합리성, 심신의 건강이라는 일반적 특성과 재산을 참고로 고려함으로써 갈등을 해소한다. 때로는 **기본재**라고 하는 이 재산은 개인이 추구하고 싶어 하는 다른 재산을 얻는 데 필요한 것이다. 전통적 모델의 가설과 같이, 일은 단지 개인이 선택하는 어떠한 목적이라도 달성하는 수단으로 평가될 수 있다. 하지만 일하는 과정에 이 같은 기본재가 파괴되거나 손상되면, 개인은 다른 목적을 달성할 기회가 거의 없어진다. 그래서 자유주의 모델은, 개인은 직장에서 일정한 권리를 가지며, 그 권리는 일정한 중심재와 기본재를 보호하기 위해 기능한다고 주장한다.

노동자의 권리에 의해 보호돼야 하는 재산이란 무엇인가? 철학자 아디나 슈와르츠는 고전적 자유주의적인 답을 옹호하고 있는데, 남이 결정한 역할을 노동자가 수동적으로, 맹목적으로 수행하는 매우 일상적인 직은 개인의 자립성을 존중하지 못한다는 주장이다. 그런 직을 부당하다고 인식하지 못하는 것은,

> … 공정한 사회는 그 전체 구성원을 자립성이 있는 주체로 존중한다는 널리 인정되고 있는 견해와 근본적으로 다르다. 사회의 전체 구성원의 자유로운 발달을 고려한다면, … 누구도 앞에서 설명한 종류의 직에 고용되지 않도록 요구해야 한다. 우리는 또한 현재의 산업계 고용 방법의 대안을 제창하고, 새로운 체제를 유효하게 하기 위한 정부의 조치를 추구해야 한다.[25)]

5.7 의미 있는 일에 대한 기업의 책임

일의 성질과 가치에 관한 상이한 이론들을 개관함으로써 기업이 일을 의미 있는 것으로 만들어야 하는 윤리적 책임을 이해하는 데 유효한 방법을 얻을 수 있다. 고전적 모델은 일이 필요하고 육체적일수록 의미 있는 것이 되는 게 불가능하며, 그러므로 고용주는 일을 의미 있게 할 책임이 거의 없다고 주장할 것이다. 일이 지적이고 느긋하고 자유로울수록 일은 의미 있는 것이 될 수 있다. 그러나 고용과 임금 노동이 이런 조건을 달성하지 못할 것 같다.

쾌락주의적 해석은, 노동자의 목표를 달성하기 위해 노동이 사용된다면 의미 있다고 주장한다. 그러나 보위의 비판에 따르면, 기업에 그런 무제한의 목표에 대한 책임을 지우는 건 곤란할 것이다. 확실히 노동자는 기업이 제공할 수 없는 — 아마 제공해선 안 되는 — 여러 가지를 원할지 모른다. 기껏해야, 쾌락주의적 이론은 종업원과 사용주에게 직장의 조건과 임금 · 복지 혜택에 대해 협상하도록 권장할 것이다. 이 계약 모델은 노동자에게 직장에서의 행복을 얻는 최상의 기회를 제공할지도 모른다. 하지만 기업의 유일한 책임이 계약의 범위 내에서 자유롭게 승낙되는 것에 머물게 될지 모른다.

자기실현 학파와 자유주의적 모델 간의 경계선은 의미 있는 일을 제공하는 책임

을 고려하기 위한 보다 확실한 방향을 제시해 준다. 실제, 자유주의자는, 기업은 자립성, 합리성, 심신의 건강이라는 기본재에서 나오는 일련의 책임을 지고 있다고 주장한다. 제6장과 제7장에서 검토하는 종업원의 권리와 책임의 범위는, 분명히 종업원의 권리와 사용주의 책임을 자유주의적으로 해석한 것이다. 이 리스트엔 참가 (투표), 적절한 절차, 건강에 좋고 안전한 노동 조건, 공정한 임금 및 복지 혜택, 훈련 및 교육, 프라이버시 등의 권리가 포함될 것이다. 이런 재산은 자립적이고 합리적인 자유 선택을 행사하는 현실적 기회를 위해 필요하다는 의미에서 기본적이라 할 수 있을 것이다.

보위가 이 최소한의 리스트보다 더 현실적인 것으로 종업원이 선택하지 않은 조건을 수용할 것을 사용주가 종업원에게 강요하는 것도 있다고 하는 주장을 상기해 보자. 보위는 특히 종업원 자신의 의사에 반해서 사용주가 종업원을 더 나은 인간으로 만들 책임을 가질 수 없다고 주장한다.

그러면 이번엔 아디나 슈와르츠가 제시한 예를 생각해 보자. 노동자가 고도로 일상화되고 의욕을 자극하지 않는 지루한 직을 선호한다고 하자. 그런 일을 기꺼이 하고 싶어하는 종업원이 있는데도, 사용주는 그런 직을 없애야 하는 책임이 있는가? 이 점에 있어서 자유주의자에겐 두 가지 선택지가 있다. 누구도 종업원에게 그런 직에 종사하라고 강요하지 않는 한, 종업원이 외부의 제약으로부터 자유로운 한, 사용주에겐 그런 직을 없앨 책임이 없다고 주장할 수도 있을 것이다. 이 답 때문에 자유주의의 입장은 직장의 자유에 대해 좁은 자유의사론적인 이해를 지닌 것으로, 입장이 약화될지 모른다. 그러나 이 답은 또한 자유주의자가 소중히 생각하는 대단히 근본적인 가치 — 자립적이고 자유로운 선택 — 를 저해하기 쉬운 고용 조건의 윤리적 정당성을 수용한다. 일상화된 의욕을 유발하지 않는 지루한 직의 사회적 조건은 합리적 · 자립적 선택이라는 인간의 지적 능력을 억압하기 쉽다. 한편, 자유주의자가 사용주에게 그런 직을 배제할 책임이 있다고 주장한다면, 무엇이 윤리적 직장을 구성하는가를 결정함에 있어서 종업원의 선택만이 최종 요인이 아니라는 점을 인정하는 것이 된다. 이것은 윤리적 직장을 창조하는 여러 조건이 적어도 합리적 · 자립적 선택을 하는 능력이라는 최소한의 관점에서 이해되는 것처럼, 인간의 선善을 촉진하는 것이라는 사실을 인정하는 것이다. 이 결론은 종업원의 선에 필요하고, 또 선을 실현하는 조건에 대한 폭넓은 논의의 출발이다. 그런 조건은 종업원의 권리와 사용주의 책임에 관한 자유주의적 이론으로서 확인될 수 있다. 제6장에서 이 잠재적 권리 몇 가지를 고찰하고자 한다.

이 장에서 일의 성질과 가치를 이해하기 위해 여러 가지 모델을 검토했다. 이들 모델은 종업원에 대한 기업의 책임과 함께, 종업원이 직을 제공하는 기업에 대해 가진 권리와 책임을 평가하기 위한 틀을 제공하고 있다. 일의 성질과 가치에는 또한 우리가 민주주의 사회의 시민으로서 기업과 직업에 대한 정부 규제에 대해 품고 있는 기대가 어떤 것인가 하는 문제도 함축돼 있다. 일은 개인에게 기본적 필요와 욕구를 충족하는 수단을 제공한다. 일은 우리를 **위해** 좋은 것을 제공할 수도 있고, 나쁜 것도 제공할 수 있다. 그러나 일은 우리에 **대해** 좋은 일을 할 수 있고, 나쁜 일도 할 수 있다. 직장이 어떻게 구성되는가, 우리가 사용주와 종업원 쌍방의 권리와 책임을 어떻게 이해하는가 — 이 물음은 일이 우리를 **위해** 또 우리에 **대해** 행하는 일의 윤리적 입장을 결정하게 된다. 제6장과 제7장에서는 직장에 존재하는 윤리적 권리와 책임을 좀 더 상세히 검토하고자 한다.

논의를 위한 사례를 다시 생각해 보자.

그라민은행과 모질라 같은 예외적인 사회적 기업의 예로부터 어떤 결론을 도출하는 건 합리적이지 아닐지 모른다. 사회적 기업에서 일하고 있는 학생은 거의 없는 듯 하며, 사실 그런 회사는 많지 않다. 그럼에도 불구하고, 이 예는 일의 어느 측면이 개인에게 이익과 가치를 가져다주는지를 생각하는 데 일조한다.

이러한 사례들은 좋은 직, 훌륭한 직, 의미 있는 직에 관한 의문을 제기한다. 이런 개념은 추구할 가치가 있다. 여러 세대를 걸쳐서, "좋은" 직이란 적당한 임금이 지급되는 안정된 직을 가진다는 걸 단순히 의미했다. 지금도 절대 다수의 종업원에겐 일의 가치가 지급되는 임금에 의해 직접적으로 계산되는 것 같다. 그러나 이것이 사실일지라도 (임금에 의해 일의 가치를 계산하지 않는 사람이 많지 않다고 하더라도), 일의 가치는 그에 대해 지급되는 임금에 의해 고갈되지는 않는다. 심지어 좋은 직은 훌륭한 직이 될 수도 있으며, 반대로 훌륭하고 의미 있는 직도 높은 보수를 지급받을 수 있다.

"훌륭한" 직이란 어떤 것인가? 마이크로소프트에서 직을 가지는 게 훌륭한 직이라고 할 수 있는가? 훌륭하다고 생각하는 직을 열거할 수 있는가? 어떤 유사성이라도 있는가? 직을 의미 있는 것으로 만드는 건 무엇인가? "의미 있는" 직이라고 생각하는 걸 들어 보아라. 왜 군 복무가 의미 있는 일이 될 수 있는가? 무엇이 직을 "의미 있게" 만드는가? 이 장은 당신 자신의 커리어 선택을 되돌아보는 기회를 제공할 것이다. 당신은 5년 후 어떤 직에서 일하고 있을까? 10년 후는? 40년 후는? 당신 자신의 직을 설계한다면, 어떤 것이 될까? 당신이 생각하는 훌륭한 직, 의미 있는 직과 당신이 가질 것 같은 직이 겹치는 것이 있는가? 없다고 하면, 무엇 때문인가?[26)]

복습 문제

1. 일이라는 단어의 의미를 최소 세 가지 설명하라. 그 의미 중에 가치의 요소를 포함하고 있는 게 있는가?
2. 직이 **커리어**와 **천직**과 어떻게 다른가?
3. 일에 대한 전통적 견해의 상이한 두 흐름은 어떤 것인가?
4. 그리스 철학의 **목적인**이라는 개념은 일의 자기실현 이론과 어떤 관계가 있는가?
5. 일의 자유주의적 모델에서 일은 어떻게 해서 의미 있는 것이 될 수 있는가?
6. 자유주의적 모델의 주창자는 일의 자기실현 모델을 어떻게 비판할까?

주석

1) Mike Rokyo, "Silver Spoon Fits, Why Not Wear It?" *Chicago Tribune* (November 11, 1985), sec. 1, p. 3. Quoted in *It Comes with the Territory*, A. R. Gini and T. J. Sullivan, eds. (New York: Random House, 1989).
2) 구약성서 창세기 제1장 제28절, 제2장 제15절, 제3장 제19절.
3) Aristotle, *Politics* 1256 a 30, 1253 b 25.
4) 흥미 있고 유익한 개요를 실은 논문은 다음과 같다. Gini and Sullivan, "Work: The Process and the Person," Chapter 1 of *It Comes with the Territory*, op. cit., pp. 1-36.

다음 책에 일의 성질과 가치에 관한 깊은 윤리적, 철학적 고찰이 다루어져 있다. Al Gini, *My Job, Myself: Work and the creation of the Modern Individual* (New York: Routledge, 2000). Joanne Ciulla, *The Working Life: The promise and Betrayal of Modern Work* (New York: Time Books, 2000). 이문헌들은 일에 대한 더 깊은 자료를 담고 있다.

5) 루소에 대해선 다음을 참조. *Emile*, translated by Allan Bloom (New York: Basic Books, 1979). 마르크스에 관해선 다음을 참조. "Estranged Labor" in *The Economic and Philosophic Manuscripts of 1844*, translated by Martin Milligan (New York: International Publishers, 1964), and "The German Ideology," edited and translated by Loyd Eastern and Kurt Guddat in *Writing of Young Marx on Philosophy and Society* (New York: Doubleday, 1967).

6) Robert Bellah, Richard Madsen, William Sullivan, Ann Swidler and Steven Tipton, *Habits of the Heart: Individualism and Commitment in American Life* (New York: Harper & Row, 1985), pp. 65-66.

7) Douglas McGregor, "The Human Side of Enterprise," originally published in *The Management Review* 46, Nov. 1957, reprinted in *Leadership and Motivation: Essays of Douglas McGregor* (Cambridge, MA: MIT Press, 1966).

8) Studs Terkel, *Working* (New York: Pantheon Book, 1974), p. xi.

9) Plutarch, *Lives* (New York: Modern Library, 1932), p. 132.

10) Yves Simon, *Work, Society and Culture*, edited by Vucan Kuic (New York: Fordham University Press, 1971), p. 78.

11) Hannah Arendt, *The Human Condition* (Chicago: Chicago University Press, 1958), p. 5.

12) George E. Valliant and Caroline O. Valliant, "Natural History of Male Psychological Health: Work as a Predictor of Positive Mental Health." *American Jounal of Psychiatry*, 138 (1981), pp. 433-440, as quoted in Robert Lane, *The Market Experience* (Cambridge: Cambridge University Press, 1992), p. 247.

13) 많은 도시의 실업과 빈곤, 범죄 등 하향성 문제 등이 강력하게 서술돼 있다. William Julius Wilson, *When Work Disappears* (New York: Alfred Knof, 1997)

14) 통찰력이 있는 두 논의—일은 개인을 위해 무엇을 할 수 있는가, 일은 개인에 대해 무슨 일을 하는가의 구별—는 다음을 참조. E. F. Schumacher, *Good Work* (New York: Harper Colophon Books, 1980). 그리고 The American Catholic Bishops' pastoral letter, *Economic Justice for All*, (Washington DC: National Conference of Catholic Bishops, 1986).

15) Schumacher, *Good Work*, p. 27.

16) Karl Marx, *The Economic and Philosophic Manuscripts of 1844*, edited with an introduction by Dirk J. Struik, translated by Martin Milligan (New York: International Publishers, 1964).

17) *Laborem exercens*, reprinted in Gregory Baum, *The Priority of Labor* (Ramsey, NJ: Paulist Press, 1982). 이 섹션의 대부분은 바움의 우수하고 광범위한 해설에 바탕을 두고 있다.

18) *Laborem exercens*, in Baum, pp. 95-102.

19) Baum, p. 65.

20) Baum, pp. 68-72.

21) 다음을 참조. Schumacher, *Good Work*, pp. 3-4. Al Gini, "Work, Identity and Self:

How We are Formed by the work We Do," *Journal of Business Ethics*, 17, 1998, pp. 707-714.

22) Gini, p. 714.

23) Norman Bowie, "A Kantian Theory of Meaning Work," *Journal of Business Ethics*, 17, (1998), pp. 1083-1092. 필자는 자유주의적 접근의 명확한 예로서 개인의 자주성을 가장 중요시하는 보위의 칸트학파 이론을 채용하고 있다.

24) 보위, p. 1083. 보위가 맨 먼저 제시한 주관적 · 개인적 선택지는 전통적 일의 모델을 더 자유주의적으로 표현한 것이다. 그가 말하는 "객관적이고 규범적 정의"는 자기실현 모델이 단일 인간의 선인 **목적인**을 어떻게 이해하고 있는지와 관련해 그 본질을 포착하고 있다.

25) Adina Schwartz, "Meaningful Work," *Ethics* 92, July 1982, pp. 634-646.

26) 이들 질문과 관련해 테네시대학교 크리스토퍼 파인즈 교수에게 감사드린다. 교실에서 이 질문을 사용해 보라는 그의 조언은 여러 기회에 필자의 학생에게도 유용했다.

제6장

직장에 있어서의 도덕권

[학습 목표]

이 장을 읽고 나면 다음과 같은 일을 할 수 있다.

- 도덕적 권리를 법적 권리와 계약상의 권리로 구별할 수 있다.
- 노동권의 다양한 의미를 설명하고 검토할 수 있다.
- 법적 적정 절차, 참가, 건강과 안전, 프라이버시에 대한 종업원의 권리를 지지하는 주장을 분석할 수 있다.
- 법적 적정 절차를 임의 고용에 관한 법 원리와 구별할 수 있다.
- 종업원의 참가권을 지지하는 주장을 분석할 수 있다.

논의를 위한 사례

일에 있어서의 전자적 프라이버시

당신의 고용주는 당신의 근무와 관련된 이메일을 읽을 권리가 있는가? 고용주는 당신의 웹 열람 이력을 감시하는 걸 허락받아야 하는가? 고용주는 당신이 직장에서 지급된 블랙베리나 아이폰으로 보내는 메시지를 읽을 권리가 있는가? 당신이 페이스북이나 블로그에 써넣은 고용주에 대한 욕을 당신 상사가 읽었기 때문에, 당신이 해고될 수 있을까? 고용주가 당신의 근무를 위해 회사용 차를 당신에게 제공하고, 차 안에 장착된 GPS로써 당신의 외출을 추적한다고 하면 정당한가?

당신이 인사과에 근무하며 채용을 책임 맡고 있다면, 채용 후보자의 페이스북을 보고 거기에 있는 정보를 채용 여부를 결정하는 데 이용할 것인가? 후보자에 관한 정보를 더 수집하기 위해 후보자와 "친구"가 되자고 제의할 것인가? 후보자를 구글로 조사할 것인가? 다음 사례를 생각해 보자.

2010년 10월 다운마리 수자는 전국노동관계국NLRB에 자신의 고용주인 커네티컷 주 하트포드에 있는 앰뷸런스 회사인 아메리칸 메디컬 리스폰스를 고발했다. 그녀는 자신의 페이스북에 고용주를 비판했다고 해서 부당하게 해고당했다고 주장했다. NLRB는 그녀의 글이 다른 종업원들도 모두 읽는 ≪광장≫에 게재되어, "고용의 규정과 조건"에 저촉되어 언론 보호와 관련한 조건을 위반했기 때문에 해고했다고 판정을 내렸다. 이와 같이 페이스북의 지위는 노동조합과 다른 노동 조직에서 볼 수 있는 일반 대화와 동등하다. 2012년 3월 AP통신은 통계직을 지망하고 있던 취업 희망자인 시애틀 출신 저스틴 배세트의 사례를 보도했다. 면접에서 일반적으로 하는 성격과 신원관계에 대한 질문을 하던 고용주는, 배세트에게 페이스북의 페이지에 들어가 볼 수 있도록 패스워드를 알려 달라고 요청했다. 배세트는 이를 거부해 채용되지 못했다.

더 이전에 있었던 사례인데, 제프 퀸은 캘리포니아주 온타리오시에 근무하는 경관이었다. 온타리오 경찰서는 휴대용 벨을 지급하고, 매월 일정한 양의 메시지 분의 요금을 지불하고 있었다. 제한을 초과해 사용한 경관은 초과 요금을 지불하는 경우도 있었다. 경찰서장은 경관들이 얼마나 자주 이 휴대용 벨을 개인 용도로 사용하는지를 알고 싶어, 무선 서비스 회사에 전체 메시지의 사본을 요구해 받아 보았다. 서장은 퀸의 450회 메시지 가운데 60회 정도가 개인적인 것이고, 그 대부분이 여자친구에게 보낸 성적인 것인 걸 알았다. 서장이 메시지를 읽었다는 걸 알게 되자 퀸과 다른 3명의 경관은 시에 대해 소송을 걸었다.

판단이 양분된 가운데, 미연방고등법원은 퀸에게 미국 헌법 수정 제4조에 의한 불합리한 수색 및 체포로부터의 보호에 따른 프라이버시의 합리적 기대가 있다는 이유로, 퀸에게 승소를 판결했다. 시는 상고를 하고, 미국 최고법원은 2010년 봄에 이 사건의 구두 변론을 속행했다. 퀸은 공무원이었으므로 수정 제4조는 분명 이 사건에 적용됐지만, 합리적이건 아니건 민간 고용주가 종업원에 대해 수색을 실행하는 걸 금지하지 않는다. 민간 고용주를 포함하는 넓은 대상에 판결을 내린다면, 이 사건에 대한 최고법원의 결정은 직장의 프라이버시에 관한 판례가 될 수 있을 것이다.

케빈 콜빈은 매사추세츠주에 있는 앵글로 아이리시 은행의 인턴이었다. 그는 2007년 10월 31일 오후 뉴욕시에 있는 가족의 긴급한 사정 때문에 일을 쉬어야 하겠다고 상사에게 이메일을 보냈다. 이튿날 요정으로 분장한 할로윈의 가장 파티에 참가하고 있는 사진이 페이스북에 게재됐다. 콜빈의 상사는 날짜가 찍혀 있는 그 사진을 보고, 메일에 첨부해 콜빈에게 보냄과 동시에 다른 종업원에게도 CC로 보냈다. 그 결과 콜빈은 해고됐다.

끝으로 필라델피아 이글즈의 스타디움에서 일하던 댄 리온의 예를 생각해 보자. 2009년 3월 이글즈가, 그가 좋아하는 선수였던 브라이언 도킨즈를 덴버 브롱코스로 전출시키자, 그는 페이스북에 "멍청이 같은 이글즈!!"라고 적었다. 며칠 뒤 리온은 해고됐다.

2012년 3월 하순경, 이 같은 사건에 대응하기 위해 미국 상원 의원 리처드 블루멘설 (커네티컷주)과 찰스 E. 슈머 (뉴욕주)는 연방 평등고용위원회와 연방 법무부에 수사할 것을 요구했다. 블루멘설과 슈머는 "개인 사진, 이메일 메시지, 경력상의 자료 등 개인 정보를 얻기 위해 채용 후보자에게 네트워킹과 이메일 웹사이트용의 아이디와 비밀 번호를 요구하는건, 혼란을 야기하는 새 풍조"라고 비판했다. 블루멘설과 슈머는 이런 관행을 "혼란스럽고 개인 프라이버시에 대한 심각한 침범"이라고 기술하고 있다.

논의를 위한 질문

1. "퀸 대 온타리오시"의 사례에서 경찰서장이 경관 등의 메시지에 관해 알게 된 정보 때문에 경관들이 해고되지 않았는데도, 경관들은 소송을 제기했다. 남이 개인 휴대 메일을 단순히 읽는 것만으로 도대체 어떻게 피해를 받는가?
2. 수자와 리온 두 사람은 페이스북에 써넣은 일로 해고됐다. 고용주가 메일의 글을 읽었다고 하는 것이 놀라운 일인가?
3. 수자의 사례와 리온의 사례 모두, 고용주는 종업원에게 해명하거나 고용주의 결정에 항의할 수 있는 기회를 주지 않았다. 고용주는 그렇게 했어야 좋았는가?
4. 여기에 제시된 사례 중에 고용주의 행동에 찬성하지 않는 것이 있는가? 그 이유는 무엇인가?
5. 당신이 종업원을 고용할 책임을 가지고 있다면, 그들에 관한 정보를 모으기 위해 페이스북 등 웹사이트를 참조할 것인가? 채용시에 페이스북, 링크드인 또는 트위터로부터 얻은 정보의 사용과 해고 시에 이용하는 정보 간에 차이가 있는가?
6. 종업원의 프라이버시 권리는 고용주의 채용 해고 권리에 우선하는가?

6.1 서론: 종업원 권리

제5장에서 일이 사람들에게 가져다주는 여러 가지 의미와 가치를 개관했다. 일을 중시하지 않는 사람들에게 있어서도 일은 다른 불가결한 목표를 위한 필요한 수단으로 가치가 인정되고 있다. 단적으로 말하면, 일은 수많은 요긴한 인간 재산

을 얻는 데 필요하기 때문에, 일은 대부분 가장 중요하고 가치 있는 인간 활동의 하나다.

하지만 일은 대부분의 사람에게 불가피한 것인 동시에 남에 의해 지배되는 것이기도 하다. 자기 자신의 근로 생활을 제어하는 사람은 거의 없다. 이 사실에서 실제적 취약성이 드러난다. 압도적 다수의 인간은 일을 해야 할 필요가 있는 반면, 우리가 도대체 왜 일을 해야 하는지 하는 문제를 포함해 우리가 하는 일의 다양한 측면을 전형적으로 결정하는 사람도 있다. 제2장에서 본 것처럼, 도덕적 권리는 남의 행동에 의해 인간의 기본적 이익이 위기에 빠지는 상황에서 의미를 갖는다. 이 이익이 인간의 행복에 대해 중요하면 할수록, 이익을 존중해야 하는 의무를 남에게 덮어씌우는 권리에 의해 그 이익이 지켜져야 한다는 인식이 강해진다. 이 장에서는 도덕적 권리의 가능성을 폭넓게 검토하고자 한다.

첫 단계로, 이 장에서 사용할 직장에서의 도덕적 권리, 즉 종업원의 권리라는 의미를 명확하게 해보자. 기업에선 종업원의 세 가지 권리가 있다고 알려져 있다. 첫째, 법률 또는 사법적 판단에 의해서 종업원에게 부여된 **법적 권리**라는 것이다. 이로써 종업원에게 최저 임금, 기회 균등, 노동조합의 일원으로서 단체 협상을 할 권리가 있다. 둘째, 고용주와의 계약상의 합의에 따라 종업원에게 주어지는 이익에 대한 권리다. 이 의미에 있어서 개개 종업원은 일정한 건강보험, 유급휴가, 연기금 등에 권리를 갖는다. 끝으로 특정한 법적·계약상의 요인과는 관계없는 요구를 할 수 있는 종업원의 권리가 있다. 이 권리는 인간으로서의 종업원을 존중하는 것으로부터 유래한다. 법적 권리, 계약상의 권리 양자도 이 장의 논의에는 중요하지만, 주안점은 법적·계약상의 인식과는 다른 별도의 종업원의 도덕적 권리를 이해하는 데 있다.

이 이해를 넓히기 위해 법적 권리와 계약적 권리가 어떻게 상호 작용을 하는지 생각해 보자. 일반적으로 고용 계약의 두 당사자는 일의 조건과 관련해 협상한다. 고용주는 일정한 임금, 복지 혜택, 노동 조건을 제공하고, 그 대가로 노동자의 생산성을 요구한다. 종업원은 기술과 능력을 제공하고, 그 대가로 임금과 복지 혜택을 요구한다. 하지만 이런 협상에서 법적으로 제외되는 것이 있다. 고용주는 성희롱을 허용한다든지 법률로 정한 최저 임금 미만의 임금을 승낙하는 의사意思를 고용 계약의 일부로 할 수는 없다. 실제로 법적 권리에 의해 일정 부분이 고용 계약에서 제외된다. 이런 법적 권리에 의해 기업 운영의 기본 법적 틀이 정해진다. 이런 의미에서 법적 권리는 기업 경영의 대가의 일부다.

이 장에서 이해하는 종업원 권리는 최저 임금과 성희롱으로부터의 보호처럼 고용주와 종업원 간에 발생하는 협상의 범위 밖에 없다. 최저 임금과 달리, 도덕적 권리는 법률적 배려가 아닌 윤리적 배려에 의해 정당화된다. 종업원 권리를 직장 내의 어떤 선에 대해 (또는 어떤 해로부터 받는 보호에 대해) 종업원이 가지는 일반적 도덕적 권리라고 이해한다. 도덕적 권리에 의해 고용주·종업원 관계의 기본적인 도덕적 틀이 확립된다. 이런 권리가 있는 한, 종업원은 직을 얻기 위해 또는 고용 관련 혜택을 늘리기 위해 이런 선을 포기하라고 요구받는 일은 없을 것이다. 종업원 권리는 도덕적 기본 선을 선택하느냐, 직을 선택하느냐 하는 강제적 입지에 처하게 되는 것으로부터 종업원을 지키는 기능을 한다.[1)]

이와 같이 이 장에서 고찰하는 도덕적 권리는 제5장에서 소개한 자유주의 모델에 해당한다. 여러 가지 노동 조건이 고용주와 종업원의 협상 여하에 달려 있는 한편 (쌍방의 자유를 존중하기 위해), 그 협상이 완전히 자유롭고 대등한 걸 보증하기 위해 협상에 대해 기본적 제약이 필요하다. 그런 제약에 의해 보호되는 이익은 자유, 평등, 자립성에 대한 전통적 자유주의적 이해의 범주에 있다.

6.2 노동권

식량, 의복, 주택 등의 중요한 기본재를 확보하기 위해 일이 필요하다면, 일할 권리는 분명히 도덕적 권리의 후보가 될 것 같다. 실제, 일을 인간 행복의 불가결한 부분이라고 생각하는 자기실현 학파를 포함해 수많은 사람들이, 모든 사람에게 일할 권리 (이하 "노동권"이라고 함)가 있어야 한다고 주장한다. 이 잠재적 권리를 평가하는 제일보로 **노동권**에 관한 견해 몇 가지를 고찰해 보자.

현대의 여러 법적 맥락에서 노동권은 지방의 노동조합에 가입할 의무 없이 일할 권리를 가리킨다. 노동조합은, 여러 노동 협약의 일부로서 전 종업원에게 고용시에 조합에 가입해야 한다고 규정할 것이다. 이 요구는 부담금을 내지 않고 조합원의 이득을 얻는 "무임 승차"를 방지함으로써 노동조합의 생존 능력을 보호하기 위한 불가결한 수단으로 보고 있다. 이 요구는 또한 고용주가 노동조합에 가입하지 않겠다고 약속하는 노동자만을 고용하는 것을 저지하고, 단체 협상 제도 전체를 보호하는 일이기도 하다. 몇 개의 주에선 그런 요구를 금지하는 법안을 가결했다. 이 법안은 종종 **노동권법**이라고 불린다.

이런 의미의 노동권은 여기서 다루고자 하는 주된 논점은 아니지만 (철학적 문제라기보다 법적 문제이다), 이 견해의 유효성은 고려할 수 있다. 노동조합이 있는 직장에 들어가면, 신규 종업원은 조합에 가입하는 것을 요구받아야 하는가? "무임 승차"의 주장은 공평성에 대한 합리적 이해를 바탕으로 해야 한다. 대가를 수반하는 과정에서 이익을 얻으면, 그 대가를 공유하는 게 지극히 공평한 것 같다. 특히 노동조합이 없으면 노동자가 받는 임금과 복지 혜택이 떨어진다는 근거가 있으면, 노동자는 강제적으로 조합에 가입함으로써 조합원의 이익과 부담이 공평 · 대등하게 할당하게 된다.

둘째 주장은 단체 협상에 관한 전통적 논리적 근거를 내세운다. 노동권법을 주장하는 사람들은 고용주와 종업원 간의 개인적 협상 과정을 통해 임금과 혜택이 보다 적절하게 결정된다고 한다. 이에 대해, 단체 협상에 관한 종래의 논리적 근거에서는 각 당사자가 대등한 경우에만 협상이 공평하다고 주장한다. 공평한 협상에는 협상의 기브 앤드 테이크를 통한 타협에 대한 대등한 유인이 필요하다. 이 맥락에 있어서 **대등**이란 똑같이 자유롭게 고용 조건을 수락하거나 거부하는 걸 의미한다. 이 같은 경우에만 합의가 상호 이익을 가져오고 최대한의 만족을 보장하게 된다. 그러나 이 협상의 쌍방은 단일 고용주와 종업원 집단으로 이루어지며, 협상이 대등하게 되려면 종업원 전원이 집단으로 협상해야 한다. 집단 협상이 없으면, 고용주는 전 종업원과 개인적으로 협상을 계속할 수 있으므로, 고용주는 어느 한 사람의 종업원과 협상할 유인이 거의 없거나 전혀 없다. 이 점은, 집단적 협상이 존재하는 업계에선 개별 종업원이 노동권을 갖지 않는다는 걸 부인할 충분한 근거가 있다는 것을 시사한다.

노동권에 대한 보다 흥미 있는 의미는, 종업원에게 직을 가질 권리가 있다는 견해다. 이 입장은 가톨릭의 사회 철학의 전통으로부터 UN의 인권 선언에 이르기까지 폭넓은 지지를 받고 있다.[2] 이 주장에는 일의 중요한 가치에 관한 두 가지 중심적 이유에 해당하는 두 주요 논거가 있다. 일의 수단적 가치의 중요성 — 일은 식량, 주택, 의복, 의료 같은 목적에 대한 주된 수단이라는 것 — 을 감안해, 직에 대한 인권을 인정해야 한다고 주장하는 사람들이 있다. 한편, 자기실현 학파의 견해를 반영해, 일은 의미 있는 인간 생활을 나타내는 것이기 때문에 개인마다 노동권이 있다고 주장하는 사람도 있다. 이 두 가지 견해가 시사하는 일의 종류는 서로 다를지 모른다. 첫 번째 예에선, 아무리 지루하고 보람 없는 것일지라도 사람은 생활, 임금을 지급하는 직을 가질 권리가 있다는 것이다. 후자의 예에선, 노동자를 성장시켜 인간답게 만드는 종류의 일이 필요하다고 주장한다.

이에 대해, 비평가들은 권리와 이상의 구별을 언급한다. 가치 있고 이상적인 모든 것을 권리라고 주장할 수는 없다. 여기서 요점은, 권리란 권리가 주장하는 것을 제공할 타자의 책임을 의미한다는 점이다. 모든 인간이 노동권을 가진다면 누군가는 어떤 조직이 그 직을 제공할 책임을 져야 한다. 게다가 그 책임을 가지고 있다고 인정되는 자는 누구든 그렇게 할 수 있는 위치에 있어야 한다. 합리적이며 잘 알려진 식견으로 "의무는 가능성을 내포한다"라는 말이 있다. 우리는 달성 가능한 것에 대해서만 책임이 있다고 하는데, 맞는 말이다. 하지만 누가 모든 사람에게 직을 제공해야 하며 제공할 수 있는가?

이 책임을 사기업 고용주의 어깨에 짊어지운다면 경제적, 윤리적 의미에서 짐이 너무 무거운 건 확실하다. 상당한 제한이 없으면, 사기업 고용주에 대해 요구되는 그런 권리는 경제적 혼란을 초래할 것이다. 사기업 고용주는 취업 지망자를 다 채용할 의무가 있는가? 자질은 문제가 되는가? 이 권리는 고용주의 수익 현황에 따라 달라지는가? 어떤 사람이든 관계없이 모든 사람에게 직을 제공하는 건 사기업 고용주가 가능한 일도 아니며, 경제적으로 실행 가능한 일도 아닐 뿐이다. 수익이 낮은 기업이 모든 종업원에 대해 직을 계속 제공하는 건 불가능하다. 더욱이 고용주의 권리도 이 견해에 대한 반론을 제기한다. 고용주의 재산권 (분명히 절대적인 것은 아니다), 자유, 고용주 자신의 노동권 같은 것을 고려하면 고용주가 남에게 직을 제공할 책임은 분명히 제한될 것이다.

노동권을 주장하는 사람은 그 책임을 사기업 고용주가 아닌 정부의 손에 맡겨야 한다고 반론할지 모른다. 정부는 사기업 고용주에게 장려금이나 보조금을 통해서 (많은 행정부서가 생활 보호 수급자에게 이미 실시하고 있는) 직을 갖게 하거나, 직접 고용을 실시함으로써 직을 제공할 수도 있다. 이것은, 예컨대 1970년대 상원의원 휴버트 험프리가 제안한 연방노동권법 제정의 일부다.

민간 기업보다 정부가 이 책임을 수행하는 데 더 유리한 입지에 있는 건 의심할 여지가 없다. 결국, 이 제안 때문에 사기업 고용주의 경우처럼 "소유자"의 권리가 위협받지는 않을 것이다. 정부는 시민에 대해 사기업 고용주에게는 없는 직접적 책임이 있다. 그러나 이 방법은 사기업 고용주의 경우처럼, 여러 가지 난관에 직면한다. 직을 원하는 모든 시민에게 직접 직을 제공하면, 민간 기업의 경우처럼 정부는 경제적 비효율성에 빠질 것이다. 경제적 효율성이 행정을 판단하는 기준이 아닌 건 분명하지만, 비효율이 지나치면 경제적, 정치적 혼란을 초래한다. 단적으로 말하면, 정부 행정이 모든 시민에게 직을 제공하는 건 불가능하다. 정부에 대해 요구되는 권리는 (적어도 미주 국가에선) 전 시민이 동등히 가져야 하며, 전 시민이 정부에 의해 고용될 수 없기 때문에, 시민은 직에 대한 권리를 정부에 요구할 수 없다.

물론 노동권을 주장하는 사람일지라도 정부가 전 시민에게 직을 제공해야 한다고 주장하지 않을 것이다. 수정된 견해에선, 정부는 일을 할 능력이 있지만 민간 기업에서 직을 발견하지 못하는 사람에 대해 자질에 맞는 직을 제공하는 책임이 있다고 주장할 것이다. 정부는 최후의 수단으로서 고용주가 된다. 여러 산업화한 민주 국가에서 20세기 후반을 통해 이와 같은 일이 적어도 암묵적으로 이루어져 왔을 것이다. 거의 같은 일이 1930년대 세계대공황에의 대응책으로 미국 연방정부가 취한 조치였다. 이 수정된 견해는 보다 나은 윤리적 · 경제적 근거에 바탕을 두고 있다.

일과 연관돼 생기는 이익보다 정부의 보호를 받을 만한 가치가 있는 것은 생각해내기가 어렵다. 이 견해에 대한 경제적 과제는 원칙보다 정도의 문제다. 극단의 한쪽은 정부가 너무 많은 사람에게 직을 제공해 정부 지출 때문에 민간 시장의 자금이 고갈되고, 경기가 악화되고 실업이 늘어나, 이 때문에 정부에 의한 고용이 늘고 또 다시 하강 사이클로 계속적으로 이어진다. 다른 한쪽의 극단은, 정부가 실업자에게 경제적 원조를 하지 않는다. 정부가 실업자에게 직접적으로 직을 제공하는 것에 반대하는 경제적 근거를 주장하는 사람들 간에서조차, 정부에는 경제적 원조라는 사회적 "안전망"을 제공할 의무가 있다는 강한 합의가 존재한다. 남은 문제는, 이 원조를 직이라는 형태로 제공하는 것이 좋을까, 사기업에 대한 실업자 고용의 장려금이 좋을까, 또는 고용보험과 식량 배급권, 건강보험이라는 형태가 좋을까 하는 것일 것이다.

이 점과 관련해, 적어도 서방 민주주의 국가들에서는 반드시 실천되고 있지는 않지만 어떤 합의 같은 것이 형성되고 있는 것 같다. 정부는 재정 정책과 금융 정책 그리고 조세 정책 같은 조치를 통해 민간 기업이 전 시민을 고용하도록 촉구할 책임을 가지고 있다. 최후의 수단으로서, 특히 만성적 실업에 대해서 정부는 시민에게 직을 제공할 책임이 있다. 이 제한된 의미에서 사람이 노동권을 주장하는 것은 타당하다.

유감스럽게도 이 견해는 식량, 의복, 주택, 의료를 위한 임금을 받는 기회를 제공함으로써 일의 수단적 가치에는 대응할지 몰라도, 자기실현 학파가 말하는 본질적 가치에 대해서 고려하거나 대응하는 바가 거의 없다. 이 문제를 고찰하기 위해선 노동자에게 제공되는 일의 종류와 조건에 대해 더 직접적으로 초점을 맞출 필요가 있다. 이렇게 함으로써 "노동권"의 제2의 의미를 고려하게 된다.

민간 부문에서 직을 가질 권리의 주장에 대한 가장 중요한 반대는, 그것으로 인한 민간 고용주의 부담 때문일 것이다. 고용주의 자유와 재산권에 중대하고 심각한 제약을 주지 않고 민간 고용주에게 모든 사람을 고용하도록 요구할 수 없다. 물론 민간 고용주가 모든 사람에게 동등한 기회를 제공하도록 요구할 수 있으며 또 요구해야 하지만, 모든 사람에게 직을 제공하는 걸 기대하기는 무리다. 이것이 기본적으로 일의 자유주의적 이론이 주장하는 입장이다.

하지만 사기업 고용주에 대해 요구하는 **노동권**에는 또 다른 의미가 있다. 이 해석에서 노동권은 직을 가질 권리가 아니고, 일단 고용되면 어느 정도 안전성을 가지고 그 직을 계속할 권리를 말한다. 즉, 일단 직을 가지게 되면 그 직을 유지해 나갈 권리, 바꿔 말하면 정당하고 충분한 이유 없이 해고되지 않을 권리를 가진다는 것이다. 정부 권한에 대한 법적 제약과 마찬가지로, 이것을 **법적 적정 절차권** (듀프로세스due process)이라고 정의하고자 한다. 이 권리를 보다 상세히 검토하기 전에, 이를 의미 있는 일의 맥락에서 고찰해 보고자 한다.

앞에서 본 것처럼, 자유주의자는 인간의 자기실현 학파와 견해를 달리하는 입장에서, 모든 일은 하나의 인간 목표를 지향해야 한다는 주장을 부정한다. 이 입장은 자기실현의 일과 자기실현이 불가능한 일을 구별하기 위한 만인에게 유효한 객관적 기준이 존재하지 않는다고 주장한다. **의미 있는 일**은 인간의 목적인을 충족하는 일만을 의미한다고 이해하는 사람이 있을지 모르지만, 자유주의자는 일이 그런 점에서 의미 있는 것이라고 생각하지 않는다. 그럼에도 불구하고 어떤 종류의 일과 노동조건은 개인에게 윤리적으로 중대한 해를 끼치는 경우가 있다. 개인에게 직을 가질 권리가 없을지 모르지만, 일단 직장에 취업하게 되면 부당한 취급을 받는 것으로부터 보호를 받을 도덕적 권리를 가진다. 이 의미에서 의미 있는 일이란 노동자의 권리를 존중하는 방법으로 구축된 일이라고 할 수 있을 것이다.

예컨대, 노먼 보위는 "회사의 도덕적 의무의 하나는 종업원에게 의미 있는 일을 제공하는 것이라고 늘 믿어 왔다"라고 주장하고 있다.[3)] 이 말은 회사가 일을 제공할 의무를 가지고 있다고 하는 주장이 아니라, 회사는 종업원 — 이미 근무하고 있는 — 에 대해 종업원의 권리를 보호하는 방법으로 직장을 만들 권리가 있다고 하는 점에 주목할 필요가 있다. 따라서 보위는 종업원이 의미 있는 일을 할 권리가 있다고 주장을 하면서도, 강조하는 점은 **의미 있는**이란 어구이지, **일**이란 단어는 아니다. 개인에게는 이미 존재하는 노동권은 없으나, 일단 고용되면 일정한 타입의 일을 요구할 권리가 있다. 게다가 윤리적으로 구축된 직장은 일이 인간의 잠재적 가능성을 실현한다든가, 고양한다든가 하는 의미에서가 아니라, "노동자에게 스스로 자립성과 독립성을 발휘할 수 있게 해주는"[4)] 일이라는 의미에서 "의미 있는" 일을 제공한다.

이 장의 나머지 부분에선 직장이 종업원의 도덕적 권리를 존중하게 되면 어떠한 직장이 되는지를 검토하고자 한다. 이 검토의 배경으로서 종업원 권리의 정당성을 사실상 부정하는 법 원리를 개관하는 일로부터 시작해 보자. 이 법 원리는 임의 고용 계약이라고 알려져 있다.

6.3 임의 고용

미국 내의 고용법의 대부분은 경제적 거래에 대한 19세기의 자유방임주의 시점을 배경으로 발달해 왔다. 일반적으로 법정은 당사자 간에 명확히 합의된 것 이외의 어떠한 의무도 인정하고 싶어 하지 않았다. 그래서 고용 기간과 고용 조건을 특정한 명확한 고용 계약 (현재도 드문 사례다)이 없는 한, 모든 노동자는 "임의로" 고용됐다. "임의" 또는 수의 계약이란 쌍방이 동의하는 동안만 존재하며, 반대로 한쪽의 당사자의 판단에 따라 파기될 수 있는 것이다. 임의 고용은 종업원이 언제든지 어떤 이유이든 상관없이 자유롭게 사직할 수 있으며, 고용주가 언제든지 어떤 이유이든 상관없이 자유롭게 종업원을 해고할 수 있는 걸 의미한다. 이 전례를 확립한 초기의 판결에 따르면, "모든 고용주는 종업원의 다소에 상관없이, 이유 여하를 막론하고, 또 윤리적으로 옳지 못한 이유로써도 종업원을 임의로 해고해도 좋다."[5)]

임의 고용 계약이 직장을 지배한다면, 종업원이 법을 위반하지 않았는데도 윤리적으로 옳지 않은 이유로 해고된다고 하면, 종업원의 권리라는 개념은 적어도 그 법적 의미에서 무의미하게 된다. 종업원의 권리란 직장 내의 일정한 재財에 대한 (또는 어떤 해로부터의 보호) 합법적 권리일 것이다. 종업원이 합법적 권리를 갖는다고 하는 건, 윤리적으로 보아, 종업원을 그 같은 재와 그의 직에서 양자택일하게 만들어서는 안 된다는 것을 의미한다. 예를 들어, 종업원이 직장에서 성희롱으로부터 보호받을 권리가 있다면, 고용주는 종업원에게 직과 성희롱 중 양자택일을 강요할 수 없다. 실제로 권리에 의해 보호되는 이익은 노동 조건을 정하는 고용주와 종업원 간의 협상에서 제외된다. 그럼에도 불구하고 임의 고용이 판을 친다면 이 방법으로는 아무런 이익도 보호받지 못한다.

하지만 미국 내에서도 임의 고용이라는 법 원리는 당초부터 제한을 받았다. 지난 한 세기를 걸쳐, 법과 기업 양자의 실천에 있어서 이 원리엔 윤리적 결함이 있다는 인식에 대한 합의가 높아졌다. 법 원리로서 임의 고용 계약이 영향력을 잃게 된 경위를 개관하면, 종업원의 도덕적 권리에 대한 검토를 하는 데 밑거름이 될 것이다.

임의 고용 계약은 당초부터 사기업의 비계약직 종업원에게만 적용됐다. 합중국 헌법과 주 헌법은 공무원에게 정부 (이 경우는 고용주)에 대항할 수 있는 많은 권리를 부여하고 있다. 노동조합에 속하는 종업원, 노동협약과 연방법 및 주법에 의해 보호받고 있기 때문에 임의적인 법의 지배를 받지 않는다.

지난 한 세기에 걸쳐, 여러 연방법과 주법은 고용주가 종업원을 해고하는 힘을 제한했다. 예를 들어, 민권법은 종업원이 인종이나 성별에 의해 해고되는 것으로부터 보호하고 있다. 고용주는 와그너법, 노동안전위생법, 미국 장애인법에 따라 노동조합의 지지, 위생상 또는 안전상의 불평 또는 장애를 이유로 종업원을 해고하는 것을 금지하고 있다. 연방법 및 주법은 고용주가 범한 어떤 위법 행위나 비윤리적 행위를 고발하는 종업원도 보호한다.

이런 법적 제약 이외에, 주 법원과 연방 법원은 임의 고용 계약에 대한 여러 가지 법적 면제를 부여하고 있다. 많은 법정이 해고가 중요한 공적 정책에 반하게 될 때, 종업원의 직을 보호하는 "공적 정책"의 면제를 인정해 왔다. 예컨대, 몇몇 관할구역에선 배심원으로 일을 한다든가, 범죄를 신고하는 일, 또는 사기성이 있는 비즈니스 관행에 가담하는 것을 거부했다는 이유로 해고당하는 것으로부터 종업원을 보호하고 있다. 일부 법원은 "묵시적 계약의 면제"를 인정, 종업원용 핸드북, 직무명세서, 모집광고 등 고용주가 작성한 문서 속에 담겨 있는 보호 사항을 종업원에게 제공하고 있다. 마지막으로, 더 광범위한 "묵시적 신의 계약"에 바탕을 둔 면제를 주는 법원들도 있다. 이것은 "신의 성실" 조건을 위반한 고용 관행에 대한 더욱 무제한적인 보호다. 이를테면, 해마다 지급되는 보너스의 지급을 피하는 수단으로 종업원을 해고하면 묵시적 선의 계약에 대한 불법 행위라고 판결을 받았다.

입법 및 사법에 의한 제한에도 불구하고, 임의 고용 계약의 관행은 이면의 법 원리로서 남아 있다. 법적 입증 책임은 부당하게 해고당했다고 믿는 종업원에게 있다. 종업원은 부당한 이유로 해고당했다는 것을 입증해야 하는데, 그 증거가 없으면 고용주는 임의로 종업원을 해고할 수 있다. 지금부터 고찰하고자 하는 듀프로세스 (적정한 법적 절차)의 윤리적 개념은 이 입증 책임을 역전시킬 수 있다. 듀프로세스에 따르면, 정당한 이유가 있는 경우에만 종업원이 해고되며, 그 이유를 입증하는 책임은 고용주에게 있다고 규정되어 있다. 그러면 다음엔 앞 절에서 논한 노동권의 제3의 의미로 돌아가 보자. 종업원은 일단 고용되면, 직을 유지하고 정당한 이유로만 해고될 권리가 있다.

6.4 직장에 있어서의 듀프로세서

듀프로세스의 법 원리는 국왕의 권한에 대한 제한을 확립한 마그나 카르타의 "per lagem terrae (국법에 따라)"라는 원리에까지 소급된다. 기본 생각은 귀족들이 왕의 법적 권한을 인정하는 한편, 그 권한이 제한되는 걸 요구한다는 것이었다. 듀프로세스는 독단적 권한의 행사로부터 보호를 제공하는 제한이라고 정의된다. 이 개념은 배심재판과 법적 대리인 제도 그리고 묵비권을 인정하는 미란다 권리 등 근대적 법적 보증에서 볼 수 있다. 이 법적 개념의 바탕이 되는 철학적 개념은, 합법적 권한일지라도 마음대로 행사할 수 없다는 것이다. 법정, 입법부, 경찰은 시민에 대해 합법적 권력을 가지고 있지만, 그 권력은 일정한 방법으로만 행사된다. 법정은 동전을 던져서 유죄를 결정할 수 없으며, 입법부는 투표 없이 법안을 통과시킬 수 없으며, 경찰은 고문이나 강요로써 자백을 받아낼 수 없다.

직장 내의 듀프로세스는 종업원이 경영권의 독단적 행사로부터 보호를 받을 권리를 갖는 것을 의미한다. 듀프로세스가 의미하는 바는, 종업원이 "정당한 이유"로 해고되더라도, 다른 한편으로 "이유 없이 또는 윤리적으로 잘못된 이유로" 해고될 수 없는 것을 의미한다. 듀프로세스권은 해고가 독단적인 것이 되지 않게 하기 위해 고용주가 거쳐야 하는 수속 ("과정")을 확립하는 일일 것이다.

이런 절차에는 어떤 것이 있을까? 한 방법은 해고에 대한 용인 가능한 이유를 구체화하는 것이다. 직무 수행 능력의 부족, 음주, 상습적 결근, 절도, 사기 행위, 경제적 핍박 등의 요인이면 분명한 대상이다. 이 방법은 해고에 대해 **대의명분**이라는 조건을 요구한다. 하지만 모든 가능한 용인 가능한 이유를 구체화해, 미리 용인 불가능한 이유와 구별하는 건 불가능하다고 했다. 결과로서, 대표적 듀프로세스 규정은 고용주가 종업원을 해고하기 전에 해야 하는 수속의 개요를 말하고 있다. (법률상의 미란다 권리는 바로 이런 상황에서 정해졌다. 최고법원은 모든 종류의 경찰에 의한 불법 시책을 일일이 특정하는 시도가 불가능하며, 시도하지도 않는다고 결론을 내렸다. 그 대신, 경찰에게 일정한 절차에 따를 것 — 미란다 권리를 읽도록 — 을 요구하고, 시민을 부당한 경찰 권력으로부터 보호하는 데는 이 과정으로 충분하다고 결론지었다.)

절차와 과정을 중시하는 듀프로세스의 내용에는 사전 경고, 증거 서류 제출, 서면에 의한 근무 기준, 유예 기간, 결정에 대한 호소 방법, 협의에 대한 응답 기회, 위반에 걸맞은 처벌의 사전 결정 등이 포함돼 있다. 이와 같이 종업원은 자신에게 무엇이 요구되고 있는지를 알아야 하며, 이 요구 사항을 수행하지 못했을 경우의 결과도 알아야 하며, 문제가 처음 인지되었을 때 경고를 받아야 하며, 경고에 대해 개선하고 대응할 기회를 가져야 하며, 공평한 판관에게 어떤 결정을 호소할 수 있는 기회가 주어져야 한다.

듀프로세스에 대한 종업원의 권리를 가장 강력하게 주장하는 것은 존중과 공평이라는 기본이 되는 윤리적 개념이다. 이 주장을 이해하기 위해, 권력과 힘이라는 정치 이론에 불가결한 구별을 생각해 보자. 힘은 단순히 자기의 의사를 남에게 강요하는 능력이라고 정의될 수 있다. 그 힘이 정당화되거나 합법적일 때 권력이 생긴다. 총을 가진 자는 당신 돈을 뺏을 힘을 가지고 있다. 미국 국세청은 그런 권력이 있다. 자기의 의사를 정당한 이유 없이 남에게 강제하는 건 자기의 목적을 수행하기 위한 수단으로서 남을 취급하는 것이므로 윤리적으로 잘못이다. 이것은 개인의 자립성을 위협하는 일이며, 사람이 자립적 인간으로서 가져야 하는 존중을 거부당하는 것이 된다. 정당한 이유 없이 남에게 자기의 의사를 강요하는 것이 허용되는 형사 사법 시스템이나 직장 같은 조직은 기본적으로 불공평하고 부당하다. 듀프로세스는 힘의 행사가 정당화되는 것만 요구할 뿐이다. 기업의 경영자는 자신의 의사를 종업원에게 강요할 능력을 갖고 있다. 즉 힘을 가지고 있다. 사회는, 경영자가 정당성을 어느 정도 제공하느냐에 따라서만 그 능력을 시인, 즉 그 권력을 인정해야 한다. 직장에서의 듀프로세스권은 정당한 이유의 조건들을 열거함으로써 ("종업원은 a, b, c의 이유로 해고될 수 있다.") 또는 절차상의 보호 대책을 작성함으로써 ("고용주는 종업원을 해고하기 전에, a, b, c를 …") 그 정당성의 기준을 확립한다. 직장 내의 듀프로세스권이 없으면, 개인이 무제한으로 남에게 힘을 행사하는 조직을 사회가 시인하게 된다.

듀프로세스권에는 네 가지의 주요 반론이 있다. 즉, 자유, 공평성, 재산권, 효율성이다. 자유와 관련한 주장은, 듀프로세스가 자신의 노동 조건을 결정하는 개인의 자유를 부당하게 제약한다는 논지다. 공평성에 관한 주장은, 종업원이 어떤 이유로써든 자유로이 사직할 수 있다면, 고용주가 어떠한 이유로써든 종업원을 자유롭게 해고할 수 있어야만 공평하다는 논지다. 재산권에 관한 주장은, 듀프로세스가 기업주의 재산권에 대해 부당한 제약을 부과한다는 반론이다. 효율성에 관한 주장은, 동기를 유발하는 해고에 대한 염려가 없으면, 종업원은 비능률적이고 비생산적이 될 가망이 높을 것이다. 자유 시장의 입장을 지지하는 사람들이 이런 반론을 제시할 가능성이 높다.

제1의 자유에 대한 주장은 자유 시장 입장에 대해 앞에서 고찰한 바가 있어 주지하고 있다. 고용주와 종업원이 노동 조건과 관련해 개인적으로 협상하도록 그들에게 맡겨 두어야 한다는 주장이다. 듀프로세스에 의한 보호를 원하는 종업원은 그걸 위해 자유롭게 협상을 해야 하며, 대가로서 무엇인가를, 아마 임금을 기꺼이 포기해야 한다. 높은 임금을 더 좋아하는 종업원은 듀프로세스가 제공하는 직의 안전성을 자유롭게 버릴 수 있어야 한다. 경제적 노동 시장이라면, 최종적으로 각 종업원이 바라는 정도의 직의 안전성과 임금을 얻는 균형점을 발견할 것이다.

제2의 공평성에 대한 주장도 자유를 구하는 호소로써 시작한다. 종업원이 시기와 이유에 상관없이 사직할 자유를 제한한다면, 노예 제도와 다를 바가 없다. 종업원이 정당한 이유 없이 사직할 자유를 가진다면, 공평성에 따라 고용주도 정당한 이유 없이 해고할 자유를 똑같이 가진다.

철학자 패트리샤 위헤인은 종업원과 고용주 간의 중대한 불평등을 지적함으로써 이 두 가지 주장에 반론하고 있다.[6] 지극히 예외적 경우를 제외하고, 종업원이 직을 잃었을 때, 고용주가 한 사람의 종업원을 잃었을 때보다 피해가 크다. (이런 것이 해당되지 않는 예외적 경우엔, 고용주가 중요한 종업원과 계약을 맺고 있을 때가 많다.) 해고된 종업원은 이미 해고된 전력 때문에 장래의 고용이 위태롭게 됨으로써 더 손해를 본다. 고용주에게는 새로운 종업원을 고용할 능력이 있기 때문에 과거에 종업원이 회사를 그만두었다고 해서 피해를 받지 않는다. 해고될 위협은 사직하라는 위협보다 고압적이므로, 종업원과 고용주 간의 이런 불평등에 의해 종업원은 고용주와의 협상에서 불리하게 된다. 또한 이 불평등은 고용자의 자유를 제한하는 것이 종업원의 자유를 제한하는 것보다 불공평하지 않다는 점을 의미한다.

위헤인은 듀프로세스에 대한 제3의 반론에도 답하고 있다. 그녀는 직장 내의 재산권에는 종업원의 소유권이 포함되지 않는다고 지적한다. 고용주에게는 물질적 소유물에 대한 권리가 있을지 모르지만, 종업원에 대한 권리는 없다. 인간은 임의로 처분할 수 있는 자원이 아니다. 더욱이 재산권은 절대적인 것이 아니고, 다른 윤리적 배려에 의해 법적으로 제약을 받는다. 듀프로세스는 재산의 사용에 대해 윤리적 제약을 분명히 밝힘으로써 그런 사항을 적절히 고려해야 한다는 단순한 요구에 불과하다.

듀프로세스에 대한 최후의 반론은, 임의 고용을 통해 직장의 운영이 보다 효율적으로 이루어진다는 주장이다. 듀프로세스의 요구 사항은 기업의 효율적 기능을 방해하고 고용주와 종업원 쌍방이 가장 선호하는 것을 얻는 걸 막고, 무자격 · 비생산적 노동자를 보호하는 기능만 하게 된다.

이에 대해 세 가지 견해를 제시하고자 한다. 첫째, 이것은 공리주의적 주장이며, 비록 타당하다고 하더라도 종업원의 권리 침해를 정당화하지 못한다는 걸 인식해야 한다. 이를테면, 노예 제도나 아동 노동이 다른 방법보다 경제적으로 더 효율적일 수 있을지 모른다. 그러나 그런 시스템을 채용하는 건 윤리에 반한다. 듀프로세스에 대한 권리도 마찬가지다. 경제적 효율의 대가가 존중, 자립성, 공평성에 대한 종업원의 권리의 침해라고 한다면, 효율이 희생되어야 한다는 결론을 내려야 한다.

둘째, 생산성과 자질의 결여는 종업원을 해고하는 정당한 이유가 된다. 듀프로세스는 누구 할 것 없이 모든 노동자에게 직에 대한 무조건의 권리를 부여하지 않는다. 종업원이 직을 잃기 전에 상당한 이유가 제시돼야 한다고 요구할 뿐이다. 실제로, 듀프로세스는 경영자가 자질과 능력이 있는 종업원을 해고하는 걸 방지함으로써 효율에 기여할 것이다.

마지막으로, 효율은 노동자의 생산성과 관련된 사실에 의해 증명돼야 하는 경험적 주장이다. 이 논리로부터, 프레드릭 테일러의 계층에 입각한 과학적 경영론과 더글라스 맥그레고의 경영의 Y이론 간의 경영 이론을 둘러싼 논쟁이 생각난다. 여기서는, 직의 안전성과 듀프로세스를 받고 있는 종업원은 그런 것이 없는 노동자보다 생산성이 높아진다고 하는 중요한 증거가 있다는 것을 인식하기만 하면 충분하다. 품위 있고 윤리적 처우는 위협과 통제보다 효과적인 경영 틀이 된다.

요약하자면, 직장에서의 듀프로세스권을 인식하기 위해, 강한 윤리적 실천이 이루어질 수 있다. 이런 보호가 없으면, 종업원이 경영자의 힘의 행사에 의해 불공평한 위해를 받지 않는다는 보장이 없다.

6.5 참가권

경영권이 정치 권력처럼 듀프로세스권에 의해 제약을 받아야 한다면, 이 유추론을 더한층 전개해 고찰하는 게 의미가 있을지 의문을 가져볼 일이다. 경영권에 관한 문제를 생각해 보기 위해 힘과 권력의 차이로 돌아가 보자. 듀프로세스에 관한 논의에서 경영권의 전제로 그 권력에 대한 제약에 초점을 맞추었다. 이 절에서는 좀 더 근본적 물음을 다루어 볼까 한다. 즉 기업의 소유자와 경영진에게 종업원에 대한 단순한 힘이 아닌 권력을 부여하는 건 무엇인가?

민주주의 사회에서 정치 권력을 정당화하는 기준은 피통치자의 동의다. 정당한 정치 조직은 모든 개인을 자립적 주체로서 평등하게 존중할 것을 약속하고 있다. 이 유추론, 즉 아날로지가 옳다면, 경영권도 궁극적으로 종업원의 동의를 바탕으로 존립한다고 결론을 내려야 한다. 하지만 비즈니스를 정치와 같다고 유추하는 건 타당한가? 직장의 민주주의는 정당화될 수 있는가?

비즈니스도 정부도 선택된 사람들이 남에게 자신들이 말하는 대로 강요할 힘을 가진 주요한 사회 제도다. 이 강제력은 이 조직이 대단히 중요한 것을 주거나 주지 않거나 하는 능력에서 유래한다. 조직의 역할에 의해 누가 이 힘을 가지며 누가 가지지 않는지가 결정된다.

어느 경우든 사회 정의는, 이 강제적 힘은 정당화해야 한다는 걸 요구한다. 개인이 자립적이고 자유로운 의사결정자로서 존중받는 사회에선 권력의 정당화는 피지배자의 동의에서 나온다.

존 맥콜은 경영권도 또한 피지배자, 즉 종업원의 동의에서 나와야 한다고 주장했다. 맥콜은 종업원이 경영의 의사결정에 참가할 권리를 가져야 한다는 자신의 주장의 근거로서, 다섯 가지 논점을 제시하고 있다. 존중과 공평을 바탕으로 하는 두 논점은 경영자에게는 종업원의 참가를 허가해야 하는 강한 의무가 있음을 시사하고 있다. 세 가지 논점은 참가형 경영으로부터 얻을 수 있는 유익한 결과를 기대하는 내용이다.[7)]

맥콜은 존중해 다루어져야 하는 기본 권리는 개인이 남으로부터 강제적 간섭을 받지 않는 자립적 의사결정자로서 다루어져야 한다는 걸 의미한다고 주장한다. 인간의 존엄은 인간이 자기의 인생을 이끌고 자신의 활동을 제어하는 능력과 맞물려 있다. 그 이외의 어떠한 선택이든지 개인 자신을 주체와 목적이 아니라 단지 객체와 수단으로서 취급하는 리스크를 초래한다. 직장 내에서 존엄이 존중되면, 노동자가 생산 과정에서 단순한 대체 가능 자원으로서 취급받는 것을 방지할 수 있다. 종업원은 오히려 자신의 노동 생활에 중대한 영향을 미치는 어떠한 방침도 공동 결정할 권리를 가져야 한다.

제2의 논점은 "모든 윤리성의 기본 목적 (인간 복지의 공평한 촉진)"[8)]을 내세운다. 모든 개인은 편견 없는 공평한 대우를 받을 기본 권리를 가지고 있다. 의사결정이 이루어지면, 그 결정에 의한 영향을 받는 모든 당사자의 이익은 충분히 고려돼야 한다. 영향을 받는 각 당사자가 의사를 표명하도록 보장하는 가장 효과적 방법은, 각 당사자가 의사결정에 참가해 자신의 이익을 대변하도록 허용하는 것이다.

맥콜은 또한 종업원의 참가는 몇 가지 유익한 결과를 가져올 가능성이 있다고 한다. 첫째, 참가형 경영은 종업원이 자기존중을 할 수 있는 여건을 조성한다. 종업원의 참가를 권장하고 존중하는 조직은 종업원 사이에 자기가치와 자기존중이라는 중요한 정신적 이익을 낳는다. 둘째, 맥콜은 의사결정에 참가해 공헌하는 종업원은 소외감과 기진맥진 상태에서 발생하는 정신적 · 육체적 악영향을 적게 받을 것이라고 믿고 있다. 종업원의 참가는 노동 생활에 의미와 가치를 가져다주는 효과적 수단이 될 수 있으며, 육체적 · 정신적 악영향에 대항할 수 있다. 마지막으로 맥콜은 유권자의 무기력과 무관심에서 오는 정치적 위기를 들고 있다. 예를 들면, 미국의 대부분의 선거에서는 투표에 참여하는 유권자가 50% 미만이다. 이 말은 유권자의 25%에 의해 선거 결과가 결정되며, 30%에 의해 압도적 승리가 결정된다는 의미다. 맥콜은 이 정치적 무기력에 대항하기 위한 효과적 수단의 하나는, 개인의 참가를 꺾지 말고 촉구하는 사회적 제도를 만드는 것이라고 믿고 있다. 직장은 우리가 깨어 있는 생활의 절반을 보내는 곳이므로, 민주적 직장은 정치적 참여가 예외가 아닌 표준이 되는 환경을 조성하게 될 것이다.

종업원이 비즈니스의 의사결정에 참가할 권리를 요구하는 제안에 대해 세 가지의 주된 반론을 생각해볼 수 있다. 고용주의 재산권, 경영에 관한 전문성, 효율에 대한 고려는 직장의 민주주의에 대립하는 가치관으로 늘 제기될 수 있다.

재산권을 근거로 하는 반론에 대응하기 위해 개인 소유의 비즈니스와 주식을 공개한 법인의 비즈니스를 구별하는 게 유용하다. 사기업 소유자는 기업을 경영하고 지휘하는 권리를 포함한 권리를 가지고 있다. 하지만 앞에서 여러 번 보았듯이, 재산권은 절대적인 것이 아니고, 타인의 권리에 의해 합법적으로 제한된다. 물론 필자도 자신의 재산을 남에게 중대한 해를 미치는 방법으로 관리할 수 없다. 예컨대, 필자는 주택을 소유하고 있지만, 도시계획법에 따라 집의 크기, 형, 입지 등이 제한된다. 같은 논법으로 필자는 종업원에게 해를 미치는 방법으로 자신의 기업 재산을 관리할 권리를 주장할 수 없다. 맥콜이 제안하는 직장 민주주의를 위한 주장이 정당하다고 하면, 소유자의 경제적 이익을 위해 취급되는 단순한 인적 자원으로서 취급되지 않기를 구하는 종업원의 권리를 이겨 내기엔 재산권만으로는 불충분하다.

법인 소유의 경우는 또 다른 문제를 일으킨다. 일반적으로 법인의 소유자는 비즈니스의 일상 업무를 지휘 관리하는 법적 권리를 가지고 있지 않다. 법인 체제에선 소유자는 법인이 지배하는 권리를 이미 경영진에게 넘겨주고 있다. 그래서 노동자의 참가에 대해 주주가 반대하는 경우, 재산을 지배하고 관리하는 권리가 있다는 것이 아니고, 다른 어떤 권리에 근거하지 않으면 안 된다. 아마 그 주장은 기업으로부터 이익을 얻는 것에 대한 소유자의 관심일 것이다. 종업원의 참가가 주주의 투자를 위협할 때만, 주주의 권리가 적절한 항의를 일으킨다. 사실, 직장 민주주의가 법인의 이익을 증가해 준다면, 그 동일 소유자의 관심은 경영권이 노동자에게 양도되어야 한다고 요구할 것이다. 그래서 경영 지식과 효율을 근거로 하는 반론을 고려할 필요가 생긴다.

종업원 참가에 대한 제2의 반론은, 노동자는 기업을 적절히 경영하는 전문성과 지식이 없다는 것이다. 그러나 이것은 경험적 주장이지, 사실에 근거하지 않는다.[9] 또한 다양한 형태의 종업원 참가를 구별해야 한다. 종업원이 의사결정을 개선하는 데 필요한 전문성을 바로 가지고 있는 경우가 있다. 하지만 종업원이 적절한 전문성(여기선 재무와 기업 전략에 관한 세세한 문제 등)이 결여돼 있을 때라도, 전문성을 가진 종업원의 대리인이 참가하는 걸 저지할 수 없다. 경영자가 재무와 회계와 법률, 자문의 전문성에 의존하는 것처럼, 종업원의 이익도 전문가의 대리 역할을 받을 수 있다.

예를 들면, 크라이슬러가 재정적 위기에 처해 노동조합에 경제적 양보를 구했을 때, 회사는 조합 대표를 이사회에 참가시키는 것에 동의했다. 크라이슬러는 이 행위에 의해, 최고 수준의 기업 의사결정에 참가하는 권리를 종업원에게 주었던 것이다. UWA (미국자동차노동조합) 위원장 더글라스 프레이저는 풍부한 지식을 가지고 종업원의 이익을 대표할 수 있었다. 필요한 전문성이 그에게 없었다고 하더라도 자신의 재무・법률 전문가와 상담할 능력은 갖고 있었다.

제3의 반론은 종업원의 의사결정이 비효율적이라는 지적이다. 어떤 의미에서 전체가 협의하고 참가함으로써 의사결정이 방해를 받고 늦어져, 그 결과 비용이 높아질 가능성이 있다. 종업원 참가는 또한 종업원이 회사의 이익보다 자신의 이익을 위해 의사결정을 할 가능성이 높아진다는 의미에서 비효율적이다. 되풀이하지만, 종업원 참가란, 모든 결정을 위해 모든 종업원의 의견을 들어야 한다는 직접 민주주의를 의미하지 않는다. 민주적 기업에서 의사결정자가 종업원을 대표한다면, 계층성 높은 피라미드형 경영 구조를 채택하는 것이 가능할 것이다. 더욱이 회사 이익과 종업원 이익 간에 대립이 생길 가능성이 있다고 하더라도, 종업원 참가에 대한 반론이 타당한 것은, 그런 대립이 경영자의 이익과 회사의 이익 간의 유사한 대립보다 더 자주 발생하는 경우만이다. 이익의 대립은 어떠한 의사결정 구조 아래서도 생길 수 있는 것이지만, 전통적 경영자처럼 종업원이 회사를 실패로 몰아갈 가능성이 높지 않다는 증거도 있다. 결국, 종업원이 자신의 단기 이익을 위해 기업의 번영을 희생시킨다면, 자신의 직을 위험에 빠뜨려 자신을 손상시킬 뿐이다.

6.6 종업원의 건강과 안전

종업원의 건강과 안전을 보호하는 일은 확실히 기업의 주요한 윤리적 책임의 하나다. 첫눈에는 종업원이 안전하고 위생적 직장에 대한 권리를 가지고 있다고 하는 합의가 널리 퍼져 있는 것처럼 보인다. 하지만 상세히 검토해 보면 이 문제는 꽤 복잡하다. 직장의 안전 위생의 의미 자체가 논쟁의 대상일 뿐 아니라, 건강과 안전을 지키는 최상의 방침에 대해서도 의견 차가 크다.

일 그 자체와 마찬가지로, 건강과 안전은 다른 가치 있는 목적을 달성하기 위한 목적임과 동시에 그 자체가 목적으로서 존중되는 재財이다. 건강하고 안전하면 달리 원하는 재財가 무엇이든 얻을 가능성이 훨씬 높다. 건강과 안전은 매우 높은 수단적 가치가 있다. 그럼에도 건강과 안전은 그 자체가 본질적으로 가치 있다. 수단적 가치와 동시에 고유의 가치도 가지고 있다. 하지만 건강하다는 것은 무슨 의미인가? 어떤 때 직장이 안전한가? 어떤 때 불안전한가?

건강하다healthy란 말이 신체적으로 정신적으로 완전히 양호한 상태를 의미한다고 받아들인다면, 완벽하게 건강한 사람은 없다. **안전**이 리스크가 전혀 없는 것을 의미한다면, 완벽하게 안전한 직장은 없다. 건강과 안전을 그런 실현 불가능한 이상적 상태라고 해석한다면, 종업원에게 위생적이고 안전한 직장을 구할 권리가 있다고 주장하는 건 타당하지 않다. 고용주는 이상적으로 안전하고 위생적인 직장을 제공할 책임을 질 수 없다. 그 대신, 종업원의 건강과 안전에 관한 많은 논의는 종업원이 직면하는 상대적 리스크와 수용 가능한 직장의 리스크 수준에 주목하는 경향이 있다. 이 관점에서 보면, 리스크가 수용 가능하면 직장은 안전하다고 볼 수 있다.

하지만 건강과 안전보다 수용 가능한 리스크에 주의를 집중할 때 생기는 미묘하나 중요한 차이에 주목해야 한다. **리스크**는 위해의 가능성이라고 정의될 수 있으나, **상대적 리스크**에는 여러 가지 활동에 동반하는 위해의 가능성을 비교할 필요가 생긴다. 그러므로 리스크와 상대적 리스크 양쪽 모두는 데이터를 수집해 측정하는 과학자에 의해 결정될 수 있는 것이다. 수용 가능한 리스크와 관련해서 여기서부터 어떤 결론에 도달하는 건 용이하다. 특정 활동에 동반하는 위해의 가능성이 보다 일반적인 어떤 활동에 따르는 위해의 가능성과 같거나 그보다 낮은 경우, 이 활동의 리스크가 수용 가능하다고 결론을 내리는 것은 용이할 것이다. 또한 이 점은, 어떤 활동이 안전하다 (수용 가능한 레벨의 리스크를 동반한다는 의미에서)라는 결론은 그 리스크를 직면하는 개인이 아닌 전문가에 의해 내려질 수 있다는 것을 시사한다.

철학자 마크 사고프가 제시한 예를 생각해 보자. 사고프는 유해 폐기물 처리장의 이웃주민이 입고 있는 건강 피해를 검토하는 회의에 참석했다. 시민들은 인근 주민 간에 백혈병이 많이 퍼져 있다는 걸 알고 있었다. 정부와 회사 임원들은 처리장 근처에 거주하는 리스크가 흡연자의 상대적 리스크보다 낮기 때문에 이 불안은 불합리한 것이라고 회답했다. 사람들이 흡연자의 리스크를 수용하고 있는 건 일반적이고, 처리장 근처에 사는 리스크는 그것보다 낮다고 전문가가 발언했으므로, 정부와 회사 전문가들은 시민이 직면하고 있는 건 수용 가능한 수준의 리스크라고 단언했다.[10)]

이것을 일반화해 모든 직장의 건강과 안전의 기준을 이런 방법으로 정한다고 상상해 보자. 이런 방법은 직장의 안전에 대한 책임을 경영 측에만 지우게 될 것이다. 기업은 안전 기사와 전문가를 고용해 직장 내에서 직면하는 리스크를 판단할 것이다. 전문가들은 사회 전체에서 수용되는 리스크 수준에 관해서 알고 있다. 이런 리스크에는 자동차 운전, 고지방 음식 섭취, 흡연, 조깅 등에 따르는 것들이 있다. 안전 전문가들은 이런 리스크를 직장 리스크와 비교해, 리스크를 평가하고 일의 상대적 리스크를 판단할 수 있을 것이다. 직장 리스크가 다른 일반 활동의 리스크보다 낮으면, 경영 측은 위생적이고 안전한 직장을 제공할 책임을 다했다고 결론을 내릴 것이다.

하지만 직장의 위생과 안전에 대한 이 같은 접근에는 몇 가지 문제가 있다. 첫째, 이 방법은 종업원으로부터 모든 정보를 무시함으로써 종업원을 존중하지 않는다. 이 같은 가부장적 의사결정은 사실상 종업원을 어린이처럼 취급, 종업원을 대신해 중요한 결정을 내린다. 둘째, 이 방법은 의사결정을 할 때, 안전 위생은 경합하는 가치를 위해 희생이 가능한 단순한 선택지라고 전제할 수 있다. 셋째, 이 방법은 직장 리스크와 다른 형태의 리스크 간에 큰 차이가 있는 경우에도 양자가 동등하다는 전제를 세운다. 일상의 여러 리스크와 달리, 직장에서 직면하는 리스크는 자유로이 선택될 수 없으며, 또한 종업원이 제어할 수 없다. 아마 가장 중요한 것은, 일상의 리스크와 달리 직장에서 직면하는 리스크는 남들, 특히 리스크를 줄이지 않음으로써 이익을 얻게 돼 있는 다른 사람들에 의해 제어된다는 사실이다. 흡연에 의해 직면하는 리스크에 비하면, 유해 폐기물 처리장 근처에 사는 게 그렇게 위험하지 않을지 모른다. 흡연의 경우, 자신이 그 리스크를 택하는 것이고, 그걸 최소화하거나 제거할 조치를 자신이 취할 수 있다. 처리장의 경우, 직을 유지하고 싶으면 리스크를 피할 수 없다. 대개의 경우 다른 누군가가 리스크를 최소화하거나 배제하는 게 가능하지만, 이때 이 당사자에겐 그렇게 하지 않는 금전적 동기가 있다. 직장의 건강과 안전을 위해선 다른 접근법이 반드시 필요하다.

자유 시장과 기업의 사회적 책임의 고전적 모델을 주장하는 측이 지지하는 직장의 안전 위생을 위한 접근은 고용주와 종업원 간의 개인적 협상이다. 이 방법에 따라, 고용주와 협상함으로써 기꺼이 대응할 리스크를 자유롭게 선택할 수 있다. 고용주는 희망 임금에 대응하는 리스크를 스스로 설정하고 다양한 임금의 대가로 어느 정도의 리스크를 기꺼이 직면할 것인지를 결정한다. 최대한의 안전을 요구하는 사람은 아마 낮은 임금으로 타협해야 하며, 높은 리스크를 서슴지 않는 사람은 높은 임금을 요구할 것이다. 경쟁적이고 자유로운 노동 시장에선, 이러한 개인적 협상에 의해 최적의 안전과 수입을 낳게 될 것이다. 물론 이 시장형 접근은 또한 태만에 의한 위해 발생의 책임이 고용주에 있다고 인정되면, 부상한 노동자에 대한 배상이 부과될 수 있다. 보상금 지불이라는 위협도 고용주가 적절히 안전하고 건강한 종업원의 직장을 유지하는 동기가 된다.

그러나 이미 앞에서 보았듯이, 이 자유 시장 접근법에는 몇 가지 심각한 문제가 존재한다. 첫째, 노동 시장은 완전히 경쟁적이고 자유로운 것이 아니다. 노동자는 자유 시장 이론이 최대한의 만족을 얻기 위해 요구하는 자유 선택지를 가지고 있지 않다. 이를테면, 리스크가 높은 직은, 시장이 제시하는 임금이 높고 자유롭게 선택되는 직이 아니고, 고용 선택지가 가장 적은 사람들이 취업하는 임금이 가장 낮은 직인 경우가 많다. 둘째, 종업원은 시장이 필요로 하는 정보를 좀처럼 가지지 못한다. 종업원이 직과 관련된 리스크를 모르면, 적절한 임금을 위한 협상을 자유롭게 할 수 있는 입장이 되지 못한다. 직장에서 직면하는 많은 리스크가 결코 자명한 것이 아니라는 걸 인식한다면, 이것은 특히 염려되는 일이다. 중공업 기계와 용광로의 위험은 어느 종업원이라도 알고 있는데도, 직장의 화학 물질과 대기 중의 오염 물질의 독성과 노출량을 알고 있는 종업원은 거의 없다.

이 같은 시장의 실패가 직장에서의 건강과 안전 문제와 관련이 될 경우, 치명적 결과를 초래할 수 있다. 물론 시장주의자는, 시간이 지나면 시장은 그런 실패를 메울 것이라고 주장한다. 시간이 경과함에 따라 고용주는 노동자를 위험한 직에 끌어넣기가 어렵게 될 것이고, 시간이 경과함에 따라 종업원은 모든 직장의 리스크에 대해 알게 될 것이다. 그러나 여기서 생기는 문제는 앞에서 언급한 제1세대 문제라는 것이다. 시장이 정보를 수집하는 수단은 불완전한 시장 거래에 처하게 되는 제1세대에 생긴 피해를 관찰하는 일이다. 그러므로 노동자는 연鉛에 노출된 여성 노동자가 유산을 하며 그 아이가 심한 선천적 장애를 지니고 출생했을 때 비로소 연에 노출되면 위험하다는 걸 알게 된다. 노동자가 폐질환으로 사망했을 때 비로소 직장에서 석면이나 면 먼지가 위험하다는 걸 알게 된다. 실제로, 시장은 안전과 건강상의 리스크에 관한 정보를 얻기 위해 제1세대를 희생시킨다.

개인적 협상의 마지막 문제도 역시 앞에서 논의된 것이다. 개인의 관점에서만 문제에 대응한다면 사회 정의와 공공 정책의 중요한 문제가 무시돼 버린다. 예를 들면, 일반 인구의 폐암의 리스크가 매년 10만 명 중 7명이라고 하자. 직장에 존재하는 화학 물질에 노출된 노동자의 폐암의 리스크가 10만 명 중 20명까지 증가한다고 하자. 고용주와의 개인적 협상의 관점에서만 이 문제를 생각해 보자. 리스크는 3배로 늘어났지만 여전히 매우 낮은 편이었으며, 폐암 발병률의 증가는 10만 명에 13명에 불과했다. 일의 수익과 리스크의 한계적 증가가 비교적 낮았다는 점을 감안하면, 개인이 그 직을 선택하는 것도 이치에 맞다고 할지 모른다. 그러나 똑같은 결정에 직면한 노동자가 업계 전체에 10만 명이라고 생각해 보자. 이 경우라면, 통계적으로는 폐암 환자가 매년 13명 증가한다는 게 확실하다. 이 13명은 10만 명의 선택의 자유에 대해 지불할 만한 가치가 있는 대가인가? 그럴지도 모른다. 그러나 중요한 건, 공공 정책이 개인의 관점에만 맡겨진다면 이 문제는 아예 제기되지 않을 것이라는 점이다. 최대 노출 수준 같은, 암을 감소하는 기준은 없을까? 안전한 기업에 대한 세제상의 우대 조치 같은 공공 정책에 의해 암의 발병률은 저하할 수 있을까? 공공 정책에 관한 이 같은 문제들, 즉 최종적으로 인간 생활에 영향을 미치는 문제는 리스크가 높은 직을 선택할까 말까를 생각하는 개인에 의해 제기되는 일조차 없을 것이다. 이런 문제들이 따져 보아야 할 만큼 중요할수록, 개인 협상은 노동자의 건강과 안전에 대한 윤리적 공공 정책의 접근법으로서 기능을 수행하지 못할 것이다.

이런 우려에 대한 직장의 위생 안전에 대한 정부의 규제는 윤리적으로 더 적절한 것 같다. 강제적 행정 규제는 시장 전략에 대해서 발생하는 대부분의 문제를 처리한다. 기준은 입수 가능한 최상의 과학적 정보에 의해 정해져, 불충분한 정보에서 생기는 시장의 실패를 극복할 수 있다. 기준은 직과 안전 사이의 본질적으로 강압적 선택을 직면하는 것을 방지해 준다. 기준은 또한 사후의 배상보다 예방에 초점을 맞춤으로써 제1세대 문제에 대처할 수 있다. 끝으로 기준은 시장이 무시하는 공공 정책의 문제를 다룰 수 있는 근본적인 사회적 대응이다.

1970년 미국 의회는 노동안전위생국OSHA을 설립, 직장의 안전 위생 기준을 확립하는 의무를 지게 했다. 그 이후 직장의 안전 위생에 관한 논의는 그러한 공적 기준을 어떻게 정할 것인지를 논점으로 해왔다. 주된 의문은 안전 위생 기준을 정하기 위해 비용 편익 분석의 사용이 적절한가에 대한 것이었다.

OSHA가 처음 설립됐을 때 규제는 가장 안전한 실행 가능한 기준을 달성하는 걸 목적으로 했다. 직장에 존재하는 화학 물질에의 노출의 기준을 정하는 데 있어서 "실행 가능성 분석"이 어떻게 기능하는지 생각해 보자. 첫 단계는 과학자와 의학 전문가에 의해 특정 화학 물질의 특성을 측정하는 일일 것이다. 구체적으로 이 전문가들은 신체 기능의 장애를 유발하는 노출 수준을 판단할 것이다. 그리고 OSHA는 이 수준을 업계 전체가 달성하는 게 기술적으로 경제적으로 가능한지를 결정할 것이다. **기술적 실행 가능성**이란 기준에 걸맞은 기술이 존재한다는 걸 의미한다. **경제적 실행 가능성**이란 업계 전체를 도산시키지 않고 기준을 충족하는 걸 의미한다. 답이 **예스**이면, OSHA는 이 시점에서 기준을 설정한다. 답이 **노**이면, OSHA는 기술적·경제적으로 실행 가능한 최저 수준에 기준을 설정한다. 업계에선 달성 가능한 기준을 개별 기업이 달성하지 못하더라도 그 기준이 적용된다. 사실상 그 기준은 기업을 운영하는 비용의 일부가 되며, 경쟁력이 없는 회사는 시장에서 고역을 치른다.

이 실행 가능성의 접근은 OSHA가 안전과 경제성 간의 교환을 할 수 있게 허용하지만, 높은 기준은 경제적으로 실행 불가능하다는 걸 보여주는 입증 책임을 업계 측에 줌으로써 안전 위생이 유리하게 된다. 경우 여하를 막론하고 안전 위생 기준이 요구되는 게 아니고, 업계는 기술적 · 경제적 근거 범위 내에서 달성 가능한 최고 기준을 충족하도록 요구받는다.

일부 비판가들은 이 방법은 폭넓은 대응이 아니고 종업원의 건강과 안전을 부당하게 희생시킨다고 비난하고 있다. 그런 관점에서는 종업원의 건강과 안전을 해치지 않고서는 운영을 하지 못하는 업계는 폐업을 해야 한다. 그러나 이보다 더 설득력 있는 비판은 이 기준이 너무 멀리 나갔다고 한다. 업계와 정부 쌍방의 비평가들은, 그런 기준을 설정하는 데 있어서, OSHA는 비용 편익 분석을 사용하도록 요구해야 한다고 주장해 왔다. 이 견해는, 어떤 기준이 기술적 · 경제적으로 실행 가능하더라도, 이익이 코스트를 넘지 않으면 불합리하고 불공평한 것이다. 비평가들은, OSHA는 최대한의 실행 가능한 수준보다 가장 알맞은 수준의 안전을 달성하는 걸 목적으로 해야 한다고 주장한다.

기준 설정에 있어서 비용 편익 분석을 사용하는 건, 사실상 시장을 바탕으로 하는 개인 협상형 접근이 목표로 하는 것처럼 되돌아가는 일이다. 비용 편익을 이렇게 사용하면, 시장적 접근처럼 심각한 윤리적 문제에 직면한다. 그러나 기준 설정에 있어서 비용 편익 분석을 부정하는 것은 기준 실행에 있어서 비용 효과 전략을 부정하는 것과 동일하지 않다는 점에 주목해야 한다. 일단 기준이 설정되면, 비용 효과를 높이려면 그 기준을 달성하는 데 비용이 가장 적게 드는 가장 효율적 수단을 채택할 필요가 있을 것이다. 이에 대해 비용 편익은 기준 설정에 있어서 경제적 기준을 첫째로 사용한다. 윤리적 문제가 되는 건 비용 편익 분석이지, 비용 효과 분석이 아니다.

직장의 안전 위생 기준을 설정하는 데 비용 편익 분석을 사용하면, 노동자의 건강과 안전을 경합하는 상품과 트레이드오프해야 하는 또 하나의 상품, 즉 개인의 기호의 하나로 다루어야 한다. 안전 위생이 단순한 수단적 가치로 다루어지고 고유의 가치는 부정된다. 비용 편익 분석에선 경제적 값이 인명과 신체적 존엄성에 매겨져야 한다고 요구한다. 전형적으로는 보험업계가 사용하는 모델 (예컨대, 불법 행위에 의한 사망 사건의 합의 등)에서 보이지만, 거기선 인명이 개인의 잠재적 소득에 근거해 가치가 정해진다. 이 방법의 가장 거슬리는 측면은, 실행 가능성 분석에서 안전 위생이 이미 업계의 경제적 생존 가능성에 대해 트레이드오프돼 있기 때문에, 비용 편익으로 이행하면 안전 위생이 이익에 대해 트레이드오프된다고 하는 사실일 것이다. 실행 가능성 분석은 업계의 생존 가능성을 확보하기 위해 기준 완화를 꺼리지 않기 때문에, 또 수익성은 생존 가능성의 필요 조건이기 때문에, 비용 편익은 그 이익의 폭을 늘리는 것만을 목적으로 한다. 실제 실행 가능성을 비판하는 사람은, 이미 이익을 내고 있는 (경제적 실행 가능성의 기준에 대해 보장되고 있는) 업계가 이익을 늘리기 위해선 종업원의 건강과 안전이 희생되어야 한다고 주장한다.

미국 내에서 합의에 의해 출현된 이 정책은 매우 지지할 만한 것 같다. 종업원은 직장 내에서 건강과 안전에 대한 의무적 기준에 대해 합리적이고 윤리적 요구를 할 수 있다. 종업원이 직장에서의 건강과 안전에 대한 권리를 가졌다는 말은, 종업원은 위생 안전 기준과 직의 안전성이나 임금을 교환할 것을 요구받아서는 안 된다는 뜻이다. 더욱이 종업원은 대부분의 강제적 기준이 리스크를 배제하기보다 줄인다는 걸 인식해, 직장의 리스크에 관한 정보를 알 권리가 있다. 리스크가 최소한의 수용 가능한 수준까지 저하하고 종업원이 그걸 충분히 인식하게 되면, 시민을 자립적 의사결정자로 존중하는 사회는 그 의무를 수행한 것이다.

6.7 직장에 있어서의 프라이버시

이 장 서두의 사례가 보여 주듯이, 프라이버시에 대한 공통 이해의 필요성은 종업원에게 점점 중요해지고 있다. 직장 안팎에서 커뮤니케이션 기술이 엄청나게 진전됨에 따라, 프라이버시의 보호에 대한 요구가 지난 수십 년 사이에 증가했다. 그러나 프라이버시의 성질, 정도와 가치와 관련해 사회 전반에 큰 의견 차가 있다. 페이스북이나 마이스페이스 등 SNS (사회 연결망 사이트)의 인기는 남에게 개인 정보를 많이 공개하고 싶어 하는 사람들의 놀라운 의욕을 보여주고 있다. 미국 내에서 볼 수 있는 프라이버시에 대한 법적 권리를 인정하는 나라는 거의 없으며, 미국 내에서도 프라이버시에 관해 의견 차가 많다. 예컨대, 미국 헌법은 프라이버시권을 전혀 언급하지 않으며, 기본적 프라이버시권에 따른 중요한 최고재판소 판결인 **그리스월드 대 커네티컷주** 사건과 **로 대 웨이드** 사건은 지금도 찬반양론이 있고 논

쟁거리가 돼 있다.[11)]

프라이버시에 관한 법학 문헌과 철학 문헌엔 이 테마에 관해 두 가지의 공통 이해를 볼 수 있다. 즉 혼자 있는 사적 영역에서 "간섭받지 않는" 권리로서의 프라이버시와, 자신에 관한 정보를 제어하는 권리로서의 프라이버시다. 어느 쪽의 해석도 문제시되는 것이지만, 각각 비즈니스에 있어서 중요한 의미가 있다.

사적 프라이버시의 영역을 가지고 "간섭받지 않는" 권리에는 미국의 법 제도상에 있어서 가장 오랜 역사가 있다. 프라이버시에 대한 이해는 사무엘 와렌과 루이스 브란데이스에 의한 1890년의 ≪하버드 로 리뷰≫의 논문까지 소급된다. 와렌과 브란데이스는 인구 증가와 기술 진보 (예컨대, 포토저널리즘 등)에 의해 개개 시민이 혼자 있는 사생활에 대한 위협에 대해 권리가 인정돼야 한다는 것이었다. 그 75년 후, 연방 최고 재판소는 **그리스월드 대 커네티컷주** 사건의 판결에서 유사한 이해를 바탕으로 프라이버시권이 헌법에서 보장돼야 한다고 인정했다. 이 판결에 의해, 피임구(약)의 사용, 판매 및 처방을 금지한 커네티컷 주법은 무효화됐다.

비판가들은 프라이버시에 대한 이러한 이해는 너무 폭이 넓다고 주장하고 있다. 확실히 사회적 환경에 살고 있는 사람이면 누구든 완전히 "간섭받지 않는" 것은 기대할 수 없다. 일과 같은 본질적으로 사회적 · 협동적 활동에서 이런 의미의 프라이버시는 거의 의미가 없다. 하지만 주요한 판례를 상세히 검토해 보면, 법정이 개인은 완전히 간섭을 받지 않아야 한다고 주장하지 않는다는 걸 알 수 있다. 그 대신, 가족, 생식, 성, 가정 생활, 연명 치료 등 극히 개인적 의사결정에 있어서만 간섭을 받지 않게 해야 한다고 결론을 내리고 있다. 이러한 판결을 합리적으로 해석하면, 어떤 의사결정은 우리 자신의 아이덴터티를 확립하고 형성하는 데 불가결하기 때문에, 합법적으로 사적인 것으로서 보호돼야 한다는 것이 시사되고 있다. 이런 점에서 널리 보도된 전자 통신 프라이버시 사례가 성 표현의 휴대 메일과 연애 메시지 등을 얼마나 자주 포함하고 있는지를 생각해 보면 도움이 될 것이다.

간섭받지 않는 권리로서의 프라이버시는 폭이 너무 넓다는 생각에서 프라이버시를 잘 이해하기 위해선 개인 정보의 제어에 관련된 것으로서의 프라이버시에 주목해야 한다는 결론에 도달한 사람도 있다. 프라이버시 침해의 가장 명백한 사례는 동료가 메일을 읽거나 개인의 대화를 엿듣는 등 남에게 우리 개인 정보가 알려질 때 발생한다는 게 이 견해다. 그러나 이것도 프라이버시의 권리를 주장하기에는 그 이해의 폭이 너무 넓다. 확실히 남이 우리의 개인 정보까지도 합법적으로 알게 되는 기회가 특히 고용된 환경에선 많이 존재한다.

철학자 조지 브렌커트는 프라이버시의 정보적 의미에는 A와 B의 양자 간의 관계와 A에 관한 개인 정보 X가 포함된다고 주장한다. 프라이버시가 침해되는 것은, B가 X를 알게 되고, AB 간에 B가 X를 알고 있는 걸 정당화할 수 있는 관계가 존재하지 않을 때만이다. 그러므로 개인 정보가 공개되어 프라이버시가 침해됐는지 아닌지는 자신과 그 정보를 알게 되는 사람이나 사람들과의 관계에 달려 있다는 것이다. 이를테면, 필자의 주택 론 회사와의 관계는 회사가 필자의 신용 등급을 아는 걸 정당화하지만, 필자와 필자 학생들의 관계는 그들이 그 정보를 아는 걸 정당화하지 않는다. 개인 정보에의 접근을 개인적 관계가 있는 자에게만 한정하는 게 자신의 품위와 인격을 유지하는 중요한 길이다. 프라이버시를 이렇게 이해하면 고용 환경에서 고용주와 종업원의 관계를 고찰하는 데 유용할 것이다.

하지만 먼저 프라이버시의 이 두 의미의 연결에 대해 생각해 보는 게 가치 있을 것이다. 자신의 인생을 어떻게 살 것인지에 대한 의사결정은 개인 정보의 제어와 마찬가지로 개인의 아이덴터티를 확립하는 데 지극히 주요한 역할을 한다. 프라이버시가 중요한 까닭은 개인 간의 경계를 확립하고 그로써 개인 인격을 명확히 해주는 역할을 하기 때문이다. 그래서 여기서 다시, 성이 관련된 프라이버시 사건의 빈발에 대해 생각해 보면 많은 통찰을 얻게 된다. 아주 개인적인 어떤 의사결정과 정보를 제어하는 권리는 우리가 어떤 인간이며, 어떤 인간이 될 것인지를 결정하는 데 도움이 된다. 우리가 인격을 존중하고 사람을 개인으로 대우하는 한, 일정한 개인적 의사결정과 정보는 권리상으로 그 개인의 독점 영역이라는 걸 인식하지 않으면 안 된다.

이것이 직장에 주는 의미는 어떠한 것일까? 이 물음에 답하기 위해선, 고용주와 종업원의 관계를 생각해볼 필요가 있다. 그 관계의 성질에 고용주와 종업원 간의 적절한 경계가 정해질 것이고, 나아가 직장 내에서 정당하게 개인적인 것으로 인정돼야 하는 의사결정과 정보도 명확히 해줄 것이다. 한편, 만일 종업원이 완전히 "임의대로" 일하고 완전히 고용주의 요구에 지배된다고 하면, 종업원은 직장 내에서 프라이버시를 합법적으로 요구하지 못하게 될 것이다. 이 견지에서 생각하면, 이 장의 서두에서 기술한 사례는 모두 고용주의 입장에서 해결돼야 한다. 다른 한편으로, 고용 조건이 상세한 정보와 쌍방의 합의를 바탕으로 하는 고용 계약 모델을 채택한다면, 합법적인 개인의 의사결정과 정보는 고용주의 관여에서 벗어나야 한다.

종업원의 프라이버시는 다음과 같은 경우에 침해받는다고 견해를 밝힘으로써, 이 계약형 관점을 요약하고자 한다. (1) 고용주가 고용 계약 (묵시적이든 명시적이든)에 관련되지 않는 개인적 의사결정을 침해하는 경우, (2) 고용 계약과 관련이 없는 개인 정보가 종업원의 동의 없이 수집 · 보관 · 사용되는 경우, 게다가, 이 견해에선 동의가 지극히 중요한 역할을 하기 때문에, 문제가 되는 개인적 의사결정과 정보의 연관성을 증명하는 책임은 고용주에게 있다.

법적으로 유효한 계약이 직장의 정보상의 프라이버시의 한계를 정하기 위해선 윤리적 조건에 의존할 수 있을 것이다. 일반적으로 유효한 계약은 자발적이고 상세하고 합의된 것이어야 한다고 말할 수 있다. 당사자는 자유로이 계약을 맺고 계약을 이해하고 계약 조건에 동의해야 한다. 그러므로 프라이버시의 정보적 의미는 내용을 잘 아는 종업원의 자발적 동의 없이 개인 정보가 수집되거나 사용되는 경우엔 언제나 침해당하게 된다. 이런 틀을 사용하게 되면, 어떤 정보를 알 수 있는가, 누가 정보에 접근해야 하는가, 어떻게 정보를 사용해야 하는가, 종업원의 개인 정보를 수집하는 데 어떤 방법이 적절한가를 설명하는 게 처음으로 가능해진다.

종업원의 경력, 교육, 능력 등 구인을 시작할 때 필요한 정보는 당연히 직과 관련된 것이다. 법률이 요구하는 정보 (예컨대 사회 보장 번호 등)와 의료 보험의 복지 혜택에 필요한 정보도 마찬가지다. 혼인 상황, 가족 계획, 종교 등 개인 문제에 관한 정보는 관련이 없다. 응모자의 성 생활과 종교적 믿음에 관한 정보는 취업 면접의 질문으로서는 관련 없고 부적절한 것이다. 게다가 동의가 대단히 중요하다는 점을 감안하면, 종업원은 자신과 관련해 가지고 있거나 수집한 정보를 조사하거나 이의를 제기하거나 그 내용을 알 수 있게 해주어야 한다. 고용주는 종업원이 동의하지 않은 어떠한 목적을 위해서도 개인 정보를 사용해선 안 된다. 그러므로 예를 들어, 고용주는 어떠한 경우에도 종업원의 정보를 팔거나 마케팅 목적으로나 경제적 목적으로 사용해선 안 된다.

끝으로 종업원의 프라이버시의 가장 흥미 있는 측면은, 아마 고용주가 종업원의 정보를 수집하는 방법이다. 근년에 종업원에 관한 정보를 얻기 위해 거짓말 탐지기, 약물 검사, 감사, 제3자에 의한 신상 조사, 심리 테스트가 자주 사용된다. 최근엔 전자 모니터링과 전자 기기를 사용한 정보 수집이 직장의 프라이버시 문제가 됐다. 늘 그런 것은 아니지만, 일반적으로 그런 수법이 종업원에 의한 절도 행위 등의 부정 행위를 조사하기 위해 쓰이는 일이 많다. 또한 고용 후보와 현 종업원의 유전학적 스크리닝을 이용한다. 이 새 기술에 의한 종업원 프라이버시 문제는 앞으로도 오래 주목을 받을 것이다.

이런 정보 수집 기술을 일일이 검토해, 종업원의 권리를 보호하기 위해 그 사용에 어떠한 조건을 달아야 하는지를 결정하는 일은 유일한 과제다. 첫째, 그런 기법에 의해 찾는 정보는 직에 관련된 것이어야 하고, 고용주가 합법적으로 아는 것이어야 한다. 이를테면, 유전학적 스크리닝에 의해 수집된 의학적 정보가 일할 자격을 뺏는 데 사용된다면, 그것은 부당하다. 완전히 자발적 동의를 확보하기 위해, 이들 방법 중 어느 것이 사용되든 사전에 그걸 종업원에게 알려 주어야 한다. 종업원에게 혈액이나 소변 샘플 같은 것의 사용을 충분히 알려주지 않아도 좋다는 이유는 존재하지 않는다. 이런 방법을 무작위 또는 무차별로 사용하는 건 통상적으로 부당하며, 합리적이고 정당한 이유가 있을 때만 사용돼야 한다. 예를 들면, 전 종업원에게 무작위 검사를 받도록 명하는 것보다 사고에 연루된 종업원만 약물 검사를 실시하는 것이 좋다. 다음과 같은 질문이 그런 과제에 대한 지침이 되어야 한다. 즉 종업원은 개인 정보가 사용되는 데 대해 충분한 설명을 듣고 자발적으로 동의를 했는가? 끝으로 비밀리의 감시, 혈액 · 소변 · 유전자의 샘플 채취 등 주제넘은 정보 수집 방법은 최종적 수단으로서만 또는 다른 모든 침해도가 낮은 수법이 사용되거나 거부당하고 난 후에만 사용돼야 한다.

논의를 위한 사례를 다시 생각해 보자.

종업원을 해고할 수 있는 능력은 고용주에게 남을 지배하는 권한 — 힘이라고 하는 사람도 있다 — 을 갖게 한다. 이 장에서 듀프로세스에 관한 검토에서 지적한 것처럼 권한과 힘의 구별은 남에 대한 지배가 윤리적으로 정당화되느냐에 달려 있다. 종업원에 대한 고용주 권한의 정당성은 그 대부분이 명시적이건 묵시적이건, 종업원이 직장 조건에 동의했다는 주장에서 나온다. 그러므로 종업원의 권리에 관한 모든 논의의 배경에는 듀프로세스와 참가라고 하는 윤리적 문제가 깔려 있다.

이 장의 첫 절에 기술된 각 사례는 프라이버시에 대한 합의와 기대에 관한 문제들에 관한 논의다. 퀸은 직장용 휴대용 벨을 개인 메시지에 사용해도 좋다는 고용주의 동의를, 고용주가 메시지를 읽지 않는다는 보장이라고 받아들였다. 그러나 프라이버시에 대한 명시적 계약은 없으며, 무선 통신 프로바이더가 고객 (이 경우는 온타리오시)에게 모든 메시지 사본을 건네주는 것을 방지하는 장치도 없었다. 리온은 분명히, 콜빈은 아마, 공적으로 접근 가능한 웹사이트에 정보를 투고하는 걸 자유롭게 선택했다. 이것은 고용주가 그 정보를 수집해 고용 결정에 사용하는 것을 동의하는 것과 같다고 생각하는 사람도 있다. 묵시적으로 동의하든 아니하든, 이런 일이 발생하더라도 놀랄 일이 못된다고 결론을 내리는 사람이 많다.

고용주는 종업원에 대해 어떤 책임을 지는가, 종업원은 고용주에 대해 어떤 기대를 가질 수 있는가 하는 의문을 넘어, 실질적 의문이 존재한다. 이런 분쟁이 발생하는 걸 방지하는, 기업이 채택 가능한 규정이나 관행이 존재하는가? 네 사례 각각에 이 의문을 적용해 보는 게 유용할 것이다.

복습 문제

1. 종업원의 법적 권리와 도덕적 권리의 차이를 설명하라.
2. **일에 대한 권리** (노동권)의 세 가지 다른 의미를 설명하라. 종업원의 도덕적 권리에 해당하는 것은, 있다고 하면 어느 것인가?
3. **임의 고용**의 법 원리란 무엇인가? 이 원리의 세 가지 다른 입법적 또는 사법적 한계를 설명하라. 합리적이 아닌 것이 있는가?
4. **듀프로세스**의 정의는 무엇인가? **정당한 이유**라는 개념과 어떤 관계가 있는가?
5. 직장의 듀프로세스권에 대한 네 가지 주요 반론을 설명하고 평가하라.

6. 종업원이 경영상의 의사결정에 참가하는 권리를 지지하는 가장 강력한 반론이 라고 생각하는 걸 설명하라.
7. 고용주와 종업원 간의 개인적 협상이 건강하고 안전한 직장을 확립하는 기업의 사회적 책임을 주장하는 경제 모델로서 선호하는 방법이 되는 이유를 설명하라. 이 견해에 대한 반론을 최소 두 가지 서술하라.
8. 고용주와 종업원의 관계가 가진 성질이 직장 프라이버시의 한도를 결정하는 데 어떤 역할을 하는지 설명하라.

주석

1) 종업원의 권리와 관련한 초기의 개념 논의에 대해선 다음을 참조. "A Defense of Employee Rights" by Joseph DesJardins and John McCall, *Journal of Business Ethics* 4, 1985, pp. 367-376.
2) 예컨대, UN 세계인권선언 제23조는 다음과 같다. "모든 사람은 근로하고, 직업을 자유로이 선택하고, 공정하고 유리한 근로 조건을 확보하고 실업에 대한 보호를 받을 권리를 가지고 있다." 또 가톨릭의 사회 교육의 전통에 있어서 일할 권리는 다음 문헌에서 논의되고 있다. *Economic Justice for All: Pastoral Letter on Catholic Social Teaching and the U.S. Economy*, U.S. Catholic Bishops, 1986, 그리고 *Pacem in Terris* (Peace on Earth), Pope John XXIII, 1963. 일에 대한 권리는 미국 내에서 늘 논의돼 왔다. 이 문제와 관련한 최근의 정책은 1978년의 완전고용균형 성장법이다. 이 법률은 법안 제안자 휴버트 험프리 상원의원과 어거스터스 호킨즈 하원의원의 이름을 따, 험프리 · 호킨즈 법이라고 부른다. 연방금융 정책과 경제 정책이 그 주요 목적의 하나로, 완전 고용을 목표로 하고 있다.
3) Norman Bowie, "A Kantian Theory of Meaningful Work." *Journal of Business Ethics*, 17, 1998, p. 1083.
4) Bowie, p. 1083.
5) *Payne v. Western & A.A.R. Co.*, 81 Tenn. 507 (1884)
6) Patricia Werhane, "Individual Rights in Business," *in Just Business: New Essays in Business Ethics*, ed. by Tom Regan (New York: Random House, 1984), pp. 107-126
7) John McCall, "An Ethical Basis for Employee Participation," in *Contemporary Issues in Business Ethics*, 4th de., des. by DesJardins and McCall (Belmont, CA: Wadsworth Publishing, 1996), pp. 199-206.
8) McCall, p. 200.
9) 맥콜은 볼보와 도넬리 미러의 사례를 인용, 종업원의 참가가 경영의 경쟁력을 높일 수 있다는 증거로, 독일의 법정 공동 결정의 실천 상황을 보여주고 있다.
10) Mark Sagoff, "At the Shrine of Our Lady of Fatima or Why Political Questions Are Not All Economic," *Arizona Law Review*, 23, 1981, p. 1283.

11) 1965년의 그리스월드 대 커네티컷주 판결에서 수정헌법 제1조, 제3조, 제4조, 제5조에 따라 확립된 권리의 "주변부"에 프라이버시를 인정했다. 이 판결은 모호하고 상법이 만든 권리라고 하는 비판이 주된 이유가 돼, 미국 상원은 로버트 보크의 대법원 판사로의 지명을 거부했다. 겨우 8년 뒤 대법원은 똑같은 프라이버시 권리에 의거해 계속해 찬반 양론에 있던 임신 중절에 관한 "로 대 웨이드" 판결을 내렸다.

제7장

종업원의 책임

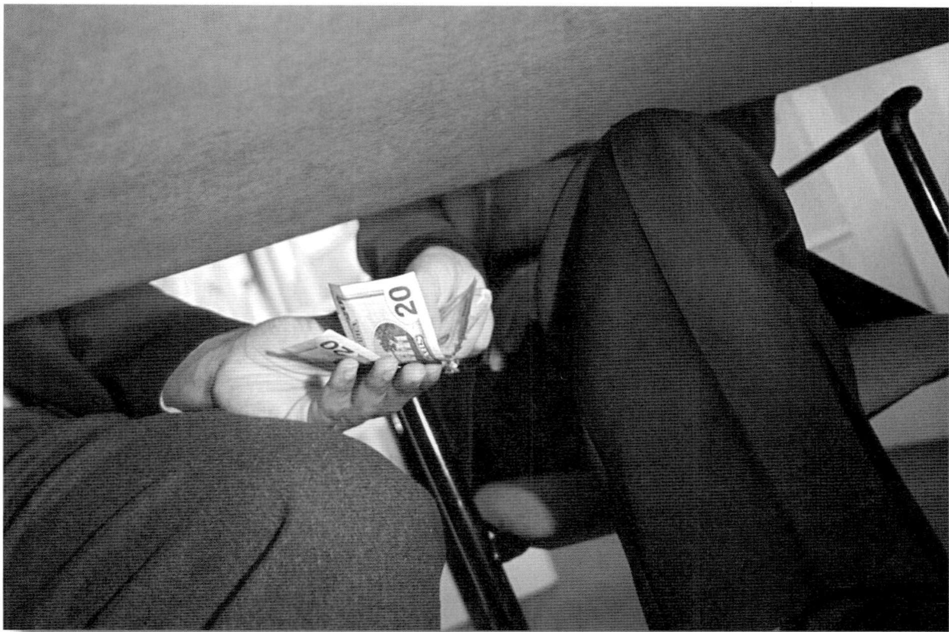

[학습 목표]

이 장을 읽고 나면 다음과 같은 일을 할 수 있다.

- 종업원의 책임에 관한 의미와 범위를 설명할 수 있다.
- 종업원의 책임에 관한 에이전시 관점을 설명할 수 있다.
- 문지기로서의 비즈니스 전문직의 역할을 이해할 수 있다.
- 경영관리자의 책임을 설명할 수 있다.
- 이익 상충의 개념을 설명, 고찰할 수 있다.
- 직장에 있어서의 신뢰와 충성에 따른 책임을 분석할 수 있다.
- 비즈니스에 있어서의 정직에 대한 책임을 분석할 수 있다.
- 내부 고발과 인사이더 거래와 관련된 윤리적 책임을 분석할 수 있다.

논의를 위한 사례

서브프라임 주택 론과 엔론의 이익 상충

변호사, 회계 검사원, 회계사, 재무 분석가 등 비즈니스 분야의 중요한 프로페셔널은 경제의 "문지기"나 "감시인"으로서의 역할을 한다. 문지기의 역할은 시장에서 활동하는 사람이 룰에 따라 행동하며 시장이 시장으로서 지켜야 할 조건을 준수하는 일이다. 주지하는 바와 같이 시장에는 부정과 기만이 없어야 한다. 이런 조건이 충족돼야만, 시장을 기반으로 하는 경제 시스템을 위한 중요한 내부 기능이 이루어진다.

문지기가 자신의 책임을 완수하지 못했기 때문에, 근년에 있었던 몇 가지 금융 파탄과 윤리적 일탈 사건이 발생했다고 주장하는 견해도 있다. 여기서는 두 사례, 하나는 2008~2010년의 경제 파탄을 유발한 서브프라임 주택 론 위기의 사례와, 또 하나는 엔론의 파탄과 그 회계사무소인 아서 앤더슨의 문제를 고찰해 본다.

리만 브라더즈, 컨추리와이드 파이낸셜, 베어 스턴스, 메릴 린치 등 대형 금융 기관의 파탄은 세계적인 경제 침체를 초래했다. 이들 금융 기관의 문제는 대부분 부동산 담보 대부 분야에 있어서 리스크가 높은 대출 업무에 그 요인이 있었다. 이들 사건에 있어서 재무 분석가와 신용 평가 회사가 중요한 역할을 했다.

우선 전통적이고 보수적 부동산 담보 대부가 어떻게 되었는지 살펴보자. 부동산 담보론은 주택을 구입하고자 하는 사람에 대해 그 주택을 담보로 해 금융 기관이 대출하는 걸 말한다. 대부금은 주택의 가격으로 담보돼 있지만, 차용인이 채무 불이행에 빠지는 경우, 금융 기관은 그 주택의 소유권을 가지게 되지만, 대부분의 은행은 담보의 리스크를 줄이고 안정성을 확보하기 위해 그 밖의 조치를 취해야 한다. 이를테면, 대출액은 구입하는 주택의 80%를 초과하지 않을 것 (즉 20%를 자기 자금으로 충당)과 차용인이 저축을 할 만한 안정적 수입이 있어야 하고, 양호한 신용 평가를 얻을 수 있는 안정된 직을 가지는 걸 은행이 요구하고 있다.

이러한 보수적 대출 관행의 덕택으로 부동산 담보 대출은 은행에 있어선 매우 매력적인 투자였다. 리스크도 적고 수입도 안정적이었다. 따라서 대형 금융 기관과 투자 은행은 다수의 담보물을 매입, 그것들을 하나로 묶어 투자용 증권으로 만들었다. 이 부동산 담보 증권은 세계적 자금 잉여를 배경으로 대량 자금이 투자 기회를 찾고 있던 21세기의 첫 10년간에는 특히 매력적 투자 증권이었다. 부동산 담보 증권의 발행에 있어서는 무디즈, 핏치, 스탠다드 앤드 푸어즈 등의 신용 평가 회사가 발행 증권의 안정성에 대해 독자적 신용 평가를 실시했는데, 부동산 담보 증권은 최고 등급인 AAA를 계속 받았다. 하지만 대량의 투자 자금이 이 증권에 유입되자, 부동산 담보 대출을 늘리기 위한 유인책이 나왔다. 이 수요는 점점 리스크가 높은 대부를 하게 만드는 순환을 가져왔다. 예컨대, 주택 구입액의 20%가 관례였던 자기 자금 비율을 인하 또는 제로로 한다든지, 대출에 필요한 신용 평가 기준을 낮추거나, 소득 증명서를 요구하지 않는 등, 대부 조건을 완화했다. 이 때문에 리스크가 높은 주택 대부, 즉 서브프라임 주택 론에서는 당초의 금리를 낮게 설정해 그 후 그 때의 시장 금리를 베이스로 금리를 높게 설정하는 변동금리방식ARM, 또는 당초의 변제액을 낮게 정하고 이를 만기에 고액을 변제하는 풍선변제방식을 많이 볼 수 있다. 주택 가격과 차용자의 소득이 계속 올라가고, 금리가 낮은 수준으로 있는 한, 이런 방식의 서브프라임 주택 대출은 확대해 나갔다. 하지만 유감스럽게도, 주택 가격의 상승과 차입자 소득의 상승은 동반 관계를 이루지 못했다. 즉 차입자는 주택 대부금을 갚을 정도의 소득을 내지 못했다. 채무 불이행이 늘어나자 주택 가격이 하락하고, 이로 인해 소유 주택 가격이 주택 론 채무액보다 낮아짐으로써 채무 불이행이 발생하는 사태가 됐다. 채무 불이행이 증가함에 따라, 새로운 부동산 담보 증권의 가격이 폭락하고, 나아가 더 큰 금융 붕괴를 초래했던 것이다. 이와 같이 주택 버블은 붕괴하고 경제 전체도 붕괴했다.

이론적으로는, 대출 방식이 달라지고, 그 결과, 부동산 담보 대출의 리스크가 높아졌으므로, 부동산 담보 증권에 대한 신용 등급도 낮아졌어야 했다. 그러나 실제 대부분의 신용 등급은 AAA 그대로였다. 또 신용 등급이 낮아지면, 주택 시장 내로의 자금 유입이 적어져, 그 결과, 금융이 긴축되고 주택 붐도 위축됐어야만 했다. 이론적으로는 재무 분석가, 신용 평가 회사, 감사, 은행 감독 기관 등 문지기가 그 역할을 충분히 수행하는 한, 시장은 자기 규제가 가능하다. 하지만 실제, 시장은 자기 규제의 시스템이 아니었다.

서브프라임 주택 대부 업계의 붕괴에는 여러 가지 요인이 있었으나, 금융업계의 전문직들이 문지기로서의 책무를 충분히 수행하지 못한 것도 그 하나였다. 지나고 생각해 보니, 이것은 놀라운 일이 아닐지 모른다. 왜냐하면 신용 평가 회사는 부동산 담보 증권을 판매하는 투자 은행과 금융 기관에 고용돼 있었기 때문이다. 신용 평가가 낮았으면 증권 판매가 어려웠을 것이다. 실제, 평가 회사가 증권을 판매하는 회사 (투자 은행과 금융 기관)로부터 수수료를 받는다면, 투자가들은 그 신용 평가가 공평하고 정확하다고 신용할 수 없다. 이런 상황은 전형적 이익의 상충이라고 하는 비판을 받는다. 즉 신용 평가 회사와 그 분석가들은 시장이 공정하게 기능할 수 있도록 정확한 신용 평가를 해야 할 책임이 있음에도 불구하고, 그들 자신의 금전적 이익 때문에 투자자보다 발행자에게 유리한 평가를 했던 것이다. 증거에 따르면 이 기간에 재무 분석가와 신용 평가 회사는 전문직으로서의 책무를 조직적으로 수행하지 않았다.

그레그 스미스가 기술한 골드만 삭스의 근로 환경을 생각해 보자. (제4장의 논의를 위한 사례를 참조) 골드만 삭스는 개별 고객과 기관 고객에 의해 고용이 되어 그들의 투자 포트폴리오를 관리했다. 따라서 골드만 삭스의 재무 담당 전문직들은 고객의 이익을 위한 의사결정을 하도록 고용된 대리인인 셈이다. 그렇지만 이들 재무 전문직도 자신들의 금전상의 이익이 걸려 있는 회사인 골드만 삭스의 직원이었다. 이론적으로는 고객의 이익을 얻으면 골드만 삭스도 이익을 얻어, 회사와 고객의 이익이 함께 했다. 양자의 이익을 함께 하고 고객의 이익을 도모함으로써 회사의 이익을 도모하는 이런 회사의 문화를 그레그 스미스는 참으로 부러워했던 것이다.

스미스가 서술한 것처럼, 골드만 삭스의 문화는 조직적으로 의도적으로 이런 동반자 관계로부터 일탈했다. 고객들은 자신들이 고용한 대리인의 도움을 받기는커녕, "허수아비" 취급을 당하고 골드만 삭스의 재정 수입을 위해 이용당했던 것이다. 직원들은 승진을 하게 되고, 고객을 위한 근무 성적이 아니라 고객에게서 돈을 얼마나 많이 뽑아 냈느냐에 따라 고액의 보너스를 받았다.

엔론과 그 회계사무소였던 아서 앤더슨의 사례는 전문가에 의한 무책임의 전형적 사건일 것이다. 이 두 회사의 내막은 기업의 역사상 예를 볼 수 없는 탐욕, 부정직, 타락의 수치스러운 이야기다.

엔론은 1985년 7월 휴스턴 내추럴 가스社와 천연 가스 파이프라인 회사인 인터노스社의 합병에 의해 탄생했다. 회장 겸 CEO (최고경영책임자) 케네스 레이의 경영 방침에 따라 엔론은 가스 · 에너지의 공급 회사에서 에너지의 거래 회사로 업무를 전개해 나갔다. 1990년대 말경에는 그 수입원은 가스의 공급과 파이프라인의 사업 분야가 아니고, 에너지 거래가 그 공식 발표 수입의 80%를 초과했다.

변동이 심한 에너지 업계에 있어서 리스크를 최소화하기 위해 현재의 잔고를 선물 계약 등으로 "헷지"하는 일이 많다. 엔론의 경영진은 경영진 자신이 "헷지" 목적을 위해 설립한 회사들과 합의함으로써 리스크를 조절했다. 이 회사들은 특수목적회사SPE라는 이름으로 엔론과 거래 관계를 구축해 엔론의 부패와 붕괴의 핵심 역할을 했다.

엔론은 자사주를 담보로 해, 소수의 외부 투자가와 파트너십을 설립했다. 회계 규정에 따르면, SPE의 주식의 3% 이상 출자자는 SPE의 오너가 될 수 있다. 또 엔론의 의결권 있는 주식을 50% 이하 가지는 한 그 SPE의 부채는 엔론의 장부에 계상할 필요가 없었다. 이 두 가지 회계 규정에 따라, 이들 SPE는 법률상으로는 엔론과 별개의 사업체였다. 이 파트너십에 의해 조달된 출자금 — 이 출자금도 엔론 주를 담보로 조달한 것인데 — 을 사용해, 엔론이 합작회사를 설립했다. SPE가 자본을 제공하고 엔론이 자산을 제공해, 적어도 이론적으로는 합작회사의 설립은 가능했다. 그 사이, 합작회사를 위해 조달한 자금은 엔론의 장부상의 부채 변제에 쓰였다. 이 일련의 과정 속에서 엔론은 자사의 부채를 SPE로 이전함으로써, 대응하는 장부상의 부채를 늘리지 않고 채무를 변제할 수 있었다. 하지만 SPE의 채무는 엔론 주식으로써 담보돼 있었기 때문에, 표면적으로는 합법적일지 모르지만, 이 일련의 과정은 기만적이다.

이 거래 관계는 세 가지 측면에서 특히 언어도단이다. 첫째, 엔론의 SPE는 채무와 리스크를 엔론의 장부로부터 분리하는 목적에만 사용됐다. 다른 기업체와 금융 기관들은 합법적 합작기업의 리스크를 경감하기 위해 SPE를 활용한다. 엔론의 경우는, 자사의 재무 내용이 실제보다 더 좋게 보이는 거짓 인상을 주기 위한 목적 이외에 SPE를 설립한 이유가 없는 것 같다. 회계상으로 분식을 하지 않는 합법적 "합작회사"는 거의 없다. 많은 기업이 하고 있는 것처럼, 자사와 무관계의 제3자와 계약을 함으로써 리스크를 "헷지"하면, 리스크는 감소하지만, 자기 자신과 계약하면 리스크는 경감하지 않는다. 엔론은 이 SPE에 대해 자사 주식을 융자함으로써 자사의 리스크를 효과적으로 떠맡았으나, 물론 전혀 그렇게 하지 못했다. SPE와의 관계는 엔론 주식에 의해 융자가 이루어져 왔으므로, 자사의 주가를 올리고 싶은 강한 유인이 엔론의 경영진에 생겨났다. (엔론의 경영진 임원은 고액의 스톡옵션을 받고 있는데, 이것도 한 요인이었다.) 더욱이, 엔론의 재정적 안전성은 채무를 SPE로 옮기는 회계상의 조작에 의해서만 유지돼 왔다. 마치 엔론의 재정의 안전성은 사상 누각이었다고 할 수 있다.

둘째, 이들 SPE를 운영한 사람은 ("독립한" 리미티드 파트너의 한 사람으로서 막대한 개인 이익을 거두고 있었다) 엔론의 CEO 앤드류 패스토였다. 패스토는 엔론과 SPE 간의 거래를 자신 아니면 자신의 부하와 협상한 셈이다. 예컨대, LJM 케이먼 L.P. ("limited partnership"의 머리 문자)라고 불리는 한 SPE가 매니징 디렉터인 앤드류 패스토에게 수백만 달러를 벌게 했다고 했다. 그 후 회사의 조사에 의해 패스토는 이들 SPE로부터 3000만 달러의 개인 이익을 얻은 것으로 판명됐다. 엔론은 최종적으로 LJM 케이먼 L.P.와의 거래로 10억 달러나 되는 상각償却을 하게 된다.

셋째, 엔론의 행위 전체는 이 회사의 회계사무소였던 아서 앤더슨의 지원을 받았다. 앤더슨은 엔론의 감사에 책임을 맡고 있었다. 즉 편견 없고 정확한 재무 보고를 해야 했다. 이 감사 보고는 투자자와 채권자가 기업에 대해 투자하거나 여신을 줄 때 의존할 수 있는 정보를 제공한다. 앤더슨도 상담 및 자문을 해주고 엔론으로부터 매년 수백만 달러를 벌었다. 즉 엔론의 이사회, 투자자, 채권자, 종업원에 대해 편견 없고 정확한 감사 보고를 할 책임이 있는 재무 전문직들은, 기가 막히게도 엔론의 채무를 장부로부터 어떻게 삭제하느냐에 대해 엔론의 경영진에게 조언을 하고 있었다.

엔론의 붕괴는 천천히 시작했다. 2001년 초에 몇몇 주식 분석가가 엔론의 재무의 안정성에 대해 의구심을 나타냈다. ≪포춘≫의 기사도 엔론의 주식 평가에 관한 의문을 다루었다.[1)]

엔론에 의문을 가진 사람은 외부 인사만 아니라는 걸 시사하는 증거도 나왔다. 엔론의 최고 임원이었던 스킬링과 레이는 2000년 11월부터 2001년 9월 사이의 기간에 100만 주가 넘는 엔론 주식을 매각했다. 주가가 50% 올랐다고 믿고 있는 사람의 행위라고 도저히 생각할 수 없는 일이었다. 이사회의 이사들, 법무 담당 임원 등 고위직에 있던 내부 인사들도 이 기간에 수십만 주의 엔론 주식을 매각하고 있었다. 게다가, 2001년 2월의 앤더슨의 내부 기록은 이 회사의 경영진도 엔론의 재무 상태에 대한 심각한 의문을 품고 있다는 걸 보여주고 있다. 2001년 2월의 앤더슨의 내부 문건에 의하면 엔론을 감사 대상에서 제외하는 문제가 논의돼 있었다. 그러나 엔론으로부터 연간 수백만 달러의 보수를 받고 있는 점을 고려해, 앤더슨의 경영진은 이에 반대했다. 앤더슨은 설립을 도와준 수백의 SPE 중, (LJM과 Chewco의) 두 SPE의 설립과 관련된 자문의 대가로 570만 달러의 보수를 받았는데, 이는 연간 감사 수수료를 초과하는 금액이었다.

그 밖의 엔론의 내부 인사들도 엔론의 위험한 재무 상태에 주목하고 있었다. 아서 앤더슨에서 전직한 부사장 쉐런 왓킨스는 레이와 엔론의 경영 임원에게 2001년에 시작한 "중대한 회계의 부적절"에 대해 경고했다. 그녀는 레이에게 보낸 서신에서 "나는 회계의 부정이라는 파도 속에서, 우리가 파괴되지 않을까 하는 공포에 빠져 있다"라고 말했다.

엔론의 재정에 관한 보도가 악화되자, 윤리적 양상도 나빠졌다. 제프리 스킬링은 2001년 8월 14일 일신상의 이유로 사임했다. 스킬링은 2002년 초에 의회에서 선서를 하고 증언했을 때, 그는 사임 당시의 엔론의 재정 상태는 양호했으며, 자신의 사임은 이 회사의 재정 악화와 관계가 없다고 거듭 항변했다. 스킬링이 사임하고, 왓킨스로부터 편지를 받고 며칠이 되지 않은 사이에 레이 (그는 스킬링 사임 후 CEO 겸 사장으로 복귀했다)는 수천 주가 되는 엔론 주식의 옵션을 행사해 200만 달러의 이익을 얻었다. 8월 말까지, 레이는 1600만 달러를 넘는 엔론 주식을 매각했으며, 스킬링도 1500만 달러의 주식을 매각했다. 바로 이 시기에 레이는 이 회사의 종업원과 일반 투자자에게 엔론의 재정 상태는 양호하다고 확언했다. 9월 하순에 레이는 종업원에게 엔론 주식을 계속해 매입하라고 권고했는데, 이 때 주가는 주당 불과 25달러 401K였다. 10월 하순부터 엔론의 401K 퇴직연금플랜은 이 플랜의 관리자의 변경이라는 표면상의 이유로 동결되는데, 이 퇴직연금의 운영 대상의 60% 이상이 엔론 주식이었다. 동결 기간에 종업원은 엔론 주식을 매각할 수 없었으나, 동결이 해제되자 엔론 주식은 한 주에 9달러까지 떨어졌다.

2001년 9월 말경 앤더슨의 감사 담당자들은, 과거의 SPE의 회계상의 결정에 오류가 있으며, 그 결과 10억 달러 이상의 엔론 자산의 감손이 불가피하다는 결론을 이미 내리고 있었다. 10월 12일 한 앤더슨의 변호사는 종업원에게 엔론과 관련된 감사 서류를, 가장 중요한 것만 제외하고, 모두 폐기하라고 지시했다. 엔론이 여러 차례 법적 조사를 받은 후에도 몇 달 동안이나 자료의 폐기가 계속됐다.

10월 16일 엔론은 3분기의 재무 보고를 공표하고, 6억 1800만 달러의 기간 손실을 계상했다. 그 다음날, 앤더슨의 감사 결과와 SPE의 손실에 따른 10억 달러의 자금의 감손을 발표했다. SPE에 대한 융자는 엔론 주식으로 이루어졌으므로, 주가가 하락할수록 엔론을 둘러싼 재무 위기는 가속했다. 10월 16일부터 10월 26일까지의 10일 간에, 엔론 주식은 주당 33달러에서 15달러까지 하락했다.

2001년 11월 8일, 엔론은 과거 4년간 광범한 회계의 과오에 의해 6억 달러의 과도한 순자산이 부풀려졌음을 인정하고, 추가 정보가 발표될 것이라고 보고했다. 그 이튿날 엔론의 경쟁 상대인 규모가 작은 다이네지가 엔론을 10억 달러로 매수할 잠정적 합의에 도달했다고 발표했다. 그 3주간 후, 다이네지는 엔론의 재정 상태에 관해 정확한 정보를 알지 못했다고 하면서 매수 계획을 취소했다. 그 후로 엔론의 주가는 계속 하락, 신용 평가도 정크채債 (투자 적격 이하의 채권)와 같은 등급까지 떨어졌다. 그 결과, SPE에 융자한 많은 채무가 만기가 됐다. 12월 2일 엔론은 미국 파산법 제11조의 적용을 신청하고 4000명이 넘는 종업원을 해고했다. 불과 1년 전만 하더라도, ≪포춘≫ 선정 500개 기업 중 7위였으며, 주가도 주당 90달러 근처에서 거래되던 회사에게, 파산법 제11조의 적용은 놀라운 몰락이었다.

이 전 과정을 통해서 엔론의 이사회, 특히 그 이사회의 감사위원회는 주주 이익을 지켜야 하는 경영관리자로서의 수탁 책임을 다하지 못했다. 여러 이사회 위원들은 이런 거래를 몰랐다고 말하고 있으나, 증거에 따르면 그렇지 않다. 앤드류 패스토가 엔론과 그 자신이 관여한 SPE 간의 계약을 협상했을 때, 이익 상충 금지에 관한 회사 규정을 무시할 것을 허용한 것은 바로 이사회 자신이었다. 이사회 위원들은 2001년을 통해 대량의 엔론 주식을 매각한 내부자이기도 했다. 다른 많은 기업의 이사회처럼, 엔론의 이사회도 엔론 CEO가 임명한 사람들로 구성돼 있었는데, 그들은 비즈니스나 금융의 식자識者로서뿐 아니라 사회적 지위와 명성 때문에 이사로 영입된 것이다. 예컨대, 엔론의 이사회 감사위원회 위원이었던 웬디 그램은 미국 정부의 상품 선물 거래 위원회 전 위원장이었다. 그녀는 제1차 부시 행정부 시대에 연방정부에 근무할 당시, 에너지 업계에 대한 규제 완화 지지의 선도적 주창자였다. 이 규제 완화는 부시 정권의 말기에 가서 확정됐는데, 엔론에 큰 이익을 안겨 주었다. 그램은 정부에서 사퇴하자 곧 엔론의 이사로 임명됐다. 그녀의 남편 필 그램은 텍사스 선출의 상원의원으로 상원의 은행 · 금융 · 예산위원회 위원이기도 하다. 필 그램은 과거 두 번의 선거 기간 중에 10만 달러의 현금을 엔론으로부터 받았다.

논의를 위한 질문

1. 아서 앤더슨의 회계사의 책임은 무엇이었는가? 그들은 누구에 대해 책임을 지고 있었는가?
2. 엔론의 경영진이 행한 내부 거래로 인해 누가 손해를 입었는가? 손해를 입었다면, 401K 연금계좌의 엔론 주식의 판매가 금지된 종업원은 어떤 손해를 입었는가?
3. 서브프라임 주택 론의 잘못된 평가 때문에 누가 손해를 입었는가? 또 누가 이익을 얻었는가?
4. 앤드류 패스토가 맡았던 엔론의 CEO와 엔론의 SPE의 매니징 파트너라고 하는 이중 역할에 의해서, 만일 있다고 하면, 누가 손실을 입었는가?
5. 앞으로 엔론 같은 사건을 방지하기 위해, 어떤 법률이나 정책을 추천하겠는가?
6. 신용 리스크가 높은 대출 관행을 개선하기 위해, 어떤 법률이나 정책을 추천하겠는가?

7.1 서론

제6장에서 직장 내에서 종업원이 주장하는 잠재적 권리의 범위를 고찰했다. 권리라고 하는 것은 개인이 타인에 대해 일정한 방법으로 대우를 받거나, 특정한 이익이나 재財를 받기 위한 정당한 자격을 의미한다. 내 권리는 타인이 나에 대해 갚아야 할 의무가 무엇인지에 따라 결정된다. 여기선 책임, 즉 나 자신이 타인에게 무엇을 갚아야 하는지 생각해 보자.

자신은 타인에게 무엇을 빚지고 있는가? 언뜻 생각해 보더라도, 이 질문은 너무 광범위하다. 가장 적절한 답은, 상황에 따라 다르다는 말일 것이다. 즉 타인이라고 하는 사람이 누구냐에 따라 달라진다는 것이다. 내가 나의 아이들에 대해 가지고 있는 책임은 모르는 남에 대해 갖고 있는 책임과는 다르다. 내가 주택 론 대출 회사에 대해 지고 있는 책임은 나의 고용주에 대한 책임과 다르다. (이 견해는 제6장에서 논한 프라이버시와 같은 문제를 제기한다.) 이와 같이, 책임엔 다음 세 요소가 포함돼 있다고 생각할 수 있다. (1) 사람 A, (2) 사람 또는 법인 B, (3) A와 B 사이에 존재하는 관계 R이다. B에 대한 A의 책임은 A와 B의 관계 R에 의해 결정된다. 그러므로 A의 책임을 정하기 전해 A와 B의 관계의 본질을 검토해야 한다. 예를 들어, 나와 주택 론 대부 회사의 계약 관계는, 내가 이 회사에 대해 지고 있는 책임을 꽤 정확하게 밝혀준다. 자녀에 대한 부모의 책임이나 의무는 자녀와 부모 간의 애정과 의존의 관계에 의해 결정된다. 그렇다면, 비즈니스에서 볼 수 있는 건 어떤 관계인가?

언뜻 보아, 그 답은 간단해 보일지 모른다. 노동자는 종업원이고, 고용 관계에 의해 종업원은 고용주에 대해 여러 가지 책임을 지게 된다. 이 점을 명확히 하기 위해 앞에서 본 밀턴 프리드먼의 발언을 다시 생각해 보자.

> 자유 기업 체제와 사유 재산 제도에 있어서 기업의 경영관리 임원은 기업주의 종업원이다. 경영 임원은 고용주 (즉 기업의 소유자)에 대해 직접적 책임을 지고 있다. 그 책임은, 고용주의 욕구에 따라 기업을 운영하는 것, 즉 법률과 윤리적 관습이라는 사회의 기본 룰을 준수하면서 최대한 많은 돈을 버는 것이다. … 중요한 것은, 기업의 경영 임원이라는 입장에서 그는 회사를 소유하고 있는 사람의 에이전트 (대리 행위자)이며, 그의 으뜸

가는 책임은 기업주에 대한 것이라는 것이다.[2)]

하지만 엔론의 사례가 보여 주듯이, 프리드먼의 견해는 너무 단순하다. 기업의 관리자는 확실히 기업의 에이전트이며, 따라서 주주에 대해 특정한 책임을 지고 있다. 하지만 관리자는 동시에, 전문적 책임도 가지고 있는 전문가 (예컨대, 엔지니어, 변호사, 의사, 또는 회계사)다. 쉐런 왓킨스는 엔론의 부사장일 뿐만 아니라 회계사이기도 했다. 그녀가 케네스 레이에게 보낸 편지에는, 경영상의 책임은 전문가로서의 책임과 상충할 가능성이 있다고 했다. 또한 엔론의 사례는, 종업원은 직장 밖에서도 개인 생활이 있으며, 그런 의미에서 가족과 우인에 대한 책임뿐 아니라 시민으로서의 책임도 지고 있다는 사실을 보여주고 있다. 이 장에서 개인이 직장에서 마주치는 책임의 범위에 관해 고찰하고자 한다.

7.2 종업원 책임에 관한 협의의 견해: 에이전트로서의 종업원

우리가 가진 책임이 타인과의 관계 여하에 따라 서로 다르다고 한다면, 종업원과 고용주의 관계를 생각해볼 필요가 있다. 앞에서 언급한 밀턴 프리드먼의 인용은 필자가 말하는 "종업원의 책임에 대한 협의의 견해"의 한 예라고 할 수 있다. 미국에서 이 견해를 지지하는 종업원 · 고용주의 관계론은 에이전트 (대리인) 대 프린시플 (본인)에 관한 관습법의 개념에 그 뿌리를 두고 있다. 이 법적 개념에 따라 종업원의 책임에 관해 살펴보고자 한다.

일반적으로, 에이전트란 남을 대신해 행동하는 사람을 말한다. 에이전트라고 해서 반드시 종업원인 것은 아니다. 예컨대, 부동산 중개업자나 투자 고문업자는 당신의 에이전트이지만, 당신의 종업원은 아니다. 그러나 아서 앤더슨에 고용된 회계사들은 엔론의 에이전트였다. 하지만 미국에 있어서 전통적 관습법은 역사적으로 모든 종업원을 고용주 ("프린시플")의 에이전트로 취급해 왔다. 종업원은 일정한 업무를 수행하도록 에이전트로 고용되어, 프린시플을 대신해 행동할 의무가 있다. 이 "신임" 관계는 양자에게 책임을 안겨 주지만, 제1차적 책임은 고용주에 대해 충성,

복종, 비밀 준수 등의 의무를 지고 있는 종업원에게 있다.

에이전트로서의 관계는 에이전트가 의사결정에 있어서 가지는 능력과 영향력의 정도에 따라 다양하다. 관습법의 전통적 견해는 경영관리자가 아닌 종업원은 직장에서 재량권이 거의 없다고 보고 있다. 사실상, 전통적으로 관습법은 통상 종업원·고용주 관계를 **주인 대 종복**從僕의 주종 관계로 보고 있다. 이러한 관계에서는 고용주는 고용의 내용과 조건에 대해 강한 지배권을 가지고 있다. 종복은 특별한 전문성을 가지고 있지 않기 때문에 항상 직접적인 감독을 필요로 한다. 예컨대, 비서나 공장 노무자는 일정한 시간 내에 특정한 임금을 받고 엄밀한 감독 아래서 특정한 업무를 하기 위해 고용된다. "종복"의 책임은 고용주의 지시에 복종하는 것이며, 고용주의 책임은 합의된 임금을 지급하는 것이다.

관리직 종업원은 고용주 이익의 최대화를 위해 활동하는 데 더 큰 재량권과 더 많은 책임을 가진다. 경영관리자들은 고용주가 신뢰하는 특별한 전문성을 지니고 있어, 이 때문에 더 큰 책임을 가지는 것이 정당화된다. 따라서 경영관리자는 회사를 위해 돈을 쓰고 계약을 하고 종업원을 고용·해고하는 등 법적 권한을 가지고 의사결정에서도 더 큰 자립성을 가진다. 일반적으로 경영관리자는 기업 소유주의 재정적 이익을 최대화하기 위해 행동하는 강한 수탁자 의무를 가지고 있는 것으로 이해되고 있다. 하지만 경영관리자의 책임이 커짐에 따라, 그들은 소유주로부터 일상적인 엄밀한 감시는 받지 않는다.

이 종업원·고용주 모델은 고용주의 책임 범위를 생각하는 데 중요한 의미를 갖는다. 종업원으로서의 에이전트는 고용주로서의 프린시플에게 충성, 신뢰, 복종, 비밀 준수의 의무를 가지고 있다는 게 관습법의 생각이다. 이런 책임은 종업원의 직장에서의 이익보다 우선한다. 경영관리자의 "1차적" 책임은 소유주에 대한 것이라고 프리드먼이 말했을 때, 그는 이 점을 염두에 두고 있었다고 생각된다. 이를테면, 이 모델에 따르면 고용주에 대해 책임을 지고 있는 쉐런 왓킨스는 회사 문제를 증권거래위원회에 고발하지 못하게 된다. 엔론 경영진의 결정을 믿고 복종한다면, 그녀는 충실한 종업원으로서 근무 중에 알게 된 정보를 비밀로 다루어야 할 의무가 있었다.

물론 고용주에게 복종해야 하는 종업원의 법적 책임이 다른 모든 윤리적 책임과 법적 책임에 우선한다고 말하는 사람은 없을 것이다. 프리드먼조차도 법률에 따르고 윤리적 습관을 지킬 책임을 인정하고 있다. 그러므로 다른 책임이 고용주에 대한 의무를 어느 정도 제한하는지를 판단하는 게 극히 중요하다. 이 협의의 종업원 책임론에서는 기업 소유주의 욕구에 따른다는 1차적 의무보다 우선하는 다른 책임은 거의 없다. 고용주로부터 일상적 감시를 받지 않는 경영관리자조차도 고용주의 욕구에 따라 항상 행동하는 걸 1차적 책임으로 하고 있다.

하지만 이 협의의 종업원 책임론은 윤리적으로 변호될 수 있을까? 가장 기본적 질문은 이 협의의 견해의 윤리적 근거가 무엇이냐 하는 것이다. 왜 종업원은 고용주의 욕구를 다른 모든 욕구보다 우선으로 다루어야 할 책임이 있다고 생각해야 하는가? 이 책의 제2장과 제3장에서 논한 것처럼, 두 가지 답이 가능할 것이다. 첫째, 종업원, 특히 경영직 종업원은 경제 체제 속에서 특별한 역할을 하기 때문에, 또한 이 경제 체제는 모든 사람의 이익을 위해 움직이기 때문에, 종업원이 그 경제 체제 내에서 수행하는 특정 역할에 따른 특정 책임은 다른 윤리적 사항보다 우선한다. 이것은 이미 앞에서 본 공리주의적 논법에 따른 해석이다. 둘째, 변호는 소유주의 재산권과 종업원 때문에 입게 되는 경제적 손실의 방지를 주장하는 것이다. 그러나 제2장과 제3장에서 본 것처럼, 이 두 윤리적 접근은 중요한 과제에 직면한다. 이 문제를 좀 더 고찰하기 위해 비경영직 종업원과 경영직 종업원을 각각 별도로 다루어 보고자 한다.

비경영직 종업원에게 있어서 이 협의의 견해는, 개인의 정상적 책임은 직장에 가지고 가지 말라는 것이다. 그 가운데서도 중요한 것은, 필자가 말하는, 책임을 다하고자 하는 책임이다. 우리는 보통 제3자의 명령에 복종했다는 이유만으로 그 행위에 대한 책임을 면제하지 않을 것이다. (가장 극적인 예로서 전쟁 범죄 재판에 있어서 이런 항변을 하는 경우가 있으나, 이 항변은 부정되는 게 관례다.) 통상적 책임을 직장에 가지고 가지 말 것을 요구하는 협의의 견해를 옹호하려면, 이 같은 이례적인 직장의 필수 요건을 정당화하는 종업원 · 고용주 관계에 대한 특이한 점을 확인할 필요가 있을 것이다.

언뜻 보아, 이 협의의 견해에는 쉽게 주장할 수 있는 정당성이 있는 것같이 보인다. 종업원은 직을 얻게 되면 고용주에게 복종할 것에 동의한다. 종업원은 이 조건에 동의하기 때문에 고용주의 명령에 따른다면 자신의 책임을 정말 포기하고 있는 것이 아니다. 하지만 이 답은 설득력이 없다. 첫째, 동의만으로써 다른 책임을 면제하는 데 충분한 이유가 되지 않는다. 예를 들면, 전쟁 범죄 재판의 예가 보여 주듯이, 군복무에 지원했다고 해서 모든 명령에 맹목적으로 복종해야 한다는 걸 의미하지 않는다. 종업원 모두가 고용주에게 복종하는 포괄적 의무를 지는 것은 종업원의 개인적 책임을 부당하게 포기하는 것이다. 종업원은, 예컨대, 고용주가 내린 비윤리적 명령에 복종해야 하는 윤리적 책임이 있다고 하는 주장은 의미가 없다.

이 답의 부당성은, 대부분의 종업원은 고용주와의 관계에 있어서 약한 입장에 있다는 사실로 더욱 명확하다. 자진해 직을 가지게 됨으로써 고용주에게 복종할 책임이 생기더라도, 그 주종 관계에 있어서 종업원이 얼마나 자유로운가 하는 점에 대해 더 고려할 필요가 있다. 누구의 명령에 복종하느냐, 또는 자신의 직을 위태롭게 하느냐, 이 선택은 본질적으로 강압적 상황이며, 이에 따른 동의는 완전히 자유롭다고 할 수 없다. 예컨대, 제프리 스킬링의 지휘아래, 엔론은 "비협조적" 종업원은 당장 강등되고 전근되고 해고당하는 회사라는 평판이 나 있었다. 고용주는 종업원을 해고하는 권한을 가지고 있으며, 이 권한에 의해 종업원은 고용주의 행위에 대해 약한 입장에 있기 때문에, 종업원은 그런 권한이 전횡적으로 행사되는 것으로부터 보호를 받을 자격이 있다. 이 논점은 임의 고용과 듀프로세스에 대한 종업원 권리에 관해 앞에서 다룬 논의의 핵심이다. 제6장의 듀프로세스에 관한 논의는 고용주의 권한의 자의적 행사에 대한 고찰이었다.

비경영직 종업원의 책임에 대한 보다 타당한 결론은, 고용주의 명령이 일과 관련이 있고, 정당하고 법적 · 윤리적 의무에 위반되지 않을 때 한해서, 그 명령에 복종할 책임이 있다는 것이다. 명령이 일과 관련이 있어야 한다는 주장은 고용주가 종업원을 개인용으로 사용하지 못하게 한다. 고용주의 권한은 고용 관계에만 한정되며 일에 관계되는 사항에만 미친다. 이 조건은, 예컨대, 종업원은 고용주의 사적 심부름을 할 책임이 없다는 걸 의미한다. 고용주의 명령이 정당해야 한다는 조건은, 그 명령이 통상의 업무 책임의 범위 내에 있고, 또한 종업원을 위험에 처하게 하지 않는 한, 종업원은 그 명령을 실행할 수 있는 (해야 하는) 것을 의미한다. (윤리학에서 ought (해야 한다)는 can (할 수 있다)을 의미한다.) 마지막 셋째 조건은 법적 · 윤리적 의무에 위반하지 않는다는 것인데, 고용주는 종업원에게 위법 행위를 하거나, 사람에게 위해를 끼치거나 또는 종업원 자신의 윤리적 성실성을 모독하는 행위를 요구할 수 없다는 걸 의미한다. 종업원에게 비윤리적으로 행동해야 할 윤리적 책임이 있다고 생각하는 건 대단한 언어도단이다.

끝으로 이런 걸 바탕으로 해 비경영직 종업원은 고용주에게 노동 성과의 측면에서 어떤 책무를 지고 있는지 생각해 보아야 한다. 종업원은 고용주가 바라는 대로 열심히 일할 책임이 있는가? 고용주는 일의 양과 질에 대한 기준을 자유로이 결정할 권리가 있는가? 전력을 다하지 않았다면 종업원으로서의 책임에 위반한 것인가?[3)]

물론 고용주는 종업원이 직장에서 항상 최고 수준의 성과를 내는 걸 바라고 있다. 하지만 시장이 사회적 정책의 최종 중재자라고 말하는 사람들에게는 이 기대가 부당한 것이 확실하다. 노동 시장은 효율성이 있는 한, 수용할 만한 노동 성과 수준을 확정할 것이다. 만일 내 고용주가 다른 종업원에게 내가 받는 임금을 지급하고 나보다 더 열심히 더 오랜 시간 일을 시킬 수 있으면, 나는 경쟁적 노동 시장에서 직을 잃게 될 것이다. 일반적으로 종업원은 공정한 급여에 걸맞은 공정한 작업 성과를 발휘할 책임만 진다.

종업원 책임에 관한 협의의 견해는 종업원이 경영관리의 권한을 가지고 있는 경우에 더욱 그럴듯하다. 이 경우 경영관리자는 고용주 (주식회사의 경우가 많으나)의 대리로 활약하는 법적 권한을 가지고 있다. 이 권한은 고용주가 가지고 있지 않은 전문성을 경영관리자가 가지고 있음으로써 정당화된다. 전문성의 불균등과 이에 상응하는 고용주의 대리로서 활동하는 책임이 에이전시 이론의 중심을 떠받치는 핵심 이념이다. 일반적으로 사람은 자신의 목적을 달성하기 위해 특별한 전문성이 필요하면 에이전트 (부동산 중개자나 변호사)를 채용한다. 당신에겐 필요한 지식이 없고 당신의 에이전트에게 그런 지식이 있으면, 당신의 입장은 약하게 된다. 이 경우는 고용주가 종업원에 대해 더 강한 지배 권한을 가지고 있는 비경영관리직의 종업원과는 정반대 현상이다. 제6장에서 논한 것처럼, 비경영직 종업원의 경우엔 종업원의 권리로서 마땅히 보호받아야 하며, 고용주는 종업원에 대해 명확한 책임을 지고 있다. 두 경우에 있어서 원칙은 동일하다. 즉 입장이 강한 당사자가 입장이 약한 당사자에 대해 지배권을 행사함으로써 잠재적 손해로부터 약한 당사자를 보호하는 것이다. 그리고 더 큰 힘과 권한을 가진 당사자가 입장이 약한 당사자에 대해 더 무거운 책임을 진다는 것이다. 경영관리직 종업원의 경우, 약한 입장에 있는 고용주 (프린시플)가 입을 수도 있는 잠재적 손실로부터 그들을 보호하기 위해 법은 에이전트가 고용주의 대리로 활동하게 하는 책임을 정하고 있다.

이 모델은 여러 상황에서 윤리적 의미를 내포하고 있다. 만일 필자가 누군가에게 내 이름으로 계약을 체결하라고 위임권을 준다면, 필자는 권한의 포기에 의해 입장이 약해진다. 만약 필자가 나의 재무 기록을 외부 회계사에게 보여주면, 그 정보가 나에게 불리하게 사용될지 모른다. 이런 점을 보아, 이런 권한을 가진 사람들 (에이전트)은 프린시플의 최대한의 이익을 위해 행동하고, 프린시플에게 손실을 끼치면서 자신의 이익을 위해 권한을 행사해서는 안 된다는 강한 의무를 가지게 된다. 결국, 전문성이란 에이전트가 계약에 결부시키는 것이고, 프린시플이 구입하는 것이다. 일반적으로 기업의 경영관리자는 고용주의 이익을 최대화하기 위해 활동해야 하는 윤리적 책임을 가지고 있다. 하지만 프리드먼까지도 인정하듯이, 고용주 (프린시플)를 대신해 활동해야 하는 책임은 무한대가 아니다. 되풀이해 말하건대, 근본 문제는 이 책임의 한계에 있다. 언제 또한 어떠한 조건 아래, 기업의 에이전트로서의 경영관리자의 책임이 다른 윤리적 책임보다 우선하는가?

특정 역할의 의무가 통상적 윤리적 책임보다 우선하는 경우가 더러 있다. 이를테면, 의사와 변호사는 비밀 준수 의무와 충성 등 특별한 전문 직업상의 책임을 가지고 있다. 이런 책임은 개인 이익보다 우선하며, 때로는 정직과 진실 등 통상적으로 윤리적 사항보다 우선하기도 한다. 변호사가 의뢰인의 변호 전략 내용을 폭로하는 것, 그리고 의사가 환자의 의료 기록을 제약회사에 파는 것은 비윤리적 행위다. 마찬가지로 감사도 적어도 이론적으로, 의뢰인에 대한 책임에 우선하는 확실한 법적 책임을 지고 있다. 하지만 기업의 경영관리자도 유사한 전문적 특정 역할의 책임을 갖고 있다고 생각해야 하는가? 기업의 경영관리자의 역할은, 예컨대 의사, 변호사, 감사의 역할처럼 일반적 윤리적 책임을 면제받을 만큼 사회적으로 중요한 공헌을 하고 있는가? 이 문제에 대해 대략적인 답을 생각하지 않고, 보다 구체적으로 이 문제를 고찰하는 게 좋겠다. 기업의 경영관리자가 고용주에 대해 가지는 구체적 책임은 어떤 것인가? 이 책임이 다른 이익과 책임과 충돌하는 경우엔 어떻게 되는가?

경영관리자가 전문직을 겸하고 있을 때 경영상의 책임과 다른 책임 사이에 충돌이 발생한다. 예를 들면, 변호사와 감사는 자신들의 이익과 고용주의 이익에 우선하는 명확한 전문성과 관련된 책임을 갖고 있다. 아마 아서 앤더슨의 사례는 이 점을 극명하게 보여주고 있다. 앤더슨의 감사들은 엔론으로부터 보수를 받았는데, 그들의 책임은 엔론의 경영진과 주주의 이익과 상반했다.

기업의 경영관리자가 고용주의 금전상의 이익에 우선하는 전문성과 관련된 책임을 갖고 있느냐 그렇지 않느냐의 문제를 다루기에 앞서, 기업에 있어서 전문직의 역할과 책임을 검토하고자 한다.

7.3 전문직의 윤리와 문지기의 역할

전문직의 의무가 일반적으로 윤리적 책임이라고 생각되는 사항에 우선하는 경우는 많다. 골드만 삭스와 엔론의 회계사들이 알게 된 것처럼, 전문직의 책임은 때로는 다른 사람의 이익과 상충하는 일이 있다. 예를 들면, 변호사는 자신의 의뢰인의 정보를 비밀로 다루어 줌으로써 다른 사람이 오해를 받거나 기만을 당하더라도, 그렇게 해야 할 의무가 있다. 변호사는 의뢰인이 실제로 죄를 범했다는 걸 알고 있더라도, 그 정보를 경찰에 알려주지 않는다는 전문직으로서의 의무를 지고 있다. 저널리스트는 정부의 기밀 정보를 언론 기관에 알려준 사람을 알고 있더라도 그 내부고발자 이름을 공표하지 않는다는 전문직으로서의 의무를 가지고 있다. 또 병원의 종업원인 간호사는 그 병원의 경영관리진의 지시를 따라야 할 의무가 있으나, 한편으로 전문직으로서의 간호사는 병원의 경제적 이익을 희생하더라도 환자의 이익을 옹호할 의무가 있다.

이 장의 서두에서 논의한 것처럼, 우리의 책임은 남과의 관계에 의해 결정된다. 일반적으로 이런 관계는 우리가 행하는 역할, 즉 부모, 배우자, 우인, 교사 등으로 행하는 역할이라고 이해되고 있다. 사람의 사회적 역할은 타인과의 복잡한 관계에 의해 결정되므로 책임도 역할에 따라 달라진다. 현대 사회에선 그 같은 여러 가지 역할이 특정한 전문직과 관련돼 있다. 예를 들면, 의사, 간호사, 엔지니어, 변호사 등을 생각할 수 있다. 비즈니스의 세계에선 감사, 회계사, 재무 분석가, 보험 대리인 등이 전문직이라고 생각된다.

프로페션(전문직)은 특별히 전공한 분야(예: 법률, 의학, 공학)에 있어서 지식과 전문성을 가지고 있다는 점에서 다른 직업과 구별된다. 이런 지식은 공익에 이바지하는 것이기 때문에, 통상 전문성은 공적 기관의 인정을 받아야 한다. 전문직은 일정한 법적·사회적 특권을 누린다. 예컨대 의사만 처방을 쓸 수 있으며, 변호사만 법률사무소를 개소할 수 있으며, 또 엔지니어만 설계도를 승인할 수 있다. 그리고 항상 그러한 것은 아니지만, 전문직은 업무에 대해 고액의 보수를 받는다. 이 책의 목적과 관련해 볼 때, 중요한 건 이들 전문직은 특별한 의무와 책임을 가진다는 사실이다.

일반적으로 전문직의 의무는 전문 직업이 가진 특별한 지식과 전문성에서 흘러나오는 것이라고 생각할 수 있다. 이 특별한 전문성은 공익에 이바지하며, 또한 이 전문성이 없으면 그 때문에 약한 입장이 되므로, 사회는 전문직에 특별한 책임을 부과한다. 보통, 종업원은 고용주의 재정적 이익에 타격을 주지 않아야 할 의무가 있다.

비즈니스와 경제계에서 일부 전문 직업은 경제 체제 속에서 중요한 기능을 할 수 있는 위치에 와 있다. 자유 시장의 강력한 옹호자인 밀턴 프리드먼까지도, 시장은 일정한 조건이 충족돼야 비로소 기능한다고 믿고 있다. 시장이 법률의 범위에서만 기능을 해야 하며, 충분한 정보를 가져야 하며 부정과 기만 행위가 없어야 기능한다는 건 널리 알려져 있다. 이러한 조건이 충족되도록 보장하는 게 시장을 바탕으로 하는 경제 시스템에 있어서 중요한 내부 기능이다. 예컨대, 변호사, 감사, 회계사, 재무분석가 등 중요한 전문 직업은 꼭 이러한 방법으로 기능하고 있다. 이러한 전문 직업은 "문지기"라든가 "집 지키는 개"라고 생각되기도 한다. 즉 시장에서 활동하는 사람이 법률을 지키며, 시장이 시장으로서 기능할 수 있는 조건을 지키도록 보장하는 역할을 한다. 이 전문직은 시장에서 활동하는 여러 당사자 간에 기능하는 중개인이라고 이해해도 된다. 감사는 투자자가 사기 행위 등에 영향을 받지 않고 투자 판단을 할 수 있도록 기업의 재무 문서를 심사한다. 분석가는 은행과 투자자가 정보에 따라 의사결정을 할 수 있도록 기업의 재무 전망과 신인도를 평가한다. 변호사는 의사결정과 거래가 법률을 준수할 것을 보증한다. 사실, 기업의 이사회마저도 이 같은 역할을 한다고 이해되고 있다. 즉 이사회는 회사의 주주와 경영진 사이에서 중개인의 역할을 하며, 경영진이 주주의 이익을 위해 활동하도록 보증해야 한다.

유감스럽게도 그리고 곤란하게도, 많은 전문 중개인들은 자신들의 감시 대상인 기업으로부터 보수를 받고 있다. 아서 앤더슨의 사례가 뚜렷이 보여 주듯이, 이것은 전문직의 이익과 자신의 금전상의 이익 간에 심각한 충돌을 야기하고 있다. 공인회계사는 공공에 대해 전문직으로서의 책임이 있다. 그러나 그들이 회계사로서 이바지하는 의뢰인의 재무적 내용이 반드시 충분히 정확하고 독립한 재정상의 정보에 의해 모두 공개되는 것은 아니다. 따라서 진짜 충돌은 전문직으로서의 의무와 전문직 자신의 사적 이익 간에 존재한다.

어떤 의미에서 전문직의 책임에 관한 윤리적 문제는 명확하다. 전문직의 문지기로서의 의무는 경제의 합법성을 위해 필수 조건이기 때문에, 그 의무는 종업원으로서 가진 모든 책임보다 우선해야 한다. 감사로서의 데이비드 던컨의 책임은, 엔론의 경영진 지시를 따르고 엔론의 컨설턴트로서의 아서 앤더슨의 금전상의 이익을 추구하는 **표면적** 책임을 우선했어야 했다. 그러나 자신의 의무가 어떤 것인지를 인식하는 것과 그런 의무를 실천하는 것은 별개 문제다.

이 점을 설명할 때 철학자는 사람이 행동할 때 이유를 가지는 것에 대해 두 가지 서로 다른 의미가 있다고 한다. 하나는 어떤 방법으로 행동하는 것에 대해 이유는 합법성과 정당화를 의미한다는 것이다. 이 설명에 따르면 이유를 가진다는 것은 하는 행위가 정당화된다는 것을 의미한다. 데이비드 던컨은 감사로서 언론사의 사기행위를 고발할 만한 충분한 이유를 가지고 있었으며, 따라서 정당성이 있었다. 그러나 또 한 가지는, 이유를 가진다는 것은 어떤 방법으로 행동하는 동기 이상의 것을 의미한다는 것이다. 이런 의미의 이유는 논리적이거나 인지적이라기보다 심리적인 것이다. 던컨이 내부 고발할 이유는 하나 있었지만, 그걸 하지 않은 데는 이유가 많았다.

철학적 윤리의 대부분은 이유의 정당성 여부와 관련된다. 하지만 그래도 묻고 싶은 것은, 윤리적 정당한 이유가 있었는데도, 왜 던컨은 당연히 했어야 할 행동을 하지 않았느냐 하는 질문이다. 이 질문에 답하려면, 제1장에서 논의한 개인적 도덕성과 사회적 윤리 문제로 돌아가야 한다.

개인적 도덕성의 문제를 생각할 때, 우리는 원칙대로 행동한다는 건 때로는 참된 용기나 자제심 또는 의지력이 필요하다는 걸 인식해야 한다. 바로 이 이유로, 윤리적으로 옳다고 생각하는 방법으로 행동하기 쉽게 하기 위해 개인적 습관과 성격을 계발하는 윤리가 필요하다. 아마 데이비드 던컨은 신념을 밀고 나가는 용기가 없었는지, 직을 잃는 걸 염려했는지, 아니면 단순히 자신의 책임에 관심이 없었는지 모른다. 용기, 염려, 관심이라고 하는 건 모두 성격의 문제다. 데이비드 던컨과 엔론에 연루된 감사가 윤리적이었는지 아닌지는 그들의 인식의 문제가 아니고 그들의 성격에 의해 판단되어야 할 것 같다. 감사들이 사기 행위가 나쁘다는 걸 몰랐던 것은 아니다. 그들은 잘못이라는 걸 알고 있으면서도 적절하게 행동할 동기와 성격이 없었던 것이다.

우리 각자는 자신의 성격에 대해 책임을 지고 있으면서도, 도덕적 윤리는 도덕성의 계발과 도덕 교육의 중요성을 강조하고 있다. 습관은 장기간에 걸쳐 형성되며, 환경에 크게 영향을 받는다. 따라서 이런 고찰로부터 얻을 수 있는 한 가지 교훈은, 기업은 종업원이 근무하는 문화와 환경을 의식해야 한다는 것이다. 만일 아서 앤더슨이나 엔론이 다른 기업 문화, 즉 도덕을 존중하고 종업원이 윤리적으로 행동하도록 권장하는 문화를 가지고 있었더라면, 데이비드 던컨 같은 감사는 자신들의 전문적 책무에 따라 행동했을 것이다.

이것은 사회적 윤리에 대해서도 의미하는 바가 없지 않다. 문지기의 기능이 경제적 시장 기능에 불가결하다는 걸 우리가 인식하고 있다면, 또 개개인이 자신의 문지기의 책무를 수행하는 게 어렵다는 걸 인식한다면, 사회는 무엇인가를 바꿔야 할 책임을 갖게 된다. 예를 들면, 감사가 감사를 담당하고 있는 기업으로부터 보수를 받고 있는 한, 감사로서의 책무와 자신의 사적 경제적 이익 사이에 분명한 이익 충돌이 생긴다. 기업의 감사 방법의 운영과 관련해 구조적 혁신을 해야 할 충분한 이유가 있다. 아마 경영진이 아니라 이사회가 감사를 채용해 협동해야 할 것이다. 감사에 대한 보수는 공적 자금에서 지불해야 할 것이다. 전문직을 이익 충돌로부터 보호하기 위해 법적 보호나 제재가 도입돼야 할지 모른다. 법에 의해 감사법인이 감사를 담당하고 있는 기업에 대해 상담 서비스를 제공하는 걸 금지해야 좋을지 모른다. 개인적 도덕성의 관점이 아닌 사회 윤리의 관점에서, 최근의 회계 비리에 대해 일정한 구조적 변경을 추진하는 게 더 적절한 대응책일 것이다.

이 절에서 기업의 경영관리자로서 상반되는 책무를 가지고 있는 것으로 이해되는 전문직에 초점을 맞추고 논의를 진행했다. 다음 절에서 전문직으로서의 경영관리자의 역할이라고 할 수 있는 보다 일반적인 윤리적 책임에 대해 논하고자 한다.

7.4 경영관리자의 책임과 이익 충돌

기업의 경영관리자는 고용주에 대해 어떠한 구체적 책임을 가지고 있는가? 이 질문에 답하기 위해선, 먼저 기업의 소유주, 고용주, 투자자, 주주 또는 기업 자체라고 기술되는 기업의 프린시플의 이익을 고찰할 필요가 있다. 이런 다양한 용어가 사용되고 있다는 건, 이 문제가 외견처럼 그렇게 단순하지 않다는 걸 암시한다. 확실히 프린시플의 이해가 에이전트의 책임을 명확하게 결정하는 경우도 있다. 예컨대, 부동산 중개인 (에이전트)의 경우, 그 고용주 (프린시플)의 목적은 단기간에 가장 높은 가격으로 적절한 구입자에게 물건을 매각하는 것이다. 그러나 기업의 경영관리자는 어떤 이익을 프린시플에게 제공할 수 있는가? (밀턴 프리드먼이 대표가 되는) 경영관리자의 책임에 관한 협의의 견해가 시사하는 답은 "가급적 많이 번다"는 "소유자의 욕구"에 따라 비즈니스를 운영한다는 것이다.

보기에 간단한 이 답은 여러 문제를 은폐하고 만다. 기업의 "소유자"의 범위는 넓어, 수천 명의 개인과 법인을 대표하는 기관 투자자로부터 주가의 작은 변동 (오르고 내리고 하는)에서 재빠른 이익을 얻는 당일치기 매매자까지 포함한다. 엔론의 "소유자"는 누구인가? 수천 명의 개인 투자자에 대해, 401K 연금플랜 (확정거출형 연금)을 통해 엔론 주를 구입한 종업원, 고위직 임원, 뮤추얼 펀드 (오픈엔드형 투자신탁), 여러 주와 기관의 연기금, 그 밖에 은행과 보험회사 등 다수의 기관 투자자가 엔론 주를 보유하고 있다. 앞에서 본 것처럼, 엔론 주는 차입의 담보와 다양한 파트너십과 관련하는 합병회사에 대한 담보로서도 이용됐다. 이 각양각종의 "소유자"는 각각 다른 욕구를 가지고 있었다. 개인 투자자 중엔 회사의 그 제품을 좋아해 주를 구입하는 사람들도 있으며, 단기 소득을 얻기 위해 투자하는 사람들도 있을 것이다. 회사와 그 기술에의 투자로서 주식을 보유하고 있는 사람, 퇴직 후를 대비해서 장기적 시점에서 투자하는 사람, 그리고 단기적 이익을 목적으로 게임으로서 투자하는 사람도 있다. 이런 다양한 주식 보유자의 이해를 감안하면 소유자 간의 이익 충돌은 생길 만도 하고 또 실제 생기고 있다. 아주 분명한 것은, 경영진이 기업 자체에 현명하게 재투자할 때만 기업의 장기적 재정적 안전성을 얻을 수 있다는 점이다. 하지만 자본, 노동, 연구・개발에 재투자하는 건, 적어도 단기이기는 하지만 주식 이익이 하락하는 희생이 따르기도 한다. 한편, 주가의 상승을 목표로 하는 경영만을 한다면 기업의 건전성과 안전성을 훼손할 수 있다. 이것은 ≪포춘≫ 이 말한 "주주 숭배주의"이며, 엔론과 아서 앤드슨과 같은 회계 비리의 배경이 되는 "유일한 최대 요인"이다.[4)]

소유자・경영자 관계의 보다 적절한 모델을 찾기 위해선, 제3장에서 논한 "스테이크홀더 이론" (이해관계자 이론)으로 돌아가 생각할 수 있다. 거기서 "소유자"와 "투자자"를 구별하고 경영자는 여러 다양한 스테이크홀더에 대해 책임을 져야 한다고 결론을 내렸다. 기업은 주주의 단순한 사적 재산이 아니고, 다양한 개인과 기관으로 구성된 스테이크홀더에게 이바지하는 사회적 기관이다. 이 관점에 따르면, 기업의 경영자는 투자자의 금전적 욕구뿐 아니라, 회사의 최대 이익을 도모해야 할 책임이 있다. 일반적으로, 회사의 관심사는 고객에게 재財와 서비스를, 종업원에게 임금과 복지 혜택을, 그리고 주주에게 경쟁력 있는 주식 자본 이익률을 제공함으로써 재정적으로 안정된 기업으로 살아남는 것이다.

앞에서 말한 이 모델과 대조적으로, 그레그 스미스가 서술한 바 있는 골드만 삭스의 변신을 생각해 보자. 한때는 고객의 이익을 우선했었다. 시간이 지남에 따라, 고객의 이익을 희생시키면서도 자사 이익을 최대화하는 회사로 변했다. 골드만 삭스사는 한때 건전하게 자본 수익률이 있는 회사였으나, 수단 방법을 가리지 않고 어떻게 해서든지 이익의 최대화라는 원칙에 굴복하고, 부패해 회사의 건전성을 상실했다.

그러나 가령 다양한 스테이크홀더의 여러 다른 이익이 기업의 경영관리자가 추구하는 이익이라면, 어떤 이익이 다른 이익과 충돌하게 될까? 첫 번째 답으로서 생각할 수 있는 건, 경영관리자에게 있어서 비윤리적 충돌이 안 되는 이익은 어떤 것인가라는 물음이다. 그것들은 경영자로서의 책임에서 나오는 것들일 것이다. 경영관리자는 전문적 능력 때문에 채용되므로, 그 능력을 행사해 주주 이익을 희생하더라도, 그것은 기업 "소유자"에 대한 책임과 윤리적으로 대립하는 건 아니다. 예를 들어, 엔론의 회계 관행에 대해 쉐런 왓킨스가 상부 임원에게 고언을 한 사례를 생각해 보자. 레이와 스킬링의 관점에서 분명히 그녀의 행위는 의리 없는 것이었다. 하지만 왓킨스의 경영관리자로서의 권한은 자신의 회계사로서의 전문 능력에서 나오는 것이며, 기업 그 자체에 대한 그녀의 책임은 그 전문 능력을 발휘하는 것이고, 회사의 단기적 금전상의 이득을 위해 그 능력을 희생하는 것이 아니다.

약간 다른 시점에서 이 문제를 생각해볼 수 있다. 기업의 경영관리자가 내리는 모든 의사결정은 누군가에게 코스트를 떠맡긴다. 모든 표준 교과서가 말하듯이 **코스트**란 기회의 상실, 즉 포기나 단념하는 것이라고 이해된다. 의사결정은 어떤 것을 위해 다른 선택지를 포기하는 것, 즉 코스트를 강요하는 것이라고 정의된다. 윤리적이고 유능한 경영관리자는 재정적으로 건전한 기업을 유지하기 위해 코스트를 강요, 즉 의사결정을 한다. 책임 있는 경영관리자는 여러 스테이크홀더의 경합적 요구를 형평 있게 조정함으로써 결정을 내린다. 이것은 경영관리자가 비즈니스에 바치는 전문성이지, 스테이크홀더의 한 집단만의 협의의 이익을 위해 희생되는 전문성이 아니다. 경영관리자의 의사결정은 때로는 주주와 투자자에게 원하지 않는 코스트를 떠맡기는 일이 있는데, 종업원, 소비자 등 다른 스테이크홀더에 대해서도 그러할 때가 있다. 그런 의사결정이 회사 자체의 최대 이익을 위해 내려지는 경우, 협의의 경영관리자 책임론과는 대조적으로 그런 결정은 윤리적으로 책임이 있다고 할 수 있다.

물론 경영관리자가 주주 (그리고 다른 스테이크홀더)에 대해 비윤리적 코스트를 강요하는 경우도 있다. 경영관리자 자신의 이익이 경영관리자의 전문직으로서의 판단을 방해할 때 이익 충돌이 생긴다. 앤드류 패스토가 엔론의 최고 재무 책임자CFO의 자격으로 그 자신이 매니징 파트너로 있던 회사와 협상을 하면서 3000만 달러를 "번" 것은 전형적인 이익의 충돌이다. 경영관리자의 1차적 책무는 그 전문적 판단력을 신중하게 행사하는 것이므로, 개인적 이해가 판단을 방해하는 경우엔 비윤리적 이해 충돌이 일어난다. 실제, 프린시플 · 에이전트 관계의 특징인 취약성은 에이전트의 사적 이익을 위해 악용된다. 패스토는 위에 말한 협상에 있어서 엔론의 스테이크홀더의 최상의 이익을 대표했다고 믿기 어렵다.

또 한 가지의 분명한 비윤리적 이익 충돌의 사례는 "킥백"이다. **킥백**이란 지불을 유인하기 위해 거래액의 일부를 지불인에게 되돌리는 — 킥백하는 — 것으로 위법의 지불이다. 예컨대, 건설회사에 발주하는 권한을 가진 경영관리자가 계약의 조건으로서, 그리고 발주의 원인으로서 건설회사로부터 금품이나 다른 혜택을 받는 경우가 이에 해당한다. 이 같은 개인적 이익은 부적절한 결정에 의해 전문적 판단을 방해하기 때문에, 킥백은 비윤리적 이익의 충돌이 된다.

또 한 가지 예로서 증권업계에서 **소프트머니**라고 하는 걸 생각해 보자. 비판하는 사람들에 의하면, 소프트머니라고 하는 증권업계에서 널리 행해지고 있는 관행은 제도적 킥백과 다를 바가 없다고 한다. 소프트머니라는 지불은 재무 어드바이저가 증권의 조사 · 연구와 분석 보고 등의 상담 서비스에 대해 증권회사로부터 금품을 받는 것인데, 이론적으로 이 돈은 어드바이저의 고객을 위해 사용한다. 이 돈이 고객에 대한 자문 서비스를 향상하기 위해 어드바이저에 의해 사용된다면, 고객에게 혜택을 줄 수는 있는 것이다. 하지만 이 돈이 재무 어드바이저들의 개인적 이익을 위해 쓰인다면, 이 관행은 남용되게 되며 비윤리적 이익 충돌이 되고 만다. 1998년 증권거래위원회SEC는 소프트머니의 광범위한 비리에 관한 보고서를 공표했다. 그 보고에 의하면, 소프트머니가 사무실의 임대료와 시설비, 개인의 여비와 휴가, 사적 친목클럽의 회비, 자동차 관련 경비 등에 사용됐다. 이런 경우, 고객은 재무 어드바이저의 전문적 판단을 더 이상 신뢰할 수 없게 된다.

이 예는 경영관리자는 여러 스테이크홀더와의 관계에 있어서 얼마나 신뢰가 중요한지를 보여준다. 신뢰는 모든 쌍무계약 관계에 있어서 (구입한 상품을 배송해 주리라고 믿고 있다) 중요한 점이기는 하나, 다른 한편으로, 한쪽이 상대편 행동보다 취약한 프린시플 · 에이전트 관계에서 특히 중요하다. 경영관리자가 법적으로 수많은 의무를 수행해야 하는 기업을 이끌 수 있으면, 그 기업의 스테이크홀더는 그 경영관리자의 판단을 신뢰할 수 있다. 신뢰를 분류하는 것은 비즈니스에 있어서 종업원의 특정 책임을 고찰하는 데 유익한 방법일 것이다.

7.5 직장에 있어서의 신뢰와 충성심

경영관리자는 회사의 자원에 대한 권한을 가지고 있으며, 그 밖의 스테이크홀더 모두는 경영관리자가 이 자원을 어떻게 활용하느냐를 결정하는 데 따라가기 때문에, 스테이크홀더가 경영관리자를 신뢰할 수 있어야 한다는 건 불가결한 요건이다. 신뢰한다는 건 그 사람보다 약한 입장일 때, 그의 판단을 믿고 그 판단에 의존한다는 뜻이다. 엔론의 주가가 떨어지고 있을 때, CEO 레이는 종업원들에게 자신과 회사를 믿어 달라고 권고했다. 자신이 보유하고 있던 엔론의 주를 계속 매각하는 동안, 수많은 종업원은 거액의 퇴직 후의 자금을 잃게 된 셈이다. 하지만 무엇이 경영관리자를 신뢰받을 수 있게 하는 요건인가? 어떠한 성격 특성, 또는 어떤 미덕이 신뢰할 만한 사람으로 만드는가?

신뢰할 만한 경영관리자의 첫째 책임은 전문적 능력과 전문성을 개발 · 유지하는 것이다. 일반적으로 전문적 능력 때문에 채용된 종업원 — 엔지니어, 회계사, 변호사, 재무 분석가, 프로그래머 등 — 은 자신들의 판단이 최고 수준의 전문적 기준에 의해 얻은 정보에 입각한 것임을 보증할 책임이 있다. 투자자는 엔론에 대한 아서 앤더슨의 감사를 믿었으므로, 감사가 감사 과정에서 성실하게 감사를 하고 있다고 (잘못) 생각하고 있었다.

능력 이외에, 비즈니스의 경영관리자에겐 다른 책임도 있다. 가장 일반적이고 논쟁의 대상이 되고 있는 건 회사에 대한 충성심이란 것이다. 충성심이란 회사의 이익을 위해 기꺼이 자기 희생을 하는 것으로 이해되고 있다. 특히 에이전트가 법적으로 회사에 대해 충실의 의무가 있다고 하는 대리권법의 모델에 따라, 종업원은 충성을 다하는 종업원이 돼야 하는 윤리적 책임이 있다는 주장도 더러 있다.

종업원은 회사를 위해 자기 희생을 할 책임을 어느 정도 가지고 있는가? 직장에서의 충실과 불충실을 이해하기 위해 다음 사례를 생각해 보자. 매년 초여름에 대형 은행은 여러 최근 대졸자를 여신 업무의 심사직으로 채용한다. 기업의 채용에 있어서 자주 하는 것처럼, 이 신규 종업원은 수개월간의 집중 교육을 받는다. 필자가 잘 아는 은행의 경우, 유명 대학으로부터 수명의 금융 · 회계학 교수를 초빙해 신규 직원이 금융과 회계에 대한 최신 교육을 받는 동안에도 급여를 지급한다. 신규 직원이 이 교육을 수료하면, 그들은 그 지역의 은행계에서 시장 가치가 높은 인재가 된다. 이들 중 일부는 교육을 마치자마자 경쟁 은행으로부터 현재의 은행보다 높은 급여를 제안받기도 한다. 이 신규 직원이 경쟁 은행의 직을 갖기 위해 사직한다면 의리가 없는 행위일까?

철학자 로날드 더스카는 종업원은 고용주에게 충성 책임이 없다고 논하고 있다.[5] 더스카에 따르면, 충성심이란 상호 이익의 바탕이 되는 희생을 기꺼이 바치겠다는 마음이라고 그 특징을 설명한다. 즉 공통 이익을 주는 일에 협동하는 사람이나 기관에 대해서만 사람은 충성심을 가질 수 있다. 더스카의 견해는, 고용 관계는 계약 당사자의 개별 이익을 추구하는 계약상의 절차일 뿐이다. 비즈니스의 으뜸가는 목적은 이익을 올리는 일이기 때문에, 회사는 충성심이 대상이 되는 그런 종류는 아니다. 따라서 종업원은 계약상의 사항을 준수할 책임은 있지만, 그 이상 자기 희생을 바칠 책임은 없다. 위의 은행의 사례에 있어서도, 만일 종업원이 그 첫 번째 운행에 대해 계약상 약속을 하지 않았다면, 그 은행을 사직하고 경쟁 은행에서 근무하는 데 아무런 제약을 받지 않는다. 충성과 불충성이란 당사자 쌍방이 각각 자기 이익을 추구하고 있는 상황에 있어선 무의미한 말이다.

특히 더스카는 비즈니스에 있어서 충성심이 일방 통행인 경우가 많다는 점에 주목하고 있다. "충실"한 종업원은 회사를 위해 자기 희생이 기대되고 있으나, 회사는 종업원을 위해 희생하는 일이 드물다. 은행이 성적이 나쁜 연수생을 서슴지 않고 해고하는 것처럼, 종업원도 높은 급여를 받기 위해 자유로이 회사를 그만둘 수 있어야 한다. 케네스 레이가 몇 백만 달러가 되는 엔론 주를 매각하고 있는 가운데서도, 맹목적으로 그에게 충성을 바친 종업원의 사례는, 더스카가 문제시하고 있는 좋은 보기다. 고용주와 종업원 간의 호혜 관계의 결여는, 회사는 충성심의 대상이 아니라는 더스카의 주장의 근본 견해다.

충성심에 대한 더스카의 정의에 이견이 있을 수도 있다. 그는 자기 희생이라는 개념을 과대시하고 있을지 모른다. 희생을 하겠다는 의사는 충성심의 일부이기는 하지만, 공통 목적에 대한 헌신과 성실이 충성심을 낳는 데 더 중요하며, 또한 종업원의 이익에 관심을 가진 기업들도 있다는 걸 과소 평가하고 있지 않을까. 제1장에서 기술한 아론 포이어스타인과 말덴 밀즈의 호혜적 충성심의 사례를 생각해볼 수 있다. 또 더스카는 종업원을 위해 희생을 하고자 하는 회사의 의사를 과소 평가하고 있을지 모른다. 예를 들어, 은행이 비용을 들여 교육을 시킨 그 결과, 경쟁 은행에 자신의 시장 가치를 파는 것도 은행의 희생이라고 지적할 수 있지 않은가.[6] 그럼에도 불구하고 더스카의 전반적 논점은 설득력을 얻고 있다. 충성심을 지지하는 주장은 때로는 회사를 위한 자기 희생을 하도록 나서게 하는 의사를 악용하는 위장술에 불과할 수도 있다. 엔론 사례가 명명백백하게 보여 주었듯이, 오랜 기간 충실하게 헌신해온 종업원이, 경영진의 잘못된 의사결정 탓으로, 일자리를 잃은 이 같은 비즈니스계의 비극은 달리 어디에 있겠는가. 회사가 종업원을 위해 자기 희생을 바치겠다고 나서기 전에는 또 나서지 않는 한, 종업원은 회사에 대해 충성심을 표할 아무런 이유가 없다.

하지만 되풀이하지만, 경영관리직의 종업원은 사정이 다르다. 결국 회사는 경영관리자의 의사결정을 신뢰하고, 종업원도 경영관리자로서 회사 이익을 자신의 이익으로서 받아들이기 때문이다. 회사와 스테이크홀더 전원은 자신들의 이익을 지키기 위해 경영관리자에게 의존한다. 따라서 경영관리직의 종업원이 회사와 스테이크홀더의 이익에 대해 충실하고 그 목적을 위해 자신의 이익을 희생하는 것은 비경영관리직의 종업원에 비해 확실히 더 적절한 것 같다. 그러나 이 말은 경영관리자가 회사에 대해서만 전적으로 헌신해야 하는 의무를 가졌다는 뜻은 아니다. 회사 자체의 이익이 스테이크홀더 모델이 시사하는 광범위한 이익이라 하더라도, 그 이익은 항상 다른 윤리적 문제와 균형이 맞추어져야 한다.

경영관리직의 불충성과 관련된 두 사례를 생각해 보자. 쉐런 왓킨스의 사례에서, 일부 엔론의 경영진은 그녀를 충성심이 없는 종업원이라고 생각했다. 그러나 이 문제에 있어서 그녀가 충성심이 없다고 비난하는 건 엔론 자체와 사내의 개개인의 자기 이익을 지키는 데 대한 비난에 불과했다. 만일 이 행위가 불충성이라고 한다면, 충성을 다해야 할 윤리적 책임은 존재하지 않는다. 이 말은 충성심이 반드시 좋은 것이 아니라는 뜻을 시사한다.

두 번째의 사례는 자신의 회사와 중요한 계약을 협상하고 있던 CEO가 다른 회사로부터 매력 있는 직을 제의받은 일이다. 그 계약이 성립되면 장기간 재무적 안정성을 약속할 수 있으나, 계약의 성립은 CEO의 협상력뿐 아니라 경영관리자로서의 높은 능력과 평판에 크게 달려 있었다. 이 CEO가 이 시점에 회사를 그만두게 되면, 계약이 실패로 끝나고 회사가 큰 손해를 입을 가능성이 높다. 이 경우, CEO는 회사에 대해 충성심을 계속 가져야 할 책임을 지니고 제의받은 자리를 거절해야 하는가? (앤드류 패스토는 엔론의 CEO로서의 의무에 충실함으로써 300만 달러의 개인적 이익을 단념해야 할 책임이 있었는가?)

더스카의 견해라면, CEO에게는 그런 책임이 없다. 이것은 단순히 종업원의 자기 이익이 회사의 자기 이익과 대립한 사례에 불과하다. 회사는 CEO에 대한 충성심에서 회사의 자기 이익 (수익성)을 희생할 생각이 아예 없기 때문에, CEO도 회사를 위해 자신의 이익을 희생할 책임이 없다. 하지만 그 선택에는 윤리적으로 문제가 있다. 회사와 회사의 많은 스테이크홀더는 이 CEO의 활동에 의존하고 있으며, 이 CEO만이 막을 수 있는 손해에 대해 취약하다. 엔론의 사례와 달리, 여기서 생기는 손해는 부당한 것이고, 또 회사로서는 CEO가 손실을 막지 못하면 최소화하도록 기대하는 건 당연하다고 하겠다. 그것을 기대하는 게 정당한 까닭은 CEO는 최소한 묵시적으로나마 그런 걸 약속했기 때문이다.

이쯤 하면 종업원의 충성심에 관한 타당한 결론이 될 것 같다. 만일 충성심이 종업원이 지닌 일반적 책임을 넘어서 자기 이익을 희생하겠다는 의사라고 한다면, 더스카가 시사하듯이, 종업원의 충성심을 요구하는 것에 대해 의심해야 한다. 그렇지만 법적 에이전트로서 활동할 것을 합의했을 때, 자기 희생을 바치겠다고 약속하는 종업원이 있다고 하는 것도 인식할 필요가 있다. 이런 관점에서, 아마 직장 충성심이란 개인의 이익을 희생하더라도 스스로 한 약속에 충실하고자 나서는 의지라고 생각하는 게 더 나은 해석이다. 회사는 종업원이 약속을 지킬 것을 믿을 수 있어야 하겠지만, 종업원이 약속 이상의 일을 한다든가 회사를 위해 희생하길 기대할 윤리적 근거는 존재하지 않는다.

7.6 제3자에 대한 책임 –정직, 내부 고발, 인사이더 거래

이 장에서 지금까지 종업원이 회사에 대해 갖는 책임에 대해 논의했다. 하지만 이것으로 종업원의 책임 범위의 전부가 되지 않는다. 모든 사람이 가진 통상적 책임과 종업원으로서 가진 책임을 넘어, 종업원은 직장 밖의 제3자에 대해서도 책임을 질 수 있다. 고용주 이외의 관계자에 대한 종업원의 책임과 관련된 세 가지 논제를 고찰하고자 한다.

정직

종업원이 정직해야 할 윤리적 책임을 진다고 주장하는 건 당연할 것이다. 그럼에도 불구하고, 비즈니스의 많은 경우에 어느 정도 정직하지 않은 것도 허용되는 (요구되지는 않더라도) 일이 있다고 생각하는 사람들도 있다. 광고와 마케팅과 관련된 한 사례를 다음 장에서 상세히 살펴보고자 한다. 그러나 비즈니스에서 일하고 있는 사람이 동료, 고객, 경쟁 상대, 고용주에 대해 정직하지 못하도록 이끌어지는 경우도 많다. 여기선 비즈니스에 있어서 허풍이 윤리적으로 허용될 수 있는 것이라는 일반적 주장에 대해 생각해 보자.

비즈니스 윤리의 영역에서 고전이 돼 있는 알버트 카의 논문에서 카는 속임수와 허풍은 비즈니스에서 용인되는 전략이라고 했다.[7] 카에 따르면, 비즈니스는 게임이 지닌 비인간적 특성을 가지고 있으며, 포커처럼 비즈니스에도 자체의 룰과 기준이 있다. 카의 견해는, 허풍, 거짓말, 속임수, 잔재주는 모두 성공적 경영 전략의 한 요소이며 비즈니스에선 충분히 용인 가능하다. 카의 논의는 아놀로지 (유추)에서 나온 주장이다. 즉 비즈니스는 포커와 같은 것이고, 마치 포커 게임에 통상적 도덕성이 요구되지 않는 것처럼 비즈니스에서도 요구되지 않는다는 말이다.

> 포커의 독특한 윤리는 문명화된 인간 관계의 윤리적 이상과는 다르다. 이 게임에선 상대에 대한 불신을 요하며, 우정에 대한 호소를 무시한다. 친절과 솔직함이 아니고, 교활한 속임수, 자신의 강점과 의도를 숨기는 것이 포커에서는 불가결이다. 그 때문에 포커를 나쁘다고 생각하는 사람은 없다. 비즈니스의 선악 기준이 우리 사회의 일반 윤리 전통과 다르다는 이유로 비즈니스라는 게임을 나쁘다고 생각해선 안 된다.[8]

카의 주장에 반대되는 중요하고 설득력 있는 도전이 제기될 수 있다. 예컨대, 그는 비즈니스에서의 불성실이 널리 퍼져 있고 또 용인되고 있는 점을 과대 평가하고 있다. 또 비즈니스와 포커와 같은 게임 간에는 커다란 비유추가 존재하기 때문에 아날로지로부터 결론을 도출하는 건 설득력이 약하다.

마지막으로, 비록 비즈니스에 특유의 윤리적 관습이 실제로 있다고 하더라도, 그 사실만으로 비즈니스가 통상적 윤리적 평가 대상에서 제외되지는 않는다. 그럼에도 불구하고, 불정직이 일반적이고 분명히 허용되는 비즈니스 상황이 있을 수 있다. 계약을 협상하는 가운데 볼 수 있는 당사자 간의 허풍을 생각해 보자.

한쪽이 상대를 진실이 아닌 것을 믿도록 유도한다. (예: 조건이 좋지 않으면 다른 곳으로 가겠다, 임금을 인상하지 않으면 파업을 하겠다, 오는 세일에 합의하지 않으면 다른 고객에게 이 제품을 팔겠다 등) 이런 허세, 허풍은 비윤리적인가?

정직해야 할 윤리적 책임을 설명하기 위해 일반적으로 세 가지 이유가 제시된다. 공리주의적 이론에선 불정직은 커뮤니케이션 능력을 손상하며, 그 결과 사회적 악영향을 낳는다고 결론을 내리고 있다. 정직과 그것이 낳는 신뢰는 모든 협력적 사회 활동에 있어서 요긴한 전제 조건이다. 윤리에 대한 칸트파의 관점에서 불성실이나 불정직은 남을 자신의 목적을 위한 수단으로 취급하며, 다른 사람의 존엄을 경시한다. 세 번째 윤리적 관점은 불정직이 남에게 미치는 영향보다, 불정직이 불정직한 사람에게 미치는 영향에 주목한다. 정직하지 않은 사람은 두 가지 인격을 가지고 있다고 할 수 있다. 즉 하나는 불정직의 "희생자"에게 보이는 가장된 인격이고, 또 하나는 기만을 당하는 희생자에게 보이지 않는 감추어진 인격이다. 하지만 이 관행은, 특히 습관화되면, 그 사람 자신의 품위를 손상한다. 품위에는 도덕적 건전성, 정통성, 일관성이 포함된다. 품위는 자신의 정체성과 자존심을 확립하는 데 중요한 역할을 한다. 불정직한 사람은 이중 인격을 지녀야 하기 때문에 도덕적 품위가 없다.[9)]

위의 세 가지 논점이 정직의 가치에 대한 설명이라면, 비즈니스에서의 불정직이나 허세·허풍이 오로지 윤리적인 것이 될 수 있는 것은, 이런 사항에 적절히 답할 수 있는 경우뿐이다. 일반적으로 불정직한 행위라도 기본적 사회 관행을 위협하지 않는 유익한 사회적 결과를 낳을 수 있다는 주장은 일리가 있다. 그러나 일상적 불정직이 사회적 협력에 필요한 신뢰를 손상하지 않는다고 주장하기는 더 어렵다. 카의 견해도 칸트파의 염려에 답이 될 수 있을지 모른다. 카의 견해는 "관련자 모두가 알게 되면, 거짓은 거짓이 아니다"라고 시사하고 있다. 즉 이 말은, 일부 불정직한 행위는 사람을 속이고 사람을 단순한 수단으로 취급하지 않는다는 뜻이다. 하지만 이 경우, 피해자는 상대가 허풍을 치고 있다는 걸 알고 있으면서 거기에 참여하는 것에 동의하고 있다고 전제되고 있다. 이 두 가정은 비즈니스 상황에 있어서 진실인 경우도 있지만, 자주 일어날 것 같지는 않다. 허풍은, 그것을 듣는 사람이 진실이라고 믿는 경우에만, 즉 그 사람이 기만당하고 있을 때만, 허풍으로서 기능을 한다. 더욱이 포커 게임과 달리 개인은 마지못해 비즈니스 관행에 참가하지 않을 수 없는 경우가 자주 있다. 마지막으로, 어쩌다가 발생하는 불정직한 행위는 자신의 품위를 위협하지 않겠지만, 불정직한 행위를 부추기고 용인하는 사회적 습관은 확실히 품위를 위협한다.

엔론의 주가가 하락하고 있던 기간, 케네스 레이가 계속해 사람들을 안심시킨 것을 생각해 보자. 그의 행동을 투자자들에 대한 허풍을 목적으로 한 전략이라고 해석하는 건 쉬울 것이다. 충분한 수의 사람들이 엔론의 주가가 안정하다고 믿고 매각을 중단했다면, 회사가 재정적으로 안정 여부와 관계없이, 주가는 안정했을 것이다. 이 허풍은 정당화될 수 있을까?

틀림없이 레이는 그렇다고 말할 것이다. 엔론의 붕괴는 많은 사람에게 손실을 주게 되므로, 회사가 판단하지 않도록 하는 허풍은 "더 큰 행복"에 유용할 것이다. 그러나 이것은 최대 다수의 최대 행복을 위한 공리주의 원칙을 불성실하게 적용한 것이라고 하겠다. 레이의 허세 부리기의 결과로 엔론 주를 사거나 보유한 사람은 적어도 믿었던 것보다 훨씬 더 큰 리스크를 지게 될 것이다. 이때 허풍이 성공을 거두게 되면, 많은 사람을 희생하고 일부 사람 (레이 자신처럼, 주를 계속 팔려고 하는 사람)에게 더 큰 이익을 안겨주게 된다.

내부 고발

내부 고발자란 일반 사람이나 정부 기관에 자신의 화사나 기관이 행한 위법, 위해 또는 비윤리적 행위를 알려주는 종업원이나 내부 관계자를 말한다. 만일 쉐런 왓킨스가 케네스 레이가 아니라 증권거래소에 엔론의 회계 부정을 알려 주었다면, 그녀는 내부 고발 행위를 한 것이 됐을 거다. "내부 고발하기blowing the whistle(호루라기 불기)"라는 말은 심판이 호루라기를 불어 반칙이나 부적절한 행위에 주의를 환기시키는 스포츠 분야에서 유래한다. 기업에서의 내부 고발은 윤리적 염려를 낳는다. 그 이유는, 스포츠에 있어서 중립적 심판과 달리, 종업원은 팀의 구성원이며, 팀에 대한 충성을 위해 내부 고발을 해서는 안 된다고 생각하는 사람도 있기 때문이다. 따라서 내부 고발은 제3자 (해당 기업의 활동에 의해 손실을 입을 가능성이 있는 사람)에 대한 책임과 고용주에 대한 종업원의 책임을 맞부딪치게 한다. 내부 고발은 고발자를 위험에 빠뜨리기 때문에, 종업원 자신과 부양 가족에 대한 책임과 관련해 우려를 낳게 한다. 이들 세 가지의 책임, 즉 일반인에 대한 책임, 고용주에 대한 책임 그리고 자기 스스로의 욕구를 균형 있게 조절하는 것은 내부 고발의 윤리적 기준을 설정하는 데 필요하다. 이처럼 내부 고발의 윤리적 쟁점에는 그 허용 가능성과 의무가 포함된다. 자신의 고용주에 대한 내부 고발은 허용 가능한가? 그렇게 하는 건 과연 윤리적 의무인가?

철학자 리처드 디조지는 내부 고발의 윤리에 관해 설득력 있는 분석을 제시하고 있다.[10] 디조지는, 내부 고발이 윤리적으로 허용 가능하게 되려면, 세 가지 조건이 충족돼야 한다고 말하고 있다. 첫째, 내부 고발이 제기하는 심각한 손실의 위협이 실제로 존재해야 한다. 내부 고발 행위 자체가 회사와 그 종업원에게 손실을 줄 수 있기 때문에 내부 고발이 방지하고 싶어 하는 손실이, 회사와 종업원이 입는 손실보다 더 커야 한다. 둘째, 내부 고발자는 먼저 회사 내부의 채널을 통해서 신속하게 손실을 막아야 한다. 이 조건은 발생할 수 있는 다른 손실을 최소화하면서 손실을 막는 가장 효율적인 수단이다. 셋째, 내부 고발자는 손실을 막기 위해 가능한 모든 내부에서 할 수 있는 절차를 남김 없이 취해야 한다. 내부를 통한 절차 자체가 부적절한 경우가 있는 점을 디조지도 인정하고 있지만, 그렇더라도 내부 고발을 하려고 하는 사람은 회사 테두리 안에서 성실한 노력을 해야 한다. 그러한 노력이 이루어지고 난 후에도 여전히 손실의 가능성이 존재한다면, 내부 고발은 윤리적으로 허용된다.

디조지는 그 밖에 두 가지 조건이 충족되면 내부 고발은 윤리적으로 의무라고 주장하고 있다. 첫째, 내부 고발자는 손실을 유발하는 데 있어서 기업의 역할을 공평하게 관찰하고 있는 사람을 납득시키기 위해 문서로 된 증거를 가지고 있어야 한다. 이런 증거가 없으면, 종업원에겐 내부 고발에 내재하는 리스크를 질 의무가 없다. 끝으로 내부 고발자는 고발함으로써 손실을 방지한다는 것을 확신할 충분한 이유가 있어야 한다. 의심스러운 이익을 목적으로 커다란 위험을 무릅쓸 윤리적 의무를 질 수는 없다.

인사이더 거래

일반적으로 인사이더 거래란 "인사이더 (내부자)"로서 취득한 비공개 정보를 바탕으로 증권 (주식과 채권)을 매매하는 것이다. 가장 알기 쉬운 예로선, 정보가 공개되기 직전에, 내부 정보를 근거로 기업의 주를 대량으로 매입 (또는 정보의 영향에 따라 매각)하는 경영관리자와 이사진을 들 수 있다. 정보가 공개된 후에 예상되는 시장 가격보다 싸게 매입 (또는 비싸게 매각)함으로써 내부 관계자는 분명히 내부 정보에 의해 부적절한 이익을 얻는다. 이 내부자는 법률상엔 위법적 방법으로, 많은 사람이 비윤리적이라고 생각하는 방식으로 내부 정보에서 개인적 이익을 얻는다. 인사이더 거래는 회사, 주주, 금융 시장에 대한 책임에 관해 흥미 있는 문제를 제기하고 있다.

엔론 사건은 2001년에 발생한 가장 지독한 인사이더 거래의 단면을 보여준다. 실제 엔론의 모든 경영 임원은 이 회사가 심각한 문제에 빠져 있다고 믿거나 믿었어야 했을 시기에 엔론 주를 대량 매각했다. 엔론은 재정적으로 건전하다는 걸 외견상으로 보여주며, 나아가 투자자가 고가로 주식을 계속 매입하도록 만들었다. 한편으로 이들 임원은 엔론을 의심하지 않는 투자자에게 주식을 팔아 개인적 부를 챙겼다. 인사이더 거래가 비윤리적으로 보임에도 불구하고, 윤리적으로 적절하다고 주장하는 논자도 있다. 그런 논의는 대개 시장 본위이며, 인사이더 거래는 정확한 정보를 확산하는 효율적 수단이고 결국 적정한 시가를 반영하는 점으로 주가를 접근시킨다고 주장한다. 주식의 대량 매입 (또는 매각)은 금융 시장에 정보를 효율적으로 제공해 시장은 균형 있는 방향으로 빠르게 반응한다. 인사이더 주식의 매각은 시장에 정확한 메시지를 보냈으며, 가격은 엔론의 가치를 바르게 반영하는 균형을 재빨리 추구했다. 인사이더 거래를 인정하면 내부자가 회사에 이익을 가져다주기 위해 일할 강한 동기를 주게 된다고 주장하는 사람도 있다.[11)]

하지만 이들 논의는 어느 쪽도 윤리적으로 설득력이 없다. 비록 인사이더 거래가 금융 시장을 효율적인 방향으로 움직인다고 하더라도, 그건 오로지 불공정하고 비윤리적 수단으로 그렇게 될 뿐이라고, 비판자는 반박한다. 케네스 레이와 그의 동료가 매각한 주식을 매입한 모든 사람은, 특히 레이의 안심시키는 허풍에 따라 매입했다면, 솔직히 말해 속임수에 넘어간 셈이다. 비판자는 또한, 내부자가 좋은 뉴스뿐 아니라 나쁜 뉴스를 근거로 거래를 해, 이익을 얻을 수 있기 때문에 회사의 이익에 반해서 일할 동기도 가질 만하다고 지적한다. 거듭해서 말하건대, 엔론의 사건이 분명히 보여 주듯이, 종업원은 나쁜 뉴스가 공개되기 전에 주식을 팔기 위해 내부 정보를 사용할 수 있는 것이다.

아래 기술하는 세 가지 논의는 종업원 책임에 관한 특정한 이해에 따른 인사이더 거래에 대한 윤리적 비판이다. 첫째는, 인사이더 거래는 같은 정보를 가지고 있지 않은 탓으로 시장에서 부당하게 불리한 입장에 있는 다른 증권 거래업자에겐 불공평하다는 주장이다. 둘째 비판은 인사이더 거래에 사용되는 정보는 회사의 재산이라는 것이다. 그래서 내부자가 허가 없이 그걸 사용해 다른 주주에게 손실을 주면, 그건 비윤리적 행위를 한 것이 된다. 셋째 논거는 인사이더 거래에 의해 회사와 종업원 간의 신탁 관계를 바탕으로 하는 신뢰가 훼손된다는 주장이다.

불공평을 관점으로 하는 논의는 보기보다 그렇게 설득력이 없을지 모른다. 만일 내가 주가가 떨어지거나 오를 것을 사전에 알고 있는 사람으로부터 주식을 고가나 저가로 사거나 (또는 그 반대의 경우, 팔거나)하게 된다면, 개인 투자자로서 나는 확실히 부당한 취급을 받고 있다고 느낄 것이다. 그러나 나는 불공평하게 취급을 받았는가? 상대방은 나에 대해 가지고 있는 정보를 밝힐 책임이 있는가? 그렇지 않은 것 같다. 불균형한 정보 그 자체는 불공평이 아니다. 다른 사람이 다만 나보다 더 부지런히 광범위한 조사를 하고, 그 결과 나는 손실을 보고 그 사람은 이익을 얻었다고 가정해 보자. 그 사람이 증권 거래에 있어서 자신에게 유리하도록 (그리고 내겐 불리하게), 그 불균형한 정보를 사용하더라도 윤리적 문제는 되지 않는다. 불공평론이 설득력을 갖는 것은, 본인이 가지고 있지 않고 공평하게 접하지도 못하는 내부 정보 때문에 본인이 불리하게 되는 경우다. 불공평하게 생각되는 건 내부자가 됨으로써 취득하는 이익이다. 그것은 단순히 불균형한 정보가 아니고, 당연한 부지런한 봉사에도 불구하고 내부자만 유리한 불균형이다. 하지만 내부자는 다른 거래업자에 대해 내부 정보를 평등하게 접하게 해줄 책임이 있는가? 내부자는 누구에 대해 책임을 지고 있는가?

내부자가 내부 정보에 따라 거래를 하는 경우, 손실을 입었다고 주장할 수 있는 투자자엔 두 유형이 있다. 하나는 아직 주식의 거래를 하고 있지 않은 사람이다. 여기서는 "잠재적 투자자"라고 부르기도 한다. 그는 내부 정보를 가졌었다면 인사이더 거래를 한 사람만큼 이익을 얻었을 것이라고 주장한다. 즉 그는 가능한 뜻밖의 횡재를 거부당했다는 의미에서 손실을 입은 것이다. 하지만 이 사람은 무엇인가 있을 수 있었던 것에 대한 정당한 윤리적 권리가 거의 없다. 엔론이 붕괴돼 있는 동안, 자신의 퇴직연금계좌 (401K)에 있었던 엔론 주식의 매각을 금지당하고 있던 엔론의 종업원의 불만을 생각해 보자. 만일 그들의 불만이, 인위적으로 조작된 높은 값으로 그들도 엔론 주식을 매각할 수 있었어야 했다고 하는 것이라면, 윤리적 지지는 없을 것이다. 만일 그들이 레이와 그 밖의 사람들이 알고 있었던 것을 알고 그에 따라 주식을 팔았다면, 레이와 마찬가지로 부정한 인사이더 거래로 유죄였을 것이다.

두 번째 유형의 투자자는 실제로 거래를 하는 투자자인데, 여기서는 "실투자자"라고 부르고자 한다. 실투자자는 내부자가 무엇을 알고 있는지 모르면서 주식을 내부자에게 매각 (또는 불리한 정보가 있는 경우엔 내부자로부터 매입)한다. 이 경우, 주식 거래는 제로 섬 게임이므로 한쪽의 이익은 다른 쪽의 손실이 된다. 이 거래는 더 문제가 되고, 부정에 가까운 케이스로 보인다.

다시 엔론의 인사이더 거래의 사례를 생각해 보자. 고위 경영자들은 회계 부정이 세상에 알려질 것을 알고, 이 뉴스를 예측해 대량의 주식을 팔기 시작했다. (또는 옵션을 행사하기 시작했다.) 몇 주가 지나는 사이 실제로 주가는 폭락, 그 결과 그들은 이익을 취했다. 하지만 잠재적 투자자 (또는 매도자)는 내부자와 같은 이익을 얻을 기회를 가지지 못했으므로 정당한 권리가 침해당했다고 주장할 수 없다. 윤리적 관점에서 내부자가 이 잠재적 투자자에게 손실을 끼쳤다고 보기 어렵다. 그러나 내부자로부터 주식을 구입한 실투자자는 실제 손실을 입게 된다. 특히 이 손실은 주주를 대리해서 행동하는 책임을 지고 있는 사람, 즉 회사의 내부자에 의해 주주가 손실을 본다는 사실에서 주로 발생하고 있다.

따라서 인사이더 거래는 에이전트 (경영진이나 주주의 대리인)가 프린시플 (주주)에 대해 지고 있는 책임을 소홀히 하는 것을 의미하며, 그것이 재산권과 수탁자 의무를 바탕으로 하는 윤리적 관점의 인사이더 거래에 대한 비판과 인사이더 거래의 불공정에 대한 주장을 연결 짓는다. 내부 정보는 공개되지 않는 게 일반적이다. 그것은 합법적으로 기업에 속하는 사적 정보다. 경영관리자는 기업을 희생해 개인적 이익을 얻는 걸 금지하는 수탁 책임을 기업에 대해 지고 있다. 내부 정보에 따른 거래는 투자자에게 손실을 주는 방향으로 개인적 이익을 위해 사적 자원을 악용하는 행위다. 투자자는 자신의 이익을 대표하는 경영관리자를 신뢰하기 때문에, 내부 정보에 따라 거래하는 내부자는 투자자의 신뢰를 배신할 뿐 아니라, 이익을 대표해 행동할 책임을 가지고 있는 바로 그 사람들 (투자자)을 속이게 된다. 인사이더 거래의 결과, 더 효율적이고 더 정확한 주가로부터 이익을 얻는 불특정한 잠재적 투자자가 더러 있을지 모르지만, 실투자자는 윤리적으로 정당하게 요구할 수 없는 이익을 거부당한다.

논의를 위한 사례를 다시 생각해 보자

엔론은 탐욕과 부패의 동의어가 됐지만, 그 후 분명해진 것처럼, 이 사건은 지금까지 계속되고 있는 기업과 회계 비리의 시작에 불과했다. 엔론이 세상의 주목과 비판의 대부분을 모으고 있는 가운데, 아서 앤더슨의 붕괴는 비즈니스에 있어서의 윤리적 행동의 중요성과 관련해 보다 중요한 교훈을 주었다. 그것은 최근의 금융 파탄을 고려하면 금융과 회계 업계가 무시한 교훈이었다.

감사가 늘 이익이 대립하는 와중에 배치돼 있는 건 일을 더욱 어렵게 만든다. 전문직의 의무로서 감사는 독립된 입장에서 정확한 재무의 실상을 묘사해야 한다. 그렇지만 그들은 기업으로부터 보수를 받고, 경영진에 의해 채용된다. 그런데 이 경영진은 완전하고 정확한 정보 공개를 원하지 않을지 모른다. 경영진 보수의 대부분은 상여금이지만, 이 상여금은 주가에 따라 변동한다. 재정에 관한 나쁜 뉴스로 주가는 하락하므로 경영진이 자신들의 이익을 위해 회사의 감사 보고서에 담긴 정보를 조정하려고 하는 건 뻔한 일이다.

그러나 엔론의 사례가 뚜렷이 보여 주었듯이, 감사를 맡고 있는 바로 그 회계사무소가 동시에 그 회사의 컨설턴트 역할을 하면서, 회사가 감사 보고서로부터 감추고 싶어 하는 그 행위에 대해 자문을 하는 경우엔, 더 큰 갈등이 생긴다. 엔론과 아서 앤더슨으로부터 배웠어야 했던 교훈은, 감사에 의한 문지기 기능의 건전성이 위태로운 상태에 놓여 있다는 사실이었다. 2008년에 시작한 경기 후퇴는 신용 리스크가 높은 대부를 해준 금융 기관의 붕괴에 의해 크게 가속화됐지만, 회계사, 감사, 신용 분석가, 변호사는 자신들의 모호한 행동 탓으로 그런 리스크가 높은 대부를 막지 못했다.

이 같은 비리를 고찰할 때 단 한 가지 원인을 찾고 싶어 하는 유혹에 빠질 수 있다. 그것은 개인적 탐욕인가? 잘 알지 못해서 한 일인가? 옳고 그름을 구분하는 것일까? 정부에 의한 감시가 없기 때문인가? 경영관리직의 리더십 부족인가? 원인이 확인되면, 그런 일이 재발되지 않도록 혁신이 이루어지길 기대한다.

기업 비리의 원인을 확인해 예방하는 전략을 마련하는 것은 비즈니스 윤리의 중요한 부분이다. 제1장에서 논한 것처럼, 철학적 윤리학은 개인의 도덕과 사회 윤리 양면의 문제를 다룬다. 이 틀을 사용해 기업 비리를 세 측면에서 평가할 수 있다. 즉 개인, 기업의 조직과 활동, 정부와 사회 제도의 세 가지 관점이다.

개인의 관점에서 이런 사례를 생각해 보면, 여러 의문이 생긴다. 윤리적 정당성이 관련되는 의문도 있다. 당신이 엔론에 근무하는 감사였거나, 리스크가 높은 주택론을 적극적으로 강매하는 금융 기관에 근무하는 회계사였더라면, 어떻게 했을까? 이런 상황에 실제로 근무하고 있던 사람과 다른 행동을 취했을까? 개인의 관점에서는 개인적 동기에 대해서도 생각할 필요가 있다. 왜 이런 사람들은 그런 행동을 했을까? 어떻게 했으면 다르게 행동할 수 있었을까? 부의 유혹에 굴복하는 사람과 그것에 저항하는 사람의 차이를 어떻게 설명할 수 있는가?

조직의 관점에서 생각해 보면, 이 같은 비리는 기업 내에 중요한 행동을 초래한다. 인사과는 이제 종전에 없었던 윤리 규율을 본격적으로 실시하고 있다. 많은 기업들이 윤리 담당자와 옴부즈맨 직원을 채용, 종업원이 책임 있게 행동하도록 교육하고 비윤리적 행동을 보고하는 기회를 제공하고 있다. 기업 문화에 대한 화제는 윤리적 기대치를 높이 설정함으로써 윤리적 행동을 촉구하고자 하는 경영관리자로부터 큰 주목을 이끌어 냈다. 엔론과 앤더슨의 사례는 조직체 행동에 관한 좋은 사례 연구가 되고 있다. 조직으로서 그들은 무슨 잘못을 저질렀는가? 어떤 구조 개혁을 할 수 있었다면, 엔론의 붕괴를 막을 수 있었을까? 종업원은 어떻게 회사의 규범과 윤리관을 배울 수 있을까? 높은 윤리 기준은 어떻게 해야 이론에서 실천으로 옮길 수 있을까?

하지만 또 다른 조직적 관점은 전문성을 가진 단체·협회와 이사회의 역할이 무엇이냐 하는 문제다. 전문직에 있는 인사들은 자격 심사 위원회와 전문 영역의 조직으로서 더 엄격한 기준과 벌칙을 만들어야 하는가?

마지막으로 정부의 관점에서는, 근년의 비리·부정에 의해 중요한 법적 조치가 취해졌다. 미국 의회는 2002년 사베인즈-옥슬리 법을 가결했다. 이 법의 주요 조항은 다음과 같다. 재무 보고서는 기업의 CEO와 CFO의 승인이 있어야 하는 것, 기업 경영진과 이사에 대한 개인 대부를 금하는 것, 내부자에 의한 주식 거래를 단기간 내에 보고하는 것, 연기금 내의 주식 거래의 정지 기간 중에 내부자가 거래하는 걸 금지하는 것, 재무 보고서의 허위 신고를 한 경영 임원에 대한 장기 실형 판결과 고액 벌금을 포함한 증권거래법 위반의 형사 및 민사상의 벌칙을 규정하는 것 등이다. 오바마 행정부는 개혁 정책을 정부 규제 조치의 일부로 했다. 이런 조치가 얼마나 성공하느냐 하는 건 시간이 지나야 알 수 있는 문제일 뿐이다.

복습 문제

1. 책임이 사람들 간의 관계에 얼마나 좌우되는지를 설명하라.
2. 개인과 개인의 부동산업자나 변호사 간의 관계는 고용주와 종업원 간의 관계와 얼마나 유사한가? 얼마나 다른가?
3. 종업원 책임에 대한 협의의 견해는 어떠한 방법으로 윤리적으로 변호될 수 있는가? 그 결점은 무엇인가?
4. 이익 충돌이란 무엇이며, 그것은 어떤 경우와 어떤 조건 아래 비윤리적인가? 아서 앤더슨과 그 밖의 주요 회계사무소가 행한 감사 겸 컨설턴트의 이중 역할은 비윤리적 이익 충돌인가?
5. **신뢰**trust와 **충성심**loyalty을 정의하라. 종업원은 모두 신뢰를 받을 수 있어야 할 책

임이 있는가? 충성심을 가져야 하는가? 더스카는 왜 충성심이 직장에서 부적절하다고 믿는가?

6. 비즈니스는 어떤 점에 있어서 포커와 유사한가? 어떤 점에서 다른가?
7. 디조지는 내부 고발이 윤리적으로 용인 가능하기 위해 어떤 조건이 필요하다고 시사하는가? 윤리적으로 필요한 때는 언제인가?
8. 인사이더 거래를 윤리상으로 반대하는 이유를 적어도 두 가지 설명하라. 2001년을 통해 엔론 주식를 매각한 내부자는 정확하게 무엇이 (만일 있다면) 잘못이었는가?

주석

1) 다음을 참조. Bethany McLean, "The Enron Disaster: Lies. Arrogance. Betrayal," *Fortune,* December 24, 2001.
2) Milton Friedman, "The Social Responsibility of Business is to Increase Its Profits," *The New York Times Magazine*, September 13, 1970.
3) 예컨대, 이 견해는 고용주는 종업원이 약물을 사용하고 있는지를 검사할 권리를 갖는다고 주장하는 사람들에게 채택되고있다. 약물 사용은 종업원이 최적의 수준에서 일하는 걸 방해하는 것으로 알려져 있다. 이런 관점에서 고용주는 종업원이 최적의 수준에서 일하는 걸 기대할 정당한 권리를 가지고 있기 때문에, 고용주는 종업원이 약물을 사용했는지를 알 권리나 금지할 정당한 권리를 가지고 있다. 위의 주장에 대한 반론은 다음을 참조. Joseph DesJardins and Ronald Duska, "Drug Testing in Employment," *Business and Professional Ethics Journal,* Vol. 6, issue 3, 1987.
4) 이 문제에 관한 상세한 분석에 대해선 제3장에 기술돼 있는 기업의 사회적 책임의 고전적 모델에 관한 논의를 복습하는 게 좋겠다. 이 장에서 논의된 견해는 제3장에 서술된 스테이크홀더 이론과 대응한다. 다음을 참조. "Dirty Numbers," *Fortunes*, February 18, 2002, pp. 75-84.
5) Ronald Duska, "Whistle-blowing and Employee Loyalty,"originally published in Joseph DesJardins and John McCall eds., *Contemporary Issues in Business Ethics*, 2nd ed. (Belmont, CA: Wadsworth, 1990). pp. 142-146.
6) 이 은행 사례는 필자가 개인적으로 알고 있는 상황에 근거한다. 흥미롭게도, 이 은행의 한 경영자는 사내 교육을 단순히 투자로 본다고 설명했다. 은행은 교육을 받은 연수생 가운데 소수만 장기간 은행에 근무한다는 걸 미리 알고 있으며, 전직하는 직원에서 생기는 손실은 급여와 교육비에 포함돼 있다고 한다. 이 경영자는 교육비를 희생이라고 생각하지 않으며, 또 전직한 직원을 의리 없는 사람이라고 생각하지 않았다.
7) Albert Z. Carr, "Is Business Bluffing Ethical?" *Harvard Business Review* 46 (January-February, 1968).

8) 위와 같음, p. 9.
9) 거짓말이 거짓말하는 사람의 인격에 미치는 해로운 영향에 관한 깊이 있는 통찰은 다음 논문에서 참조. Joseph Kupfer, "The Moral Presumption against Lying," *Review of Methaphysics,* Vol. 36 (1982).
10) Ricahrd DeGeorge, *Business Ethics*, 5th de. (Upper Saddle River, NJ: Prentice Hall, 1999), ch. 10.
11) 인사이더 거래에 대한 찬반 논의의 우수한 요약은, 다음 문헌을 참조. Jennifer Moore, "What is Really Unethical about Insider Trading?" *Journal of Business Ethics,* 9, 1990, pp. 171-182. Partricia Werhane, "The Ethics of Insider Trading," *Journal of Business Ethics*, 8, 1989, pp. 841-845.

제8장

마케팅 윤리: 제품의 안전성과 가격 설정

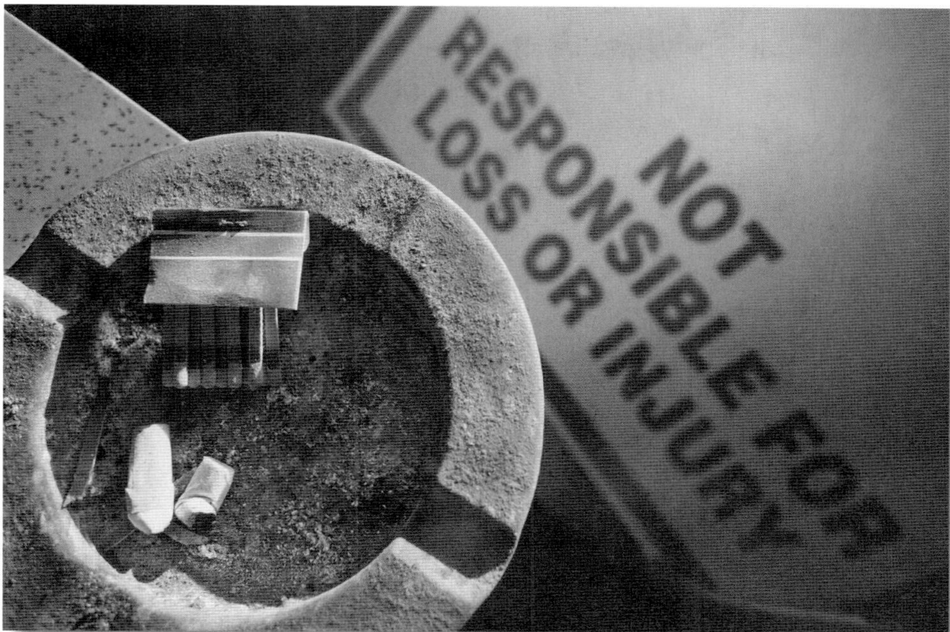

[학습 목표]

이 장을 읽고 나면 다음과 같은 일을 할 수 있다.

- 마케팅에서 발생하는 윤리적 문제를 이해할 수 있다.
- 마케팅 윤리의 평가를 위해 윤리적 틀을 적용할 수 있다.
- 매입자 위험 부담으로부터 엄격한 제품 책임에 이르기까지 제조물 책임법의 윤리적 차원에 관해 설명할 수 있다.
- 과실의 개념을 둘러싼 윤리적 문제를 설명할 수 있다.
- 제품의 가격 설정에 관한 윤리적 문제를 설명할 수 있다.

논의를 위한 사례

제품의 라이프 사이클 책임

기업은 시장에 내보낸 제품에 의한 손해에 대해 어떠한 책임에 직면하는가? 역사적으로, 법은 위험한 제품에 대해 두 가지 일반적 대응을 해왔다. 법은 부상한 소비자에게 배상하기 위한 여러 가지 수단을 규정하고 있으며, 손해를 최소화하거나 방지하기 위해 규칙을 마련해 왔다. 그런 손해가 예측 가능하고 회피 가능한 경우는, 그 제품에 의해 발생한 손해에 대해 제조물 책임법은 오래전부터 기업에 책임을 지우고 있다. 생산 사이클 과정에서 발생할 수 있는 종업원이나 환경에의 손해를 최소화하는 기업 책임을 묻는 국제 조치로서, 종업원의 건강과 안전 보호 그리고 오염법이 있다.

최근의 사례에서는 정부에 주목하기보다 기업 자체를 더 직접적으로 주목하게 됐다. 공급 연쇄 경영의 윤리적 문제인 아동 노동과 착취 시설의 사용은 생산 공정 전체에 대한 기업의 책임에 초점을 맞추어 왔다. 그러나 지속 가능성을 위한 세계적 운동의 발전은 기업의 자사 제품에 대한 책임 범위가 더욱 넓어질 가능성을 시사하고 있다. 지속 가능성은 기업이 시장에 내놓는 제품에 의해 위해에 직면할 가능성이 있는 스테이크홀더stakeholder의 리스트에 자연 환경을 보태고 있다.

라이프 사이클 책임이라는 개념은 제품의 라이프 사이클 중의 어느 시점이든 제품에 의해 발생하는 어떠한 손해에 대해서 기업이 책임을 질 수 있다는 주장이다. 라이프 사이클 책임은 기업이 제품을 제조해 시장에 내놓은 것을 결정할 때, 단지 고객이 구입했다는 이유만으로 그 제품에 대한 책임을 면할 수 없다고 주장한다. 그 의미하는 바는, 제품을 창출하는 기업은 제품의 설계, 생산, 유통, 마케팅, 사용 및 폐기의 과정에서 윤리적, 환경적 해가 생기지 않도록 하기 위해, 그 제품의 전 라이프 사이클을 관리할 책임을 져야 한다는 것이다.[1)]

이 접근의 주장을 보면, 기업은 제품에 대해 "요람에서 무덤까지" 책임을 져야 한다는 생각이 없다. 즉, 기업은 설계로부터 개발과 생산 과정, 사용이 끝난 제품의 폐기까지 모든 것에 대한 책임을 져야 한다는 견해다. 최근의 견해는, 비즈니스는 제품이 자원 풀에 되돌아와 재사용될 때까지 책임이 있다는 의미로 "요람에서 무덤까지"의 책임을 주장하는 것이었다. 이미 일부 유럽 국가에서는 "다시 받아들이는" 규정을 만들어, 제품의 수명이 끝나면 소비자로부터 도로 받아서 재활용, 재사용 또는 책임 있는 폐기 처분을 할 것을 기업에 의무로 부과했다.

라이프 사이클 책임론자들은, 이렇게 하는 게 제조업자가 보다 쉽게 재활용, 재사용할 수 있고 독성이 적고 오래 사용 가능한 제품을 고안할 수 있도록 동기를 제공할 수 있다고 믿었다. 제품의 원가에 재활용 비용을 포함함으로써, 라이프 사이클 책임은 소비자에게 안겨주게 될 수도 있는 비용을 자사가 떠맡아 시장 거래가 무너지지 않게 할 수 있다. 이 접근에 대해 문제를 제기하는 비판자들도 있다. 예컨대 일부 내구제품 등은 제조사보다 더 오랜 수명을 가질 수 있다는 점, 그리고 위험한 제품을 개별 제조회사가 다시 받아들이게 하면, 이 제품들이 한 곳에 모아지지 않고 이리저리 널리 흩어지기 때문에 위험성이 많아진다는 것이다. 보다 일반적 반론을 제기하는 비판자들도 있는데, 소비자에게 비용 부담이 많아지고 제품이 판매된 후 소비자가 그 제품을 어떻게 다루는지 제조사로선 컨트롤이 불가능하다는 점을 들고 있다.

전자 기기와 자동차는 이 점과 관련하여 지대한 주목의 초점이었다. 이 두 제품 부문은 비교적 제품 수명이 짧은 게 특징이다. 컴퓨터, 모니터, 텔레비전, 휴대전화와 자동차는 보통 몇 년마다 규칙적으로 교환된다. 이들 제품의 폐기는 정말 큰 과제가 됐다. 전자 기기에는 연鉛과 수은을 포함해 위험 물질이 들어 있다. 일반 소비자도, 지역의 오물처리 시설도 그런 폐기물을 적절히 처리할 능력을 갖고 있지 않다. 자동차는 단지 너무 크고 복잡해 소비자는 폐기를 할 수 없고, 재판매할 수밖에 없다. 그 결과, 여러 정부가 내용耐用 연수 후에 제품을 다시 받아들이는 책임을 제조사에 지우게 하는 조치를 취했다.

라이프 사이클 책임의 한 중요한 측면은 생산 과정에 사용하는 원재료와 관계있다. 특정 제품이 모든 성분의 제조, 사용 및 폐기에 있어서 생기는 손해에 대해 어느 정도의 책임을 지울 수 있으며, 그렇게 해야 하는가? 예를 들면, 일상의 소비자가 제품에서 볼 수 있는 화학 약품을 생각해 보자.

연구에 의하면, 인간 모유는 광범위하게 오염돼 있다. 어떤 물질이 식물의 연쇄를 거쳐 그 물질에 노출된 개인의 지방 조직에 축적되면, 생체 내 축적의 자연적 생물학적 프로세스가 발생한다. 따라서 인간 모유는 환경 유해 물질의 생체 내 축적을 연구하는 데 알맞은 장소다. 연구 결과, 모유가 폴리염화바이페닐(PCB), DDT, 다이옥신, 디벤조프란, 폴리브롬화디페닐(PBDE), 귀금속 및 갖가지 다른 화학 물질이 나오는 다수 합성물의 유해 물질의 잔류물로 오염돼 있다는 것이 밝혀졌다.[2] 이런 유의 합성물은 각각, 인간에게 중대한 건강 피해를 준다. 이런 연구에서 발견된 다양한 화학 물질은, 자동차에 사용되는 가솔린 중의 연료 첨가제, 의복과 가구의 단열재, 카펫, 완구, 건축재, 식품 및 음료 용기, 세제 등 많은 일반 가정 용품의 제조에 사용되는 가소제可塑劑와 용제溶劑 등 일상 생활에 우리가 사용하는 화합물을 실물로 보여준다.

우리는 이처럼 인간 모유가 분명히 유독 화학 물질을 함유하고 있다고 하는 사태에 직면하고 있다. 우리는 문자대로 어린아이에게 독을 먹이고 있는 셈이다. 책임이 있다면, 그것은 누구인가? 무슨 해야 할 일이 있다면, 그것은 무엇인가? 이 문제에는 다음 세 가지 일반적 방법이 있는 것 같다. 제조물 책임법에 의해 대표되는 보상 접근은 명확한 손해와 손해를 발생시킨 회사에까지 인과 연쇄를 소급할 것을 요구한다. 하지만 이 경우 그 기준은 불가능할 것 같다. 규제적 접근은 위험한 제품의 사용을 컨트롤함으로써 피해를 막거나 최소화하는 걸 목적으로 할 것이다. 최종적으로 비즈니스 자체가 책임을 지고 시장에서 위험한 제품을 제거할 수 있어야 한다.

논의를 위한 질문

1. 유해 화학 물질의 제조사는 그 최초의 제조와 판매로부터 몇 년이 지나 그것이 지닌 악영향에 대해 어떠한 책임을 져야 하는가? 제조자는 그런 유해를 예견했어야 했는가, 잠재적 피해를 예견하지 못했다고 하더라도 책임을 져야 하는가?
2. 유해 제품으로부터 소비자를 보호하기 위해, 어떤 공공 정책의 접근이 가장 합리적일까? 소비자 보호를 위해 시장과 경제계는 어떤 역할을 해야 하는가?
3. 제조사는 유해 제품의 설계와 사용에 있어서 어떤 책임을 가지고 있는가?
4. 제조사는 소비자가 이미 사용한 제품을 도로 받을 책임이 있는가? 라이프 사이클 책임론은 제품이 설계되고 제조되고 판매되는 방법을 어떻게 바꿀 수 있는가?

8.1 서론: 마케팅과 윤리

마케팅은 비즈니스에 있어서 중심이 되는 교과목의 하나인데도 불구하고, 연구 분야로서의 마케팅 윤리는 겨우 최근에 와서 기업 윤리학 내에서 한 초점이 됐다. 한편, 제품의 안전성과 광고는, 마케팅의 두 핵심인 것은 사실이며, 많은 주목을 모았지만, 가격 설정, 시장 조사, 판매, 타깃 마케팅 그리고 소셜 마케팅 같은 영역은 그다지 주목을 끌지 못했다.[3)]

마케팅의 본질은 4P라는 말로 자주 설명된다. 즉, **제품**product, **가격 설정**pricing, **촉진**promotion 그리고 **유통**placement이다. 이 틀은 제8장과 제9장을 논술하는 데 사용되기 때문에, 그 특징에 대해 다소 상세히 생각해 보는 게 의미 있을 것이다. 마케팅은 제품이나 서비스를 창출해 교환이 이루어지는 시장에 내놓기까지의 모든 측면과 관련된다. 매도자와 매수자 간의 교환의 개념은 "시장"의 중심이고 마케팅의 배경이 되는 기본 생각이다. 하지만 제품을 시장에 도입하는 매도자라는 이 단순한 모델은 꽤 급속히 복잡해진다.

제품이 생산되기 전에 생산자는, 누가 그 제품을 구매할 생각을 가졌는지 우선 생각할 것이다. 그 후 잠재적 매입자에 관해 알게 된 것에 따라 제품의 설계를 수정하거나 변경할 수 있다. 일단 제품이 시판될 준비가 되면, 생산자는 상호 수용 가능한 가격을 결정해야 한다. 첫눈으로는, 최저 제시 가격은 생산 원가에다 적정 이윤을 보탠 것이어야 한다. 하지만 생산자는 또한 매입자가 누구인지, 무엇을 살 여유가 있는지, 가격은 앞으로의 구매에 어떤 영향을 줄 것인지, 가격은 어떻게 판매점과 소매업자에게 영향을 줄 것인지, 경쟁하는 타사는 가격 설정을 하기 전에 무엇을 가격에 포함하고 있는지를 생각할 것이다. 새로운 잠재적 구매자를 유인하기 위한 광고를 검토하고, 구매자에게 제품을 판매 촉진하기 위해 인센티브 제공을 실시할 수 있다. 생산자는 자신이 시장을 찾아다님으로써 생기는 생산의 저하를 고려해, 실거래 자체를 처리할 수 있도록 하기 위해 다른 사람, 즉 영업 담당자를 고용하거나 "소매업자"에의 위탁을 검토할 것이다. 그들은 이익보다 현금 흐름에 더 관심이 있어, 생산 원가보다 낮은 가격을 자진해 요구할지 모른다. 생산자는 제품이 어디서 어떤 조건에서 팔릴 것인지를 검토해, 가장 잘 팔릴 가망성은 특정한 고객에게만 팔아야 하는 것이라고 판단할지도 모른다. 생산자는 또한 양의 문제도 검토하고, 일정한 매상 목표가 충족된 후에만 이익을 보장하는 방법으로 제품의 값을 정할 것이다. 마지막으로 생산자는 이 전 과정을 통해서 정보를 수집하여, 생산, 가격 설정, 촉진 그리고 판매 유통을 결정 하는 데 그 정보를 활용하기 위해서 시장 조사를 실시할 수 있을 것이다.

이 같은 과정을 통해 검토되는 모든 요건과 이에 따른 각 의사결정이 마케팅 요소다. 무엇이, 어떻게, 왜 그리고 어떤 조건 아래서 생산되는가? 어떤 가격이 수용 가능하며, 타당하며, 공정한가? 판매를 지원하고 강화하기 위해 제품을 어떻게 촉진해야 하는가? 어디서, 언제, 어떤 조건 아래 제품은 시장에 도입돼야 하는가?[4)]

4P의 각각은 동시에 중요한 윤리 문제를 제기한다. 생산자는 제품의 품질과 안전성에 대해 어떤 책임을 지고 있는가? 제품에서 생긴 손해는 누구에게 책임이 있는가? 생산해서는 안 될 제품은 존재하는가? 아니면, 소비자의 수요가 모든 생산 문제를 결정하는가? 소비자의 지불 의지만이 공정한 가격 설정에 대한 윤리적 제약인가? 지불 능력이 가격 설정의 요인이 되어야 하는가? 모든 고객에게 동일 가격을 제시해야 하는가? 아니면 고객에 따라 유리하거나 불리하게 가격을 차별화할 수 있는가? 가격은 경쟁자에게 어떤 영향을 미치는가? 소매업자에게는 어떠한가? 기만적이거나 오해를 주는 광고는 윤리적인가? 촉진에 어떤 윤리적 제약을 두어야 하는가? 시장 조사에서 수집된 정보는 그 조사를 실시한 기업의 재산인가? 마케팅 데이터에는 어떤 프라이버시 보호가 제공돼야 하는가? 어린이나 고령자 같은 사회적 약자를 상대로 외국에서 마케팅을 할 때, 생산자에게 어떠한 책임이 있는가? 생산자는 소매업자에 대해 어떤 책임을 지고 있는가? 경쟁 회사에 대해선 어떠한가? 납품업자에 대해선 어떠한가?

이 장에선 생산과 가격 설정과 관련된 여러 가지 윤리적 문제를 고찰하고자 한다. 제품의 안전성과 제품 책임에 관한 문제에 특별한 주의를 집중하고자 한다. 제9장에선 광고, 판매 그리고 유통에 따른 윤리 문제를 검토한다.

8.2 마케팅에 있어서의 윤리적 문제: 개관

마케팅 윤리의 윤리적 틀을 소개하는 유효한 방법으로서 양자 간의 교환의 단순 모델을 사용할 수 있다. 두 당사자가 교환하는 데 자유로이 합의하는 이 단순한 상황은 얼핏 보면 윤리적으로 정당하다. 윤리학에 있어서의 칸트파의 전통적 견해는 쌍방이 각각의 목적을 추구할 수 있는 자율적 주체로서 다룸으로써 개인에 대한 존중을 유지한다는 것이다. 공리주의의 전통적 생각은, 쌍방의 합의를 교환에 의한 각자의 이익 실현의 증거로 보았으며, 전체의 행복이 증대한다고 결론짓는다.

이 같은 평가는 언뜻 눈에 띈 것에 불과하다. 왜냐하면, 모든 합의처럼 실제로 자율성이 존중되어 상호 이익이 달성됐다고 결론을 내리기 전에 일정한 조건을 충족해야 한다. 그러므로 예컨대, 합의가 충분한 설명을 들은 후에 자발적인 동의에 따라야 하고, 부정 행위, 사기나 강제가 없다는 걸 증명해야 한다.

이런 조건이 지켜지지 않으면, 자율성이 존중되지 않으며 상호 이익도 얻을 수 없다. 더욱이 그런 조건이 충족되는 경우에도, 상호 이익을 목적으로 한 개인이 계약을 맺는 자유보다 다른 가치관이 우선할 수도 있다. 예컨대, 상호 합의 가능한 목적을 추구하는 마약 상인의 자유보다 법과 질서를 유지하는 사회의 관심이 우선한다.

그러므로 마케팅에 있어서의 윤리적 문제에 대응하는 데 일반적으로 다음 세 가지 사항을 염두에 두는 게 유용하다. 당사자는 판매라는 목적을 위한 단순한 수단으로 취급되지 않고, 어느 정도 자유롭고 자율적 주체로 존중되고 있는가? 그 거래는 단지 표면적 이익뿐만 아니고 실제 이익을 어느 정도 가져왔는가? 그 거래는 다른 어떠한 가치관과 관련이 있는가? 이 세 문제를 더 상세히 생각해 보자.

마케팅이 이루어지는 상황에서 개인이 존중되고 있는지 판단하는 것은 반드시 쉬운 일은 아니다. 먼저 대략적으로 두 가지 조건을 제시해 보자. 첫째, 거래에 자유롭게 동의해야 한다. 하지만 "자유"란, 어느 정도의 자유인가? 확실히 힘의 위협 아래서 성립한 거래는 자발적이 아니며, 따라서 비윤리적이다. 그러나 자발성이라 하더라도 정도가 다양하다. 이를테면, 생명을 위협하는 질병에 직면하고 있는 소비자는, 건강한 사람이면 승낙할 수 없는 심각한 부작용이 있는 약을 복용하는 걸 선택할 수 있다. 자신의 의사에게서 처방전을 받는 환자는 그 약의 지네릭 판 (일반용)을 요구할 수 있는 입장에 있지 않을지 모른다. 이런 견해에 따르면, 소비자가 제품을 필요로 하면 할수록, 선택의 자유는 줄어들며, 소비자는 이러한 안전성에 문제가 있는 제품과 악덕 제조사로부터 보호를 받아야 한다. 처방약 규제의 역사가 이 사실의 증인이다. 또는 질병이나 의료 상황에 따른 불안과 스트레스도 고려해야 한다. 마케팅 행위가 불필요한 약을 팔거나 잠재적 부작용을 경시하기 위해 그런 불안을 이용하는 경우, 소비자가 완전히 자발적 선택을 했는지 전혀 분명하지 않다. 바가지 요금, 가격 조작, 독점적 가격 설정이라는 더 극적인 사례들은 마케팅상의 자유와 관련한 문제를 제기한다. 연소자와 고령자 등 사회적 약자를 겨냥한 마케팅도 자발성에 대한 의문을 낳는다. 이처럼 마케팅 윤리의 적절한 분석에 의해 우리는 소비자 선택이 완전히 자발적이라고 할 수 없는 많은 상황에 민감하게 대응해야 할 도전에 직면하게 된다.

개인의 존중에 대한 제2의 조건은, 동의가 자발적일 뿐만 아니라 충분히 설명된 것이라야 한다는 걸 필요로 한다. 충분한 인식을 바탕으로 하는 동의에 대한 논의는 의료 윤리의 문헌에서 많은 주목을 모으고 있는데, 보건 전문가를 상대로 하는 상황에선 환자가 정보 면에서 확실히 불리한 입장인 것을 밝히고 있다. 유사한 불리한 상황은 마케팅 현장에서도 발생할 수 있다. 노골적인 사기와 부정 행위는 분명히 이 조건에 반하며 비윤리적이다. 하지만 그 밖에 사기 행위나 잘못된 마케팅 행위에 해당하는지 알기 어려운 미묘한 사례도 많다. 수많은 소비자용 제품과 서비스가 복잡하고 다양해, 소비자는 자신이 무엇을 구입하고 있는지 충분히 이해하지 못할 가능성도 있다. 한 예로서 어느 관절염 약이 치료 효과가 가장 좋은지, 또 널리 시판되고 있는 의약품의 지네릭 판이 안전하고 효과적인지를 소비자가 판단하는 데 연관하는 모든 사항을 생각해 보자. 계산 능력이 극히 약한 많은 사람들에 대해서도 생각해 보자. 그런 사람이 종신보험과 정기보험을 비교한다든지, 48개월의 자동차 리스와 2.9%의 이자로 5년 론으로 자동차를 구입하는 경우의 경제적 이익을 비교하려고 하는 상황을 상상해 보자. 일반적으로 "정보를 가진 소비자가 자사의 최고 고객"이라고 주장하는 기업들이 있지만, 다른 여러 기업들은 "정보가 없는 소비자가, 재빠르게 얻는 이익을 위한 손쉬운 타깃이 될 수 있다"고 생각하고 있다.[5] 마케팅 행위가 소비자에게 완전한 정보를 주는 걸 거부하거나, 소비자가 관련 정보와 정보에 대한 이해가 없다는 점에 의존하는 경우엔, 중대한 윤리상의 문제가 제기돼야 한다.

제2의 윤리상의 고려 사항은 시장에서의 교환을 통해 취득된다고 하는 이익에 대한 관심이다. 소비자는 자신들의 선호가 시장에서 충족될 때, 언제나, 거의 원칙적으로 이익을 본다고, 일반적으로 경제학 교과서는 설명하고 있다. 하지만 이 가설은 면밀히 검토해 보면 맞지 않다. 실이익을 주지 않는 구입이 많이 있다. 이를테면, 충동 구매 그리고 이런 소비자 행동을 부추기는 데 쓰이는 여러 가지 마케팅 수법은 소비자의 흥미를 충족하는 걸 어필한다고 해서 정당화될 수 없다. 날로 증가하고 있는 개인적 파산 사례를 볼 때, 소비자는 돈으로 행복을 살 수 없다는 걸 알 수 있다. 실증적 연구에 따르면, 소비가 많아지면 불행을 유발한다는 증거를 보여주고 있다. 이 상태는 "애플루엔자 (소비전염병)"라고 일컬어지고 있다.[6] 그러므로 소비자의 단순한 만족감이 시장 교환에서 얻는 이익의 확실한 측도가 아니라고 한다면, 마케팅의 목적에 대해 늘 의문을 가져야 한다. 이 제품이나 서비스를 성공적으로 마케팅함으로써 어떤 이익을 얻을 수 있는가? 개인과 사회는 어떻게 하여 그리고 어떠한 방법으로 그 제품으로부터 이익을 얻는가?

마케팅의 윤리적 분석에 있어서 고려해야 할 세 번째의 일련의 요인은 교환 자체로부터 얻어지는 이외의 가치다. 공정, 정의, 건강, 안전성 같은 주요한 사회적 가치는 어떤 마케팅 행위에 의해 위태롭게 될 가능성이 있는 가치다. 예컨대, 도심 빈민 지역보다 낮은 주택 론 금리를 부유한 지역에 제공하는 은행은, 실제로 빈민 지역에선 주택을 팔지 않기 때문에 상호 이익이 되는 거래만 하고 있는지 모른다. 하지만 이런 계약은 평등한 대우와 공정성이라는 중요한 사회 규범에 위배된다. 멸종 위기에 있는 종種의 특정 신체 부위 같은 물건을 매매하여 부당 이익을 얻으려 하는 시장도 존재할 것이다. 유감스럽게도 아이를 매매하는 시장도 있다. 그러나 단지 누군가가 무엇을 사고 싶어 하고, 다른 누군가가 그걸 팔고 싶은 생각이 있다는 이유만으로는 그 거래가 윤리적으로 정당하다는 게 성립하지 않는다. 마케팅의 윤리적 분석을 올바르게 하기 위해선, 다른 누가 그 거래의 영향을 받을 가능성이 있는지 따져볼 필요가 있다. 가령 그런 영향이 있다면 그들의 이익은 어떻게 뒷받침돼야 하는가? 이 제품을 마케팅함으로써 어떤 사회재財가 도모되며, 무엇이 위협을 받게 되는가?

마케팅에 있어서의 윤리적 요체: 골격

시장 거래는 원칙상 두 가지 윤리적 조건을 근거로 적법하다.

- 개인의 자율성/자유에 대한 존중
- 거래 당사자 각자에게 주어지는 상호 혜택

단 이와 관련된 윤리적 판단은 아래 조건에 따른다.

- 거래는 진실로 자발적이어야 한다.
- 각 당사자는 사전에 충분히 알고 동의해야 한다.
- 이익은 발생하지 않을지 모른다.
- 다른 가치나 가격들이 상충할지 모른다.

위의 네 조건은 아래의 네 의문을 암시하며, 이 의문은 모두 몇 가지 요건을 고려해야 한다.

1. 거래는 "자발적"인가?
   - 소비자는 여러 개 중에서 선택할 수 있어야 한다.
   - 구입시의 불안한 마음과 스트레스
   - 가격 조작, 독점 행위, 가격 사기 등
   - 표적 · 취약 소비자층
2. 거래에 대한 동의 표시는 "사전의 정보"에 따른 것인가?
   - 정보의 부족
   - 기만 행위
   - 까다로운 정보
3. 참으로 혜택이 주어지는가?
   - 충동 구매, 소비지상주의
   - 상해, 불안전 제품
   - "조작된" 욕망
4. 경쟁 가격이 앞서고 있는가?
   - 공정성 — 예: "적선 표시" 저당
   - 타인에게 유해한 시장의 파탄 (외부 요인)

참된 생산비란 무엇인가에 대해서도 의문을 가져야 한다. 마케팅의 윤리적 분석을 충분히 하기 위해선, 외부성, 즉 매도자와 매입자 간의 교환 속에 통합되지 않는 비용도 검토할 필요가 있다. 외부성을 보면, 교환의 두 당사자는 그 교환으로부터 실리를 얻는다고 하더라도, 그 교환과 관계없는 외부자가 악영향을 받을 수 있음을 알 수 있다. 상당히 많은 사회적 코스트가 개별 소비자의 단순한 교환 모델에서 무시되고 있다. 이를테면, 스포츠용 다목적차SUV, 살충제, 담배 등의 상품에 의한 환경과 건강에의 영향을 생각하게 된다. 이 같은 문제를 염두에 두고, 마케팅 윤리의 두 주요한 측면인 제품의 안전성에 대한 책임과 가격 설정에 대해 면밀한 검토를 하고자 한다.

8.3 제품에 대한 윤리적 책임: 매입자의 위험 부담에서 과실까지

제7장에서 보았듯이, 책임이라는 개념은 윤리에 관한 논의에 있어서 주요한 역할을 하지만, 명확하지 않고 모호한 개념이다. 기업이 제품에 대한 책임을 검토할 때 관련하는 책임에는 적어도 세 가지의 일반적 용도가 있다. "이것에 대한 책임은 누구에게 있는가?"라는 질문으로써 무엇을 묻고자 하는지 생각해 보자.

SUV가 전복해 도랑으로 굴러 빠지게 된 교통사고를 당했다고 상상해 보자. 옆에 서 있던 사람들에게 당신은 묻는다. "무슨 일인가요? 누구의 책임인가요?" 책임의 첫 번째 의미에 있어서, 당신은 눈으로 보는 것의 **원인** (누가 또는 무엇이 이 사고를 냈는가)을 물을 것이다. 운전자가 답하는 걸 상상해 보자. "제가 사고를 냈습니다. 하지만 제 잘못이 아닙니다. 운전 중에 타이어가 펑크나, 급히 좌회전해 차가 전복했습니다." 책임의 두 번째 의미에선, 비난이나 과실의 책임이 누구에게 가야 하는가라는 문제가 생긴다.

이 의미에서 "누구의 책임인가?"라고 묻는 건, 누가 이 피해에 대해 책임을 지는지를 묻는 것이다. 운전자의 답은 첫 번째 의미에서는 책임을 질 수 있지만, 두 번째 의미에선 질 수 없다는 걸 나타낸다. 어떤 잘못을 저지르더라도 과실에 대한 책임이 없을 수 있다. 한편, 운전자가 휴대전화의 다이얼을 누르기 위해 눈을 도로로부터 뗐기 때문에 사고가 난 경우는, 무책임한 행위에 대해 그에게 책임을 물을 수 있을 것이다.

책임의 세 번째 의미는 원인이나 법적 책임이 아니고, "돌보아 주기"라든가 설명할 의무가 있다는 의미에 가깝다. 자녀의 학비나 연로한 부모가 지불해야 할 청구서에 대한 책임을 떠맡는 등을 들 수 있다. 어떤 자질구레한 일을 해야 할 책임이 생기거나, 책임자가 되기도 한다. 수업의 그룹 프로젝트에선 한 학생은 조사를 담당하고 다른 학생은 타이핑을, 또 다른 학생은 전체 학생에게 발표를 담당한다. 이런 의미의 책임은 과실이나 잘못 또는 비난을 함의하지 않지만, 책임을 질 수 있다는 점을 말한다.

이 같은 책임의 의미는 모두 제품의 안전성과 마케팅 윤리 문제와 연관이 있다. 제품의 안전성에 관한 최초의, 그리고 가장 어려운 문제의 하나는 유해의 원인을 확정하는 일이다. 파이어스톤社가 만든 타이어 파열에 의한 포드 멕스플로러의 충돌 사고는 무엇이 그 원인이었나? 타이어의 설계, 제조 공정, 또는 일부 부품이었나? 이 모든 요인이 복합된 것이었는가? 제조물 책임법의 중심 개념인 과실의 개념은 누구에게 과실의 책임이 있는지를 판단하는 한 방법이다. (고의적으로나 무모한 행위가 일으킨 손해는 과실과는 다른 것이다.) 따라서 제조자가 자사 제품을 매출하기 전에 검사하지 않거나, 충분히 시험을 하지 않고 급하게 시장에 내보냈다면, 이런 태만으로 인한 손해에 대해 책임을 질 가능성이 있다. 엄격 제조물 책임이라는 법 원리는 오히려 무과실 손해 배상 책임의 법 원리다. 제품의 결함이 해를 가져오면, 그 제조자는 잘못이 없다고 하더라도 책임을 지게 된다. 최종적으로, 제조자는 제품을 생산 라인에 다시 넣어 리사이클하는 것을 포함해, 시장에 내놓은 제품의 라이프 사이클 전체에 대해 책임을 져야 한다는 주장도 있다.

제품의 안전성에 대한 기업의 책임에 관한 많은 논의는 불완전한 제품으로 인한 피해에 대한 법률상의 책임 (과실) 소재에 집중되고 있다. 엄격 제조물 책임의 법 원리는 윤리적으로 논쟁의 대상인데, 그건 바로 이 법 원리가 과실이 없는 경우에도 피해에 대해 치러야 하는 책임을 기업에 지우기 때문이다. 다음 절에서 엄격 제조물 책임의 사례에 관해 더 상세히 고찰하고자 한다. 여기선 제품에 대해 기업에 지워지는 책임의 여러 기준을 검토해 보자.

매입자 위험 부담의 견해는 매입자와 매도자 간의 계약상의 교환이라는 단순한 형태로 마케팅을 이해한다. 이 관점에 따르면, 기업은 약정된 가격으로 물품이나 서비스를 제공함으로써 교환 목적을 달성하는 책임만을 가진다. 매도자가 제품이 안전하다고 명시적으로 보증하지 않는 한, 바꿔 말하면 다른 약속을 매도자가 하지 않는 한, 매입자가 입는 어떠한 손해도 매입자 자산의 책임이 된다. 구입은 모두 매입자의 인식 아래 이루어진 동의informed consent가 포함돼 있다고 상정되고 있으며, 따라서 윤리적으로 정당하다고 생각한다.

하지만 처방약의 사례가 시사하듯이, 이 견해에는 문제가 있다. 하나는 이 견해는, 소비자는 제품을 충분히 이해하고 판단하기 때문에 자기 보호를 당연히 기대할 수 있다고 가정하고 있다. 그러나 소비자는 반드시 제품에 대해 충분히 이해하고 있다고 할 수 없으며, 또 어떤 것을 구입하지 않을 선택의 자유가 늘 있는 것도 아니다. 1960년대부터 시작해 여러 중요한 소송 사건에서 소비자는 통상의 사용을 위해 제품이 안전하다고 생각하는 것을 인정함으로써 책임이 소비자에서 생산자에게로 옮겨갔다. 생산자는 재화와 서비스를 시장에 내놓음으로써 자사 제품이 통상 사용에 있어서 안전하다는 점을 묵시적으로 약속하게 된다는 것이다. 이 결정의 윤리적 근거는, 제품을 정상적인 방법으로 사용했을 때 그 제품으로부터 손해를 입을 것이라고 믿을 만한 이유가 있으면, 소비자는 그 제품 구입을 동의하지 않을 것이라는 가정이다.

하지만 마케팅의 관계가 계약 모델로 이해되는 한, 제조사가 용이하게 책임을 회피할 수 있는 길은 있었다. 소비자는 안전성에 관해 묵시적 보증을 받았다고 법정이 가정하려고 한다면, 제조사는 보증을 명시적으로 한정하거나 거부함으로써 책임을 회피할 수 있을 것이다. 이처럼 제조사는 보증을 한정하거나 거부함으로써 자사 제품에 대한 법적 책임에서 피할 수 있었다. 소비자는 생산자가 정한 범위에서 손해를 회복할 수 있을 뿐이었다. 거의 예외 없이 그런 제한된 보증은 매매 계약서 아래쪽에 작은 글자로 또 보통으로는 변호사만 이해할 수 있는 용어로 설명돼 있다. 따라서 소비자가 그런 한정된 내용에 동의하고 있는 것처럼 보인다고 하더라도, 그런 일방적 계약은 참된 인식된 동의informed consent의 기준을 충족하지 못한다는 게 더 공평하고 정확한 해석이다.

과실은 불법 행위라고 알려진 법률 분야의 개념인데, 소비자가 생산자에게 자사 제품에 대한 책임을 지우는 두 번째의 수단을 제공한다. 계약법과 불법 행위법의 차이는 윤리적 의무를 이해하는 데 두 가지 서로 다른 방법이 있다는 것도 말해준다. 계약 모델 아래선, 한 당사자가 지닌 유일한 의무는 상대방에게 명시적으로 약속된 의무다. 예를 들면, 내가 주택 론 회사에 대해 의무를 지고 있다고 한다면, 그것은 내가 어떤 일을 하겠다고 동의했거나 약속했기 때문이다. 계약론의 협의의 윤리적 관점에 따르면, 명시적이며 자발적으로 맡은 의무만이 우리의 의무가 된다. 그 이외에는 나는 누구에게도 아무런 의무를 지고 있지 않다. 불법 행위법의 바탕이 되는 윤리적 관점에서는, 비록 명시적으로, 자발적으로 받아들이지 않았다고 하더라도 우리는 모두 일반적 의무를 타인에 대해 가지고 있다고 한다. 구체적으로는, 남들에 대해 그들을 불필요한 그리고 피할 수 있는 리스크에 빠뜨리지 않도록 할 일반적 의무를 가지고 있다. 그러므로 나는 누구에게도 안전 운전을 명시적으로 약속한 적이 한 번도 없지만, 함부로 운전해선 안 되는 윤리적 의무가 있다.

"과실은 불법 행위의 중심이 되는 구성 요소다"라는 말이 나타내듯이, 과실은 윤리적 태만의 한 형태인데, 구체적으로는 남에게 해를 끼치지 않기 위해 합당한 주의를 할 의무를 태만히 하는 걸 의미한다. 제품에 대한 제조사의 책임을 둘러싼 여러 윤리적, 법적 문제를 제품의 설계와 생산 그리고 판매상의 과실의 내용을 구체적으로 확인하는 노력이라고 이해할 수 있다. 생산자는 소비자에 대해 엄밀하게 어떤 의무를 가지고 있는가? 이 물음에 대한 답으로 생각할 수 있는 것은, 두 극단 사이의 연속선상이라고 하겠다. 한쪽 끝은 계약론적 답이다. 생산자는 매매계약에서 소비자에게 약속한 사항만 책임을 진다는 것이다. 다른 극단은 엄격 책임론에 더 가깝다. 즉 생산자는 자사 제품으로 인한 모든 손해에 대해 소비자에게 배상 의무를 진다는 것이다. 이 두 극단 사이에서 과실에 대한 서로 다른 해석에 따라 다양한 답을 광범위하게 볼 수 있다. 왜 엄격한 계약론적 접근이 설득력이 없는지 앞에서 언급했다. 다음 절에서 엄격 제조물 책임의 시비에 대해 검토하고자 한다. 이 절의 나머지에서는 중요한 과실의 개념에 관해 고찰한다.

과실은 남에게 손상을 주게 되는 합당한 주의나 통상적 경계심의 불이행이라고 그 특징을 말할 수 있다. 여러 가지 점에서, 과실은 간략하게 두 가지 기본 윤리적 개념을 체계화하고 있다. "해야 한다ought는 할 수 있다can는 의미를 포함한다" (할 수 없는 걸 의무로 하게 할 수 없는 건 당연하다), 그리고 "남에게 해를 끼치지 아니해야 한다"이다. 당연히 피할 수 있었다고 생각되는 것인데도 남에게 해를 주는 경우, 그건 윤리적으로 잘못을 저지르게 되는 것이다. 과실에는 작위와 부작위 양쪽이 있다. 해서는 안 되는 것을 하는 (예컨대, 학교 옆에서 속도를 위반하는) 것과 했어야 할 일을 하지 아니함 (예컨대, 제품을 시판하기 전에 검사를 하지 않음)으로써 과실을 저지를 수 있다.

몇 년 전 많은 미디어의 주목을 받은 사건을 생각해 보자. 1992년 70세 여성이 맥도널드의 드라이브 스루에서 산 커피를 무릎에 엎질러 심한 화상을 입었다. 아마 그녀는 다리 사이에 커피 잔을 끼우고 차를 운전하면서 뚜껑을 비집어 열려고 한 것 같다. 커피는 3도의 화상을 낼 정도로 뜨거워 (85℃), 피부 이식과 장기 치료가 필요했다. 배심은 286만 달러를 이 여성에게 인정했다. 보상적 손해배상금이 16만 달러, 징벌적 손해배상금이 270만 달러였다. 맥도널드는 이 부상에 대해 책임을 져야 하는가? 드라이브 스루의 창구에서 그렇게 뜨거운 커피를 팔 때 과실은 있었는가? 이 소비자는 자신의 행동에 과실이 있었는가?

과실에는 자신의 행위의 결과를 예측하는 능력과 가능한 해로운 결과를 회피하기 위한 조치를 취하지 않는 것도 포함된다. 하지만 예견 가능성의 기준은 흥미 있는 과제를 제기한다. 하나의 기준은 실제로 예견하는 손해 (실제 예견 가능성)에 대해서만 책임을 지운다. 따라서 예컨대 기술 시험을 바탕으로, 뒷바퀴 뒤에 설치된 연료 탱크가 시속 30마일 미만에서는 파열하고 폭발할 것이라는 결과에도 불구하고, 그 차를 시판에 내놓았다면 그것은 중대한 과실이다. 그러나 이 실제 예견 가능성의 기준은 지나치게 제한되고 있다. 만일 자신의 행위의 결과로 손해가 발생한다는 걸 실제로 생각하면서도 그 행위를 한다면, 그것은 중대한 잘못을 범한 것이며 엄한 처벌을 받아 마땅하다. 그런 사례는 과실이라기보다 무모한 행위이며, 오히려 고의적 위해에 가깝다고 생각된다. 하지만 이 기준은 또한 자신의 행위의 결과에 대해 실제로 고려하지 않음으로써 책임을 피하기 때문에, 사려 깊지 않은 사람은 과실을 범하지 않는 점도 시사한다. 이 과실의 기준을 적용하면, "나는 그걸 생각한 적이 없다"가 충분한 방어가 될 것이다. 그렇지만 이것은 과실의 개념과 관련하여 우리가 추구하는 것의 일부다. 사람들에게 사려 깊게 될 것을 권장하고, 그렇지 못할 땐 책임을 묻고 싶다.

바람직한 기준이라면, 발생할지도 모르는 손해에 대해 실제는 생각하지 않았더라도, 합리적이었다면 생각했어야 할 손해를 회피하도록 요구할 것이다. 예를 들면, 맥도널드는 고객이 커피에 심한 화상을 입었다고 실제 생각하지 않았을 것이다. 그러나 만일 차를 운전하는 고객이 창가로부터 차를 발차할 때 건네받은 커피를 잡기 위해 어떻게 할 것인지를 맥도널드가 생각했었더라면, 커피가 엎질러질 가능성을 예견할 수 있었을 것이다. 그 이전에 이미 맥도널드가 커피로 인한 화상에 대한 클레임을 700건 이상이나 받았다는 사실은, 합리적 사람이라면, 이건 위험한 관행이라고 결론을 내렸을 것임을 시사한다. 이 "합리적 사람"이라는 기준은 소송사건에서 가장 자주 사용되는 기준이며, 바로 과실의 개념에 따른 윤리상의 목표를 보다 잘 포착하는 것 같다. 사람들은 합리적으로 행동해야 하며, 그렇지 않을 때 법적 책임을 져야 한다.

하지만 합리적 인간이라는 기준마저도 다양한 해석이 가능하다. 한편, 우리는 사람들이 정상적으로 평균적인 방식으로 행동하기를 기대하고 있다. "합리적" 사람은 보통의 평균적 사람이면 하리라고 기대하는 것을 행한다. 이 기준을 소비자와 생산자 양쪽의 행동에 적용하는 데는 문제가 있다. 평균적인 보통 소비자는 우리가 기대하는 것처럼 똑똑하지 않을 수도 있다. 예를 들어, 평균적인 사람은 반드시 경고문을 읽거나 이해한다고 단언할 수 없다. 보통의 평균적인 사람들은 주차장으로부터 거리로 차를 몰면서 부주의로 아주 뜨거운 커피를 다리 사이에 넣을지도 모른다. 평균적 인간의 기준이 소비자에게 적용되면, 많은 소비자가 자신의 행위에 대한 책임에서 면제될 우려가 있다. 생산자에게 적용되는 경우, 평균적 인간의 기준은 책임의 벽을 너무 낮춘다. 제품을 설계, 제조, 판매하는 사람에 대해선 평균적 보통의 조심이나 경계 이상을 기대할 수 있다.

이 같은 이유에 따라 우리는 합리적 인간 기준을 기술적이라고 하기보다 규범적으로 해석하게 된다. 이런 의미로, "합리적" 사람은 사려 깊고 내성적이고 현명한 의사결정의 기준을 지킨다. 이에 따른 문제점은 평균적 소비자에게 그들이 줄 수 있는 능력 이상을 요구할 가능성이 있는 점이다. 특히, 사회적 · 경제적 약자가 피해로부터 더 많은 보호를 받아야 한다고 생각한다면, 소비자 행동에 적용하기에는 너무 엄격한 기준이라고 결론을 내릴지 모른다. 다른 한편, 생산자는 평균적인 사람보다 확실히 전문 지식이 많다는 사실을 감안하면, 이 강력한 기준은 소비자보다 생산자에게 적용할 때 더 적절한 것 같다.

8.4 엄격한 제조물 책임

앞에서 언급한 것처럼 과실의 기준은 당사자의 행동에 초점이 맞추어진다. 구체적으로는, 과실 행위를 범했을 때, 소비자와 생산자 중 한 사람이나 두 사람에게 책임을 물을 수 있다. 예를 들면, 맥도널드의 커피 재판에서 배심은, 운전 중에 무릎 사이에 뜨거운 커피를 끼워놓고 당연한 주의를 하지 않았기 때문에 자신의 부상에 대해 소비자도 부분적으로 책임을 져야 한다고 결론을 내렸다. 맥도널드 측도 쉽게 예견할 수 있었던 사고를 방지하기 위한 조치를 취했어야 했던 것에 대한 이유로 과실이 있었다. 한편, 엄격 제조물 책임은 당사자 행동에 초점을 맞추지 않고 제품 자체의 성능에 초점에 맞춘다. 손해 가운데는 단지 사고라고밖에 볼 수 없는 것도 있다. 즉 사고를 예방할 수 있도록 어떤 일을 할 수 있었던 사람이 아무도 없었던 것이다. 생산자도, 소비자도 과실을 저지르지 않았는데도 불구하고 소비자는 피해를 입는 일이 있다. 여기서 의문이 생긴다. 즉 책임질 과실이 없는 경우, 누가 손해 배상을 지불할 책임을 져야 하는가? 엄격 제조물 책임의 기준에선 생산자에게 이 책임을 돌린다.

"제조물 책임"이라는 용어에도 불구하고, 이들 사례는 비난을 누구에게 돌리거나 과실의 책임을 누구에게 돌리는 일은 하지 않는다는 것을 이해하는 게 극히 중요하다. 누군가가 잘못이 있다면, 그건 과실의 사례이며 과실의 기준이 적용될 것이다. 그러나 이들 사례에선 아무도 잘못이 없으며 아무도 다르게 행동하기를 기대되지는 않았다. 그럼에도 불구하고 상해는 발생했으며 누군가가 이 손해에 대한 (설명책임이라는 의미의) 책임을 지지 않으면 안 된다. 최소한, 이 약을 복용한 결과, 암에 걸린 이 여성들에 대해, 누군가가 의료비를 지불해야 한다. 이런 의미에서, 아마 "제조물 책임"이라는 법률 용어는 "제조물 설명 책임"이라고 바꿔야 할 것이다.

이 사례의 경우, 세 가지 선택지밖에 없다. 소비자에게 자신이 입은 피해에 대해 책임을 지울 수 있으며, 사회에 책임을 물을 수 있으며, 그리고 제품 제조사에 책임을 물을 수 있다. 소비자에게 책임을 지우는 것은 **불운**의 기준이라고도 하는데, 너무 엄한 것 같다. 소비자는 피해 자체를 입을 뿐만 아니라, 금전상의 부담도 입게 된다. 소비자가 이중으로 어려움을 겪게 하는 건 비정非情하게 보이는데, 특히 이 경우 우리는 상해의 원인을 알고 있으며, 또 소비자가 자신에게 피해를 준 제품을 구입했기 때문에 다른 사람이 이익을 얻었다는 것을 알고 있기 때문이다. 사회에 일반적으로 책임을 묻는 것도 하나의 선택지지만, 그것은 사회화된 보험 제도와의 일종의 약속이 된다. 소비자용 제품으로 인한 상해와 질병에 대해 사회에 책임을 묻는다면, 모든 상해와 질병에 대한 사회적 책임을 부인하기가 어려워질 것이다. (제품으로 인한 것만을 특별 취급하는가?)

이렇게 생각하게 되면 남은 유일한 선택지는 생산자 책임이다. 이것이 현재 미국 내에서 적용되고 있는 엄격 책임 기준이다. 하지만 비판가는 이 시스템은 불공정하고 고비용이고 사회적으로 현명하지 않다고 비판하고 있다. 생산자가 관리할 수 없는 (과실이 없었으므로 달리 어떻게 할 길이 없었던) 일에 대해 책임을 지우는 건 불공평하다. 모든 소비재 제품에 눈에 안 보이는 상당한 코스트가 포함되고, 국내 생산자가 외국 기업과의 경쟁에서 불리하게 되므로, 값이 비싸지게 된다. 제품의 혁신을 약화시키며 하찮은 고비용 소송을 조장하게 되어, 사회적으로 어리석은 일이다.[7]

하지만 이 비판에는 설득력이 없다. 철학자 존 맥콜은 엄격 책임론이 불공정하지 않은 건, 피해를 입는 소비자에게 책임을 묻는 것이 불공평하지 않는 것과 같다고 주장한다.[8] 기업의 방지 관리 능력을 넘은 손해에 대해 기업을 처벌해서는 안 된다고 한다면, 소비자가 막지 못했던 손해에 대해 소비자를 처벌해선 안 된다. 따라서 소비자 책임이라는 선택지가 같은 이유로 불공평하다면, 엄격 책임론이 불공평하다고 거절돼야 한다고 주장할 수 없다. 머콜은, 엄격 책임 기준은 비판가들이 말하는 것처럼 그렇게 고비용이 아니고, 하찮은 소송을 만들어 내는 것이 아니라는 점을 경험적 증거가 보여 준다고 주장하고 있다.[9]

머콜은 결함품으로 인한 손해에 대한 비용을 그 제품의 다른 소비자와 그 회사의 주주에게 부담시키는 것이, 손해를 입은 소비자나 사회 전체에 그 비용을 부담시키는 것보다 적절하다고 주장한다. 제조사에 책임을 지움으로써, 그 비용은 통상적으로 손해 배상 보험료가 증대하는 과정을 통해, 그 제품으로부터 이익을 얻을 가능성이 있는 사람들 (즉, 제품 이용자와 주주)에게 전가된다. 이것은 참으로 공평하다. 왜냐하면 그 제품의 전체 비용 (그 제품의 생산과 판매에 있어서 상실된 모든 기회)이 그 관련 당사자에 의해 지불되기 때문이다. 손해를 입은 소비자는 제품에 대해 자신이 지불하는 비용의 일부로서 손해를 자발적으로 받아들이지 않았다. 이런 손해는 외적 요소인데, 공평성의 관점에선 교환 속에 포함돼야 한다. 즉 손해에 대해서 그 교환으로부터 이익을 얻는 자, 그 제품의 다른 이용자와 그 회사의 주주가 지불해야 한다. 머콜은 누구에게 과실의 책임이 있고, 누가 비난을 받아야 하는가 하는 의미에 있어서 법적 책임이라기보다, 부당한 손해에 대한 보상의 프로세스로서 엄격 책임론을 이해하고 있다. 당사자의 일방이 부당한 손해를 입은 교환으로부터 이익을 얻는 자가 피해를 받는 자에게 보상할 위무가 있다.

엄격 책임의 문제에 대한 논의를 마치기 전에 두 가지 점에서 유의해야 하겠다. 첫째, 엄격 책임 기준은, 자사 제품으로 인한 모든 피해에 대해 생산자가 책임이 있다는 걸 의미하지 않는다. 제조사는 소비자 과실에 의한 피해에 대해선 법적 책임을 지지 않는다. 제품에 결함이 있다는 게 증명되지 않는 경우도 제조사는 면책된다. 이 "결함이 있다"란 것은 통상의 사용에 있어서 불합리하게 위험한 것이라고 이해되고 있다. 여기서 두 번째 포인트가 당연히 예측될 것이다. 그런 경우, 본래 위험한 제품은 결함품이 아니며, 따라서 피해를 유발하리라고 당연히 예측될 것이다. 그런 경우, 본래 위험한 제품은 결함품이 아니며, 따라서 제조사에게는 그로 인한 피해에 대해 책임을 물을 수 없다. 지금까지 이 같은 주장에 의해, 대부분의 담배 제조사와 권총 제조사가 자사 제품에 의해 늘 발생한 손해에 대한 엄격 책임에서 면제되었다. 물론 이 제조사들은 자사 제품의 설계와 마케팅에 있어서 과실이 있으면 그에 대한 책임을 지게 될 수도 있다. 예를 들면, 지난 수년간 담배회사와 개별 주 사이의 주된 화해는 제품 마케팅상의 회사의 행동이 주된 초점이었다. 제9장에서 이 문제를 더 상세히 살펴보고자 한다.

8.5 윤리와 가격 설정

어떤 가치관에 의해 윤리적으로 정당한 가격이 결정돼야 하는가? 마케팅상의 윤리 문제에 관한 이 장의 개관에서 지침이 되는 원칙으로서 일반적 윤리 문제를 세 가지 제시했다. 즉 개인의 자율성 존중, 당사자에게 실이익의 제공, 교환 자체 이외가 가져다주는 가치다. 이 세 사항은 윤리와 가격 설정에 있어서 초점이 되기도 한다. 표면적으로는, 공정 가격은 교환의 두 당사자가 합의하는 가격이다. 따라서 자율성과 당사자 상호의 이익이 가격 설정 윤리의 바탕이다. 그러나 제품 가격은 가격 경쟁에서 탈락될 가능성이 있는 경쟁 회사와 제조사의 가격 설정에 관한 기업 방침을 따르지 않으면 안 되는 소매업자를 포함한 제3자에게도 영향을 준다. 이와 같이 공정성과 평등한 기회 등의 가치관은 가격 설정의 윤리와 중요한 관계가 있다.

먼저 매입자와 매도자 1대1의 간단한 경우부터 시작해 보자. 공정 가격은 상대방이 기대할 수 있는 가격의 한도를 정하고 상호가 동의해 두 당사자가 합의하는 가격이다. 경쟁 시장에서는 공정하다고 생각되는 균형적인 상태로 가격을 변동시키는 다른 매수자들이 있음으로 해서 매수자와 매도자 양쪽이 보호받고 있다. 매도자는 더 값싸게 팔려고 하는 경쟁 회사가 있으면 너무 높은 가격을 붙일 수 없으며, 매입자는 더 높은 값을 지불하고자 하는 다른 구입자가 있으면 가격을 너무 낮게 내릴 수 없다.

하지만 현실 세계에서 이런 이상적인 시장과 일하는 경우는 좀처럼 없으며, 실제 시장이 이 이상에 미치지 못하는 상황은 공정 가격의 설정을 고려하는 데 유용한 방향을 제공한다. 물론 소비자는 시장에서 반드시 충분한 정보를 갖고 있는 것도 아니며 완전히 자유로운 것도 아니다. 그러므로 거래의 내용을 인식한 후의 동의라는 뜻의 인폼드 컨센트informed consent는 자율성을 존중하기 위해 필요한 조건이지만, 가격 설정이 이루어지는 상황에 개입하지 못하는 경우가 있을 수 있다. 처방약과 다른 보건 의료 등의 가격 설정에 대해서 소비자가 충분히 이해하고 있다거나, 소비자에게 다른 선택지가 있는 경우는 극히 드물다.

가격 설정에 있어서 세 가지 주요한 윤리 문제는 이와 같이 공정 가격을 보증하지 못하는 상황이다. 바가지 요금, 독점 가격 설정, 가격 고정은 모두 시장에서의 공정 가격을 보증하는 데 필요한 상항을 소비자가 협상할 자유를 못 가지는 사례들이다. 바가지 가격이 생기는 건, 매입자에게 적어도 일시적이나마 필요한 제품을 구입할 선택지가 거의 없고, 매도자는 이 상황을 이용해 가격을 대폭 인상하는 경우다. 예를 들어, 2010년 여름, 캘리포니아주의 계획 정전 기간 중 에너지 기업들이 바가지 가격 때문에 문책을 당한 적이 있었다. 지방의 한 철물상은 허리케인 후 휴대용 발전기의 가격을 두 배로 올려 소비자가 필수품으로부터 부당한 이익을 취했다. 세계무역센터와 국방부에 대한 처참한 공격이 있던 밤, 소비자 몇 사람이 패닉 상태로 주유소를 달려가자, 주요소에선 휘발유 값을 두 배, 세 배로 올렸다는 사례가 많이 보고되고 있었다. 이럴 때 매도자는 매입자에게 자유가 없다는 점을 악용해, 엉뚱한 고액을 손에 넣는다. 그런 행위는, 거래에 근본적으로 자유가 없고 매도자가 매입자의 제약을 악용하고 있으므로 윤리에 반한 것이다.

독점적 가격 설정과 가격 조작도 유사한 비윤리적 행위다. 이 경우, 개별 기업이나 공모하는 기업 그룹이 자신의 시장의 지배력을 이용해, 시장에서 실제 경쟁이 있었다면 지불했을 가격보다 높은 가격의 지불을 소비자에게 강요한다. 마이크로소프트의 윈도우즈 오퍼레이팅 시스템, 휘발유, 항공권, 신용카드의 이자율은 독점적 가격 설정과 가격 조작 범죄의 혐의를 받았다. 일반적으로, 모두 소비자에 대해 가격이 적정한가 여부를 판단하는 경우엔 두 가지 요건이 검토돼야 한다. 즉 소비자의 자유와 유효한 경쟁이다. 소비자가 어떤 제품을 구입하지 않을 자유가 클수록, 판매자가 부당한 가격을 설정할 가능성은 낮아진다. 다음으로, 시장에서의 경쟁이 심할수록, 부당한 가격 설정의 가능성은 낮아진다. 소비자에게 선택지가 있으면, 부당한 가격 설정은 하기 어려워진다. 물론 한 업계 내에서의 — 그리고 신용카드 이자율, 처방약, 항공권 등이 생각에 떠오르지만 — 가격의 균형이 높을수록 실질적 경쟁의 가능성은 낮아진다.

이런 가격 설정의 문제는 모두 가격을 수용하는 데 있어서 소비자의 자율성을 존중한다는 가치와 소비자의 상대적 자유와 관계있다. 그러나 가격 설정과 관련되는 두 번째의 더 공리주의적 가치는 가격 설정을 통해 소비자가 얻는 실리와 관계있다. 이런 면에서 윤리 문제가 관련돼 있다고 말하면 의외로 생각될지 모른다. 결국 소비자는 저가격에서 이익을 얻으며, 그 결과 공리주의적 관점에서 본 유일한 윤리 문제는 저가격에서 얻는 구입자의 이익과 고가격에서 얻는 판매자의 이익의 균형을 맞추는 것같이 생각된다. 따라서 시장이 주장하듯이, 상호 합의된 가격은 모든 당사자를 가장 만족시켜 주는 가격이라고 생각된다.

하지만 소비자는 다른 가격을 지불할 수 있었던 것보다 높은 가격으로부터 이익을 얻을 수가 있을까? 전국 규모의 대형 체인점이 작은 마을에 영업을 시작했을 때, 무슨 일이 일어날지 생각해 보자. 월마트, 홈 데포, 온라인 자동차 브로커 등의 기업이 잘 알려진 예이지만, 레스토랑 체인, 식료잡화점, 의료식품, 패스트푸드점도 같은 상황을 보여주고 있다. 많은 경우, 소비자에게 있어서 직접적 이익은 저가격이다. 명백한 (그리고 그다지 명백하지 않은) 이유로 전국적 대형 체인점은 같은 제품을 지방의 소규모 기업보다 낮은 가격으로 판매할 수 있는 경우가 많다. 하지만 이런 상황에서 생기는 시장 통합을 비판하는 사람들 중에는 소비자가 이런 대형 기업이 제공하는 저가격에서 이익을 보고 있지 않다고 주장하는 사람도 있다.

몇몇 경제적 근거에 따르면, 지방 기업에 쓴 돈은 지역 사회에 남아서, 전국 규모의 대기업 산하의 소매점에 쓴 돈보다 경제 발전을 더 많이 가져온다고 한다. 지방 기업은 그 지역 사회에의 재투자, 지역 주민의 고용, 지방 업자에 대한 의존, 그리고 은행 업무, 법률 상담, 회계사무소, 광고대리점 등 지방의 전문적 서비스를 이용할 가능성이 높다. 또한 지방 기업은 전국 규모의 기업보다 세심하게 배려하는 서비스를 제공하며, 지방의 자선 사업과 지역 사회의 행사에 크게 공헌할 것이다. 지방 기업은 지역을 위한 마음이 더 강할 것이다. 소비자로서 1갤런의 우유를 지방의 가족 경영의 식품점에서 구입하는 것보다 월마트에서 조금 싼 값으로 구입해 이익을 볼 수 있을지 모른다. 그러나 시민으로서, 소비자용 제품을 조금 높은 가격으로 구입해 지방 기업을 지원함으로써 더 많은 이익을 얻을 수 있을지 모른다. 보다 싼 값으로 구입하기만 하면, 사람들에게 이롭다고 하는 경제 모델은 경제적 근거에서나 윤리적 근거에서 보아 지나치게 단순하지 않을까.

가격 설정의 윤리적 분석은 교환의 당사자를 넘어서기도 해야 한다. 윤리 문제는 교환의 당사자 이외의 사람 — 특히 경쟁 회사, 납품업자와 소매업자 등의 유통 경로의 파트너, 설정 가격에 불리한 잠재적 고객에게 영향을 주는 — 과 관련해서도 문제가 발생할 수 있다. 이 경우 특히 중요한 것은 공평성과 평등한 기회의 가치다.

물론 기업은 가격, 품질, 서비스를 통한 경쟁을 포함해, 여러 방법으로 경쟁한다. 더 중요한 것은, 기업은 공평하게 그리고 불공평하게도 경쟁할 수 있다는 것이다. 불공정한 가격 경쟁은 여러 가지의 형태로 생길 수 있다. 약탈적 가격 설정은 경쟁 회사를 경쟁으로부터 배제하는 수단으로 제품 가격을 실제 원가보다 일시적으로 낮게 설정하는 걸 말한다. 따라서 어떤 전국 대형 체인점이 오랫동안 1갤런의 우유를 원가보다 낮은 값으로 판매하게 되는 경우, 그 체인점은 소규모 가족 경영 식품점을 경쟁에서 배제할 수 있게 된다. 체인점은 그 규모의 힘으로 소규모 점포가 할 수 없는 방법으로 아마 무기한, 그 손실을 흡수할 수 있다. 소비자는 저가격에서 이익을 얻을 수 있지만, 지역 사회는 선택의 폭이 좁아지고 경쟁력을 상실해 피해를 입을 수 있다.

이런 행위 때문에 어려운 윤리 문제가 발생하고 있다. 한편에선 이 경쟁과 관련해 불공평이 없다고 하는 주장도 있다. 대형 점포가 원가 이하로 제품을 판매할 수 있다면, 그만큼 소비자에게는 좋다는 말이다. 대형 소매점의 효율이 낳는 모든 이익은 소비자에게로 건네져야 하며, 작은 점포가 경쟁을 못하더라도 비윤리적인 것은 없다. 결국, 경쟁적 시장은 가격을 내림으로써 경쟁력 없는 기업을 배제해야 하기 때문이다. 다른 한편, 경쟁은 공정한 한, 그리고 부당한 손해를 끼치지 않는 한에 있어서만, 윤리적으로 정당하다는 점을 인식해야 한다. 또 경제적 효율과 소비자의 선호 이외의 가치관이 문제가 될 수 있다는 것도 인식해야 한다. 경제적 효율의 "가격"에는 더 광범위한 지역의 사회적 · 정치적 "코스트"가 포함될 수 있다.

이것과 관련한 한 가지 염려는 앞에서 논한 공리주의적 및 경제적 염려다. 저가격은 경쟁 회사를 경쟁에서 밀어내기 위한 전술일지도 모르며, 장기적으로는 높은 가격을 가져올 뿐일 것이다. 따라서 (장기간의) 소비자 이익을 유지하기 위해선 (단기간의) 저가격을 제한하는 게 최선이다. 하지만 장기에 걸쳐 저가격이 유지되고, 그에 따라 소비자가 장기에 걸쳐 이익을 얻을 경우에도, 저가격은 더 일반적인 불공정 경쟁이 될 가능성이 있다. 일반적으로 사회는 가격 경쟁에 의해 경제적 이익을 얻는다. 하지만 경쟁 당사자가 경쟁할 동등한 기회를 부당하게 빼앗기고 있는 사례도 있을 수 있다. 두 예를 들어 보고자 한다.

자동차 제조사 가운데는 자동차의 유통 시스템을 오랫동안 통합하고 싶어해온 곳도 있고, 심지어 자체적으로 소매 판매점을 소유 · 운영하려고 하는 사례도 있다. 대부분의 자동차 판매특약점은 사기업이며, 제조사의 프랜차이즈 점으로 운영하고 있다. 또 대부분의 자동차 제조사는 판매 촉진을 위해 가격 인센티브와 다른 리베이트를 늘 이용하고 있다. 그런 리베이트가 일정한 판매 목표와 연결돼 있는 경우는 드물지 않다. 예컨대, **다단계** 방식이라고 부르는 프로그램에서, 판매특약점은 최초의 10대의 판매에 대해 한 대당 200달러, 다음 10대의 판매에 대해 한 대당 500달러의 리베이트를 받는다. 그 결과, 대형 판매특약점이 소규모 판매특약점에 비해 한 대당 저가격으로 판매하더라도 사실상 이익을 얻게 된다. 필연적으로 소형 판매특약점은 더 심한 경쟁에 휩싸여 시장 밖으로 밀려나게 되고, 결과적으로 많은 제조사들이 원하는 판매 거점의 통합을 낳는다. 현실적인 윤리 문제가 제기되지 않으면 안 된다. 그런 가격 차별은 소매업자 간의 불공정 경쟁인가? 소비자가 저가격에서 이익을 얻는다고 하더라도, 그 이익은 소기업에 부당한 손해를 줌으로써 얻어질 수 있다.

정부 보조금이 가격에 영향을 주는 사례에 대해서도 생각해 보자. 미국 연방정부는, 예컨대, 사고 발생 시에 원자력 발전 업계가 직면할 법적 책임에 한도를 정함으로써 이 업계에 거액의 보조금을 지급하고 있다. 또 연방정부는 연방정부 소유지의 사용에 대해 시가 이하의 가격으로 파이프라인 건설에 대해 세금 우대조치를 도모하며, 해외 석유 공급의 안전한 확보를 목적으로 하는 군사적 방위에 대해 지원하고 있다. 이 조치의 한 결과로, 미국 소비자는 에너지에 대해 완전한 자유 경쟁 시장에서 설정한 경우의 가격보다 훨씬 싼 값을 지불하고 있다. 또 다른 한 가지 결과는 대체 에너지 업계는 가격으로 경쟁을 할 수 없다는 점이다.

여기서 배워야 할 중요한 교훈은 누가 비난을 받아야 하며, 누가 칭찬을 받아야 하는가라는 문제가 아니다. 어느 쪽을 지지하든, 서로가 용인 가능한 최저가만을 가격 설정 방침에 있어서 윤리적 정당성을 판단하는 근거로 삼는 게 불충분하다는 걸, 우리는 인식해야 한다. 대체 에너지 업계를 지지한다면, 소비자가 에너지에 대해 지불하는 가격이 낮아도, 가격 설정의 경쟁은 불공정하다고 말할 것이다. 원자력 발전소와 화석 연료업계를 지지한다면, 다른 사회적 가치 (예컨대, 경제 성장과 에너지 자립 등)는 대단히 중요하므로 일부 물품의 가격 결정은 자유 시장에 맡겨서는 안 된다고 주장할 것이다.

두 번째 그리고 최후의 염려는 이 논점에서 비롯한다. 상호 용인 가능한 저가는 경제 시스템에 있어서 한 역할을 한다. 하지만 지금까지 이 책을 통해 몇 번이나 본 것처럼, 그런 경제 시스템 자체는 더 광범한 사회 · 정치 시스템의 일부다. 그런 사회 · 정치 시스템에 있어서 보다 일반적 가치관은 윤리적 견지에서 저가를 거부하는 경우도 있다. 앞에서 다룬 예를 생각해 보자. 대부 기관은 주택 론의 금리를 주로 아프리카계 미국인이 거주하는 저소득 지역보다, 주로 백인이 사는 고소득 지역에 더 낮게 제공하기로 결정할지 모른다. 부의 불평등이라는 점을 감안하면, 이것은 금융적 이유에서 현명한 판단이라는 주장도 가능하다. 하지만 그런 차별적 가격 설정은 윤리적으로 용인될 수 없다고도 판단될 수 있다. 공유지, 국립공원, 야생 생물 등의 공공재의 가격 설정에 대해서도 생각해 보자. 소비자의 지불 의지에 기초하는 진정한 시장 가격은 개발회사에의 국립공원의 매각과 맹수 사냥꾼에 의한 멸종 위기종의 매매 행위를 초래한다. 시장 가격만으로는 이 같은 것의 진가를 충분히 반영하지 못한다. 교환의 두 당사자가 합의한 가격에 포함되지 않은 비용인 사회적 비용이 교환에 포함돼 있으면, 그 합의된 가격은 적정하지도 않으며 사회적으로 이익이 되지도 않을 것이다.

이 장에선 제품의 안전성과 가격 설정이 제기하는 다양한 윤리 문제를 검토했다. 제9장에선 마케팅 윤리에 관한 남은 두 중심 테마인 광고와 타깃 마케팅에 관해 고찰하고자 한다.

논의를 위한 사례를 다시 생각해 보자

신제품을 시장에 내놓을 경우, 그에 앞서 기업이 답을 해야 할 필요가 있는 가장 기본적 질문 몇 가지를 생각해 보자. 이 제품은 자사의 사업 계획에 적합한가? 이 제품의 시장은 있는가? 없다면, 마케팅에 의해 창출되고 형성될 수 있는가? 가격이 얼마이면, 고객을 만족시키고 채산이 맞는가? 제품을 어떻게 설계해야 하는가? 제조하는 데 어떤 재료를 사용해야 하는가? 어디서 제조해야 하는가?

라이프 사이클 책임에서는 제품을 시장에 내놓기 전에 물어보아야 하는 질문에 윤리적 요소를 보태고, 또한 경제적, 윤리적 문제를 제품 자체와 제조에 사용한 재료의 최종 처분도 포함한 라이프 사이클 전체에 확대한다. 특히 제품의 라이프 사이클 전체에 걸친 생태학적 지속 가능성의 질문에 답하는 것도 포함될 것이다.

라이프 사이클 책임의 중요성을 이해하기 위해선 친근한 제품의 라이프 사이클을 추적해 보는 것이 알기 쉬운 연습이 될 것이다. 이를테면, 일상적으로 사용하는 전기제품, 점심으로 먹는 햄버거의 쇠고기, 입는 운동용 스웨터, 운전하는 자동차, 앉아 있는 건물 등이다. 이런 품목의 제조와 관련한 질문부터 시작해 보자.

천연의, 그리고 합성의 어떤 재료가 그 제품에 사용됐는가? 이들 재료의 생산이나 사용과 관련한 윤리 문제와 환경 문제를 확인할 수 있는가? 이들 자원의 제공에 관여한 납품업자와 노동자를 확인할 수 있는가? 이 재료들의 생산과 제품 자체의 제조에 어떤 에너지원이 사용됐는가? 제품의 설계와 제조와 관련해, 코스트 관리와 코스트 삭감 이외에 지침이 되는 원칙이 있었는가? 그 제품은 어디서 만들어졌으며,

왜 그 장소가 선정되었는가? 이들 답을 대신하는 답을 발견해, 어떤 가치관이 다른 선택을 버리고 특정한 선택으로 이끌게 했는지 해명할 수 있는가?

이번엔 제품의 수명이 다 됐을 때를 생각해 보자. 제품을 다 써 버렸을 때 그 제품은 어떻게 되는가? 누가 그 제품의 처분에 책임이 있는가? 어떤 부품과 재료가 생산 사이클로 돌아가고, 그렇지 않으면 재활용되는가? 이 부품이나 재료를 처분할 때, 피해를 입은 사람은 없는가? 이 제품의 수명 종료에 비용이 생기는가? 누가 그걸 지불하는가? 이 제품의 제조에 합성 재료가 사용된 경우, 그 재료는 어떻게 되는가?

제10장에서 지속 가능성의 주제에 대해 더 깊이 있게 고찰하겠지만, 이들 질문은 21세기 마케팅이 당면한 윤리 문제와 환경 문제의 영역을 보여주고 있다. 마케팅 전문가들은 소비자, 공익단체, NGO, 정부가 그런 질문을 더 많이 제기하기를 기대해야 한다.

복습 문제

1. 마케팅 윤리에서 제기돼야 할 세 가지 일반적 윤리 문제를 설명하라.
2. 제품 구입 시, 소비자가 선택의 자유가 없는 상황 몇 가지를 설명하라.
3. 매입자의 위험 부담이, 왜 자유 시장 경제 이론의 제품 안전 접근에 있어서 윤리적으로 선호되는지를 설명하라.
4. 과실의 개념을 설명하고, 의약품 제조사가 제품의 시험이나 생산에서 생긴 과실에 대해 법적 책임을 져야 한다는 주장에 대해 윤리적 변호를 하라.
5. 제조사는 자사 제품으로 인한 손해에 대해 어느 정도 책임이 있는가?
6. 엄격 제조물 책임의 방침을 정당화하기 위해 사용되는 서로 다른 세 가지 윤리적 주장을 평가하라.
7. 최저 가격이 윤리적으로 최량 가격이 아닐지도 모르는 세 가지 상황에 대해 설명하라.

주석

1) 라이프 사이클 관리에 관한 중요한 연구는 UN 환경 프로그램에 의해 진행되고 있다. (http://www.uneptie.org/pc/sustain/Icinitiative)
2) 이 부분은 다음을 많이 참고했다. Philip J. Landrigan, et.al., "Chemical Contaminants in Breast Milk and Their Impacts on Children's Health: An Overview," *Environmental Health Perspectives*, vol. 110, No.6, June 2002. 이것은 다음에서 볼 수 있다. http://ehp.niehs.nih.gov/members/2002/110pA313-A315landrigan/landrigan-full.html.
3) 마케팅 윤리의 현황에 대한 유익한 견해는 다음 자료에서 볼 수 있다. Patrick E. Murphy, "Marketing Ethics at the Millennium: Review, Reflections, and Recommendations," in *The Blackwell Guide to Business Ethics*, edited by Norman Bowie (Malden, MA: 2002) pp.165-185. 다음도 참조. Gene Laczniak and Patrick Murphy, *Marketing Ethics: Guidelines for Managers* (Lexington, MA: Lexington Books, 1985), 그리고 Gene Laczniak and Patrick Murphy, *Ethical Marketing Decisions: The Higher Road* (Upper Saddle River, NJ: Prentice Hall, 1993). 철학적 문제에 대한 통찰력 있는 입문서로서 다음 문헌이 있다. George Brenkert, "Marketing Ethics," in *A Companion to Business Ethics*, editied by Robert Frederick (Malden, MA: Blackwell Publishing, 1999), pp. 178-193.
4) "프로덕트 (Product)", "플레이스먼트 (Placement)"는 때때로 필자가 사용하는 것보다 더 좁은 의미로 쓰이고 있다. 이 좁은 의미에서, 마케팅 대리점은 영화나 TV의 광고 면에 해당 상품을 등장시킴으로써 상품의 판촉을 교묘하게 하고 있다. 필자는 이 말을 더 광범위한 의미로 사용하여, 목표로 하는 시장을 향해 판매를 촉진하는 모든 마케팅 활동을 포함한다.
5) 어떤 조사에 따르면, 이 슬로건을 써서 광고를 하고 있는 기업은 100개 사를 초과했다. 그 회사들은 부동산 회사로부터 골동품상, 장거리 전파업자로부터 수질 여과 시스템업자에까지 이르고 있다. 아마 동의하지 않는 업자는 그걸 광고하지 않을 것이다.
6) 예로서 다음을 참조. John de Graaf, David Wann and Thomas Naylor, *Affluenza: The All-Consuming Epidemic* (San Francisco: Berrett-Koehler Publishers, 2001). KTCS TV 및 오레건 공공 TV가 작성한 같은 제목의 1997년의 PBS TV 쇼는 유용한 교실용 자료이며 블프로그 필림사에서 비디오테이프를 판매하고 있다.
7) 엄격한 제조물 책임 기준에 대한 이런 비판과 그 밖의 비판의 전개 과정을 상세하게 다룬 문헌은 다음과 같다. Peter W. Huber, *Liability: The Legal Revolution and Its Consequences* (New York: Basic Books, 1988).
8) John McCall, "Fairness, Strict Liability, and Public Policy," in *Contemporary Issues in Business Ethics,* 4th edition, edited by Joseph DesJardins and John McCall (Belmont, CA: Wadsworth Publishing, 2000), pp. 328-329.
9) 다음을 참조. "Assessing Product Liability Alternatives," Introduction to chapter 10 in *Contemporary Issues in Business Ethics,* pp. 308-310.

제9장

마케팅 윤리: 광고와 타깃 마케팅

[학습 목표]

이 장을 읽고 나면 다음과 같은 일을 할 수 있다.

- 마케팅과 판매에 있어서 조작과 기만 행위에 관한 윤리를 분석할 수 있다.
- 광고를 통제하는 규제 기준을 분석할 수 있다.
- 소비자의 자율성에 위배되는 마케팅에 관한 논의를 분석할 수 있다.
- 타깃 마케팅의 윤리를 설명할 수 있다.
- 약한 입장에 있는 사람들과 집단에 대한 마케팅 윤리를 분석할 수 있다.

논의를 위한 사례

약탈적 대부: 서브프라임 주택 론과 신용카드

서브프라임 주택 론loan은 2008년의 금융 · 경제 붕괴에 있어서 중심적 역할을 했다. 서브프라임의 융자는 차용자가 일정한 신용도, 수입, 담보나 자산의 기준에 미달되기 때문에 종래의 대부貸付 제도보다 리스크가 높다. 그 금융 위기 동안, 주택 론이 세상의 큰 주목을 모았으나, 서브프라임의 융자는 자동차 론과 신용카드에도 발생한다.

서브프라임 론은 채무 불이행이 될 가능성이 높고 리스크가 있는 한편, 대부주貸付主에게는 높은 수입을 약속하며 차용자에게는 다른 곳에선 불가능한 론의 기회를 약속한다. 사람들은 잠재적인 이익 때문에 리스크를 무릅쓴다. 당사자 모두가 리스크를 무릅쓰는 걸 충분히 이해하고 자유 의사로 동의하고 있는 한, 리스크를 무릅쓰는 건 윤리적으로 아무런 문제가 없다. 윤리 문제가 생기는 건, 사람들이 리스크에 대해 잘 모르며 선택지도 한정돼 있어 리스크를 피하기가 어려운 경우다. 당연히, 신용도가 낮은 소비자는 자금 조달에 있어서 선택지가 적다. 일부 관찰자에 따르면 그런 소비자는 특히 부당하게 이용되는 집단이다. 대부주는 약자에게 고의로 대부를 하고 신용 리스크가 높은 사람들을 대상으로 비즈니스를 하는 경우, 이 대부주는 약탈적 대부에 연루되는 것이다. 위험성이 있는 대부와 약탈적 대부의 경계선은 분명치 않다.

하지만 반드시 불법이 아닌 약탈적 대부와 불법인 사기 행위 간의 경계선도 분명치 않다. 대부주가 고의로 정보를 제공하지 아니하고, 차용자를 오도하거나, 아니면 속이는 경우, 약탈적 대부는 경계선을 넘어 사기 행위가 된다.

미국연방예금보험공사FDIC는 약탈적 대부를 "차용자에게 부당 및 부정한 대부

조건을 과하는 것"이라고 정의하고 있다. 종래의 대부 상황에선, 대부주도 약간의 리스크를 갖게 되며, 그러므로 차용자를 악용하고 싶은 생각은 거의 없다. 그러나 서브프라임 론에선 론의 시초 채권자가 재빨리 그 론을 처분하고, 그걸 부동산 담보 증권으로 패키지화해서 남에게 넘겨 주었다. 채무 불이행의 대가를 지불할 의무가 없으므로, 대부주는 차용자를 겨냥하는 방법을 재빨리 찾아내어 대부를 얻어 내도록 권유해, 결국 차용자는 변제할 수 없게 된다.

변동금리형 주택 론ARM은 대부주가 차용자를 유인하는 데 사용되는 한 방법이었다. ARM는 시장보다 낮은 금리로 시작해 그 후 금리를 조정한다. 이 방법은 일반 차용자가 장래의 금리 저하에 대해 자신의 론을 보호하는 데 도움이 될 수 있다. 또한 이 방법은 주택 론을 얻기에는 수입이 부족하다고 판단될 가능성이 있는 사람에게 도움이 된다. 금리가 최저 수준이고 소득 수준이 오르지 않는 상황에서는, 장차 ARM의 변제액이 상승하는 건 거의 확실하기 때문에 차용자가 장차 상승한 변제액을 갚을 수 있다고 확신하지 못하는 한, ARM은 매우 리스크가 높아진다.

하지만 약탈적 대부가 발생하는 영역은 주택 론에만 국한하지 않는다. 자동차 론, 신용카드, 페이 데이 론, 당좌 차월 론, ARM의 인출로부터 론의 조기 지불에까지 모든 서비스에 대한 과도한 수수료 그리고 세금 반환 론도 약탈적 대부 관행이라고 인정되고 있다. 그러나 특히, 두 영역인 자동차 론과 신용카드는 그 기만적, 약탈적 관행 때문에 큰 문제가 돼 있다.

한 지방지 일요 판의 여러 군데에 나와 있는 다음과 같은 선전 문구를 생각해 보자. "납품 가격 이하의 값으로", "매입자에게 캐시백", " 500달러를 캐시백", "제조사의 희망 소비자 가격", "표시가격", "제조사 측에 의한 가격 인하", "절대적 최저가 보증", "일부 차에 대해선 금리 제로", "애프터서비스 기간 연장", "계약금 없음", "홍정 환영", "대폭 할인, 수천 달러의 절약", "도매 값으로 판매", "신용도가 걱정? 문제 없습니다. 론이 승인되면, 1000달러를 지급하겠습니다.", "술수도 없고 속임수도 없습니다."

이들 보기 가운데 틀린 것이나 허위적인 것이 있다면, 그것은 어느 것이며 그 이유는 무엇인가? 신용 문제가 있는 사람에게까지 론의 승인을 보증하는 건, 약탈적 대부 행위를 시사하는 것인가?

신용카드는 약탈적 대부가 발생하는 또 하나의 분야다. 과거 10년간 은행과 신용카드 발행 회사는 리스크가 높은 광범위한 소비자에게 적극적으로 신용카드를 권유했다. 리스크가 높은 소비자에게 신용카드를 제공하는 이유는 분명하다. 신용카드는 늘 20%를 상회하는 금리와 지불 연체금으로서의 추가 징수에 의해 대단히 많이 버는 비즈니스가 되기 때문이다. 대학생용의 신용카드 비즈니스는 고려할 가치가 있는 일례다.

장래의 고용과 수입을 고려하면, 대학생은 매력적 시장이지만, 학생은 통상적으로 수입이 낮아 높은 학생 론을 안고 있다. 게다가 지출에 대한 자제심이 없는 것과 마찬가지로, 학생들의 론에 대한 이해도 의심스럽다. 은행은 대학생에게 적극적으로 마케팅을 해 왔으며, 많은 대학도 이 활동에 협력해 거기서 이익을 얻었다. 시티뱅크, 뱅크 오브 아메리카, US 뱅크, JP 모건 체이스 그리고 사실상 다른 모든 신용카드 발행 회사는 정기적으로 대학 구내에서 권유를 하고 있으며, 많은 경우 이를 위해 학생을 고용하고 있다. 마케팅 캠페인에는 무료 경품, 차용 초기의 저금리, 대학 내 행사의 스폰서 역할뿐 아니라, 대학의 로고를 사용하기 위해 대학과 동창회 조직과 직접적으로 금융 거래를 하는 것도 포함돼 있다.

대학생에게 신용카드를 권유하는 데 윤리 문제가 있는가? 대학생은 특히 신용카드 마케팅에 있어서 쉬운 표적인가? 대학생은 그런 마케팅에 인폼드 컨센트 (인지하의 동의)를 할 수 있는가?

이 책의 주된 독자는 통상적으로 18세에서 22세의 대학생일 것이다. 이들 질문의 답을 위한 전후 관계를 마련하기 위해, 아래의 질문으로써 학생들의 견해와 입장을 알아보자.

논의를 위한 질문

1. 학급에서 신용카드를 가진 학생은 몇 사람인가? 한 학생이 평균 몇 개의 다른 카드를 가지고 있는가?
2. 어떻게 해서 신용카드를 가지게 됐는가? 자진해 신용카드를 신청했는가, 아니면 권고를 받았는가? 카드 취득의 조건은 어려웠는가?
3. 몇 명의 학생이 매월 카드의 결제금액을 지불하고 있는가?
4. 몇 명의 학생이 자신의 신용카드의 적용 이자율을 알고 있는가? 몇 명이 신용한도액을 알고 있는가? 신용카드 발행 회사가 이자율을 변경할 수 있는 조건을 설명할 수 있는 학생이 있는가?
5. 지불이 늦어진 경우, 무슨 일이 발생하는지 설명할 수 있는 학생이 몇이나 되는가? 신용카드 청구서를 수령한 날부터 지불일까지 기간이 얼마인지를 아는 학생이 있는가?
6. 대학생은 일반 평균 소비자보다 카드 신청 시에 듣는 설명이 많은가 적은가? 적극적 마케팅 수법에 대학생은 권유되기 쉽다고 생각하는가?
7. 대학생에게 신용카드를 마케팅하는 것에 윤리적으로 잘못이 있는가?

9.1 서론: 판매, 광고 및 유통에 관한 윤리

제8장에서 마케팅의 첫 두 P에 해당하는 제품product과 가격 설정pricing을 둘러싼 윤리 문제를 검토했다. 이 장에선 마케팅의 남은 두 P에 해당하는 제품의 촉진promotion과 유통placement의 윤리를 고찰한다. 구체적으로 광고와 판매에 관한 윤리 그리고 타깃 마케팅의 윤리 문제에 초점을 맞춘다. 물론 4P 가운데는 중복되는 부분도 있다. 예를 들면, 제품의 주된 촉진 방법의 하나는 가격 깎기와 세일 행사를 통해서다. 제품의 촉진과 타깃 마케팅 간에도 겹치는 부분이 있다. 제품의 촉진 방법을 어떻게 선택하느냐 하는 건 대개 소비자층에 달려 있다. 마케팅의 촉진은 윤리적으로 일부 소비자에겐 용인 가능하더라도 다른 소비자에겐 용인되기 어려운 경우도 있다. 이 장의 주제의 하나로서, 소비자 자율성의 문제와 그 자율성이 판매 행위와

광고에 어떤 영향을 주는지, 표적이 되는 소비자 집단이 다른 소비자에 비해 조종하기가 더 쉬운지 고찰해 보고자 한다.

물론 남에게 영향을 주는 방법에는 윤리적으로 좋은 방법과 나쁜 방법이 없다. 남에게 영향을 주는 윤리적으로 바람직한 방법은 설득하고 질문하고 설명해 정보를 주고 조언하는 것이다. 사람을 움직이기 위해 영향을 주는 방법으로서 비윤리적인 것은 협박, 강제, 기만, 유도, 거짓말 등이다. 유감스럽게도, 세일과 선전 행위는 기만적이거나 유도적 수단을 사용하거나, 유도나 기만적 행위의 영향을 받기 쉬운 소비자 집단을 표적으로 하는 경우도 있다. 모든 마케팅 분야 중에서 가장 악명 높은 해로운 분야는 아마 자동차 판매, 특히 중고차 판매일 것이다. 유도의 개념과 그 일부인 기만 행위는 이 장이 다루는 윤리 문제의 중심이 되는 것으로, 뒤따르는 절의 내용을 체계화하는 데 유용하다.

유도한다는 것은 행동을 지도하거나 방향 잡는다는 것이다. 유도는 전면적 통제일 필요는 없고, 실제는 오히려 미묘한 방향이나 관리의 프로세스라고 할 수 있을 것 같다. 사람을 유도한다는 건, 그의 명시적 동의나 의식적 이해가 없는 상태에서 그의 행동을 뒤에서 조정한다는 것을 의미한다. 이와 같이 유도는 설득과 그 밖의 이성적 영향력과는 대조적이다. 가령 내가 누군가를 유도하려고 한다면, 그의 행동을 지시하기 위해, 그의 합리적 판단에 명시적으로 의존하지 않는다. 그 대신, 나는 그의 자율성을 무시하려고 한다. (하지만 성공적인 유도는, 유도당한 당사자가 자신의 판단에 따라 행동했다고 믿으면 확실해질 수 있다.)

사람을 유도하는 한 방법은 기만을 통한 것인데, 이는 명백한 거짓의 한 형태다. 나는 누군가를 유도하기 위해, 그를 속일 필요는 없으나, 그 사람이 "나는 유도되고 있지 않다"라고 잘못 믿고 있다면 나로선 다행한 일이라고 생각한다. 속이지 않고도 사람을 유도할 수 있다. 예를 들어, 가족의 일원으로서의 책임을 다하지 않았다는 죄의식을 갖게 함으로써 아들에게 잔디 깎는 작업을 시키는 건 아들을 속이지 않고 유도한다고 말할 수 있다. 또 교사가 학생들에게 다음 수업에서 작은 테스트를 할지 모른다고 암시를 줌으로써 공부에 집중시키는 경우도 유도라고 할 수 있다. 이러한 예들은 매우 중요한 문제를 제기한다. 왜냐하면, 이것들은 상대방의 심리 상태, 즉 동기, 흥미, 욕구, 신념, 기질 등을 많이 알수록 상대방의 행동을 조작하기 위해 유도하기 쉽다는 걸 나타내기 때문이다. 죄악감, 동정, 만족의 욕구, 불안, 공포, 열등감, 자만, 복종 등의 심리 상태는 모두 강력한 동기가 될 수 있다. 처방약과 비처방약의 판매업자는 자신들의 제품을 팔고자 할 때 이런 요소를 많이 이용한다. 상대방에 관한 이런 것들을 알면 그의 행동을 유도하는 데 효과적인 수단이 된다.

이것이 마케팅 윤리에 중요한 문제가 된다는 걸 이해할 수 있다. 비판가들은 많은 마케팅 관행이 소비자를 유도하고 있다고 주장한다. 분명히 수많은 광고는 기만적이며 그 가운데 새빨간 거짓말도 있다. 또 마케팅에 대한 조사 · 연구가 여기에 관여하게 되는 이유도 이해할 수 있다. 고객의 심리 상태를 알수록, 고객의 욕구를 더 잘 충족해줄 수 있지만, 고객의 행동을 유도하는 것도 가능해진다. 비판가는, 일부 마케팅 관행은 유도와 사기 행위의 영향을 받기 쉬운 소비층을 표적으로 하고 있다고 비난한다. 건강이 나빠 고생하고 있는 소비자는 치료와 통증 해소 그리고 기타 치료 효과를 시사하는 광고에는 특히 영향을 받기 쉽다.

하지만 이들 문제의 윤리성에 대해 논쟁이 없지는 않다. 허위와 사기 행위에 대해선 강하게 윤리 문제를 주장할 수 있지만, 모든 유도 행위가 비윤리적인지는 분명치 않다. 내 아들에게 잔디 깎는 일을 시키기 위해 아들의 죄의식을 이용하는 건 비윤리적인가? 누군가의 동기에 호소하는 건 언제나 그 사람을 유도하는 행위인가? 탈모의 진행을 늦추는 상품을 팔기 위해 남성의 허영심에 호소한 건 유도에 해당하는가? 더욱이 유도에 해당하는지 경계선의 결정이 매우 어렵다. 교사가 학생에게 과제 도서의 범위가 시험에 나올지도 모른다고 암시한다면, 학생을 유도하는 것이 되는가? 병원이 가장 많이 추천하는 진통제로서 아라신-3을 추천한다면, 소비자를 유도하는 것이 되는가? 언제, 어떤 조건 아래서 행한 유도가 비윤리적인가? 상대방의 흥미에 호소함으로써 상대방을 설득하는 것 (예컨대, "좋은 성적을 얻으려면 공부를 해요"라고 말하는 것 등)과, 상대방을 유도하는 것의 정확한 차이는 무엇인가?

이런 의문점에 대해선 뒤에서 다루기로 하고, 앞에서 소개된 윤리적 주제에 대해 검토해 보자. 윤리학에 있어서 전통적 칸트파는 유도에 대해 가장 강력한 의의를 가지고 있을 것이다. 내가 누군가를 유도하게 되면, 나는 그를 나 자신의 목적의 수단으로서, 그 사람을 남에게 의존하지 않는 자립한 개인으로서가 아니고 단지 이용 수단으로서 다루게 된다. 유도는 상대방의 이성적 의사결정을 무시하는 행위이므로 사람에 대한 멸시의 한 실례다. 남을 하나의 수단으로 이용하고자 하는 의도 자체가 악이므로, 실패한 유도일지라도 윤리적 과실을 범한 것이다.

아마 전통적 공리주의파는 결과에 따라 유도를 조건을 붙여 비판할 것이다. 자신의 이익을 위해 유도되는 온정주의적 유도도 확실히 존재한다. 하지만 그런 경우에도 예기치 않은 폐해가 생길 수 있다. 유도는 개인 간의 신뢰와 존경의 유대를 침식하기 쉽다. 또 개인의 자신감을 앗아가며, 유도당한 사람들 간의 책임 있는 선택의 진전을 방해하는 경우도 있다. 일반적으로 대부분의 유도는 유도되는 측을 희생시켜 유도하는 측의 목적 달성을 위한 것이기 때문에, 공리주의자는 유도가 전반적 행복을 감소한다고 생각하는 경향이 있다. 유도의 일반적 행위는, 비판가는 많은 판매활동에 일어나고 있다고 비난하지만, 판매 업적이 저조하기 때문에 촉진돼야 할 바로 사회적 관행 (예, 영업활동)의 평가를 훼손할 가능성이 있다. 되풀이하건대, 중고차 판매는 그런 상황을 보여주는 좋은 예다.

극히 악질적인 형태의 유도는 취약한 사람들을 표적으로 삼아 악용하는 경우다. 미성년을 대상으로 한 담배 광고는 지난 수년간 큰 비판을 받은 사례다. 고령자를 겨냥한 보험 (특히 의료보조보험), 카지노와 도박, 요양원과 장례 등의 상품과 서비스의 마케팅은 같은 비판을 받고 있다. 질병이나 만성병을 앓고 있는 사람들과 ADHD (주의력결핍 과잉행동장애)로 고생하는 자녀를 가진 부모를 겨냥한 의약품의 마케팅도 특히 문제가 있다.

이 장의 서두에서 논한 사례는 취약한 입장에 있는 사람들에 대한 마케팅에 추가되는 예다. 신용도가 낮거나 신용 이력이 없는 소비자는 주택시장, 자동차 구입 또는 신용카드 취득에 있어서 이용할 수 있는 선택지가 적다. 물론 신용도가 낮은 사람들은 여신을 구해서는 안 된다고 하는 것도 일리 있다. 그리고 높은 채무 불이행률과 주택 론, 자동차 론, 신용카드의 채무 불이행 등의 영역에서의 금융 파탄의 책임의 일단은 소비자에게 있다. 하지만 그렇다고 해서, 그런 리스크가 높은 소비자를 겨냥하는 금융 기관이 책임을 면할 수 없다. 대부주는 장차 지불하는 어려움을 겪을 소비자에게, 분명히 알면서도 서브프라임 주택 론, 주택담보 론, 자동차 론, 그리고 신용카드의 마케팅을 적극적으로 해오고 있다.

이런 경우 다음과 같은 일반적 지침을 제안할 수 있다. 이미 자신의 판단으로 제품을 구입할 생각이 있는 소비자를 찾아내려고 노력하는 마케팅은 윤리적으로 정당하다. 따라서, 이를테면 자동차 판매특약점이 그 제조사의 영업부로부터, 이 회사의 차종의 전형적 구매자층은 바깥 활동을 좋아하는 연간 수입이 4만 달러 이상의 여성이라는 정보를 입수했다고 하자. 이런 조건에 해당하는 소비자 모두에게 표적 다이렉트 메일을 발송하는 건 윤리적으로 정당한 마케팅 행위다. 한편, 용이하게 영향을 받고 유도되는 소비자층을 특정하려고 하는 마케팅 행위는 그렇지 않다. 염려, 불안 또는 비합리적 동기에 호소하는 판매 활동과 마케팅은 윤리적으로 부적절하다. 예컨대, 자동차 판매특약점이 미혼 여성과 미망인이 차 구입에 불안을 갖고 있다는 걸 알고, 연장보증보험, 신체장애보험, 도난 방지 제품 등을 판매하는 수단으로서 그런 불안한 심리 상태를 이용하는 건 비윤리적 행위다.

마케팅 리서치는 잠재 고객의 심리 상태에 대해 일정한 정보를 수집하는 행위라고 할 수 있다. 하지만 모든 심리 상태가 똑같은 게 아니다. 상대적으로 더 인지적이고 더 이성적인 것이 있다. 소비자의 자발적 이성적 욕구를 표적으로 하는 것과, 소비자의 염려, 불안, 변덕을 표적으로 하는 건 별개 문제다.

9.2 기만적이며 불공정한 판매 활동과 광고의 규제

"작년, 타이레놀®이 병원에서 투약된 양은 다른 상위 4개 브랜드를 합한 양의 10배까지 올랐다." "병원은 다른 어느 진통제보다 아나신-3에 포함된 비非아스피린 진통제인 아세타미노펜을 추천하고 있다." 이 광고 내용은 둘 다 타이레놀®과 아나신-3의 마케팅 캠페인에서 널리 사용되던 때엔 진실이었다. 하지만 그 문구는 기만적일까? 이 타이레놀®의 광고 속에 언급되지 않은 것은, 타이레놀®의 제조사인 존슨 앤드 존슨이 파격적 저가로, 또는 의사에게 무료 샘플로 병원에 타이레놀®을 공급했다는 사실이다. 또한 아나신-3의 제조사인 아메리칸 홈 프로덕츠는, 병원이 가장 많이 권하는 아세타미노펜 진통제의 브랜드가 역시 타이레놀®이었다는 사실을 자사 광고에서 밝히지 않았다.

미국연방거래위원회FTC는 기만적 불공정 마케팅 행위를 규제하는 임무를 가지고 있다. 꽤 오래전 1944년에 FTC는 기만적 판매 행위와 관련해 아스피린 제품의 제조사를 조사했다. 아스피린과 아세타미노펜, 이부프로펜 (3대 비처방 진통약) 간에 화학적 차이, 즉 약효의 차이가 없기 때문에, 제조사들은 가격이나 마케팅을 통해서 경쟁한다. 이들 제품의 지네릭 브랜드가 널리 사용되고 있는 점은 이 약품이 싼 값으로 판매될 수 있다는 것을 말한다. 하지만 많은 소비자들이 지네릭 브랜드의 구입을 주저하고, 유명 브랜드의 값이 상대적으로 높았으므로 광고의 효과는 있었다.

이들 상품에 대한 마케팅 캠페인의 역사는 조작적이고 기만적 행위로 가득 차 있다고 하는 비판이 있다. 아나신의 "충분히 입증된 유효 성분의 배합"은 단지 아스피린과 카페인의 배합이었으며, 이 선전 문구를 뒷받침하는 증거는 없었다. 아나신의 선전 문구는 "빠르게 빠르게 낫는다", 버퍼린은 "아스피린보다 두 배 빠르게 낫는다", 세인트 조세프社의 아스피린은 "다른 진통제보다 빨리 낫는다", 바이에르社는 "제일 빠른 효과"였다. 이 상품의 유일한 유효 성분은 모두 아스피린이었으며, 아스피린의 브랜드 간에는 화학적 차이가 없었다. 따라서 효과가 높아졌다든가 효과가 빨라졌다든가 하는 선전 문구는 허위에 불과했다.

FTC의 권한은 기만적이거나 불공정한 마케팅 행위를 규제하는 일이다. 이 규제의 입장은 어떻게 이 두 기준이 관련돼 있는가를 보여 주므로 유용하다. 병원이 대량의 타이레놀®을 사용했다고 하는 주장을 타이레놀®이 선전한 이유를 생각해 보자. 타이레놀® 제조사의 의도는 무엇이었을까? 단순히 타이레놀®에 대한 맞는 선전 문구라고 말할 수 있을 것이다. 하지만 이 상품에 대해 할 수 있었던 선전 문구는 그것 아니라도 얼마든지 있었는데도, 이 회사는 그 선전 문구만 선택했다. 왜냐하면 실은 병원이 대폭적으로 디스카운트한 가격으로 약을 납품받고 있다고 보는 사실에 주목을 집중시키고 싶지 않았기 때문이었다. 이 마케팅 캠페인에 대해 가능한 유일한 설명은, 타이레놀®이 병원의 인정을 받았다는 걸 보여 줌으로써 소비자가 감화되도록 하고자 하는 게 회사의 의도였다는 것이다. 존스 앤드 존슨은 (다른 브랜드의 아세타미노펜은 아니고) 타이레놀®이 최량의 진통제라고 의사가 확신했기 때문에, 병원에서 그렇게 많은 타이레놀®이 사용됐다고 소비자에게 믿게 하고 싶었던 것이다. 바꿔 말하면, 존슨 앤드 존슨은 소비자가 사실이 아닌 것을 믿도록 바라고, 그걸 의도해 조치를 취했다. 이 회사는 소비자를 속이려 했으며, 이런 허위를 통해 소비자를 유도하려고 했다.

소비자는 그런 마케팅 행위가 없었다면 구입하지 않았을지도 모르는 상품을 결과적으로 구입해, 구입하지 않았을 수도 있는 이 상품의 가격을 다른 상품 가격보다 더 많이 지불해 사기를 당해 손해를 본다. (제조사는 가격 경쟁보다 마케팅을 통해 경쟁하기를 택했기 때문에 소비자는 다른 상품보다 고액을 지불한다고 알고 있다.)[1] 이런 상업상의 피해와 경제적 손해는, 유도를 당해 남의 목적을 위한 수단으로 이용당하는, 윤리적 피해에서 온 결과다. 그러나 소비자가 사기를 당하면, 다른 경쟁 회사들도 시장의 공정 경쟁에서 기회를 상실한다. 사기 행위가 성공하기 때문에 경쟁 회사는 패배하게 된다. 소비자를 속이는 마케팅 행위는, 바로 그 사실 때문에 경쟁 회사에 대해 부당한 행위다. 기만적 행위와 불공정 행위에 관한 FTC의 기준은 똑같이 비윤리적이라는 동전의 양면인 셈이다.

사회는 법적 · 윤리적 기준을 통해 기만적이고 불공정한 마케팅 행위를 금지할 충분한 이유를 가지고 이다. 금전적 사기로부터 소비자를 보호하고, 시장의 공정한 경쟁을 확보하는 것은 사기 행위에 대한 사회적 제재의 강력한 유인이 된다. 하지만 기만적 마케팅 행위는 부당하다는 보편적이라고 할 정도의 합의가 있는 한편, 무엇이 기만 행위인지에 대한 정확한 기준과 최선의 규제 방법을 책정하는 것은 결코 용이한 과제가 아니다.

기만적 행위에 대한 윤리적 분석은 제1차적 윤리상의 잘못이 기만하는 자의 의도에 기인한다는 걸 보여준다. 사람들의 구매 행동을 유도하기 위해 속이려고 하는 의도는 자신의 목적을 위한 단순한 수단으로서 사람을 다루는 것이다. 이 결과, 기만 행위를 규제하는 한 방법은 기만을 목적으로 한 마케팅 행위를 표적으로 하는 것이다. 윤리적 분석은 또한 기만적 행위에 의해 발생한 윤리적 과실이 소비자, 경쟁 회사 및 시장 전체의 효율성에 악영향을 미치는 것을 시사했다. 따라서 규제를 위한 제2의 방법은 소비자를 실제로 속이는 마케팅 행위를 중시하며, 그럼으로써 기만 행위를 하려는 의도보다 그 영향에 초점을 집중한다.

이 두 가지 접근에는 각각 장점과 단점이 있다. 의도적 사기 행위를 규제하기 위해 FTC는 판매업자의 심리 상태를 판단할 필요가 있다. 실제로 이것은 **예측된** 기만 행위라는 관점에서 FTC로 하여금 마케팅 행위를 하도록 하는 것, 즉 기만 행위의 결과로 생긴다고 합리적으로 예측되는 것이 무엇인지를 파악함으로써 그 의도를 판단하는 것이다. 예컨대, 타이레놀®의 광고가 소비자를 기만하리라고 합리적으로 예측 가능하다고 판단함으로써, 존슨 앤드 존슨은 소비자를 속일 의도가 없었다고 결론 내릴 수 있을 것이다. 이 접근법을 이용하는 경우, 기업이 실제 행한 행위가 아니라, 관료적 판단으로 발생할지도 모르는 결과에 따라, 정부의 규제기관이 기업에 벌칙을 부과하게 하는 바람직하지 않은 결과를 초래한다고 비판하는 사람도 있다.[2] 하지만 이 접근법을 옹호하는 사람들은, 피해가 생기고 나서 규제하는 것보다 기만 행위를 방지하는 게 정부로서 바람직하다고 주장하고 있다.

한편, 실제로 사람들을 속이는 마케팅 행위의 규제는 기준이 지나치게 강하기도 하고 지나치게 약할지도 모른다. 소비자가 여러 가지 사소한 일상적 마케팅 행위에 기만당하는 결과를 가져온다는 의미에서 기준이 너무 엄격했을지 모른다. 마케팅 연구가 이반 프레스톤은, 한 소비자가 기만이라고 판단한 맥주 광고를 고소하겠다고 위협했던 에피소드를 소개하고 있다.[3] 그 광고는 올드 프로싱슬로시Old Frothingslosh라는 이름의 휴일용 맥주 광고에서 "창백하게 생기 없는 남성을 위한 김빠진 가벼운 맥주the pale stale ale for pale stale male"라는 선전 문구로, 거품이 바닥에 가라앉는 유일한 맥주라고 표현하고 있었다. 그 소비자는 이 광고 문구가 사실이 아니고 맥주의 거품이 위로 떠오르는 것을 발견하고 놀랐던 것이다. 최근에는 한 노인이 잡지의 현상에 관한 우편물을 받았는데, 거기엔 "100만 달러 당선을 축하합니다"라고 큰 활자로 인쇄돼 있었다. 그 아래는 "단 귀하의 번호가 당선 번호와 일치하는 경우에 한함"이라고 작은 문자로 적혀 있었는데, 이걸 보지 못하고 당선됐다고만 알고 전국 여행을 두 번이나 했다는 사례가 있었다. 생각보다 더 많은 소비자가 기만당하는 경우가 생길지 모른다. 한편, 실제의 사기 행위에 대한 기준은, 소비자에게 자발적 조치를 취하고 사기를 입증하는 책임을 지운다는 의미에서는 지나치게 약할지 모른다. 물론 그렇게 될 가능성은 없으며, 교묘한 사기 행위는 소비자에게 발견되지 않는다는 사실도 무시할 수 없다는 것을 인식해야 할 것이다. 많은 소비자들은 기만당한 적이 있다는 사실을 전혀 모르고 있을 것이다. 왜냐하면, 사기에 넘어가는 필요조건은 적어도 그 장소에서 당장은, 자신이 속임수에 넘어가고 있다는 걸 느끼지 못하는 것이기 때문이다.

기만적 행위에 관한 기준의 두 가지 해석에 더해, 규제 기준에 관한 또 다른 논쟁이 있다. 앞에서 시사했듯이, 조작당하거나 사기당할 가능성은 욕구, 동기, 사려, 신념 등 개인의 심리 상태의 기능에 의한다. 이 말은 사람들 가운데는 상대적으로 쉽게 유도되고 기만당하는 사람이 있다는 뜻이다. 앞에서 예시한 올드 프로싱슬로시의 예도 일부 사람들은 아주 사소한 정보에 속아서 넘어갈 가능성이 있다는 걸 보여주고 있다. 한편, 자동차와 주택 등 복잡한 제품에 대한 론과 보험에 관한 사기를 피하기 위해선, 꽤 높은 수준의 분석이 필요하다. 기만적 행위의 규제는 소비자가 합리적인지 또는 비교적 무지한지, 어느 쪽을 전제로 하느냐에 따라 달라진다.

여기에도 두 선택지 각각에 장점과 단점이 있다. "합리적" 소비자 기준을 채택하는 것은 가장 공정하고 타당하고 합리적인 것 같다. 그것은 소비자에게 최상의 경우를 상정하는 것이고, 판매업자에게 극단적이고 곤란한 기준을 강요하지 않는다. 그러나 이 방법을 채택한 경우, 충분히 보호를 받아야 할 소비자층, 즉 가장 취약하고 기만 행위에 영향을 받기 쉬운 소비자의 보호를 포기하는 대가를 치러야 한다.

이 두 선택지를 합치면 무지한 소비자가 사기당하는 사례에 대응하는 기준 (마케팅에 대해서 가장 엄한 기준이지만, 소비자에 대해서는 가장 강력한 보호)으로부터 합리적 소비자에 의해 입증된 사기만을 규제하는 기준 (가장 완곡한 기준)까지, 광범위하게 가능한 기준을 만들 수 있다. 서로 다른 제품, 마케팅 행위, 표적이 되는 시장에 상이한 기준을 적용하는 것이 가장 합리적일지 모른다.

9.3 마케팅 윤리와 소비자의 자율성

광고 옹호자는 기만적 행위에도 불구하고, 전체적으로 보아 광고는 경제에 크게 공헌한다고 주장한다. 광고의 대부분은 경제 시장의 효율적 기능에 공헌하는 정보를 소비자에게 제공한다. 이들 옹호자는 기만적 광고와 관행은 시간의 경과와 더불어 시장의 힘에 의해 제거되리라고 주장하고 있다. 옹호자는 기만적 광고에 대한 가장 유효한 대책은 경쟁 회사가 기만적 광고에 대해 주의를 환기시키는 일이라고 지적한다.[4)]

광고가 사람들을 위해 무슨 역할을 하는가라는 문제와 별도로, 두 번째 중요한 윤리 문제는, 특히 광고가 그리고 일반적으로 마케팅이 사람들에 대해서 무슨 일을 하는가라는 물음이다.[5] 사람들은 기업의 제품 마케팅으로부터 이익을 얻을 수도 있다. 사람들은 자신이 필요로 하거나 원하는 제품에 관해 배우기도 하고, 책임 있는 선택을 하기 위해 유용한 정보를 얻기도 하고 즐기기도 한다. 또한 마케팅은 문화를 형성하는 데 유용한데, 극적으로 유용하다는 의견도 있으나, 그 문화 속에서 개인이 성장하며 사회화된다. 마케팅이 주는 직 · 간접적 영향에 의해 개개인이 인간으로 육성된다. 어떻게 해서 그렇게 되는가, 또 그 결과 어떤 성질의 인간이 되느냐 하는 문제는, 근본적으로 중요한 윤리적 사항이다. 이 주장을 반대하는 사람들은 마케팅이 그런 영향을 갖는 걸 부정하거나, 마케팅은 자체가 그 일부인 문화를 반영하는 것일 뿐이라고 주장한다.

이 논의에 있어서 최초의 제안은 경제학자 존 케네스 갈브레이스가 1958년에 발표한 저서 ≪풍요한 사회≫에 제시돼 있다. 갈브레이스는 광고와 마케팅이 바로 생산자가 충족하려고 하는 소비자의 수요를 창출한다고 주장한다. "의존 효과"라고 불리는 이 주장은, 소비자의 소유는 제조사가 팔아야 하는 제품에 좌우된다고 하는 견해다. 이 사실은 바람직하지 않은 세 가지 주요한 영향을 내포한다. 첫째, 광고가 욕구를 창출함으로써 수요와 공급의 법칙을 혼란케 하는 일이다. 수요가 공급을 이끄는 것이 아니라 공급이 수요를 이끄는 결과가 된다. 둘째 영향은 광고와 마케팅이 비이성적이고 하찮은 소비자의 욕구를 낳는 경향이 생겨 경제 전체가 빗나가게 하는 일이다. 소비자용 상품과 쾌적한 생활에 의한 "풍요한" 사회는 여러 의미에서 이른바 발전된 경제권보다 빈곤한 상태다. 왜냐하면, 자원은 책략적 개인 소비재에 투입되어, 보다 중요한 공공재와 소비자가 필요로 하는 것에 사용되지 않기 때문이다. 예를 들면, 납세자는 요긴한 자금 조달을 목적으로 하는 통학구역을 위한 약간의 증세를 거부하는데도, 학부모는 자녀의 등하교를 위해 4만 달러의 SUV (스포츠용 다목적 차)를 사용하고 있다. 사회는 빈곤층의 어린이에게 예방 접종과 최소한의 의료를 보장할 수 없으면서도, 젊음을 유지하기 위한 미용 성형을 하기 위해 매년 수백만 달러나 쓰고, 또 탈모 방지, 성적 불능 치료, 체중 감소, 과식으로 인한 속쓰림 치료, 금연을 위한 약 등에 매년 수십 억 달러를 쓰고 있다. 셋째의 영향은, 광고와 기타 마케팅 행위는 소비자의 욕구를 창출함으로써 소비자의 자율성을 침해한다는 것이다.

자신이 원하는 것을 살 수 있으므로 자신은 자유롭다고 생각하는 소비자는, 그 욕구가 마케팅의 결과로 생긴 것이라면, 실은 자유로운 것이 아니다. 요컨대, 소비자는 광고에 유도되고 있는 것이다.

가령 진실이라면, 그런 주장은 지대한 윤리적 의미를 안고 있다. 칸트 윤리학의 인간 존중 이념의 중심적 요소인 개인의 자율성은 욕구의 창조에 의해 침해될 것이다. 소비자가 책략적이고 하찮은 제품을 추구하도록 유도되는 경우, 시장 거래는 표면상으로는 전체적 만족도를 높이는 것같이 보이지만, 실제는 그렇지 않다. 가령 수요와 공급의 법칙이 역전한다면, 시장의 민주적 성질과 자본의 소유자 (주주)의 권한을 제한하는 소비자의 요구 능력은 겉보기에 불과할 것이다. 수요가 없기 때문에 공급한다는 주장은 자본주의 경제의 옹호자가 시장의 민주적 성질 (시장은 "소비자가 원하는 것"만을 소비자에게 공급하고 있다는 성질)을 설명하기 위해서도 사용된다. 그 밖에도 소수의 사람에게 부를 집중하는 건 위험하지 않다는 이유를 설명하기 위해서도 사용된다. 왜냐하면, 생산 자본의 소유자들이 소비자의 수요에 따르지 않으면, 투자를 잃게 될 것이기 때문이다. 그러나 갈브레이스가 옳다면, 이 두 가지 주요한 정치적 해석은 맞지 않은 것으로 판명된다. "의존 효과"는 실로 주요한 문제다.

윤리적으로 중요한 점은, 광고가 소비자의 자율성을 침해한다는 주장이다. 광고가 욕구를 낳는 효력을 가지고, 그 효력이 소비자의 자율성을 침해하고, 소비자가 유도되는 한, 수요와 공급의 법칙은 역전하며 풍요한 사회의 경제는 책략적으로 다루어져 흐트러지고 만다. 하지만 광고는 소비자의 자율성을 침해할 수 있는가? 만일 침해할 수 있다면, 실제 그런 일이 일어나고 있는가? 광고가 사람과 사회에 대해 하는 일은 무엇인가?

이 논의에 있어서 제1의 주제는 광고가 소비자의 행동을 컨트롤한다는 주장이다. 자율성은 이성적으로 자발적 선택을 하는 것이며, 광고가 자율성을 침해한다는 주장은 광고가 소비자의 선택을 컨트롤한다는 것을 의미한다. 예컨대 행동주의 심리학자와 섭리미널Subliminal (잠재의식에 의존하는) 광고의 비판자는 광고가 이런 방법으로 소비자 행동을 컨트롤할 수 있다고 주장할 것이다.[6] 하지만 이것은 경험적 주장처럼 보이며, 사실이 아니라는 점을 증거로 말해준다. 이를테면, 몇 가지의 연구에선 시장에 나오는 신제품의 절반 이상은 성공하지 못하는데, 만일 마케팅이 소비자의 행동을 유도할 수 있다면 이 사실은 있을 수 없다. 소비자는 확실히 광고에 좌우되지 않는 것 같다.

하지만 소비자의 자율성을 침해하는 데 보다 교묘한 수법이 있다. 광고가 행동을 좌우한다고 생각하기보다, 오히려 소비자 행동의 기초가 되는 욕구와 욕망을 창출하는 것이다. 여기서 주목해야 할 것은, **자율적 행동**보다 **자율적 욕망**이라는 개념이다. 이것은 갈브레이스와 광고에 대한 다른 비판가들의 당초의 주장에 매우 가깝다. 소비자의 자율성은 비자율적 욕망을 창출하는 광고의 효력에 의해 침해된다.

욕망이 어떻게 비자율적이 될 가능성이 있는지를 이해하기 위해선, 사람이 상품을 구입할 때 그 상품을 선택하는 이유, 그 상품을 소비하는 이유, 또 사람들이 쇼핑하러 가는 일반적 이유 등을 모두 생각해볼 일이다. 이 의문은 사람들이 이유에 관해 제5장의 논의를 위한 사례에서 소개한 문제를 연상시킨다. 일정한 기본 수요가 충족된 후, 왜 사람들은 그런 식으로 물건을 소비하느냐 하는 본질적 의문이 생긴다. 사람들은 다른 모든 사람들처럼, 유행을 따르고 싶고, 사회적 신분 때문에 그리고 편하게 살고 싶은 욕망 등 여러 가지 이유로 물건을 산다. 이 점에 있어서 흥미 있는 철학적 문제는, **이 같은** 욕망이 본래 어디서 발생했는가, 그리고 그 같은 불필요한 구매 행위에 마케팅이 얼마나 영향을 끼쳤나 하는 것이다.

확실히 비자율적 욕망이라는 것이 있을 것이다. 자발적이 아닌 욕망, 자유로운 선택에 의하지 않고 한정된 선택지에 대한 욕망이 이에 해당한다. 헤로인을 원하는 마약 중독자는 비자율적 욕망을 가진 사람의 일례라고 할 수 있다. 비자율적 욕망은 광고로부터 발생한 욕망이라고 생각할 수도 있을지 모른다. 하지만 이 해석은 지나친 확대 해석이다. 광고는 사람이 배울 수 있는 정보를 제공하며, 이 정보를 바탕으로 원하는 것을 자율적으로 선택한다. 이를테면, 학교에서 민주주의에 관해 배웠다고 해서 민주 정치를 지지하는 개인의 자율성이 침해되지 않는 것처럼, 광고로부터 정보를 입수했다고 해서 그 욕망의 자율성이 침해되지는 않는다.[7)]

비자율적 욕망의 예로서 가장 분명한 것은, 알코올 의존증의 사람이 한 잔 더 마시고 "싶어하는" 등 의존증의 예다. 이 **원하는** 것은 본인의 욕망이지만, 자유 의사로 이성적으로 택한 건 아니다. 이 점을 더 쉽게 이해하기 위해, **제1차 욕구**와 **제2차 욕구**의 개념을 소개하고자 한다. 우리의 제1차 욕구는 어떤 주어진 시점에 우연히 갖게 된 욕구다. 그러나 이성적이고 자각 있는 인간 자신의 욕망으로부터 물러서서, 그 욕망을 이성적으로 숙고할 수도 있다. 이와 같이 한 발 물러서서 생각함으로써, "왜 이걸 원하는가? 정말 이걸 갖고 싶은가?"라고 제2차 질문을 할 수 있다. 그렇게 한 발 물러서서 객관적으로 생각하는 능력 (소크라테스라면, "검증받은 삶을 사는 능력"이라고 불렀을 것이다)은 자율성의 핵심이다. 왜냐하면 이 능력은 이성적 의사결정의 근본 요소이기 때문이다. 그리고 숙고의 결과, 실제 욕구했던 (제1차 욕구) 것을 원하지 않게 (제2차 욕구)할 수 있다. 알코올 의존자는 또 한 잔을 마시고 싶어 하겠으나, 만일 알코올 의존증이 없다면 그 욕망을 접는다.

대체적으로 자율적 욕망은 이성적으로 숙고한 결과, 거절되거나 부정되지 않는 것이라고 할 수 있다. 자율적 욕망은 제2차 욕구와 일치하며, 제2차 욕구에 의해 거부되지 않는 제1차 욕구다. 광고는 비자율적 제1차 욕구를 창출한다고 해서, 소비자의 자율성을 침해하게 되는가? 로버트 애링턴은 그렇지 않다고 주장한다.[8] 애링턴은 광고가 행동을 컨트롤한다든지 강제적 행동을 일으키는 개별 사례가 있을지도 모른다고 인정하는 한편, 마케팅은 이미 존재하는 자발적 욕망에 호소함으로써 우리에게 영향을 미친다고 주장한다. 마케팅은 이런 욕망을 소비자가 버리는 것을 막지 않기 때문에, 이런 욕망은 자율적이라고 보아야 하며, 광고가 자율성을 침해하지 않는다고 결론 내리지 않으면 안 된다.

좀 더 면밀히 검토해 보면, 이 문제는 대단히 복잡하다. 애링턴은, 중독자가 욕망을 포기하거나 버리는 식으로 우리가 욕망을 접지 않는 한, 우리의 욕망은 자율적이라고 지적하고 있다. 몇몇 비평가는, 욕망을 버리지 않는 것만으로는, 그 욕망이 자율적이라는 걸 증명하기에 불충분하다고 지적하고 있다. 철학자인 제랄드 뒤킨은 자율적 욕망과 관련해 보다 상세하게 논술하고 있다.[9] 뒤킨은 자율성의 두 조건을 제시하고 있다. 하나는 욕망의 포기에 관한 애링턴의 고찰과 유사한 것인데, 뒤킨은 **진정성**이라고 부른다. 욕망은, 본인이 포기하거나 거부하지 않는다는 의미에서 진정한 것이라면, 자율적이라고 할 수 있다. 따라서 예컨대, 질투를 동기로 해서 누군가에게 복수를 하려고 한다고 가정해 보자. 이런 복수에 대한 욕망은 본인 자신이 그렇게 질투심을 갖지 않아야 할 것을 원하지 않는 한, 진정한 것이다. 즉 제1차 욕구는 그것을 부정하는 제2차 욕구가 존재하지 않는 한 진정한 것이다. 하지만 뒤킨은 진정성만으로는 불충분하다고 주장하고 있다. 욕망이 자율적인 것이 되기 위해선, 본인이 자발적으로 수용해야 한다. 본인이 제1차 욕구에 대해 이성적으로 숙고하지 않거나 숙고할 수 없으면, 본인이 그 욕망을 버리지 않는다고 해서 그것이 자율적 욕망이라는 결정적 증거가 되는 것은 아니다. 예를 들면, 질투로 인한 자신의 강한 동기를 거부하고자 하는 제2차 욕구가 없다면, 그것은 본인이 자신의 질투심 많은 성격에 대해 냉정하고 사려 깊게 생각해 보지 않은 사실에 기인할지 모른다. 완전히 자율적이 되려면 자신의 제1차 욕구를 비판적으로 숙고할 필요가 있다. 둬킨은 다음과 같이 말하고 있다.

> 자율성은 본인의 제1차적 선호, 욕망, 희망 등을 비판적으로 숙고하기 위한 본인의 제2차적 능력이고, 또한 고차적 선호와 가치를 고려하여 이들을 수용하거나 변경하고자 하는 능력이라고 이해되고 있다.[10)]

철학자 로저 크리스프는 애링턴의 주장에 대해 비슷한 응답을 하고 있다.[11)] 소비자가 자신의 선택을 포기하지 않는다는 사실은 그 선택이 자율적이라는 결정적 증거가 아니라는 주장이다. 둬킨의 말에 따르면, 욕망을 버리지 못한다는 것은 (긍정적으로 표현하면, 욕망을 수용한 사실은) 그 욕망이 진정한 것이라는 뜻이다. 하지만 그렇더라도 그걸 버릴 수 있는지, 또는 왜 버려지지 않는지 알 필요가 있다. 왜 제1차적 욕구가 수용됐는지 알 필요가 있다. 그리고 둬킨의 말처럼, 그것이 자발적인지 알 필요가 있다. 광고의 효율성 바로 그것 때문에 소비자가 시장에서의 선택을 포기하지 않는 경우도 있을 것이다.

이 분석을 더 직접적으로 마케팅에 적용해 보자. 둬킨과 크리스프 모두 소비자의 제1차적 욕구가 자율적인 것이 되기 위해선 두 조건이 충족돼야 한다고 생각하고 있다. 첫째 조건은, 소비자가 실제로 그 구입을 단념하거나 거부하지 않는 것이다. 이 조건은 소비자가 매매계약을 일방적으로 거절할 수 있도록 며칠간의 쿨링오프 기간을 소비자에게 인정해 주고 있는 주의 법률의 배후에 있는 논리적 근거다. 소비자가 강요를 당하거나 유도되어 매매계약을 하는 사실을 알고, 많은 주에선 만일 소비자가 숙고 끝에 계약에 명시된 희망 사항을 철회할 것을 선택할 경우, 그 계약의 취소를 소비자에게 허용하고 있다. 자율적 욕망에 관한 둘째 조건은, 소비자가 그 욕망을 비판적으로 숙고할 능력과, 그걸 자신의 것으로 받아들일 능력을 가지고 있어야 한다는 것이다.

사람들이 기분 전환, 스트레스 해소 또는 단순히 즐기기 위해 쇼핑하러 가는 치료적 쇼핑을 하는 현상을 생각해 보자. 그런 경우 소비자는 기분 전환을 하기 위해, 또는 좋아한다는 이유로 물건을 구입한다. 물론 마케팅은 즐거움이나 스트레스 발산으로서 쇼핑을 하게 만드는 데 큰 역할을 한다. 애링턴의 관점에서는, 기분 전환하고 싶은 욕망은 소비자가 구입한 것을 (당장) 후회하지 않는 한, 그리고 알코올 의존증을 가진 사람이 숙취로 깨어나 "다시는 마시지 않겠다"고 맹세하는 것처럼, 이젠 그만 구입하겠다고 약속하지 않는 한, 그 욕망은 완전히 자율적이라고 주장한다. 그러나 둬킨과 크리스프는 소비자가 그 욕망에 대해 비판적으로 숙고하지 않는다면 그 욕망은 완전히 자율적이 아니라고 주장할 것이다. 완전히 자율적 소비자라면, "왜 기분 전환을 위해 쇼핑을 하는가? 또 무엇을 구입하면 정말 기분이 좋아질까?" 라고 스스로 물어볼 것이다. 그런 물음 없이는, 무엇을 구입하려는 제1차적 욕구는 완전히 자발적이지도, 자율적이지도 않다.

물론, 광고와 마케팅의 옹호자는, 비록 이 분석이 정확하고 일부 소비자 선택이 완전히 자율적이 아니라고 하더라도, 그렇다고 해서 광고와 마케팅이 자율성을 침해한다고 말할 수 없다고 지적할 것이다. 앞에서 언급한 모든 걸 생각해 보면, 소비자는 반드시 의식적이고 사려 깊게 행동하지 않는다는 것이다. 이것은 마케팅 윤리와 어떠한 관계가 있을까?

이와 관련해 두 문제를 제기하고자 한다. 첫째, 비평가들은 일부 소비자가 한 발 물러서서 욕망을 비판적으로 숙고하지 못한다는 것은 마케팅의 일부 책임이라고 말하고 있다. 둘째, 일부 마케팅 행위는 완전히 자율적 선택을 할 능력이 없거나 부족한 소비자를 표적으로 부당하게 이용하고 있다. 먼저 첫째 문제를 다루고, 다음 절에서 둘째 문제를 생각해 보자.

리처드 립키는 소비자의 자율성을 존중하지 않는 경우의 광고와 마케팅의 역할에 관해 더 한층 정밀한 비판을 제시하고 있다.[12] 둬킨과 다른 학자의 연구 결과에 따라, 립키는 장기적 능력으로서 자율성을 이해해야 하며, 특정한 행위나 욕망이라기보다 정도의 문제라고 지적하고 있다. 자율성이란 일시적으로 가졌다가 일시적으로 없어지는 것이 아니다. 자율적인 사람은 내성적으로 살아가며 자신의 인생을 신중하게 생각하며 행동하는 습관, 기질, 능력을 지니고 있다. 이렇게 함으로써, 자율적인 사람은 자신의 인생 전 과정을 조성한다. 이렇게 이해가 된다면, 이런 능력과 기질의 발달을 뒷받침하기 위해 일정한 조건이 필요하다는 걸 인식할 수 있다. 자율성은 다양한 지적 기능, 자제심, 태도, 동기를 필요로 한다. 하지만 립키에 따르면, 바로 그런 능력과 기능이 매스 마케팅과 설득적 광고의 영향에 의해 저하되고 약화된다. 모든 설득적 광고 ("정보적 광고"의 반대 뜻으로)에는, 립키가 메타 메시지라고 부르는 것, 즉 자율적 인생을 사는 데 필요한 지적 미덕의 발달을 뚜렷이 방해하는 것이 포함돼 있다.

> 광고는 감정에 대한 호소, 과도한 단순화, 표면적인 것, 번지레한 주장 등을 수용하는 경향을 교묘하게 자극한다. 지극히 얼토당토않은 종류의 증거와 주장이 광고의 선전 문구 속에 제시되고 있다. 제품에 관한 정보는 선별적으로 제시돼 있으며 (즉, 결함이 있거나 의심되는 특징은 언급돼 있지 않다), 제품의 장점은 과장돼 있으며 속임수와 허위 정보가 가득하다. 선전 문구의 의미는 왜곡돼 있는 게 보통이며, 그 결과 그 문구의 뜻은 기만적이거나, 본래의 의미와는 전혀 다른 의미로 쓰이고 있다.[13]

립키의 견해에 따르면, 광고는 간접적으로 자율성을 훼손하는데, 그것도 매우 강력하게 훼손하고 있다. 대량 전달 광고의 누적된 영향에 의해 자율적 생활을 영위하는 데 필요한 지적 능력의 발달이 저해된다. 이와 같이 광고는 자율성의 사회적 조건을 파손한다.

9.4 약자를 겨냥하는 일: 마케팅과 판매

이 장의 첫 절에서 사람들을 감화하는 문제와 관련해 윤리적 및 비윤리적 방법을 일반적인 서술을 통해 살펴보았다. 감화의 비윤리적 방식은 상대의 이성적이고 자발적 의사결정 과정을 무시하고자 하는 것이다. 상대의 이성적 사고 능력을 무시하는 한 방법은 불안과 죄의식 같은 심리 상태에 호소하는 것이다. 그 첫째 절에선 표적 마케팅의 윤리적, 비윤리적 수법에 대해서도 논했다. 거기서 이미 존재하며 숙고된 욕망을 표적으로 하는 마케팅 행위는 윤리적으로 적절하다고 판단됐다. 그리고 염려, 불안, 변덕을 이용해 잠재적 고객을 표적으로 하는 마케팅 행위는 소비자를 유도하려고 하는 것이며, 따라서 비윤리적이다. 이 절에선 취약한 사람들을 표적으로 하는 마케팅에 관해 더 상세하게 고찰하고자 한다.

표적 마케팅의 두 사례를 생각해 보자. 한 예는 제조사가 제공한 시장 조사의 결과에 따라, 한 자동차 판매특약점이, 특정한 차의 전형적 고객은 35세 미만의 대졸 독신 여성이며 연간 수입이 3~4만 달러이고 아웃도어 스포츠와 오락을 즐기는 사람이라는 정보를 입수한 경우다. 이 정보를 얻게 되자, 이 특약점은 이 조건에 해당하는 소비자층을 겨냥해 광고와 직접 우편물을 보낸다. 그리고 광고에는 매력적이고 액티브한 젊은이들이 그 브랜드 차를 운전하며 즐기는 장면을 보여준다. 다음 두 번째 예는 혼자 살고 있는 고령 여성에게 긴급 연락 장치를 팔기 위해 표적 캠페인을 하는 경우다. 이 광고 유인물에는 고령 여성이 계단 아래서 "계단에서 떨어져 일어날 수가 없어요"라고 울부짖는 장면이 사용되고 있다. 이런 광고들은 고령 여성과 그 가족들을 표적으로 하는 것이다. 이 두 가지 마케팅 캠페인의 윤리적 자세는 동일한가?

첫 번째의 마케팅 전략은 소비자가 여태 살아온 인생 과정에서 이미 경험하고 겪어 지내고 있는 판단력에 호소한다. 유사한 배경을 가진 사람들은 유사한 신념, 욕망, 가치관을 갖는 경향이 있으며, 구매 행동에 있어서도 유사한 판단을 내리는 일이 많다. 그런 사람들의 구매 행위는 그들 자신의 관심에 대한 판단에 따른 것이지, 그 밖의 어떤 다른 동기에 의한 행위라고 생각할 근거가 없다. 이런 의미의 표적 마케팅은 공통의 신념과 가치관을 지닌 잠재 고객을 확인하는 한 수단에 불과하다. 다른 한편, 두 번째의 예와 관련해선 윤리적으로 마음에 들지 않는 면이 확실히 있다. 긴급 연락 장치에 대해서는, 공정한 시장은 존재할 이유가 있을 것이고, 고령 여성에 대해 마케팅을 하는 그 자체는 비윤리적인 것이 아니다. 하지만 이 캠페인은 많은 고령자가 실제로 품고 있는 불안과 우려를 부당하게 이용해 제품을 판매하는 걸 목적으로 한다. 이 마케팅 전략은 정정당당한 정보적 광고에 의존하지 않고, 불안과 염려 등의 비합리적 요소에 호소함으로써 사람을 유인하려고 한 것이 분명하다.

그렇지만 소비자 각자는 자유롭게 광고를 무시할 수 있으며, 제품을 구입하지 않을 수 있기 때문에, 특정한 소비자가 부당하게 이용되거나 유인되고 있는 것은 아니라고 지적하는 것도 가능할 것이다. 더욱이 이런 유형의 마케팅 옹호자는, 혼자 살고 있는 사람이 계단에서 떨어지는 걸 두려워하는 마음과, 젊은 여성이 멋진 스포츠카를 운전하고 싶어하는 마음은 다 같이 분별 없는 생각은 아니라고 주장할 수 있을 것이다. 혼자서 살고 있는 고령 여성은 젊은 여성보다 더 취약해 이용당하기 쉬우며, 이 취약성 때문에 마케팅 측의 책임이 크다고 하는 주장에 무슨 잘못이 있는가? 일반적으로 마케팅 측은 취약자에 대해 특별한 책임을 져야 하는가?

이 의문에 답하기 위해선 먼저 부당하게 이용당하기 쉽다는 의미의 취약성의 개념을 고찰할 필요가 있다. 취약성이 있다는 것은 피해에 대해 민감하다는 뜻이다. 사람들은 다양한 상황에서 부당하게 이용당할 가능성이 있다. 고혈압이나 유전적 요인은 심장마비나 뇌졸중에 걸리기 쉽다. 차에 열쇠를 두고 나오면 차를 도난당하기 쉽다. 일반적으로 남들이 당하는 해보다 해를 입을 리스크가 높아지기 쉬운 요소를 가진 사람은 피해를 입기 쉽다. 어떤 요소가 개인을 취약하게 만드는 것인지를 판단하는 건 실증적 문제이자 개념적 문제다. 예를 들어, 어느 인구층의 사람들이 심장마비와 상관성이 가장 높은 요인을 발견하기 위한 실증적 연구가 가능하다. 하지만 이 같은 실증적 문제와 별도로, 특히 피해를 받기 쉬운 사람이라고 식별한다는 게 무슨 의미인지 판단하는 것도 필요하다.

앞에 나온 의문으로 되돌아가, 혼자서 사는 고령자는 특히 취약한가? 그 답은 "특히 취약하다"가 무엇을 의미하느냐에 따라 다르다. 표적 마케팅 논의와 관련해, 취약성에는 두 가지 일반적 의미가 있다. 한 의미에서는, 소비자로서 시장 거래에 있어서 충분한 정보를 가지고 자발적으로 그 거래에 참가하지 못함으로써 취약한 입장이 되는 경우다. 유효한 시장 거래는 참가자와 관련해 몇 가지 전제를 설정한다. 즉 참가자는 자신이 하는 일이 무엇인지 알아야 한다. 자신이 한 선택을 미리 검토해야 한다. 자유 의사로 판단해야 한다. 이른바 **소비자 취약성**은 시장 거래에 대해 사전 정보에 입각해 동의하는 능력이 결손된 상태일 때 발생한다. 취약해 이용당하기 쉬운 소비자는 정보에 따라 숙고된 소비자로서의 판단을 하기 위한 지적 능력, 심리적 능력 또는 성숙성이 부족하다. 소비자 취향성의 예로서 연소자를 들 수 있다. 그런 사람이 받기 쉬운 피해는 소비자로서의 욕망이 충족 안 되는 손해와, 또는 돈을 잃는 금전상의 손해다. 혼자서 사는 고령자는 이런 의미에선, 반드시 부당하게 이용당한다고 할 수 없다.

취약성의 두 번째 의미는, 불만족스러운 시장 거래로 인한 경제적 손실 이외의 피해가 생기는 경우다. 혼자서 사는 고령자는 낙상에 대한 부상, 건강상의 응급 사태, 고액의 의료비, 고독의 영향을 받기 쉽다. 알코올 중독자는 알코올에 빠지기 쉽고, 빈곤한 사람은 파산하기, 밤길을 혼자 걷는 독신 여성은 성 폭행을 당하기 쉽고, 사고 피해자는 고액의 의료비와 수입의 손실을 피할 수 없다. 이른바 **일반적 취약성**은 특정한 신체적 피해, 정신적 피해 또는 경제적 피해를 받았을 경우 발생한다. 당연히, 의약품의 마케팅은 이런 의미에서 취약한 사람들에게 의약품의 판매를 촉진한다.

이로써 취약층을 겨냥하는 마케팅에는 두 종류가 있다는 걸 알 수 있다. 일부 마케팅 행위는 정보가 없어 쉽게 이용당할 것 같은 소비자를 표적으로 삼는다. 예컨대, 연소자를 표적으로 한 마케팅은 사려 깊고 정보에 입각한 판단을 하지 못하는 소비자에게 제품을 판매하는 걸 목적으로 한다. 다른 일부 마케팅 행위는, 예컨대 보험회사가 하천에서 홍수를 당한 세대주 사람을 표적으로 하는 경우다. 어느 쪽의 마케팅이, 또는 양쪽이 윤리적으로 정당한가?

제1차적 판단으로서, 소비자로서 부당하게 다루기 쉬운 사람을 표적으로 하는 마케팅은 비윤리적이라고 말해야 한다. 이 행위는 자신의 이익을 위해 상대의 약점을 이용해, 상대를 유인하는 경우다. 분명히 일부의 마케팅과 판매 활동은 소비자로서 이용당하기 쉬운 사람들을 겨냥한다. 분명히 그런 행위도 똑같이 부당하다.

물론 이런 의미에서 누가 취약한 사람인지 판단하는 데는 어려움이 있다. 마케팅은 개인이 아니고 집단을 겨냥하며, 어린이를 제외하면 본질적으로 취약하다고 인정되는 집단은 아마 존재하지 않을 것이다. 예를 들어, 빈곤층이나 특정 인종 집단이 가난하기 때문에, 또는 히스패닉계나 아프리카계 미국인이기 때문에 소비자로서 악용당하기 쉽다는 지적은 표면적으로 모욕적이고 상대를 멸시하는 발언이고 실증적으로 틀린 말이다. 그럼에도 불구하고, 한 집단의 일부 사람이 특히 소비자로서 이용당하기 쉽다고 확신할 만한 이유가 있다고 해서, 그 집단을 겨냥하는 건 좋게 보아도 윤리적으로 의심스러운 행위다. 그럴 땐 “왜 이 집단을 표적으로 삼는가? 왜 이 집단이 이 제품의 소비자가 될 가능성이 높다고 생각하는가?”라고 생각해 보는 게 좋을 것이다. 알기 쉬운 예로서, 빈곤층이 사는 지역에서 판매되고 있는 알코올 도수가 높은 몰트 리커와 다른 주류를 생각해 보자. 빈곤 지역의 주민, 즉 (대개) 경제적으로 빈곤해 공민권이 빼앗겨, 또한 사회적 영향력과 권한이 있는 지위를 가지지 못하는 경향이 있는 사람은 왜 알코올 도수가 높은 술을 잘 살 가능성이 높은가? 그런 상황에 있는 사람들 대부분은 실의에 빠진 기분을 알코올로 희석하려고 한다고 인식하고 있다는 사실 이외에, 다른 답을 찾기 어렵다.[14)]

이 문제와 관련한 한 가지 상황은 양쪽의 의미에서 이용당하는 집단이 존재한다는 사실이다. 보다 일반적 의미에서 이용당하기 쉽기 때문에 소비자로서 부당하게 이용당하기 쉬운 경우가 많다. 많은 고령자가 상해와 질병 때문에 갖는 취약성은 불안과 죄의식에 의해 구입을 선택하는 원인이 될 수도 있다. 사랑하는 가족의 죽음을 슬퍼하는 가족은 장의 서비스를 업자에게 맡길 때 잘 생각해서 판단하지 않고, 죄의식과 슬픔 때문에 그 업자를 선택할지 모른다. 건강에 문제가 있거나 병이 있는 사람은 약한 처지에 있으며, 이에 수반한 불안과 두려움 때문에 충분한 정보 없이 구입을 선택할 수도 있다. 경제적으로 가난하고 충분한 교육도 없고 장기간 실직하고 있는 빈민가의 주민은 음주가 어떤 결과를 초래하는지 잘 생각하지 않는 것 같다.

많은 마케팅 캠페인이 이 모델에 해당한다. 가장 악질적 (그리고 상투적인) 예는 손해 배상 소송 전문의 변호사가 상해 소송을 하도록 피해자에게 요구하는 경우다. 사고의 피해자는 여러 가지 피해를 받는 입장에 있으며, 동시에 그 상황의 스트레스를 겪고 있기 때문에, 법적 대리인에 관한 충분한 정보를 가지고 선택할 가능성이 낮다. 고령자를 표적으로 한 보조적 의료보험, 생명보험, 긴급 연락 장치, 장의 서비스, 그 밖의 보험 상품의 마케팅 캠페인은 많은 고령자가 품고 있는 불안, 두려움, 죄책감을 표적으로 하는 경우가 많다.

그러나 다른 피해에 대해 취약하기 때문에 소비자로서 약한 입장에 있는 사람들이 존재하는 것처럼, 소비자로서 취약하기 때문에 다른 피해에도 약한 입장이 되는 경우도 존재할 수 있다. 아마 이것이 비윤리적 마케팅의 가장 나쁜 사례일 것이다. 특정한 제품 (담배와 알코올이 가장 알기 쉬운 예)이 여러 가지 건강상의 리스크의 원인이 될 가능성이 있다. 취약한 소비자를 표적으로 삼는 제품의 마케팅 캠페인은 가증스럽다고 하겠다. 젊은이를 겨냥하는 마케팅을 하는 담배회사가 특정 시민들로부터 비난을 받는 것도 이런 이유 때문이다. 또한 빈민가의 주류 마케팅도 같은 경우라고 볼 수 있다. 빈민가 주민에게 맥아주, 알코올 도수가 높은 와인 등 술을 마케팅하는 경우, 이런 환경에 있는 많은 사람들은 완전히 자율적 소비자가 아니라는 점을 인식해야 한다. (일반 젊은이에게 주류를 마케팅하는 경우와 특히 대학 구내에서 주류를 마케팅하는 경우도 마찬가지다.) 이런 상황에선 취하기 위해 마시는 사람이 많다. 현실 도피를 위해 마시고, 중독돼 있기 때문에 마시기도 한다.

지금까지 일반적 마케팅 행위에 관해서 논했다. 마케팅 옹호자는, 마케팅은 집단을 겨냥하는 것이지 개인을 표적으로 삼지 않는다고 지적할지 모른다. 이 말은, 개인은 마케팅 대상 제품을 구입하지 않는 선택권이 있기 때문에, 개인의 판단에 대해 마케팅 측에 책임을 지울 수 없다는 뜻이다. 또 마케팅 옹호자는, 마케팅 캠페인과 개인이 소비자로서 제품을 구입하는 선택 간에 직접적 인과관계가 있다고 생각하기 어렵다고 지적할 것이다. 마케팅이 구매 행위의 원인이라는 걸 "증명"할 수 없으므로, 마케팅에 책임을 지울 수 없다.

의심할 바 없이, 그런 주장은 불성실하다. 만일 마케팅이 소비자의 선택에 영향을 끼치는 데 효과가 없다고 마케팅 담당자가 정말 확신하고 있다면, 그 담당자는 자신의 커리어의 가치를 떨어뜨리게 된다. 마케팅 담당자가 참으로 그렇게 확신한다면, 기업에 그 서비스를 판매하는 것은 바로 사기 행위다. 마케팅 담당자 기업에 판매하는 서비스는 유용할 수 있거나, 그렇지 않을 수도 있다. 그것이 효과가 있어, 마케팅이 소비자의 선택에 영향을 줄 수 있고 주게 되는 경우, 선택에서 생긴 결과에 대해 마케팅의 윤리적 책임을 거부할 수 없다. 한편, 만일 그것이 효과가 없고, 마케팅 담당자가 그 점을 알고 있는 경우, 마케팅 담당자는 그 서비스를 구입한 모든 사람에 대해 사기 행위를 범하게 된다. 하지만 마케팅 담당자는 결코 개인 소비자를 표적으로 삼지 않기 때문에 개인의 선택에 대해 책임을 지울 수 없다고 하는 주장이 어느 정도 옳다고 하더라도, 판매 행위에 대해 이런 변명은 통하지 않는다.

판매 현장에서 개별 판매원은 일반 집단을 다루는 것이 아니고 개별 고객을 다룬다. 따라서 고객의 선택과 판매 활동 간의 인과관계는 집단 마케팅의 경우보다 훨씬 더 직접적으로 평가할 수 있다. 이를테면, 판매원이 고객의 불안이나 우려 등 심리 상태에 대한 호소에 의존하는 상황이 있다면, 그 행위는 구입하게 만들기 위해 고객을 유도하고 있다고 생각할 수밖에 없다. 판매원은 여러 가지 판매 전술과 전략을 가지고 있기 때문에, 또 판매원은 보통 개별 고객을 직접적으로 다루기 때문에, 그 판매 전략의 선택은, 어떤 전략이 특정 고객에게 효과적일까 하는 판매원의 판단에 의해 결정된다고 생각할 수 있다.

판매 활동은 일반 마케팅과는 달리, 소위 말하는 피드백 상황에서 발생한다. 개인을 상대하는 데 있어서 판매원 (대인관계를 하는 사람은 누구나)은 잠재 고객으로부터 직접적이고 묵시적 피드백을 계속적으로 받는다. 그 피드백에 따라 판매원은 홍보 계획을 조정할 수 있다. (그리고 능숙한 판매원은 조정한다.) 판매원들은 구체적으로 그런 훈련을 받는다.

이것과 관련해 중요한 점은 마케팅에서 이용되는 비윤리적 유도로부터 소비자를 보호하는 것이 판매 현장에서는 불가능하다는 것이다. 마케팅 담당자는 사기 행위가 발생하더라도, 그것은 의도적이 아니라고 주장할지 모른다. 즉 마케팅은 일반 집단을 상대로 하는 것이며, 사기 행위가 있었다고 하더라도 그것은 (아마 예측 가능했다고 하더라도) 의도하지 않은 결과라고 주장할지 모른다. 하지만 기만에 의존하는 판매 행위와 고객의 비이성적 불안, 욕구와 기질에 호소하는 판매 행위는 이런 주장마저도 할 수 없다. 고객이 의사결정에 있어서 충분히 자율적이지 않다는 걸 판매원이 믿을 만한 이유가 있는 경우, 판매원은 판매 홍보를 중단할 수 있다. 판매원은 유도와 기만을 충분히 회피할 수 있는 입장에 있으며, 만일 그걸 회피하지 못하면 그 판단에 대해 책임을 져야 한다.

논의를 위한 사례를 다시 생각해 보자

"약탈적 대부"라는 말 자체가 경멸어이기 때문에 약탈적 대부가 윤리적으로 정당한지를 묻는 건 성실하지 못한 태도로 보일지 모른다. 하지만 어떻든 이 문제를 잘 생각해 보자. 약탈적 대부가 왜 나쁜가? 이 의문에 답하기 위해선 제8.2절에서 소개한 마케팅에 있어서 윤리 문제의 평가의 틀이 참고가 된다.

이 절에서 양자 간의 시장 거래는 세 가지 조건이 충족되면 윤리적으로 정당하다고 말했다. 즉 당사자는 기만, 허위, 강제가 들어 있지 않은 정보를 바탕으로 하는 합의를 체결한다. 거래는 겉보기만 아니라 실질적 가치와 이익을 두 당사자에게 제공한다. 거래 당사자가 얻은 이익을 다른 방법으로 무효로 만드는 다른 기준이 일체 개입하지 않는다는 게 조건이다.

서브프라임 주택 론이나 대학생을 대상으로 하는 신용카드에 관한 모든 사례에 대해 윤리적이든 비윤리적이든 하나의 기준을 똑같이 적용하는 것은 합리적이지 않다. 실제는 윤리적으로 정당한 대부도 있고 그렇지 않은 것도 있는 게 사실이다. 이 문제를 고찰함에 있어서 다음과 같은 사항을 생각해 보자.

그런 대부 행위에 차용자의 정보를 바탕으로 한 동의가 담겨 있는가? 이 물음에 답하기 위해선, 차용자가 그 대부에 수반하는 리스크를 어느 정도 이해하고 있는지를 알 필요가 있다. 차용자는 금리에 대해 알고 있는가, 그 금리는 통상 금리와 어떻게 다른가, 그 금리는 장차 어떻게 변동할까? 차용자는 변동형 주택 론의 리스크와 풍선 변제 방식 (만기 시에 일괄 변제하는 방식)의 리스크를 알고 있는가? 대학생은 신용카드의 수수료를 알고 있으며, 지불이 늦었을 경우 이자가 어떻게 변동하는지를 알고 있는가? 계약서에 기재된 "작은 문자"는 얼마나 작은가? 차용자는 대부를 얻는 데 얼마나 재량이 있었는가? 그 목적은 무엇인가? 부엌의 리모델이나 휴가 비용을 위한 게 아니고, 의료비와 학비의 조달을 목적으로 주택 담보 론을 이용하는 경우, 어떤 차이가 있을까?

그런 대부에 허위, 사기, 강제가 있었는지 답하기 위해선 각 사례의 구체적 내용을 알 필요가 있다. 대부주는 대부 조건을 충분히 그리고 정확하게 설명했는가? 대부주는 차용자의 재정 상태와 고용 전망에 대해 어느 정도 알고 있는가? 대부나 신용카드는 어떻게 판매되었는가? 어떤 요구가 있었는가?

그런 대부는 차용자에게 실질적 이익을 제공하는가, 아니면 겉보기의 이익을 주고 있는가? 사람들이 용이하게 주택 담보 론을 이용했다든가, 대학생이 용이하게 신용카드를 입수했다는 것은, 거의 비용을 물지 않고 당장 혜택을 보았다는 걸 보여준다. 하지만 계속 늘어나는 채무는 채무 불이행이 될 리스크가 높은 사람들에게 참된 혜택인가? 높은 금리의 차용자금으로 구입한 상품은 실제 지불하는 금액에 상응하는 가치가 있는가? 한 추산에 의하면, 2010년 미국 내에서 판매된 주택과 자동차 중에, 실제 가격 이상으로 론을 안고 있는 판매 수는 수백만 건을 넘는다고 한다. 소위 "언더워터"(시장 가격이 차입 금액보다 낮은) 주택 론과 기타 대부는, 일부 소비자가 그 대부로부터 받는 이익이 단기적인 겉보기 이익일 뿐이라는 걸 나타낸다.

마지막으로, 서브프라임 론과 리스크가 높은 다른 대부가 초래한 금융 파탄과 사회적 영향을 고찰해 보니, 개별 대부 거래에서 고려되지 않는 사회적 측면이 약탈적 대부 행위에 있다는 걸 알 수 있다. 이들 금융 상품에 수반하는 수많은 리스크는 그 거래 당사자 이외의 사람들에게도 악영향을 주는 경우가 많기 때문에, 이런 행위에 대한 윤리적 판단에는 단지 대부주와 차용자의 비용과 이익에만 국한하지 말고 다른 요소도 검토돼야 한다.

복습 문제

1. 유도와 사기, 거짓말의 차이를 말하라. 이런 행위가 윤리적으로 잘못된 것은 직접적으로 결과 때문인가, 의도 때문인가?
2. 타인을 감화하는 방법으로서, 윤리적으로 용인 가능한 방법과 윤리적으로 부적절한 방법의 차이를 말하라. 또 그 차이를 의약품 광고의 사례에 적용해 설명하라.
3. 식품의약품국FDA의 사기 행위에 관한 기준과 불공정 행위에 관한 기준은 서로 어떠한 관계인지 설명하라.
4. 광고는 소비자를 위해 어떤 역할을 하는가? 또 광고는 소비자에게 무엇을 하는가? 또 광고는 어떤 방법으로 당신에게 접근했는가?
5. 자율적 행동과 비자율적 행동의 차이를 말하라. 자율적 욕망과 비자율적 욕망의 차이를 설명하라. 당신에게 비자율적이라고 할 만한 욕망이 있는가? 제1차적 욕구와 제2차적 욕구의 차이는 무엇인가?
6. 현대 마케팅에 의해 비윤리적이며 하찮은 소비자의 수요가 개인적, 사회적 수요를 밀어내 버리고, 그 결과 역기능적 풍요 사회를 창출했다는 견해에 대해 당신은 어느 정도 찬동하는가?
7. 소비자가 취약해 악이용당하기 쉬운 경우와 관련해, 두 사례를 설명하라. 또 각

각의 경우, 어떤 요인 때문에 사람이 취약하게 되는가? 취약한 자에 대한 마케팅의 윤리는 무엇인가?

주석

1) 광고와 가격의 관계에 관한 상세한 논의는 다음을 참조. Paul Farris and David Reibstein, "Consumer Prices and Advertising," in *Encyclopedia Dictionary of Business Ethics*, edited by Patricia Werhane and R. Edward Freeman (Malden, MA: Blackwell Publishing, 1997).
2) 예컨대, 다음을 참조. James Miller (前 FTC 커미셔너), "Why FTC Curbs Are Needed," in *Advertising Age*, March, 1982.
3) 다음을 참조. Ivan Preston, *The Great American Blow-Up* (Madison, WI: The University of Wisconsin Press, 1975).
4) 이 견해와 관련해 잘 알려진 서술은 다음과 같은 것이 있다. Theodore Levitt, "The Morality(?) of Advertising,"*Harvard Business Review*, 48, 1970, 84-92.
5) 여기서는 미국 가톨릭중앙협의회가 미국 경제에 관한 자신들의 사교司敎 서신 중에 사용된 어구를 인용한다. "인간적이고 도덕적이고 기독교적 경제 생활에 대한 모든 견해는, 다음 세 가지 물음에 의해 이루어져야 한다. 경제는 사람들을 위해 무엇을 하는가? 경제는 사람들에게 무엇을 주는가? 그리고 사람들은 경제에 어떻게 참여하는가?"*Economic Justice for All* (Washington, DC: 1986), p. 1.
6) 예컨대, 다음을 참조. Vance Packard, *The Hidden Persuaders* (New York: Pocket Books, 1958)와 B. F. Skinner, *Beyond Freedom and Dignity* (New York: Alfred Knopf, 1971).
7) 광고에서 기인하는 모든 욕망도 비자율적이라는 주장에 대한 비판에 대해서는 다음을 참조. F. A. von Hayek, "The Non Sequitur of the Dependence Effect,"*Southern Economic Journal*, 1961. 이것은 다음에 재쇄돼 있다. Beauchamp and Bowie, *Ethical Theory and Business* (Englewood Cliffs, NJ: Prentice Hall, 1979), pp. 496-501.
8) Robert Arrington, "Advertising and Behavior Control,"*Journal of Business Ethics* I , 1982, pp. 3-12.
9) Gerald Dworkin, "Autonomy and Behavior Control," in DesJardins and McCall, *Contemporary Issues in Business Ethics*, 1st ed.(Belmont, CA: Wadsworth Publishing, 1985), pp. 159-166. 둬킨의 견해는 다음의 저서에서 더 깊이 있게 다루고 있다. Dworkin, *The Theory and Practice of Autonomy* (Cambridge: Cambridge University Press, 1988).
10) Dworkin, *The Theory and Practice of Autonomy,* p. 20.
11) Roger Crisp, "Persuasive Advertising Autonomy, and the Creation of Desire," *Journal of Business Ethics*, 6, 1987, pp. 413-418.
12) Richard Lippke, "Advertising and the Social Conditions of Autonomy," *Business and Professional Ethics Journal*, 8, no. 4 (1988), pp. 35-58, 그리고 Lippke, *Radical Business Ethics* (Lanham, MD: Rowman and Littlefield, 1995).
13) *Radical Business Ethics*, pp. 108-109.

14) 취약성에 대한 이 설명은, 다음의 분석과는 다르지만 거기에서 얻은 점이 많다. George Brenkert, "Marketing and the Vulnerable," *Business Ethics Quarterly*: The Ruffin Series Special Issue No.1, 1998, pp. 7-20. 도시 빈민가의 알코올 음료 판매에 관한 깊은 고찰 · 분석은 다음을 참조. George Brenkert, "Marketing to Inner-City Blacks: Powermaster and Moral Responsibility," *Business Ethics Quarterly*, 8, No.1, pp. 1-18. 브렌커트의 저술에 정통한 독자는 이 장이 그의 연구에 많이 의존했다는 걸 알 것이다.

제10장

기업의 환경 책임

[학습 목표]

이 장을 읽고 나면 다음과 같은 일을 할 수 있다.

- 기업의 환경 책임에 관한 표준적 이해를 설명할 수 있다.
- 지속 가능 경제학과 지속 가능한 개발의 개념을 설명할 수 있다.
- 표준적 경제 모델과 지속 가능 경제학을 비교 · 대조할 수 있다.
- 환경 과제에 대한 시장을 바탕으로 한 해결책을 분석할 수 있다.
- 지속 가능한 비즈니스 모델을 뒷받침하는 논거를 분석할 수 있다.
- 자연 자본주의의 비즈니스 모델을 설명할 수 있다.
- 현대 비즈니스에 대한 자연 자본주의의 의미를 설명할 수 있다.

논의를 위한 사례

지속 가능 기업

지속 가능성과 지속 가능한 개발은 환경 문제에 관여하고 있는 많은 사람들 사이에선 경문經文 같은 것이 돼 있다. 지속 가능 기업의 개념은 노르웨이 수상 (당시)인 그로 브룬트란드가 작성한 UN의 보고서에서 비롯했는데, 이 보고서에서 지속 가능성이란 "장래 세대의 수요를 충족하는 능력을 손상하지 않고 현 세대의 수요를 충족하는 것"이라고 정의했다.

1990년대에 지속 가능성이라는 개념은 기업의 주류와 관련한 고려 사항과는 거리가 멀었다. 지속 가능한 기업은 소수 실무자들의 일시적 유행으로 보였을 뿐, 주요 기업에선 존재하지 않았다. 2010년에 와서는 지속 가능성을 위한 노력을 하지 않고, 회사의 지속 가능성 보고서를 해마다 공표하지 않는 대기업을 찾아보기 어려울 정도가 됐다. 현대 비즈니스 사회에 있어서 지속 가능성의 혁명이 일어나고 있다고 해도 과장이 아닐 것이다.

이 책에서도 앞에서, 지속 가능성을 지향하는 움직임과 관련한 몇 가지 사례를 보았다. 제3장에선 지속 가능성을 지향하는 월마트社의 발전을 기술했다. 2005년 월마트는 에너지 효율의 향상, 탄소 발자국의 삭감, 폐기물과 포장 용기의 삭감, 제품 생산을 위한 지속 가능한 조달원을 찾아내는 일 등, 자사의 독자적 경영을 위한 지속 가능성의 주요 목표를 공표했다. 2009년 월마트는 또 하나의 큰 조치로서, 자사가 판매하는 제품에 대해 독자의 경영을 위한 지속 가능성 평가 시스템의 계획을 도입하겠다고 공표했다. 이 평가 시스템은 소비자에게 각 제품에 관한 정보를 제공, 10만의 납품업자에게 제품의 사회적 · 환경적 영향에 대해 보고하도록 요구한다. 세계 최대의 소매점으로서 월마트의 구매력은 납품업자에게 지대한 영향을 미친다. 따라서 이 평가 시스템은 공급 체인 전체를 통해 다른 무수한 기업을 바꿀 가능성이 있다.

제8장 서두의 논의를 위한 사례에서 소개된 라이프 사이클의 개념이라든가 "연장된 제조사"의 책임에 대한 개념은 지속 가능한 기업 활동의 또 다른 예다. 이 개념은, 환경적으로 지속 가능한 경제에 있어서 기업이 제품을 생산하는 경우, 그 기업은 제품의 전체 라이프 사이클을 관리하는 책임을 져야 한다는 견해를 말한다. 지속 가능한 제품은 설계, 생산, 유통, 마케팅, 사용 그리고 폐기 처분하는 전 기간에 환경에 해를 끼치지 않는다. 의류업계는 특히 노동 착취 공장, 공해, 종업원의 보건과 안전 등의 문제와 관련하여 윤리적으로 환경적으로 책임 있는 생산과 공급 체제 관리와 관련해 대단히 복잡한 역사를 가지고 있다. 1990년대 중반부터, 월마트에 제품을 납품하는 캐시 리 기포드社가 연루된 유명한 사건들은 의류와 신발에 대기업의 상표를 붙여 납품하는 외국 공장과 제조 공장에서 발생 가능한 문제점에 관심을 쏟게 했다. 곧 나이키社가 유사한 상황에 빠졌다.

1990년대 중반 이래 나이키는 지속 가능성 영역에 있어서 선도적 위치를 향해 꾸준히 노력했다. 1990년대에 나이키는 베트남과 중국 같은 나라의 신발 제조 공장이 노동 착취 공장의 노동 상황에 있다고 하는 고발에 의해 상당한 비판을 받았다. 당초 나이키는 다른 회사가 제조한 의류를 단지 매매하고 있는 판매회사라고 주장, 납품업자의 행동에 대한 책임을 부인하고 무시했다. 나이키는 자사의 제품을 제조한 공장의 행동에 대해 아무런 책임이 없다는 주장이었다. 그러나 이 방침은 21세기 초두에 있었던 일부 강력한 여론의 압력에 의해 그 방향이 바뀌었다. 나이키는 납품업자가 윤리적 노동 기준을 준수하도록 하기 위해 더 적극적 방침을 제정했다. 나이키는 공급망에 따른 일체의 행동에 대한 사회적 책임을 인정했다.

최근에 나이키는 책임을 지속 가능성의 분야로 확대하고 있다. 2010년 전반에, 나이키는 2년에 걸친 기업의 사회적 책임에 관한 활동에 대한 연구 결과를 공개했다. 그리고 다음의 노력 목표로서 지속 가능성 전략에 명확한 초점을 맞춘다고 발표했다. 이 새 전략을 발표함으로써, 나이키는 자사 기업의 사회적 책임에 대한 노력을 "기업이 지속 가능한 경제 속에서 성장하는 데 준비하기 위해, 리스크 관리, 사회공헌 그리고 법령준수 모델로부터 기술 혁신, 협조, 투명성, 권리 옹호에 초점을 맞추는 장기 전략에의 진화"라고 표현하고 있다.

레저용 장신구와 장비, 의류 제조 회사인 패타고니아社는 이 지속 가능성 운동에 있어서 진정한 선두 주자의 하나였다. 지속 가능성은 그들의 기업적 사명과 전략적 목적의 한 요소이기 때문에, 패타고니아는 제3장에서 서술한 회사의 사회적 책임의 전략적 모델로서 매우 우수한 사례이기도 하다. 이 회사에게 수익성과 지속 가능성은 서로 대립되지 않고 융합하는 개념이다. 레저용 장신구와 의류 판매 회사로 출발한 패타고니아는 성장을 거듭해 하이킹, 스키, 서핑, 노젓기, 달리기를 포함해 다양한 야외 스포츠와 활동에 필요한 상품을 생산하게 됐다. 이 회사를 창업한 사람들, 이 회사가 이바지하는 고객들 그리고 이 회사가 참여 · 운영되는 시장, 이 모두가 협조한 결과, 패타고니아는 세계 최상의 지속 가능한 기업의 하나가 됐다. 등산, 하이킹, 노젓기, 서핑과 같은 스포츠는 모두, 패타고니아의 사시社是의 말을 빌리면, 스포츠를 하는 사람을 자연과 밀접한 관계를 갖게 하는 "침묵의 스포츠"다. 이 회사의 사시는 "패타고니아의 사원인 우리에게 있어서, 황량하고 아름다운 산야에 대해 사람은 그 자연을 지키고, 우리 지구의 전체적 환경 보전이 급격하게 훼손되지 않도록 하는 노력에 참여한다"라고 말하고 있다.[1)]

지속 가능한 기업 실천에 대한 패타고니아의 대응은 자사 제품을 생산하는 데 사용된 물질로부터 시작했다. 재활용된 합성수지와 무균 유기면이 의류 공장에서 사용되고 있다. 이 회사는 최소 소득의 1%를 환경 보전을 위해 헌금하고 있다. 패타고니아의 "공통점 구축 운동"은 "소비를 줄이고 지구의 긴요한 자원에 휴식을 제공하기 위한 회사와 고객 간의 협력 관계"라고 표현했다. 이 다짐은 자원의 사용을 줄이고, 제품의 수명을 연장하기 위해 제품을 수선하고, 제품을 타인에게 재판매하거나 줌으로써 재사용하고, 수리하거나 재사용이 불가능한 것을 재활용하고, 인간이 자연과 조화롭게 사는 세계를 곰곰이 생각해 본다.

지속 가능성에 대한 패타고니아의 확고한 대응의 선도적인 한 측면은 이 회사의 "발자국 연대기", 즉 회사의 공급망 운영에 있어서 완전한 투명성을 목표로 하는 광범위한 CSR 사업이다. 이 대응에는 이 회사의 제품을 생산하는 작업장과 제조 공장을 모두 온라인으로 공개하는 것이 포함돼 있다. 이 상호작용의 웹 사이트를 통해 패타고니아의 사이트에 들어가면, 모든 작업장과 제조 공장이 표시돼 있는 세계 지도를 열람할 수 있다. 이 사이트를 클릭함으로써 시설물의 사진을 볼 수 있으며, 제조품을 볼 수 있으며, 종업원 수, 사용 언어, 남녀 종업원의 비율뿐 아니라, 이 회사에 대한 사회적 평가와 관련한 최근 정보를 접할 수 있다.

패타고니아의 "발자국 연대기"는 자사의 공급 체계에 대한 완전한 투명성을, 사회 · 환경적 책임성을 지닌 공급망 운영을 실천하는 도구로 사용하기 위한 시도다.

논의를 위한 질문

1. 비평가 중엔, 지속 가능성이 인기 있는 것은, 소비자 주도형 생활양식이 무한정 계속한다는 걸, 선진국들이 잘못 인식해, 믿도록 하기 때문이라고 하는 주장이 있다.
2. 제조사는 자사의 제품에 대해 "요람에서 무덤까지"의 책임에 대해 법적 의무가 있는가? 소비자가 다 사용한 제품에 대해, 제조사는 재활용 책임을 져야 하는가? 소매업자는 재활용에 있어서 어떤 역할을 해야 하는가? 수명이 끝난 제품의 처분에 있어서 누가 비용을 치러야 하는가?
3. 정부의 어떤 정책이 패타고니아의 모범을 따르도록 다른 기업을 독려할 거라고 생각하는가? 어떤 정책이 그런 행위를 저해하겠는가? 일반적으로, 지속 가능한 기업을 지향하는 운동에 있어서, 정부는 어떤 역할을 해야 하는가? 지속 가능한 기업을 저해하는 현존 정부 정책으로서 생각나는 게 있는가?
4. 지속 가능한 기업의 실천을 시장의 흐름에 내버려둘 수 있겠는가? 어떤 시장의 장려 방책이 지속 가능의 실천에 도움이 될 수 있겠는가? 지속 가능성의 원리 · 원칙에 합치되는 제품에 대해 값을 더 지불할 의사가 있는가?
5. 만일 있다고 할 때, 우리에게 장래 세대에 대해 져야 할 책임이란 어떤 것인가? 이 같은 책임은 어떻게 기존 기업을 바꿀 수 있을까? 장래의 사람들이 기업의 경영관리자의 의사결정에 있어서 스테이크홀더인가?

10.1 기업의 사회적 책임과 환경

기업의 환경 책임을 분석하는 데 유익한 방법으로서 제3장에서 서술한 기업의 사회적 책임의 모델을 다시 생각해 보는 것도 좋을 것이다. 기업의 사회적 책임 모델이 어떻게 기업의 환경 책임을 설명하는지를 생각해 보자. 경제 모델에 있어서,

기업의 유일한 책임은 법의 범위에서 이익을 최대화하는 것이다. 그렇게 함으로써 기업은 시장의 체계 속에서 역할을 수행하고, 나아가 소비자의 선호를 적정하게 충족하는 보다 많은 사람들의 (공리주의적) 행복에 공헌하여 (즉, 보다 많은 사람들이 원하는 걸 더 많이 얻는다.), 기업 소유자의 재산권을 존중한다.

기업의 사회적 책임에 대한 이 협의의 관점에 대한 과제는 이제 낯설지 않을 것이다. 다양한 시장의 실패, 즉 환경 문제를 포함해 가장 잘 알려진 많은 것은 시장 문제 해결책의 부족을 지적하고 있다. 한 가지 예는 외부적 요인인데, 환경 오염이 전형적인 것이다. 대기 오염, 지하수 오염, 자원 고갈, 토양 침식과 핵폐기물 처분 등에 관련한 "코스트"는 전형적 경제 교환의 "외적" 당사자 (즉, 취약 지역민, 이웃 사람들, 다음 세대 사람들)가 부담한다. 이 때문에 자유 시장 거래는 최적의 결과를 보증할 수 없다.

시장 실패의 두 번째 유형은 중요한 사회재에 대해 가격을 결정할 시장이 없을 때 발생한다. 멸종 위기종, 아름다운 경관, 희소 식물과 동물, 생물 다양성 등은 공개 시장에서 거래되지 않는 전형적 환경재다. (무소의 뼈, 상아, 호랑이 발톱, 코끼리 뿔, 마호가니 나무 등은 암시장에서 매매되기 때문에, 그것들의 생존은 심하게 위협받고 있다.) 맑은 공기와 대양의 어장과 같은 공공재도 시장 가격이 확정되지 않았다. 교환 가치가 결정되지 않았기 때문에, 시장 접근은 소비자 요구를 충분히 달성한다고 하는 스스로의 목표를 실현한다는 모양새도 나타내지 못하고 있다. 시장으로만 이 같은 중요한 공공재를 보존 · 보호하는 걸 보증할 수 없다.

심각한 환경 피해를 초래하는 시장 실패의 세 번째 예는, 개개 결정과 집단에 끼치는 결과의 차이와 관련이 있다. 정책의 결정을 오로지 개별 결정의 결과에 맡기면, 중요한 윤리적, 정책적 과제를 놓치게 된다. 제3장에서 개별 선택과 SUV (스포츠용 다목적 차) 구입의 경우를 시장 실패의 고전적 사례로 다루었다. (직장의 화학 약품에 노출되는 따위의 건강 문제에 대한 시장적 해결책에 대해서도 같은 과제가 제기된다.) 이 사례는, 개별적인 것이 축적된 사회 전체의 결과로서 볼 때, 천식, 알레르기와 같은 공해병이 현저하게 증가할 가능성을 보여준다. 여러 가지 대안 정책 (예컨대, SUV의 판매 제한, 휘발유 세의 인상, CAFE (연료비 효율 기준) 산정 시 SUV를 경트럭이 아닌 승용차로 취급하는 것 등)으로써, 공해와 공해병에 대처할 수 있다. 그러나 우리가 시장을 통한 문제 해결책만을 기대했다면, 이런 대체 정책은 결코 고려 대상이 되지 않았을 것이다. 이것들은 중요한 윤리상의 문제이며, 시장 거래에 있어서 의문시되지 않기 때문에, 시장은 전반적 사회의 이익을 위해 대처하는 데 (기껏해야) 불완전하다고 결론을 내려야 한다. 바꿔 말하면, 개개의 집합체에게 유익하고 합리적이더라도, 그것이 반드시 사회에 대해 유익하고 합리적인 것은 아니다.

이 같은 시장의 실패는 건전한 환경 정책을 수행하는 경제 시장의 능력에 대한 심각한 우려를 제기한다. 물론, 협의의 기업의 사회적 책임과 경제 이론의 옹호자는 이 과제에 대한 답을 가지고 있다. 외부 비용을 내재화하고 야생종 같은 소유자가 없는 것에 대한 재산권을 할당하는 것이 시장의 실패에 대한 두 개의 회답이다. 하지만 시장의 실패를 개선하기 위한 임시방편의 시도는 환경적으로 불충분하다고 생각할 이유가 많다. 한 가지 중요한 이유는 앞에서 언급한 제1세대 문제라고 하는 것이다. 시장은 이미 실패한 시장이 제공해 주는 정보에 의해서만 해를 방지할 수 이다. 이를테면, 북대서양의 어류군이 격멸하고 나서야 비로소 소유자가 없는 공공재를 대상으로 하는 세계 수산 업계의 자유·공개 경쟁이 대구, 황새치, 북대서양의 연어 그리고 랍스터의 격감을 방지하는 데 실패한 것을 알게 됐다. 즉 우리는 시장의 실패에 관해 알게 되고, 이에 따라 이런 정보를 얻기 위한 수단으로서 제1세대를 희생함으로써만, 미래의 위해를 방지할 수 있게 되는 것이다. 공공정책이 멸종 위기의 종, 희소한 원생 자연 그리고 공중위생과 치안 등 대체할 수 없는 공공재를 대상으로 하는 경우, 그런 보수적인 전략은 현명하지 못하다.

이상과 같은 고찰로부터, 기업의 협의의 자유 시장의 관점이 요구하는 것보다 더 광범위한 환경 책임을 가지고 있다는 결론에 다다른다. 일반적 대체안은, 일부 재財는 대단히 중요하기 때문에 시장 내에서 발생하는 트레이드오프를 최적화하는 선택으로부터 면제돼야 한다고 주장한다. 이 접근은 그 이전, 예컨대 종업원 권리와 소비자 안전에 관한 논의에서 본 것이다. 이 선택지는 전형적인 정부 규제라는 형태로, 기업의 경제 목표에 대한 제약을 지지한다. 그러면 기업의 환경 책임에 대한 이 규제적 대응에 대해 고찰하고자 한다.

10.2 환경 규제라는 기업의 책임

1970년대 미국에서 규제받지 않는 시장은 환경 문제를 다루는 데 불충분하다는 여론이 확산했다. 대안으로 정부 규제는 환경 문제에 대응하는 데 더 나은 방법으로 인정됐다. 주요한 환경 관련 입법의 대부분은 1970년대에 추진됐다. 1970년대의 대기오염방지법 (1977년 개정), 1972년의 수질오염방지법 (1977년 개정)과 1973년의 멸종위기종보호법은 환경 문제에 대응하기 위한 국가적 예방의 일부였다. 이 법률은 모두 민주당이 주도하는 국회에서 통과되고, 공화당 출신 대통령의 서명으로 성립됐다.

이들 법률은 환경 문제에 대응하는 데 공통적 방법을 따르고 있다. 이 입법이 있기 전엔, 환경 문제를 다루는 주요 법적 통로가 불법행위단속법이었다. 오염으로 해를 입었다는 걸 입증할 수 있는 개인만이 대기 오염과 수질 오염에 대해 법적 책임을 물을 수 있었다. 그 법적 접근법은 피해를 본 사람에게 부담을 안겨주고, 기껏해야 사후에 피해 보상을 한다. 보상을 시사하는 유인책 이외에, 미국의 정책이 앞장 서서 오염을 방지하기 위해 한 일이라곤 거의 없다. 과실을 입증하지 못하면, 시장이 환경 정책을 결정하는 데 공공정책은 개의치 않는다. 멸종 위기에 있는 동물 자체에는 법적 지위가 없기 때문에, 식물이나 동물 생명에 대한 직접적 해악은 법적 중요성이 없으며, 그 이전의 정책도 식물과 동물 생물에 대한 피해를 막지 못했다.

1970년대에 제정된 법률들은 피해를 입을 수 있는 자로부터 피해를 주는 자에게로 책임을 효과적으로 이동하는 기준을 설정했다. 정부는 사후에 보상금을 주는 대신, 오염의 발생과 멸종을 방지하기 위해 규제 기준을 제정했다. 이들 법률은 대기와 수질 그리고 종의 보존을 보장하기 위한 최소한의 기준을 확정하는 것이라고 이해할 수 있다. 기업은 이 최소한의 기준이 정한 부수적 제약을 준수하는 한 자사의 목표를 자유롭게 추구할 수 있다. 사회는 기업의 환경 책임을 확립하는 데 두 번의 기회가 있다는 게 일반 여론이다. 소비자로서 개인은 시장에서 환경 친화적 제품을 요구할 수 있다. 시민으로서 개인은 환경 관련 입법을 지지할 수 있다. 기업이 시장에 대응하고 법을 준수하는 한, 기업은 자사의 환경 책임을 수행한 셈이다. 소비자가 휘발유가 많이 소비되는 대형 SUV 같은 환경적으로 의심스러운 제품을 요구하며, 또한 이들 제품이 법으로 허용된다고 하면, 기업은 그런 제품을 마케팅하기 위한 재정 지출을 포기하지 않을 것이다.

이 접근은 시장의 트레이드오프로부터 몇 가지 환경 목표를 면제하는 정당성을 인정하는 협의의 견해를 발전시킨 것이다. 우리는 시민으로서, 소비자로서 바라는 규제와 제한을 법률로서 자유로이 제정할 수 있다. 소비자의 선택뿐만 아니라 법률을 통해 표현되는 우리의 믿음과 가치관은 경제 목표를 추구할 수 있는 윤리적 배경을 확립한다. 따라서 이 접근은 시민은 환경 목표를 달성하기 위해 민주적 절차에 의존해야 한다고 주장한다. 시민은 또 소비자로서 자신의 권한을 자유롭게 행사하여 기업이 환경적으로 건전한 상품과 서비스를 제공하도록 요구해야 한다. 하지만 법률과 소비자의 수요가 없으면, 기업은 특정한 환경 책임을 지지 않는다.

몇 가지 문제를 보면, 이 접근은 장기적으로는 불충분할 것이라는 걸 알 수 있다. 첫째, 법률의 제정에 있어서 기업이 가진 영향력을 과소평가하고 있다. 앞에서 논한 CAFE (연료비 효율 기준)은, 이것이 어떻게 발생하는지 보여주는 좋은 예다. 이 법률의 합리적 설명에 의하면, 일반 대중은 자동차의 연소 효율을 개선 (그리고 그 결과 자동차에 배출량을 삭감)함으로써 대기의 질을 개선하는 정책 목표를 아주 명확하게 표명하고 있다. 그러나 자동차 산업은 경트럭과 SUV를 이 기준으로부터 면제하는 로비 활동으로 영향력을 행사할 수 있었다. 경트럭과 SUV는 자동차 산업에 있어서 최고의 매상을 올리고, 이익을 가장 많이 올린 부문이었다는 것도 놀라운 일은 아니었다.

둘째, 이 접근은 또 기업의 능력이 소비자의 선택에 미치는 영향력을 과소평가하고 있다. 소비자의 환경에 대한 요구에 응할 때, 기업은 환경 책임을 완수한다는 결론을 내리는 건, 기업이 여론을 형성하는 역할을 과소평가하는 것이다. 광고는 미국에서만 연간 2000억 달러의 산업이다. 기업은 수동적으로 소비자 욕구에 반응하며, 소비자는 기업이 전하는 메시지에 영향을 받지 않는다고 주장하는 건 확실히 틀린 것이다. 기업이 자사의 제품을 광고하거나 정부에 로비하는 활동을 멈추지 않는다고 한다면, 기업의 환경 책임에 관한 이 모델은 자연 환경을 보호하는 데는 불충분할 것이다.

셋째, 환경을 보호하기 위해 법률에 의존한다면, 환경 보호는 법률의 범위 내에서만 이루어질 것이다. 하지만 대부분의 환경 문제, 특히 오염 문제는 법적 지배 권역을 벗어나 발생한다. 뉴욕주는 굴뚝 연기에 대해 엄격한 규제를 제정할 수 있지만, 발전소가 오하이오나 심지어 멀리 서부의 다코타나 와이오밍에 위치한다면, 뉴욕주는 계속 산성비가 주는 피해를 피할 수 없다. 마찬가지로, 국내의 규제로써 국제적 환경 문제에 대응할 수 없다. 국제 협약이 국가 간의 환경 문제를 다루는 데 도움이 될 수 있다는 희망은 있지만, 지구상의 기후 변화에 대한 국제 협약이 실패하는 걸 감안한다면, 그것은 너무 낙관적일지 모른다.

마지막으로, 환경의 관점에서 아마 가장 곤란한 건, 이 규제 모델은 경제 성장이 환경적으로나 윤리적으로 나쁘지 않다고 상정한다는 것이다. 규제는 기업의 이익 추구에 대해 부수적 제약을 설정하며, 그 제약 범위에 머물고 있는 한, 경영진이 선택하는 이익 추구를 윤리적으로 정당하다고 받아들인다. 이런 논의에서 놓치기 쉬운 것은 법적 제약 범위 내에서 이익을 추구하는 데도 서로 다른 방법이 많다는 중요한 사실이다. 이익을 추구하는 방법이 다르면 환경이 초래하는 결과도 달라진다. 최근에 와서 기업들은 경제적 목표와 환경적 목표를 적절히 연계함으로써 환경에 대한 책임을 수행하고 있다.

10.3 비즈니스 윤리와 지속 가능 경제학

합리적 환경 정책을 설정하는 시장의 능력에 대한 보다 포괄적 과제는 지속 가능한 개발과 생태경제학을 연구하는 허먼 댈리와 그 밖의 경제학자의 저술에 제기돼 있다. 댈리는 경제 **성장**의 일반적 기준을 능가하는 경제 **발전**을 이해할 수 있도록 설득력 있는 논의를 전개하고 있다.[2] 댈리는, 현재에 세계 경제가 지나치게 나아가고 있지는 않으나, 이미 접근하고 있는 성장에의 생물적, 물리적, 윤리적 한계가 있다고 주장한다. 경제 활동에 대한 이해를 크게 바꾸지 않는 한, 그리고 문자 그대로 비즈니스를 하는 방법을 변경하지 않는 한, 우리는 지극히 기초적 윤리적 · 환경적 책무를 완수하지 못할 것이다. 댈리에 따르면, 경제 활동을 어떻게 이해하는지와 관련해 대대적인 패러다임의 전환이 필요하다.

거의 모든 경제학 교과서에서 다루어지고 있는 경제 활동과 경제 성장의 표준적 이해부터 시작하자. 때때로 **순환 모델** (그림 10-1)이라고 불리는 모델은 기업으로부터의 자금의 흐름이라는 관점에서 경제 거래의 본질을 설명하고 있다. 기업은 가계의 시장 수요에 대응해 재화와 서비스를 생산한다. 이들 재화와 서비스는 기업에의 지불과 교환으로 가계에 건네진다. 이들 지불은 임금, 급여, 지대, 이익, 이자의 형태로 가계에 되돌려진다. 이들 지불은 재화와 서비스를 생산하기 위해 기업에 의해 사용되는 노동, 토지, 자본과 기업가의 기능과 교환해 가계가 받는다.

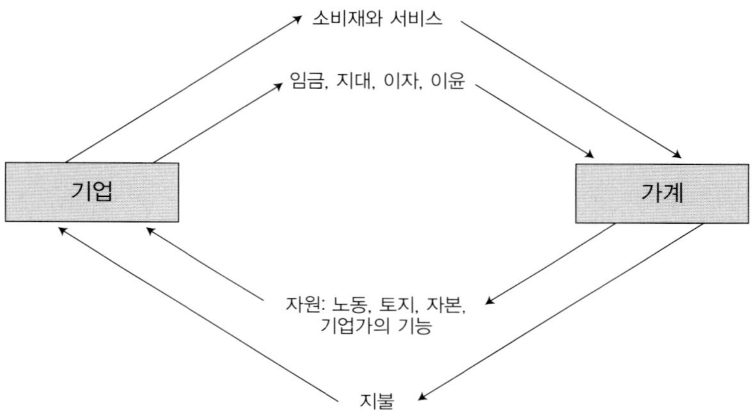

그림 10-1

두 가지 사항에 주목을 요한다. 첫째, 천연 자원은 다른 생산 요소와 구별되지 않는다. 이 모델에선, 자원의 출처는 설명되지 않는다. 그것들은 가계가 소유하고 있으며, 노동, 자본, 기업가의 기술처럼, 가계로부터 기업에 매도될 수 있다. 줄리언 사이먼의 말을 빌리면 "경제학자 또는 소비자로서, 우리는 자원 자체가 아니고 자원이 낳는 특정 서비스에 흥미를 가지고 있다."[3] 이들 서비스는 상이한 생산 자원을 대용해 다양한 방법으로 제공할 수 있다. 사이먼의 말로, 자원은 "무한"한 것으로 취급할 수 있다.

두 번째 주목할 점은, 이 모델은 경제 성장을 모든 사회적 병폐를 해결하는 것으로 다루지 않고, 무한한 것으로 다루고 있다는 것이다. 인구 증가에 따라가기 위해 경제는 성장해야 한다. 더 높은 생활 수준을 제공하기 위해 경제는 성장해야 한다. 빈곤, 기아, 질병을 줄이기 위해 경제는 성장하지 않으면 안 된다. 경제가 무한히 성장할 수 없다고 하는 가능성은 이 모델의 관심사가 아닐 뿐이다.

세 가지 포인트로부터 이 모델이 가까운 장래에 직면할 과제를 집약할 수 있다. 첫째, 오늘날 세계 인구 중 수많은 사람들은 생활 필수품이 궁핍한 상태에서 살고 있다. 한 추산에 따르면, 세계 인구의 거의 20%인 12억 명은 절망적이고 빈곤 상태에서 살고 있으며, 8억 명이 영양 실조로 고생하고 있다.[4] 분명히 현재의 경제 제도와 틀은 수억 명에게 기본적 필수품을 마련해 주지 않고 있다. 한 타당한 추산에 따르면 선진 공업국에 살고 있는 세계 인구의 25%가 세계 자원의 85%를 소비하고 있다. 현재의 경제 패러다임은 개발도상국의 경제 성장을 더한층 촉진함으로써 이 문제에 대처하고 있다. 더구나 세계는 지구 인구의 나머지 75%의 기본적 필수품을 충족하기 위해 앞으로 수십 년간에 상당한 경제 성장을 필요로 할 것이다. 몇 가지의 추산에 따르면, 선진 공업국의 생활 수준에 맞추어 개발도상국에 사는 사람들의 생활 수준을 향상하기 위해선, 세계는 앞으로 50년간에 5~10배로 성장할 필요가 있다고 한다.

끝으로, 이 같은 모든 경제 활동에 필요한 유일한 원천은 지구 자체의 천연 자원이다. 이들 자원의 대부분 — 맑은 공기, 음료수, 비옥한 토지와 식품 — 은 그 밖의 다른 생산 요소로써 대체할 수 없다. 우리는 노동, 자본, 기업가의 기술만으로 호흡하고 마시고 먹고, 또는 식료품을 재배할 수 없다. 세계의 환경은 이미 지금의 경제 활동의 스트레스를 받고 있기 때문에, 커다란 변화가 생기지 않는 한, 장래의 전망은 어둡다. 이 같은 현실을 고려하면, 우리는 그 과정에서 환경을 파괴하지 않고, 세계 인구의 수요에 대비할 수 있는 경제 시스템을 구축해야 한다. 이것이 지속 가능 경제학과 지속 가능한 개발의 역할이다.

댈리는, 경제 정책의 목표로서 경제 성장에 그 역점을 두는 신고전파 경제학은, 경제가 지구의 생물권 내의 서브시스템에 불과하다는 걸 인식하지 않는 한, 필연적으로 이런 과정에 대처하지 못한다고 논하고 있다. 경제 활동은 이 생물권 내에서 이루어지며, 그 한계 능력을 넘어 확대해 생명을 지속할 수 없다. 생산에 투입되는 모든 요소 — 천연 자원, 자본, 기업가의 기술, 노동 — 는 궁극적으로 지구의 생산 능력에서 나온다. 이 관점에서 보면, 자원이 지구의 생산 능력이나 폐기물과 생산 부산물을 흡수하는 능력을 추월하는 속도로 이 시스템을 경유한다면, 전체 고전 모델은 불안전할 것이다. 이처럼 장기적으로 지속 가능한 속도, 그리고 제조 과정의 부산물과 제품 자체를 리사이클하거나 재사용하는 것과 같은 속도로 자원을 사용하는 경제 시스템을 개발할 필요가 있다. 댈리의 연구를 바탕으로 이 시스템의 모델을 그림 10-2에 표시한다.

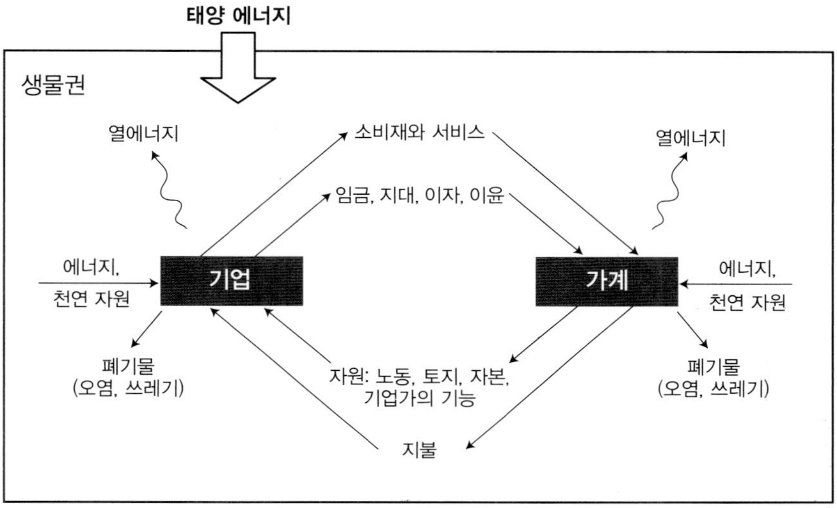

그림 10-2

그림 10-2는 몇 가지 중요한 점에서 그림 10-1과는 다르다. 첫째, 경제는 지구 표면을 둘러싸는 넓이 몇 마일 정도의 생물권 내에 존재한다는 인식이다. 열역학 제1법칙 (물질/에너지 보존)으로부터, 우리는 물질도 에너지도 아예 만들어낼 수 없다는 걸 인식하고 있다. 즉 하나의 형태로부터 다른 형태로 변형될 따름이다. 둘째, 에너지는 경제 활동의 모든 단계에서 없어진다. 열역학 제2법칙 (폐쇄계 내의 엔트로피 증가)과 맞추어, 이용 가능한 에너지 양은 시간과 더불어 감소한다. "폐에너지"는 끊임없이 이 시스템 속에 흘러 들어가야 한다. 궁극적으로 저 엔트로피의 에너지의 유일한 원천은 태양이다. 셋째, 천연 자원은 이미 가계로부터 배출되는 분화되지 않은 불분명한 생산 요소로서 취급되지 않는다. 천연 자원은 생물권으로부터 나오며, 무에서 만들어지지 않는다. 최종적으로 폐기물은 경제 활동의 각 단계에서 산출되며, 생물권에 도로 버려진다.

이 새 모델로부터 도출돼야 하는 결론은 비교적 단순하다. 장기간에 걸쳐, 인명을 유지하는 능력을 위태롭게 하지 않고 생명권이 대체하거나 흡수하지 못하는 속도로 자원과 에너지를 사용하고 폐기물을 산출할 수 없다. 이것은 댈리가 "성장에 대한 생물물리학적 한계"라고 부르는 것이다.[5] 생물권은 무한히 자원을 낳을 수 있다. 그리고 무한히 폐기물을 흡수할 수 있다. 그러나 그것은 특정한 속도, 특정한 타입의 경제 활동에 의해서만이다. 이것이 지속 가능한 개발의 목표다. 경제 활동의 이 속도와 타입을 찾아내는 것, 지속 가능한 비즈니스의 관행을 창출하는 것은 기업의 최종적 환경 책임이다.

그림 10-2는 앞에서 논한 환경 컨센서스의 네 정책 분야를 설명하는 모델이다. 오염과 폐기물의 제거, 자원의 신중한 사용, 환경 보호 지정 구역의 보존, 생물 다양성에 대한 컨센서스는 경제 제도가 생명권에서 지속 가능한 방법으로 기능하는 데 필요한 것이다.

10.4 지속 가능한 개발시대의 비즈니스 윤리

세 기준 — 지속 가능성의 세 지주支柱 — 는 가끔 지속 가능한 관행을 판단하기 위해 쓰인다. 지속 가능한 개발은 경제적으로, 환경적으로, 사회적으로 만족스러운 정도라야 한다. 경제적으로는, 지속 가능한 관행은, 환경 및 개발에 관한 세계위원회 (UN의 한 기관)의 말을 빌리면, 장래 세대가 자신들의 수요를 충족하는 능력을 훼손하지 않고 현재의 수요를 충족할 수 있어야 한다. 환경적으로는, 장기적으로 생물권의 능력을 훼손하지 않고 현재의 수요를 충족할 수 있어야 한다. 사회적으로는, 특히 충분한 식량, 물 그리고 다른 필수품이 부족한 수억 명의 사람들이 정말 필요로 하는 것에 대처해야 한다. 필자는 기업의 환경 책임의 모델을 판정할 때 따라야 하는 세 가지 유사한 기준을 제시하고자 한다. 비즈니스는 효율적인 방법으로 사회의 경제적 기대 (즉, 고용, 소득, 재 · 서비스)를 적절히 충족할 수 있도록 갖추어져야 한다. 비즈니스는 또한 장기간에 걸쳐 인간의 생명뿐만 아니라, 모든 생명을 유지하는 생명권의 능력을 저하하지 않고, 지원할 수 있도록 갖추어져야 한다. 비즈니스는 또한 사회 정의의 최소한의 요구에 대처하는 방법으로 갖추어져야 한다.

비즈니스가 그 환경 책임을 다하기 위해 어떻게 재구성되어야 하는지를 생각함에 있어서, 앞에서 언급한 점을 강조해 두는 게 좋을 것 같다. 경영자의 재량의 크기를 과소평가해서는 안 된다. 당연히 기업의 경영관리자는 광범위한 의사결정의 재량을 좋아한다. 레이 앤드슨과 인터페이스社가 보여 주듯이, 수익성의 추구를 달성하는 데는 여러 방법이 있다. 마치 이익을 추구하는 데 한 방법밖에 없는 것처럼, 그리고 윤리적 책임은 그에 대한 장벽인 것처럼, 이익 추구 그것에 대한 부수적 제약으로서 환경 책임을 생각하는 것으로부터 벗어나야 한다.

오히려 수익성을 추구하는 길이 환경적으로 위험한 것도 있으며, 신중하고 현명한 방법도 있다는 걸 인식해야 한다. 다행히도 우리는 환경 면에 있어서 지속 가능한 비즈니스 관행을 위한 몇 가지 좋은 모델을 가지고 있다.

≪자연자본주의≫에서 저자인 폴 호켄, 애모리 로빈스, 헌터 로빈스는 지속 가능한 비즈니스 관행에 대한 개념 모델과 사례들을 보여주고 있다.[6] 그들의 연구를 통해서 환경 면에 책임 있는 몇몇 비즈니스 모델의 구체적 사례를 개략적으로 살펴보고자 한다.

≪자연자본주의≫는 비즈니스의 재설계에 네 가지의 지도방침을 제시하고 있다. 첫째, 천연 자원의 생산성이 비약적으로 증가돼야 하며, 될 수 있다. 이것은 때로는 **생태효율성**ecoefficiency이라고 부르는 것이 더 발전하는 바탕이 된다. 제2의 원칙은 **바이오미미크리**biomimicry 또는 **폐쇄루프 모델**closed-loop design이라고 하는데, 비즈니스는 생물학적 프로세스를 모델화하기 위해 재설계돼야 한다는 것이다. 폐기물과 오염으로서 취급되어 버려진 부산물은 제거되든가 제조 공정에 재투입되든가, 생물권에 무해 또 유익한 제품으로서 되돌아와야 한다. 셋째는 제품의 생산자로서의 비즈니스의 전통적 모델은 서비스 공급자로서의 모델로 대체돼야 한다. 종전의 경제는, 실제로는 서비스 (예컨대, 전구電球와 카펫)를 생산하는 데 소비자 수요에 집중해왔다. 이 전환은 첫 두 목표를 달성하기 위해 커다란 의욕을 부여할 수 있다. 마지막에 기업은 자연자본에 재투자해야 한다. 경제학과 금융의 모든 입문 교과서가 가르치고 있듯이, 책임 있는 기업 경영은 생산 자본에의 재투자를 필요로 한다. 종래의 경제 모델은 자연자본의 원천을 무시해 왔기 때문에, 장래를 대비하는 비즈니스 관행의 일부로서 자연자본에의 재투자를 포함하는 걸 게을리 해왔다. 환경에 배려

하는 기업은 이 결점을 해결하지 않으면 안 된다.

생태효율성과 바이오미미크리는 그림 10-2에 따라 이해할 수 있다. 생태효율적 경영관리는 천연 자원이 경제 시스템을 통해 흐르는 속도를 감소하는 방법을 발견할 것이다. ≪자연자본주의≫는 제품과 제조 방법의 설계에 대한 경영자의 의사결정이 5배, 10배, 때로는 100배로 자원을 증가한 예를 많이 포함하고 있다. 경제 발전의 표준적 성장 모델은 경제 성장을 5~10배 증가함으로써 세계 인구의 최빈민 75%의 수요를 충족할 수 있다고 말하고 있다. 생태효율적 비즈니스 관행이 효율을 5~10배 증가하면, 그 결과 자원 소비가 감소하고 같은 목표를 달성한다.

생태효율성의 예는 기업 활동의 여러 분야에서 찾아볼 수 있다. 기업의 경영관리자는 보다 적은 자원으로 소비자의 수요를 충족하는 방법을 찾아내야 한다. 알기 쉬운 예는, 종래의 "틀에 박힌" 개발 패턴 대신, 집단 주택, 녹지, 서식 지대, 그리고 자전거 보도를 연결하는 지역을 설계하는 택지 조성업자다. 각각의 개발형은 수익성이 있겠지만, 환경 면에 있어서 상대적으로 더 파괴적인 것이 있다. 에너지 수요는 이 책임에 있어서 또 하나의 적절한 예가 된다. ≪자연자본주의≫는 인터페이스의 공업용 양수揚水 시스템의 재설계에 관해 기술하고 있다. 에너지 수요의 감소를 겨냥해, 더 크고 더 반듯한 파이프를 이용한 것으로 재설계함으로써, 92% 즉 12배의 에너지 절약을 달성했다. 에너지 효율적 창문, 조명, 모터, 단열재를 사용해, 현재의 생산 목표를 달성하면서 전체적 에너지 소비를 대폭 삭감할 수 있을 것이다.

생태효율성만으로는 모든 문제를 해결하기 어렵다. 바이오미미크리의 원칙은 생태효율적 제조 과정에서 나오는 폐기물까지도 제거하려고 하고 있다. 경영관리자에게는 종래의 폐기물까지도 시스템에 통합하고, 폐기물을 생물학적으로 이로운 요소로 전환하거나 최소한 생물권이 흡수 가능한 속도 이상으로 폐기물을 산출하지 않을 방법을 모색할 책임이 있다.

바이오미미크리의 궁극적 목표는 폐기물의 감소가 아니고 완전히 없애는 것이다. 만일 우리가 진실로 생물학적 프로세스를 모방한다면, 그 프로세스의 최종 결과(예컨대, 광합성에 의해 생산되는 잎과 산소)는 궁극적으로 태양 에너지만을 더 보탠 다른 프로세스 (예, 식물의 성장)를 위한 생산 자원 (예, 토양과 물)으로서 재사용된다.

바이오미미크리를 겨냥한 경영 전략의 진전은 연속선상에서 이해할 수 있다. 최초의 단계는 "자원 채취—제조—폐기"로 묘사할 수 있다. 기업은 자원을 채취하고 그것을 제품으로 만들고 남은 건 폐기한다. 다음 단계는 그 제품의 "요람에서 무덤까지"에 대한 책임을 기업이 지는 구상이다. 때로는 "라이프 사이클"의 책임이라고 하는 이 대응은 업계와 규제 당국 양측의 방침 수립에서도 나타나고 있다. 요람에서 무덤까지, 또는 제품의 라이프 사이클의 책임이란, 기업이 그 제품의 판매 후까지 생기는 최종 폐기 처분을 포함한 라이프 사이클 전체를 책임진다는 뜻이다. 따라서, 예컨대 요람에서 무덤까지의 모델은 제품이 매립지에 파묻힌 몇 년 후에 그 제품에 의해 생긴 지하수 오염에 대해서도 기업의 책임이 있다는 견해를 갖는다.

요람에서 무덤까지의 책임은 이 견해를 더한층 확장했다. 즉 기업이 그 제품의 최종 결과를 생산 사이클 속에 통합시키는 역할을 해야 한다는 생각이다. 따라서 이 책임에 따라 제품이 효율적으로, 그리고 간편하게 리사이클될 수 있도록 재설계하고자 하는 의욕을 가지게 된다.

건축가 윌리엄 맥도너프와 화학자 마이클 브라운가트에 의해 창설된 환경 설계 회사 맥도너프 브라운가트는 기업이 지속 가능성을 달성하기 위해 기업이 그 비즈니스 관행을 재개념화하고 재설계하도록 지원하는 데 선두 주자가 돼 왔다. 그들의 저서 ≪요람에서 무덤까지≫는 몇몇 제품의 라이프 사이클을 추적해, 기업이 제품의 라이프 사이클 전체에 대해 책임을 질 때, 달성 가능한 경제적 · 환경적 혜택에 대한 몇 가지 사례 연구를 제시하고 있다. 그들의 프로젝트 중엔, 포드 자동차의 루즈리버 제조 공장의 재설계가 있다. 이 20억 달러의 재설계는 지속 가능한 원리를 세계 최대 공업단지의 하나에 도입하게 된다. 생산 자본에의 재투자는 모든 경영관리자의 기본적 경제 책임이다. 포드社가 의도하는 대로 경제적 문제와 마찬가지로 환경적 · 사회적 문제에도 대처하는 건, 모든 기업의 경영관리자의 윤리 책임의 하나가 돼야 한다.

지속 가능한 비즈니스 관행의 제3의 원칙은 기업 경영에 대대적인 패러다임 전환을 필요로 할 것이다. 종래의 제조업은 제품을 생산하는 걸 목적으로 하지만, 이 새 모델은 서비스를 제공하는 방향으로 전환하고 있다. ≪자연자본주의≫에 따르면, 이 전환은 생태효율성과 바이오미미크리의 두 원칙을 강화할 것이다. 종래의 경제 · 경영 모델은 소비자 수요를 제품 (예, 세탁기, 양탄자, 조명기기, 가전제품, 에어컨, 자동차, 컴퓨터)의 수요라고 해석한다. 서비스를 바탕으로 하는 경제는 소비자 수요를 서비스의 수요 (예, 의류 세탁, 바닥 깔기, 조명, 오락, 시원한 공기, 수송, 문서 처리)로 해석한다. ≪자연자본주의≫는 이런 업계에서 그런 전환을 수행한 기업의 예를 제시하고 있다. 이 전환은 보다 내구성이 있는 보다 리사이클이 쉬운 제품을 만드는 제품의 재설계를 위한 의욕을 낳는다.

이 장 서두의 논의를 위한 사례에서 말한 것처럼 인터페이스社는 이 분야에서 잘 알려져 있는 혁신적 기업이다. 인터페이스는 양탄자 재료 판매로부터 마루에 까는 재료의 리스로 전환했다. 종래의 모델에선, 양탄자는 소비자에게 판매된 후 색깔이나 스타일이 마음에 들지 않게 되거나 낡아지면, 땅에 묻어 처분한다. 여기서는 장기간 사용되거나 리사이클이 가능한 양탄자를 생산하고자 하는 의욕을 거의 볼 수 없다. 일단 인터페이스가 양탄자 재료 서비스의 리스로 전환하자, 장기적으로 사용되고 교환하기 쉽고, 리사이클 가능한 제품을 생산하고자 하는 의욕이 조성됐다. 인터페이스는 그 결과, 시장에 내놓는 제품 전체의 라이프 사이클에 대한 책임을 지게 됐다. 소유권을 보유하고 유지 · 관리에 대한 책임을 가지고 있기 때문에, 인터페이스는 지금, 전체보다 일부분을 간단히 교환할 수 있으며 내구성이 있는 최종적으로 재생산할 수 있는 양탄자를 생산하고 있다. 양탄자를 재설계해 서비스 리스로 전환함으로써 생산 효율도 개선하고 재료와 광열비를 대폭 삭감할 수 있었다. 소비자는 낮은 비용과 적은 부담으로 참으로 원하는 것을 취득함으로써 혜택을 보게 된다.

최종적으로 기업의 경영관리자는 종래의 경제 · 금융 분석에 있어서 무시돼온 생산의 한 요소인 자연자본에 재투자하는 책임을 가지게 된다. 이에 관련된 원칙은 단순하지만, 그 실행은 과제를 안고 있다. 즉 그 원칙은, 기업이 생물권으로부터 보충되는 속도 이상으로 자원을 사용하지 않는다는 책임을 가지고 있다면, 특히 생물권 자체가 가진 생산 능력을 파괴해서는 안 된다고 하는 것이다. 이것을 재정적으로 비유한다면, 영업비를 위해 자본을 쓰는 기업이나 저축을 수입으로서 쓰는 세대와 같은 것이다. 신중하고 책임 있는 의사결정은 장기적 존속을 위해 자본 자체를 확보하면서, 자본에 의해 발생하는 수입을 생활비를 위해 쓰는 것이다. 자연자본도 마찬가지다. 우리는 그 자체가 갱신할 수 있는 속도로 그 자본을 사용해야 한다.

생물권의 생산 능력은 참된 공공재이기 때문에, 그리고 시장의 실패가 많고 그런 경우 개인이 무책임하게 행동하도록 부추기기 때문에, 자연자본에의 재투자는 아마 정부 규제를 특히 따라야 하는 기업 책임의 하나이다. 기업의 경영관리자는 그렇게 해야 하지만, 경쟁 시장에서 활동하고 있는 개인으로서는 그렇게 하기를 기대할 수 없다. 그런 투자를 장려하기 위한 세제상의 우대조치 그리고 보완되지 않는 자원 채취에 대한 추징세는 하나의 선택지다.

포드의 루즈 공장의 지붕은 자연에 재투자하는 간단한 예다. 이 지붕은 담쟁이 모양의 꿩의비름 꽃을 덮어, 빗물의 유출을 감소하거나 단열 효과를 높일 뿐만 아니라, 이산화탄소 (주로 자동차로부터 배출되는 오염 물질)를 산소로 바꾼다. 이 같은 결정에 대한 세제의 보조는, 이를 실천하기 위해 단기적 경제적 저해 요인이 존재하는 경우, 특히 합리적 정책인 것 같다. 이미 고속도로의 건설과 보수를 위해 할당하는 휘발유 세금 중에 이 모델이 들어 있다. 유사한 과세가, 자연자본을 수익으로 취급하고, 자연자본에 재투자되는 자금으로 다루는 다른 산업에도 적용되지 못할 이유가 없다.

10.5 지속 가능성을 위한 "비즈니스 사례"

지속 가능성은 전 세계와 모든 비즈니스 영역에서 기업 활동의 변두리로부터 전략적 핵심으로 이동했다. 제3장에서 이 개념을 기업의 사회적 책임의 전략 모델의 주도적 원리로서 소개하고 고찰했다. 지속 가능성은 소비재에 대한 라이프 사이클 책임에 마케팅을 집중하는 원동력으로서 주목을 끌게 되었다. 그것은 제12장에서 고찰되는 글로벌화의 주제에서도 똑같은 중심적 이념이다.

이런 상황을 기업 경영에 있어서 일시적 유행이라고 보는 사람도 있는 한편, 지속 가능성이 이미 진행 중인 기업 혁명을 의미한다고 이해하고 있는 사람도 있다. 유니레버社의 최고경영자 패트릭 세스코는 2007년 연설에서 다음과 같이 말했다.

> 오늘날 사회적 책임과 환경의 지속 가능성은 주변적 활동이 아니라 핵심

> 이 되는 기업 능력이다. 우리는 자유 시장 경제학의 대부인 밀턴 프리드먼이 당당하게, 기업이 사회에 대해 지녀야 할 의무는 "이익을 얻고 세금을 납부하는 일"이라고 선언한 1980년 초두부터 이미 먼 길을 걸어 왔다.[7]

아마 이 같은 진전에서 볼 수 있는 중요한 점은, 지속 가능한 기업 모델은 환경상의 책임과 재정상의 책임 간에 구분을 확정하지 않는다는 사실이다. 이 관점에서 지속 가능한 정책, 관행, 제품을 추구하는 건 재무적으로 충분한 의미가 있다. 확실히, 지속 가능성은 이미 수많은 기업가와 창조적 기업들이 추구하고 있는 미래 기업의 이상상을 제시하고 있다. 지속 가능한 미래를 지향해 전진하기 위해 강한 경제와 재무의 구축이 가능하다고 주장하는 관찰자도 많다. 지속 가능한 관행을 "비즈니스 사례"와 관련해, 다음과 같은 논의를 생각해 보자.

첫째, 지속 가능성은 현명한 장기 전략이다. 인명을 유지하기 위해 필요한 자원 공급이 감소하는 반면 세계 인구와 소비량이 증가하는 가운데 이들 자원 수요가 증가하기 때문에, 기업은 장기적 경영을 확보하기 위해 지속 가능한 관행을 도입할 필요가 있다. 이용할 수 있는 자원이 감소하고 수요는 증가하는 수렴 방향에 적응하지 못하는 회사는 존속이 위태로워진다. 그 일례로서 원양 어업에 눈을 돌려보자.

둘째, 세계의 개발도상국 간의 충족되지 않는 막대한 잠재적 시장은 지속 가능한 방법으로써만 충족될 수 있다. 경제적 재화와 서비스를 필요로 하며 요구하고 있는 수십 억의 사람들에게 공헌하는 가운데 엄청난 비즈니스 기회가 존재된다. 경제 피라밋의 저변은 인류 역사상 최대이고 가장 급속하게 성장하고 있는 경제 시장이다. 그렇지만 이들 시장의 규모만을 볼 때, 19세기, 20세기와 같은 환경 면에 있어서 유해한 산업 관행으로써 이 수요를 충족하는 건 불가능하다. 예를 들면, 중국이 미국과 동일한 비율로 석유를 소비한다고 하면, 중국에서만 세계 전체의 하루 생산량보다 더 많이 소비하게 될 것이며, 대기의 이산화탄소의 배출량은 세 배 이상이 될 것이다. 중국의 수요를 충족하기 위해 새로운 지속 가능한 기술과 제품이 필요해질 것은 분명하다.

셋째, 지속 가능한 관행을 통해 코스트의 대폭적 삭감이 이루어질 수 있다. 기업은 생태효율성을 추구함으로써 경비를 대폭 삭감할 수 있다. 에너지 소비와 재료를 절약하면 환경상의 폐기물뿐 아니라, 헛된 낭비도 절감할 수 있다. 폐기물을 최소화하는 건 환경 측면뿐 아니라 재무 측면에 있어서도 이치에 맞는 일이다.

넷째, 경제적 우위는 지속 가능한 기업 편이다. 지속 가능성의 선상에서 선두를 달리는 회사는 환경을 의식하고 있는 소비자에게 봉사하는 데 유리하며, 진보적 회사에 근무하는 걸 자랑스럽게 만족하는 종업원을 유인하는 데도 경제적으로 유리한 입장에 있다.

끝으로, 지속 가능성은 우수한 위기 관리 전략이다. 지속 가능성으로 지향하기를 거절하면, 혁신적 회사가 면할 여러 가지 불리한 일을 당한다. 장차 정부 규제를 피하는 건 분명히 하나의 이익이다. 솔선해서 지속 가능성을 추진하는 회사는 아마 이 분야에서 성공 사례의 기준이 되는 회사가 되기도 할 것이다. 따라서 이런 회사는, 규제가 도입되는 경우, 그 규제가 어떤 것이 되어야 하는 걸 규정하는 데 역할을 할 것이다. 지속 불가능한 제품에 대한 법적 책임을 회피하는 건, 또 하나의 잠재적 이익이 된다. 사회 의식의 변화에 따라, 법 제도는 지속 불가능한 관행으로 인한 해악을 예견하지 못하는 무관심한 회사를 멀지 않아 처벌하기 시작할지 모른다. 지속 불가능한 회사에 대한 소비자의 불매 운동도 회피해야 할 위기다.

월마트, 유니레버, 나이키, 인터페이스와 같은 다양한 회사들이, 지속 가능성이 그들의 비즈니스 모델의 핵심 속으로 들어갔다고 주장하는 가운데, 이 개념은 더 이상 경제 활동의 비주류라고 생각될 수 없다. 경제, 환경, 윤리의 최저 기준을 지속 가능성으로 통합함으로써 미래를 위한 모델을 갖추게 된다.

논의를 위한 사례를 다시 생각해 보자

앞에서 다룬 여러 고찰에서 지속 가능성을 기업 운영에 대한 제약을 낳는 환경 문제의 하나로 다루었다. 지속 가능한 경영 원칙을 지키는 건 의무적으로 했어야 할 일이었지 기업이 자진해 하고자 선택한 일은 아니었다. 여러 가지 증거가 시사하는 바에 따르면, 이 원칙에 대한 복종 견해는 근년에 와서 달라졌다. 나이키는 자사의 사회적 책임에 대한 활동을 설명하기를, "위기 관리와 자선적 · 복종 모델로부터 회사가 지속 가능한 경제 속에서 성장할 준비를 갖추기 위해 혁신, 협동, 투명성 그리고 자기옹호에 초점을 맞춘 장기 전략으로" 진화하고 있다고 표현했다.

하지만 "혁신, 협동, 투명성, 자기옹호" 같은 가치 개념이 어떻게 지속 가능성 아래에 들어가는지 곰곰이 생각해볼 만하다. 협동이나 투명성이, 조금이라도 그런 점이 있다면, 어떻게 회사의 지속 가능성을 높이는가? 좀 더 일반적으로 말하면, 지속 가능성은 사회적 · 윤리적 요소를 포함하고 있다고 오래전부터 이해되고 있지만, 표면상으로는 그 원인이 분명하지 않다. 회사는 지속 가능해지기 위해 사회적 책임을 져야 하는가? 어떠한 방법으로?

나이키와 패타고니아 같은 회사가 어떻게 제3장에서 서술한 기업의 사회적 책임 모델에 부응하게 됐는지도 곰곰이 생각해볼 만하다. 예컨대, 노먼 보위가 설명한 것처럼, 철학적 윤리학은 피해를 일으키는 행위와 피해를 막는 행위, 선을 실현하는 행위를 구별한다. 보위는 도덕적 의무, 즉 "최소한의 도덕"은 해악을 낳지 않는 의무뿐이라고 한다. 하지만 나이키와 패타고니아와 같은 회사가 보여준 지속 가능성으로의 진화는 이 모델에 해당하는가? 이들 회사의 지속 가능성에의 전환은 기업의 자선활동처럼 단순한 선행이라고 칭송받아야 하는가, 윤리적 행위가 아닌 것인가? 나이키와 패타고니아의 지속 가능성에의 대응은 선행인가, 해악의 방지인가, 해악의 원인이 아닌가? 이 두 회사는 사회적 책임을 자사의 전략적 사명의 핵심으로 설정하고 있다고 생각된다. 모든 회사가 이와 같아야 하지 않을까? 모든 회사가 이들의 선례를 따를 윤리적 의무가 있는가?

복습 문제

1. **지속 가능한** 기업을 어떻게 정의하는가? 지속 가능성의 세 지주란 무엇인가?
2. 시장의 실패와 관련해 최소 두 가지 예를 들고, 실패가 기업의 환경 책임에 대한 자유 시장적 인식에 어떠한 과제를 제기하는지를 설명하라.
3. **소비자의 욕망**과 **시민의 신념**의 차이는 무엇인가? 이 구별은 기업의 환경 책임에 중요한가?
4. 경제 거래의 **순환 모델**이란 무엇인가? 이 모델이 허먼 댈리의 지속 가능성의 경

제학과 다른 점을 설명하라.

5. 로빈스, 로빈스, 호켄에 의해 전개된 ≪자연자본주의≫의 네 가지 기본 원칙을 설명하라.

주석

1) http://www.patagonia.com/us/patagonia.go?assetid=2047&in=140. (retrieved September 22, 2012).
2) Herman Daly, *Beyond Growth* (Boston: Beacon Press, 1996).
3) Julian Simon, The Ultimate Resource (Princeton, NJ: Princeton University Press, 1981), p. 12.
4) 예를 들면 다음을 참조. John Bongaarts, "Population: Ignoring its Impact,"in *Scientic American,* January 2002, pp. 67-69. 봉가츠의 논문은 *Scientific American*에 의해 출간된 Bjorn Lomborg, *The Skeptical Environmentalist* (Cambridge: United Kingdom Cambridge Press, 2001)에 대한 4개의 반박 논문의 하나. 롬보르그의 논문은 세계적 환경위기의 실제 현실을 가볍게 다룬 가장 최근에 발표된 유일한 저술, *Scientific American*에 게재된 네 편의 비평은 롬보르그의 방법론과 자료에 대해 결정적인 도전을 제기하고 있다.
5) Daly, op. cit, pp. 33-35.
6) Hawken, Paul, Lovins, Amory, and Lovins, Hunter, *Natural Capitalism* (Boston: Little, Brown and Company, 1999).
7) "Beyond Cooperate Responsibility," an address to the Alumni Forum of INSEAD, May 25, 2007. 다음에서 볼 수 있음. Unilever, http://www.unilever.com/investorrelations/presentation_speeches/default.aspx Accessed April 24, 2010.

제11장

다양성과 차별

[학습 목표]

이 장을 읽고 나면 다음과 같은 일을 할 수 있다.

- 다양한 종업원에 의해 제기되는 윤리 문제에 대해 설명할 수 있다.
- 직장에서의 차별을 설명할 수 있다.
- 기회 균등, 차별 철폐 조치, 우선 조치를 구별할 수 있다.
- 기회 균등과 차별 철폐 조치의 윤리적 기초를 설명할 수 있다.
- 직장에서의 우선 조치에 대한 지지와 반대 입장을 취하는 윤리적 논의를 분석할 수 있다.
- 직장의 성희롱과 관련한 문제를 설명할 수 있다.

논의를 위한 사례

칙필에이와 동성 결혼

칙필에이社의 사장 겸 최고경영자인 댄 캐시는 2012년 여름, 동성 결혼 지지자들이 하나님에게 거역하고 결혼의 의미를 자의적으로 해석해 미국에 대한 하나님의 심판을 자초하고 있다고 발언함으로써 일대 논란을 제기했다. "뻔뻔스럽게도 결혼이란 무엇인가에 대해 재정의를 시도하는 교만스럽고 오만한 우리 세대에 신의 자비가 있기를 빈다." 캐시는 이 같은 발언을 함으로써 자신의 비즈니스를 동성 결혼과 동성 연애자의 권리에 대한 전국적인 논란의 중심에 휩싸이게 했다.[1]

칙필에이는 닭고기 샌드위치를 파는 미국의 한 패스트푸드 외식업 회사다. 이 회사는 1940년대 캐시의 아버지가 애틀랜타시 교외에서 창업했는데, 미국의 남부는 아직도 이 회사의 본거지로 시장을 점유하고 있다. 창업 당시부터 캐시 가문은 자신들의 기업 철학은 종교적 신앙에 깊이 뿌리를 두고 있다고 믿고 있었다. 예컨대, 칙필에이의 사업체는 종교적 신앙 때문에 일요일에는 문을 닫았다. 기업의 목적은 "우리가 맡은 모든 것에 대한 성실한 봉사자가 됨으로써 하나님에게 영광을 돌린다. 칙필에이와 가까운 모든 이에게 이로운 영향을 주는것"이라고 천명돼 있다. 그 후 캐시는 "가족 단위에 대한 성서상의 정의에 따라 가족을 전폭적으로 지지했다."

칙필에이는 또한 이 회사의 자선사업 기관인 윈셰이프 재단을 통해 동성애주의자 권리 주장에 반대하는 단체를 지원하기도 했다. 윈셰이프 재단은 동성 결혼의 법제화를 반대하는 단체에 수백만 달러를 기부했다.

동성 결혼에 대한 캐시의 발언은, 미국의 4개 주가 11월의 선거에서 동성 결혼을 제안하고, 오바마 대통령이 동성 결혼의 입법에 대한 지지를 발표한 후 2개월이 된 시기에 나왔다. 캐시의 발언이 있고 며칠이 안 되어, 보스턴, 시카고, 필라델피아의 선출직 고위직들은 자신들의 시에서 칙필에이가 확장되는 걸 반대한다고 선언했다.

보스턴 시장은 "칙필에이는 보스턴에는 없다. 귀하는 특정 집단을 차별하는 기업체를 보스턴시에서 운영할 수 없다"라고 편지에 썼다. 보스턴 시장은 "보스턴에서 사업체를 두고자 하는 계획을 철회하라"고 충고하면서, "캐시의 편견에 찬 발언이 있은 직후에 보스턴 시내의 부지를 구한다는 걸 알고 화가 났다"고 덧붙였다. "보스턴시의 자유사적지自由史蹟地에는 차별이 설 자리가 없으며, 거기에 귀사가 들어갈 공간은 없다." 전국적 "동성 키스-인의 날"을 포함한 항의와 시위가 전국 방방곡곡에 있는 칙필에이의 업소에서 벌어졌다. 시카고시의 한 고위직은 칙필에이의 업소가 시카고시에서 개업하지 못하게 하기 위해 시의 허가를 철회하겠다고 협박하기도 했다.

이와 때를 같이하여 동성 결혼에 반대하는 비판가들은 캐시와 그 회사인 칙필에이를 변호하고 나섰다. 공화당 대통령 전 후보 마이크 허카비는 자신이 명명한 "칙필에이 지지의 날"에 펼칠 반대시위를 조직하기 위해 자신의 라디오 쇼를 이용했다. 공화당 대통령 후보 릭 샌토럼은 동성 결혼 반대자에게 이 시위의 날에 칙필에이 식당이나 매점을 이용함으로써 캐시에 대한 지원을 표시해줄 것을 촉구했다. 빌리 그래함 목사는 "하나님의 결혼의 정의에 대한 캐시 일가의 공개적 지지"를 높이 평가하는 공개 성명서를 발표했다.

이 논쟁에 대한 첫 반응 중에서 캐시는 기독교 계열의 한 라디오 쇼에 나와 다음과 같이 말했다. "저희 사업은 가족 소유의 기업이며, 가족이 주도하는 기업입니다. 저희는 모두 초혼에서 만난 아내와 살고 있습니다. 저희는 이 점에 대해 하나님께 감사합니다. … 저희는 이 진로를 바꾸지 않을 것이며, … 조직체로서 성경의 원리에 따라 운영해 나갈 것입니다. 이것이 모두가 좋아하지 않는 것이라고 저희는 알고 있습니다. 하지만 하나님에게 감사하는 건, 저희가 같은 가치관을 공유하면서 성경의 말씀에 따라 활동할 수 있는 나라에 살기 때문입니다."

칙필에이의 반응은 점점 사그라졌다. 몇 주가 지나기도 전에, 이 회사는 "앞으로 저희는 동성 결혼에 대한 정책적 논의를 정부와 정계에 일임할 생각입니다"라는 성명을 발표했다. 2012년 9월 하순, 칙필에이는 다음과 같은 성명을 발표했다.

> 본사의 공약 일부는 하나님이 저희에게 맡긴 모든 것에 대해 책임 있는 심부름꾼이 되는 것입니다. 이 공약에 따라 칙필에이의 주는giving 전통은 청소년의 교육, 가족 간의 유대 강화, 결혼 생활의 건전성, 지역 사회에 대한

> 지원 등의 사업에 집중되고 있습니다. 본사는 이 분야에 있어서 주는 일을 계속할 것입니다. 정치적이거나 사회적 문제를 지원하는 것은 저희들이 하고자 하는 바가 아닙니다.
>
> 이미 천명한 바와 같이, 레스토랑 내에서의 칙필에이의 문화와 봉사의 전통은 모든 사람을 신앙, 인종, 신념, 성별에 관계없이 명예와 위엄, 존중하는 마음으로 대우하는 것입니다. 저희들은 독립한 자영업자나 운영업자에 의해 경영되고 있는 1,600개소가 넘는 레스토랑에서 이 같은 전통을 이어나갈 것입니다.

이 칙필에이의 논란은 1990년대에 발생한 크래커 배럴社의 레스토랑과 관련한 사건을 떠올리게 한다. 그 사건에 있어서, 크래커 배럴의 방침은 동성 연애자를 종업원으로 채용하지 않았던 것이 문제였다. "전통적 미국의 가치관"을 내걸고, 이 방침은 미국 사회의 기반이 돼온 정상적 이성 간의 가치관과 반대되는 동성 간의 관계를 좋아하는 종업원과 취업 희망자를 겨냥했다. "이 방침은 웨이터 직을 지망하는 나약한 여자같이 생긴 남자와 웨이트리스를 지망하는 남자같이 생긴 여자를 겨냥한 것이라고" 경영관리자가 해고된 종업원에게 말한 것으로 전해지고 있다. 일반의 항의를 받게 되자, 이 회사는 그 후 이 방침을 철회하면서, "동성애주의자의 고용에 대한 본사의 입장은 고객의 가치관과 종업원에 대한 거부감을 감안한 조치였지만 선의의 과잉 반응"이라고 해명했다.

논의를 위한 질문

1. 회사는 정치적 논점에 대해 회사로서의 입장을 취해야 하는가? 그 이유는 무엇인가? 그리고 그렇지 않다면 그 이유는 무엇인가?
2. 회사는 성적 성향을 바탕으로 종업원을 고용하거나 하지 않을 재량이 있어야 하는가? 재량권의 여부에 따른 근거는 무엇인가?
3. 만일 댄 캐시가 동성 결혼을 법적으로 허용하는 시나 주에서 비즈니스 활동을 하지 못하게 됐다면, 그의 종교적 자유가 침해됐다고 하는 그의 주장은 정당한 논거가 되는가?
4. 칙필에이가 종업원과 가족에게 건강보험과 기타 혜택을 지급하는 경우, 그 가족 범위에 동성애자의 배우자도 포함해야 하는가?

11.1 서론: 다양성과 평등

2010년 미국 국세조사 데이터는 미국의 노동력이 점점 다양해지고 있다는 일반적 관찰을 확인하고 있다. 2012년의 보고에서 미국 노동통계처는 "지난 수십 년보다, 현재의 노동력은 고령화되고 인종적으로 다양하며 여성이 증가했다"고 결론을 내렸다. "이 추세는 계속해 노동력의 미래를 구축할 것이다." 통계처는 2010년의 국세 자료를 비탕으로 2010~2012년 기간에 미국 노동력 중 백인 남성 이외의 모든 인종의 비율이 높아질 것이라고 보고 있다.[2] 노동력 중 여성 수는 사상 최고 비율인 48%까지 상승했다. 미국 내 전체 기업주의 40%가 여성이며, 행정 · 관리 · 경영 직의 43%를 여성이 차지하고 있는데, 이것도 사상 최고의 수치다. 백인 남성은 1970년대 이후 미국 노동력의 다수를 차지하고 있지 않다.

여성과 소수파에게 평등한 기회를 제공하기 위한 수십 년의 법적 · 정치적 대응에도 불구하고, 사회 전체에 상당한 경제적 · 사회적 불평등이 남아 있다. 비즈니스를 영위하는 조직과 기관은 이런 불평등을 다루는 주요한 자리다. 그러나 점점 늘어나는 다양한 노동력은 권위 있는 지위, 평등한 급여와 복지 혜택 그리고 권력과 위신 있는 지위에 있어서 증대하는 다양성 속에 진입하지 못하고 있다. 증거에 따르면, 기업체에 있어서 참된 기회 균등은 아직 실현되지 않고 있다.

여성에 대한 직장의 평등과 관련한 모순된 기록을 생각해 보자. 예컨대, 여성은 여러 전문직에서 꽤 많은 진보를 이룩했다. 1970년부터 1990년까지의 기간에 여성 의사는 7.6%에서 16.9%로 두 배 증가했다.[3] 1973년부터 1993년 사이, 여성 변호사와 판사의 비율은 5.8%에서 22.7%로 증가, 공학 분야에선 1.3%에서 8%로 증가했다. 그렇지만 여성은 여전히 저임금, 낮은 지위의 직에 집중돼 있으며, 더 높은 급여의 블루컬러 직이나 관리직에는 적고, 남성보다 낮은 임금을 계속 받고 있다. 미국 노동통계처에 따르면, 미국 태생 여성 노동자의 40%는 "업무 보조" "서비스"로 분류되는 자리에 종사하는 데 비해, 남성 노동자의 16% 미만이 그런 자리에서 일하고 있다고 한다. 민간 사업에선, 관리직의 65%를 백인 남성이, 25%를 백인 여성이, 6.5%를 소수파 남성이, 4%를 소수파 여성이 각각 차지하고 있다. 주요 기업에선 일반적으로 여성은 전체 상위직의 5% 이하를 차지하고 있다.[4]

성별과 인종에 따른 임금의 차는 아직도 크다. 전체 여성은 남성 임금의 75%를 받고 있다 (1979년의 63%에서 증가). 1993년에 백인 여성은 백인 남성의 70.8%를 받았으나, 흑인 여성과 히스패닉 여성은 각각 63.7%와 53.9%를 받았다. 전체적으로 남성과 같은 훈련과 학력을 가진 여성도 남성보다 임금을 적게 받고 있다. 2000년의 미국 국세조사에 따르면, 대학 학위를 가진 미국 태생 여성은, 똑같은 교육을 받은 미국 태생 남성이 버는 1달러에 대해 74센트밖에 벌지 못하며, 이 비율은 모든 학력 수준에서도 일정하다. 최고 학력을 가진 여성일지라도 같은 학력을 가진 남성에 뒤지고 있다. 이를테면, 스탠포드대학 MBA의 1982년 졸업생에 대한 연구에서, 1992년까지 남성은 여성에 비해 CEO (최고경영책임자), 부사장 또는 이사가 되는 확률이 여성보다 훨씬 높고, 결과적으로 수입도 많았다. 이 졸업반의 남성의 16%는 CEO직에 있었으나 여성 중 CEO는 2%에 불과했다. 1982년 스탠포드대학 MBA 출신 중 남성의 23%가 기업의 부사장, 15%가 이사였다. 한편, 여성의 10%가 부사장, 8%가 이사였다. 평균해서 1982년 스탠포드대학 MBA 출신 여성은 남자 졸업생의 73.1%의 수입을 벌었다. 연령 효과도 임금 격차를 해소하지 못했다. 미국의사회AMA의 1989년 조사에 따르면 40세 미만의 여성 의사는 남성 의사의 임금의 66.6%를 받았으며, 40세부터 49세는 58.4%, 50세 이상은 66.4%를 받았다.[5)]

소수파의 사정도 밝지 않았으며, 2008~2010년의 경기 후퇴로 인해 악화되었다. 1940년 흑인 남성은 백인 남성이 버는 평균 1달러에 대해 40센트를 벌었다. 1990년까지 흑인 남성의 임금은 백인 남성의 임금의 75%까지 상승, 1998년엔 76%에 이르렀다. 흑인 남성 전체의 실질 임금 (인플레이션을 감안한 임금)은 1975년 이후 정체 상태였거나 심지어 하락했다. 게다가 흑인 남자의 실업률은 백인 남자의 실업률의 두 배이며, 흑인 남성의 노동력 참가율은 백인 남성에게 뒤지고 있다. 2011년의 흑인의 실업률은 백인의 두 배다.

11.2 차별, 기회 균등, 차별 철폐 조치 정책

점점 다양화되고 있는 직장은 오늘날의 비즈니스에 많은 기회와 과제를 안겨주고 있다. 취업을 지망하는 사람들의 분야가 다양하고 각종 인재가 필요해짐으로써, 기업의 경영진은 광범위한 재능과 경험과 능력을 가진 종업원을 발견해 종업원의 질적 향상을 기할 수 있는 기회를 갖게 되었다. 직장 내의 다양성이 높아짐으로써 다양한 발전 방향을 모색하게 되고 다양한 종업원에게서 나오는 여러 가지 발상과 통찰력의 덕택으로 종업원에게 혜택을 줄 수 있게 되었다. "틀에 박히지 않은" 창조적이며 혁신적인 착상과 생각을 장려하는 좋은 방법은 틀에 박히지 않은 사람을 고용하는 것이다. 끝으로 그런 종업원을 발견 · 모집 · 채용해 운영하며 고객의 언어를 사용하고 판매 활동에 능한 종업원을 보유하는 회사는 시장에서 경쟁하는 데 여러 면에서 유리하다.

그럼에도 불구하고 직장 안팎의 다양한 인구 집단이 점점 증가함에 따라 기업에는 대응해야 하는 과제도 생긴다. 다양한 노동력은 남녀 성별, 분화, 인종의 차이 때문에 효율적이고 평화로운 직장에 커다란 장애를 초래할 가능성이 높다. 더욱이 직장은 넓은 사회의 한 축소판일 뿐, 평등과 차별이라는 사회적 문제도 직장 밖에서와 마찬가지로 직장 안에서 발생하기 쉽다.

직장 내의 다양성은 또한 윤리적 관점에서도 몇 가지 문제를 제기한다. 고용주는 자신의 노동력의 다양성을 의도적으로 강화해야 할 의무가 조금이라도 있는가? 다양성에 대한 대처는 단지 노동 집단을 개선하고 고객에 대한 봉사를 개선하는 일인가, 아니면 의무로서 그렇게 해야 하는 일인가? 고용주가 자신과 다른 배경을 가진 종업원에 대해 조금이라도 책임이 있다면, 어떠한 윤리적 책임이 있는가? 예를 들어, 가족을 포함하는 고용주의 건강의료 혜택은 동성 결혼자에게까지 확대 · 적용돼야 하는가? 고용주는 다양한 사람들을 직장으로부터 퇴거시킬 자유를 가져야 하는가?

이 장에선 이렇게 다양성이 짙어지고 있는 직장에서 발생하는 윤리 문제를 소개하고자 한다. 기회 균등과 차별 철폐 조치에 따른 법률과 정책이 진전하는 가운데 생기는 몇몇 윤리 문제를 먼저 검토하고자 한다.

인종, 성별, 민족 차별 등 다루기 어려운 사회 문제의 책임을 기업에 떠안기는 건 불공평하고 불합리하다고 생각하는 사람이 있을지 모른다. 이 견해에 따르면, 기업은 고용에 관한 차별을 금지하는 법률을 따를 책임만 있을 뿐, 그 이상을 요구하는 건 결국 경제적 기관에 대한 지나친 행위다. 따라서 기업이 평등한 대우와 균등한 기회를 부정하지 않는 한, 노동과 상업에 있어서 차별에 관한 법적 · 윤리적 책임을 다한 것이다. 이 일반적 견해는 좀 더 검토할 만한 가치가 있다.

첫째 주목해야 할 점은, 이 견해는 당연시되는 평등의 가치에 근거하고 있다. 이 것 하나가 불과 수십 년 동안 법적 · 윤리적 논의가 얼마나 진전돼 왔는지를 보여주는 증명이기도 하다. 최근 1960년대만 하더라도, 여러 주州의 법률은 공공장소와 학교에서 인종 분리를 허용했을 뿐만 아니라, 그것을 실제로 요구했다. 여성은 1920년에 참정권을 얻고서도 몇 십 년 동안 많은 일자리, 많은 전문직, 학교로부터 배제당했다. 1964년의 민권법은 미국 사회, 특히 직장과 상업계에 지대한 변화를 요구한 정치적으로 대단히 큰 논쟁을 불러일으킨 조치였다는 것을 잊기 쉽다. (21세기의 학생들이 이 사실을 알기나 한다면) 이 장의 서두에서 다룬 논의를 위한 사례는 다른 형태의 차별이 오늘날의 직장에서도 계속되고 있다는 점을 알게 해주는 실례다.

하지만 20세기의 역사가 차별에 대해 혼란스럽다고 한다면, 21세기는 그렇지 않다. 개개인을 균등하게 다루고 각 개인에게 경제적 기회를 균등하게 제공하는 것에 대한 다짐은 적어도 북미, 유럽과 다른 지역의 다수 국가에서 볼 수 있는 일종의 윤리적 합의라고 할 수 있을 만큼 강력하다. 이 합의의 윤리적 기초는, 도덕 규범 그 자체의 근본 가정은 아니더라도, 모든 주요한 윤리적 이론의 근본 신조라고 볼 수 있다. 모든 개인은 평등한 도덕적 지위를 가질 자격이 있다. 차별에 대한 기업의 윤리적 책임의 제1보로서, 기회 균등에 대한 관여는 기업이 그 어떠한 활동에 있어서도 차별을 하지 않도록 요구하는 것이다. 이 책임은 때때로 **수동적 비차별**의 정책을 요구하는 것이라고 일컬어지고 있다. 비즈니스는 잘못된 일을 하지 않는 한 — 차별을 하지 않는 한 — 이 책임을 다하는 셈이다. 남아 있는 의문은, 기업이 차별의 영향에 대응하기 위해 적극적이거나 "긍정적인" 행동을 취할 책임을 가지느냐 하는 것이다. 즉 물음은 이렇게 된다. "이른바 공식적 기회 균등이 차별 문제에 대응하는 충분한 공공 정책으로서 법적인 접근법인가?" 이 물음에 답하기 위해 우리는 이 문제에 관해 더 깊이 고찰할 필요가 있다.

먼저 유의해야 할 점은 차별 자체는 반드시 나쁘다고는 할 수 없다는 것이다. 우리가 사람이 음식과 음악을 분간하는 감각을 가졌다고 설명할 때처럼, **차별**은 구별할 수 있는 능력을 일반적으로 의미한다. 채용되는 자와 안 되는 자, 승진되는 자와 안 되는 자 사이처럼, 직장에서 고용주가 종업원을 차별하는 건 충분히 이해된다. 윤리 문제는 이런 차별을 할 때 사용하는 기준이 비윤리적이거나 불공평할 때 한해서 발생한다.

이를테면 내가 회사의 웹사이트를 만들어 운용하는 자리에 누군가를 채용하려고 한다고 가정하자. 컴퓨터 사용력과 웹사이트와 관련한 업무 경험을 바탕으로 응모자를 차별하는 건 아주 이치에 맞는 일이다. 만일 내가 업무와 관련된 기준에 따라 차별한다면, 그것은 윤리적으로 책임 있는 방법으로 행동한 것이 될 것이다. 모든 후보자는 이 일자리에 응모할 평등한 기회를 가지고 있지만, 자질이 가장 높은 사람만이 채용된다.

약간 다른 예를 생각해 보자. 이 자리에 지망하는 자질을 갖춘 후보자가 여러 사람이 있으며, 대등한 유자격자들을 차별해야 한다고 가정하자. 또 후보자 중 한 사람이 내 모교인 사던 커네티컷주립대학 출신이며, 충실한 졸업생으로서 나는 내 모교를 지원하는 뜻으로 그 후보자에게 그 자리를 제공했다고 하자. 이 후보자가 다른 후보자보다 우수하다는 것은 아니지만, 나는 사던 커네티컷주립대학 출신을 개인적으로 선호할 따름이다. 업무와 관련한 기준이 아닌 나 개인의 선호에 따라 차별함으로써 무슨 잘못을 저질렀는가?

여기서 이 예를 조금 바꾸어 보자. 만일 내 선호대로 모교 출신을 채용하지 않고, 백인 남성을 채용했다고 상상해 보자. 동창생을 좋아하는 것과 백인 남성을 좋아하는 것의 우선 고용 사이의 차이점은 무엇인가? 또는 자주 있는 것처럼, 회사가 재직 중인 종업원의 가족을 우선적으로 고용하는 걸 가정해 보자. 충실한 종업원에게 보답하고자 하는 회사의 바람은 기회 균등에 위배되는가?

앞에 나와 있는 몇몇 장의 논의를 돌아보면, 이 문제와 관련해 일반적인 윤리적 견해를 재검토할 수 있다. 경제 효율을 위한 공리주의적 관심은 고용 자격에 대해 좁은 견해를 지지하는 경향일 것이다. 경영관리자는 업무를 효율적으로 능숙하게 수행하는 후보자의 능력을 첫째 기준으로 채용을 결정해야 한다. 그러나 모든 공리주의적 타산에서 보는 것처럼, 그 밖의 결과 (예컨대, 가족 채용 시 우대받는 등 장기근속 종업원의 신용)도 고려해야 한다. 재산권과 경영상의 권리를 강조하는 보다 자유주의적 접근은, 채용 시 더 큰 경영관리자의 재량권을 지지할 것이다. 하지만 정의에 대한 일반 관심은 모든 개인이 공평하고 평등하게 다루어지기를 보장하기 위해 두 접근도 제한할 것이다.

사던 커네티컷주립대학 출신의 채용의 경우에서 본 의사결정이 자주 있는 점을 인정한다면, 만일 다른 모든 자격이 같을 경우 고용주는 채용을 결정할 때 넓은 재량권을 행사할 수 있다고 말할 수 있을지 모른다. 물론 경영자 재량권의 정도는 그 결정을 내리는 사람이 기업의 소유자인지 아니면 주식 공개기업의 인사 담당자인지에 따라 달라질 것이다. 이 자유재량은 이 자리가 모집 광고에 어떻게 홍보되고 설명되느냐에도 좌우된다. 현재 근무 중인 종업원의 가족을 우선적으로 대우하는 게 모집 광고에 명시돼 있으면, 후보자 간에 오해를 낳는 기대를 조성하지는 않을 것이다. 그럼에도 불구하고 다른 후보자들이 유사한 위치에서 같은 기회를 가지게 되면 (사던 커네티컷대학을 다녔을 수도 있고, 같은 모교 출신이 근무하는 다른 자리에 응모했을 수도 있다), 응모의 과정에서 그들이 오해하는 일이 없는 한, 그들에게 분명히 그리고 불공평한 일은 없는 것이다.

한편, 다른 대학 출신 후보자들은 업무와 관련한 자격이 아니라, 광고에 명시되지 않은 개인적 선호를 바탕으로 사람을 채용하는 건 불공평하다고 주장할지 모른다. 그들은 응모과정에 어떤 감추어진 의도에 가까운 부정이 있었다고 주장할지도 모르며, 법적인 평등한 기회는 주어졌지만 그 자리에 대해선 공평한 찬스가 실제로 주어지지 않았다고 주장할지 모른다. 사던 커네티컷대학 출신으로서의 감추어진 유리한 조건을 뛰어넘기 위해서, 다른 후보자는 그 자리를 얻는 사람보다 더 자격을 갖추어야 했을 것이다. 따라서 실제 그들은 높은 기준을 가져야 했으며, 표면적으로는 형식적인 평등한 기회가 있는 것처럼 보이지만, 그들은 평등한 취급을 받지 못했던 것이다.

만일 사던 커네티컷대학 출신에 의해 관리되고 있는 자리를 놓고 그들이 사던 커네티컷대학 출신과 경쟁한 게 순전히 우연이라면, 그리고 만일 그들이 다른 대학을 다녔으며 같은 동창생이 있어 유리한 고용 조건을 갖는 기회가 있었다면, 아마 심각한 불공평은 생기지 않았을 것이다. 바꿔 말하면, 만일 그들이 선발 기준과 관련해 평등한 기회를 가지고 있다면, 또는 그들에게 실제로 다른 평등한 기회가 주어졌다면, 그 결정은 불공평하지는 않을 것이다. 이 같은 조건 아래선, 같은 자격을 가진 후보자 간의 결정은 실제로 (동전 던지기처럼) 무작위로 이루어지는 것이며, 따라서 불공평이 아니다.

하지만 여성과 유색인종의 사람은 우대를 받지 않는 대학의 졸업생들과 같은 입장에 있는가? 분명히, 그렇지 않다. 분명히 사람은 자신의 인종, 성별, 민족적 배경을 선택하지 않는다. 이런 의미에서, 개인은 이런 속성에 대해 사회로부터 혜택을 받거나 부담을 받아서는 안 된다. 사던 커네티컷대학 출신 후보자처럼, 고용시장에서 백인 남성이 누리는 이익은 부당한 것이다. 또한 사회 전체의 조직적 불평등을 감안하면, 여성과 유색인종은 고용 권한을 가진 지위에 있는 사람에게서 우대받는 기회를 얻지 못할 것이다.

여성과 유색인종이 주로 백인 중심 또는 남성 중심의 직장에서 성공하기 위해 참으로 공평한 기회를 제공하기 위해선, 법적 접근만으로써는 불충분할 것이다. 이것은 백인 남성 우대의 결정이 의식적 · 의도적 편향의 결과라고 하는 말이 아니다. 하지만 개인적 선호 (예컨대, 특정 학교 출신에 대한 우선 편향)라든가, "동료"라는 기준 또는 어떤 사람이 "맞을" 것인지 아닌지 하는 표면상 악의 없는 요소는 이미 "정상"이라고 확립돼 있는 것을 유리하게 하는 숨겨진 편견을 낳게 된다. 자주 지적되는 동창의 연결은 이런 상황의 좋은 예다. 회사 내의 누구와 관계가 있고, 가족과 친한 우인으로부터의 추천, 그리고 적절한 학교를 다녔다는 등 외견상 중립적으로 보이는 구직상의 요건이 대단히 보수적 편견을 낳게 되고 현 상태를 떠받쳐 결과적으로 여성과 유색인종 사람들에게 불리해진다.

단순한 법적 조치와 수동적 비차별이 불충분하다고 생각되는 가장 분명한 이유는, 민권법의 제정 이후 40년이 경과했는데도 아직 경제 전반에 걸쳐 만연하고 있는 불평등한 대우 때문일 것이다. 기회 균등만으로는 해결하고자 한 문제의 대부분을 해결할 수 없었다고 말할 수 있다. 앞에서 말한 불평등과 관련한 사례를 감안하면, 두 가지 선택지밖에 없는 것 같다. 사회와 기업이 기회 균등과 비차별에 계속 의지만 하고 여성과 유색인종 사람들은 완전한 평등을 계속 기다리든가, 아니면 사회와 기업이 사회적 · 경제적 불평등에 대응하기 위해 더 적극적 조치를 취하든가 하는 일이다.

필자가 차별 철폐 조치라고 부르는 것은 단순한 법적 조치와 수동적 비차별을 넘어서되, 고용의 표준이나 기준을 바꾸지 않는, 보다 평등한 직장을 확보하기 위한 정책과 행동이다. 그러므로 차별 철폐 조치의 정책은 일찍이 불이익을 받고 있던 집단에게 긍정적 혜택을 제공하는 건 틀림없으나, 그것이 고용의 자격 요건을 변경하거나 낮추는 것은 아니다.

이 논제를 진행하기에 앞서 이 논의에서 사용되는 언어에 대해 숙고하는 게 중요하다. **기회 균등**, **차별 철폐 조치**, **우선적 조치**, **역차별**이라는 용어는 사회적 논쟁과 논의에서 매우 모호하게 사용되고 있다. 우선적 정책을 변호하는 사람들은 그런 정책을 단지 차별 철폐 조치의 기회 균등이라고 생각하고 그 용어가 지닌 비교적 부드러운 의미 때문에 이득을 보고 있다. 한편 우선적 정책을 비판하는 사람들은 그것을 역차별이라고 부르며, 그런 정책을 차별 철폐 조치 정책과 구별할 수 없는 것으로 다루고, 기회 균등 이외는 비윤리적 차별이라고 생각한다. 이들 용어의 명확성을 위해, 적어도 수사학적으로 선입관이 내포되지 않은 정의를 제시하고자 한다.

기회 균등 — 인종 (성별)적 분리의 반대어 — 은 성별, 인종, 민족적 배경에 상관하지 않고 합법적 접근을 약속하는 걸 의미한다. 이것은 우리가 **수동적 차별**이라고 부르는 것이다. 인종 차별이 없고, 성 차별이 없다고 설명되는 정책은 기회 균등 정책의 고전적 예다. 모든 주요한 윤리적 전통과 현대 정치 사상에 있어서 기회 균등은 보편적으로 지지되고 있다.

차별 철폐 조치는 수동적 비차별을 넘어서 불평등 처우를 개선하기 위해 취해지는 모든 적극적 조치를 가리킨다. 명확히 말하기 위해, 우리는 차별 철폐 조치를 지금까지 존재하는 기준과 자격 요건을 바꾸지 않는 방침에 한정한다. 그래서, 예컨대 여성과 소수파의 후보자를 모집하고, 그들에게 응모를 권하고, 여성과 소수파에게 호소력이 있는 매체에 광고를 내고, 채용된 여성과 유색인종 사람들을 지원하는 인사 담당 부서는 차별 철폐 조치에 관여하고 있다고 할 수 있다. 남성에게 제공되는 것보다 더 큰 보장을 여성에게 제공하기 위해 조치를 취하는 건 알기 쉬운 차별 철폐 조치의 한 예다. 아마 가장 일반적 차별 철폐 조치의 예는 자격을 갖춘 여성과 소수파의 후보자를 모집하는 널리 보급돼 있는 관행일 것이다. 이것은 백인 남성을 위해서가 아니라, 여성과 소수파 후보자에게 혜택을 주기 위해 취해진 적극적 조치이므로 단순한 기회 균등을 넘어선다.

주목할 점은, 어떤 의미에서 백인 남성은 고용주가 그런 조치를 취하지 않았다면 가질 수 있었던 입장보다 불리한 입장에 놓이게 되었다는 사실이다. 후보자군이 더 커지고 그가 일자리를 얻게 될 찬스는 낮아진다. 하지만 이 백인 남성은 윤리적으로 정당하게 주장할 수 있는 것이 거부당하지 않았기 때문에, 그가 윤리적 의미에서 피해를 입었다고 생각하는 사람은 거의 없을 것이다. 고용주가 그 기업에 응모하는 후보자 수를 늘리려고 한다고 해서 권리를 침해받는 사람은 없다.

그 밖의 차별 철폐 조치의 정책으로서는 소수파 대책 담당자나 다이버시티 코디네이터를 채용하는 것도 포함할 수 있을 것이다. 그들의 업무는 점점 다양화되고 있는 직장의 관리를 돕기 위해 문제를 해결하고, 신규 채용자에 대해 원조를 제공하고, 분쟁에 대해 조언하고 중재하며, 신규 채용자를 지원하고 근무해 나가도록 전반적인 면에 걸쳐 노력하는 일이다. 되풀이하건대, 이들 정책은 여성과 소수파의 종업원을 지원하기 위해서 취해진 조치이지만, 동시에 백인 남성의 권리를 부정하지 않기 때문에 일반적으로 논쟁 대상은 되지 않는다. 실제, 고용주가 구인 안내와 구인 광고에 "기회 균등/차별 철폐 조치"를 실천하는 사업주라고 자신을 소개하는 건 매우 흔하다. 이 같은 광고가 자주 눈에 띈다는 사실은 차별 철폐 조치의 정책을 둘러싼 전반적 사회적 합의가 이루어져 있다는 점을 말해준다.

윤리적으로 그리고 정치적으로 더 논란이 되는 건, 지금까지 불리했던 집단에게 혜택을 주는 방향으로 일자리에 대한 자격 요건을 바꿈으로써 여성과 유색인종 사람들에게 우선권을 부여하는 정책이다. 우리는 우선적 처우 조치라는 용어를, 여성과 유색인종 사람들을 고용하기 위해 업무 기준을 변경하는 것처럼, 차별 철폐 조치를 넘는 정책에 대해 사용할 수 있을 것이다. 이런 프로그램을 비판하는 사람들은 그걸 **역차별**이라고 부르는 경향이 있지만, 그것이 사실인지는 미해결의 문제이기 때문에 우리는 더 중립적인 우선적 조치라는 용어를 택하고 이 말은 피하겠다. 이 정책들을 옹호하는 사람들은 이들을 차별 철폐 조치라고 부르는 경향이 있으며, 특히 앞의 "약한" 타입의 정책과 구별하기 위해 강한 차별 철폐 조치라고 부를 것이다. 다음 절에서 논란이 되고 있는 이 정책을 더 상세히 고찰해 보자.

11.3 고용에 있어서의 우선적 조치

얼핏 보면 "우선적 처우"는 어떠한 응모자에 대한 것이든, 평등한 대우에 대한 약속에 반하는 것 같아 보인다. 그러나 사던 커네티컷대학 졸업생의 예가 보여 주듯이 모든 우선적 고용이 비윤리적인 건 아니다. 더욱이 우선적 조치가 다른 윤리적 책임을 수행하는 수단으로 행해진다면, 그것은 오히려 윤리적으로 칭찬받을 만한 일이 될 수 있다. 우선적 고용에 대한 찬 · 반을 고찰하기에 앞서, 우선적 고용의 여러 유형을 구별해 보자.

아마 차별 철폐 조치에 가장 가까운 우선적 정책은 동등한 자격을 가진 후보자가 있는 경우, 과거에 불리했던 후보자를 우선적으로 대우하는 것일 것이다. 이것은 앞에서 설명한 대학 동창생을 우선적으로 처우하는 경우와 유사하다. 이런 상황에 있어서는 개인적 선호나 무작위의 절차에 의존하지 않고 동등한 자격을 가진 후보자 간의 결정이 사회적 불평등에 대처하는 방향으로 이루어지고 있다고 하겠다. 차별 철폐 조치의 정책은 자격을 갖추고 있는 후보자군의 증가를 꾀하며, 결과적으로 가장 자질이 좋은 여성과 유색인종 사람들이 채용된다고 생각된다. 이 첫 유형의 우선적 고용은 한걸음 더 나아가, 더 나은 자질은 아니더라도, 동등한 자질을 갖춘 여성과 유색인종 사람들을 고용하게 된다.

두 번째 유형의 우선적 정책은 유자격 응모자군에서 과거 불리했던 사람들을 찾아내어, 전형적으로 더 나은 자질을 가진 백인 남성이 있더라도, 채용 결정 시에 이들을 우대하는 것이다. 이 경우는 불리하게 다루어졌다는 그 사실 자체가 채용의 자격으로 인정받게 된다.

세 번째 유형의 우선적 조치 정책은 최소한의 자격 요건만으로 불리하게 다루어졌던 사람들을 채용하도록 요구하는 것이다. 이것은 여성과 유색인종 사람들에 대한 고용 할당제를 찬성하는 사람들이 바라는 정책이 될 수도 있다. 예컨대, 여성을 채용하는 데 할당제를 가진 기업의 인사처에선 남성 후보자의 수와 자질에 상관하지 않고 일정 비율의 여성을 채용하는 걸 약속할 것이다.

이들 세 정책 가운데 첫째 것은 심각한 윤리적 문제를 제기하지 않는 것 같다. 앞에 나온 대학 출신의 예에서 본 것처럼, 첫째의 정책에 의해 채용되지 못한 후보자는 우선적으로 대우받은 후보자보다 묵시적으로 더 높은 기준이 부과됐다고 주장할지 모른다. 이 사례처럼 이 정책에는 불공평과 관련해 마땅히 생각해야 할 점이 있다. 또한 주목할 점은, 이런 정책은 여성과 유색인종 사람들이 직장에서 받고 있는 비윤리적 처우에 효과적으로 대응하지 못하고 있는 것 같다는 것이다. 이런 정책은 차별 철폐 조치보다 조금밖에 진전되지 않았기 때문에, 그리고 차별 철폐 조치가 지난 40년에 걸쳐 평등을 그다지 진전시키지 못했기 때문에, 이들 정책은 사회적 · 경제적 불평등을 현저하게 바꾸지 못하는 것 같다.

두 번째와 세 번째 유형의 우선적 조치의 정책은 불평등에 대해 현저한 효과가 있다. 실제, 할당제 (쿼터제도)는 평등을 의무화함으로써 채용 결과에 직접적 영향을 미치게 될 것이다. 여성과 소수파에 대한 할당제가 전체 인구의 여성과 소수파의 비율에 부합하도록 모든 고용주가 요구를 받는다면, 고용에 있어서 평등을 당장 실현할 것이다. 하지만 이들 유형의 정책은 동시에 가장 심각한 윤리적 의문도 제기한다. 두 정책 모두 백인 남성에 대한 평등한 대우와 기회 균등의 권리를 침해하는 것 같다. 그러므로 우선적 조치를 분석하는 데 있어서 두 가지 기본적 윤리 문제를 다루지 않으면 안 된다. 우선적 정책은 백인 남성의 권리를 실제로 침해하는가, 그리고 만일 그런 일이 발생한다면, 그런 침해를 극복할 수 있는 윤리적으로 고려해야 할 다른 문제가 있는가?

2003년 7월, 미국 최고법원은 이런 문제에 따른 여러 사항에 대응하는 결정을 공표했다. 대학의 입학 정책에 관한 상황을 분석하게 되어, 이 사건은 비즈니스에 있어서 차별 철폐 조치와 우선적 정책에도 대응하는 판례를 확립했다. 최고법원의 판결은 첫 번째와 두 번째 유형의 우선적 정책을 인정했다. 이 판결은 인종, 민족 또는 성별이 자격으로서 다루어질 수 있으며, 따라서 다른 요건이 동일한 경우, 결과를 결정할 요건이 될 수 있다는 입장이었다.

이 재판은 미시간대학 법과대학원의 사례인데, 이 대학원은 사회적 · 지적 생활에 공헌할 지원자의 능력을 고려 대상으로 하는 입학 정책을 따르고 있었다. 이 기준의 하나로서, 이 대학원은 다양한 학생 집단은 이 법과대학원의 목적에 공헌한다는 전제 아래, 지원자의 인종을 고려했으며 상당수의 소수파의 학생이 이 대학원의 목적을 달성하기 위해 필요했다. 따라서 LSAT (법과대학원 진학 적성 시험), 학부 성적, 추천장, 기타 전통적 요건이 입학을 허가받기 위해 사용되었지만, 지원자의 인종도 그 요건의 하나였다. 입학이 거부된 두 명의 백인 여성이 소송을 제기해, 자신들보다 낮은 성적과 시험점수를 가진 소수파의 입학은 자신들의 평등 처우 권리를 침해했다고 주장했다.

이 소송은 고등교육뿐만 아니라 기업 간에도 커다란 주목을 끌었다. 제너럴 모터스GM는 이 대학원의 입학 정책을 지지해 **법정조언서**를 제출했다. 이 행위에 대해 GM은 스스로 부담을 치르면서 스테이크홀더로 인식되고 차별 철폐 조치를 지원한다고 공언하는 등 각별한 노력을 쏟았다. 그 조언서에서 GM은 인종적으로 또한 민족적으로 다양한 학생 집단을 확보할 필요성이야말로 차별 철폐 조치 정책을 지원하는 절실한 이유라고 주장했다. GM은 "미국의 비즈니스의 장래는 물론, 미국 경제의 장래도 어느 정도 이 점에 달려 있다"고 주장했다.

GM은 자사의 비즈니스 경험에 따르면, "다수의 인종과 민족, 종교, 문화 배경의 사람들이 함께 생산적, 창조적으로 일하는 것을 배운 사람들로 이루어지는 교양 있는 다양한 노동력만이, 다양성이 높아지며 상호 연결된 세계 경제에 있어서 미국의 경쟁력을 유지할 수 있다"고 주장했다. 차별 철폐 조치를 금지하는 건, "노동 예비군의 인종 · 민족의 다양성을 저하할 것이다. 미국의 기업은 그것으로부터 노동력의 경영관리층의 다양성이 가져다주는 다방면의 혜택을 얻기 위해 노력하고 있다."[6)]

최고법원은 주의 교육 기관의 입학 허가에 있어서의 다양성이 절실한 주의 이익이 될 수 있다고 판결했다. 민간 부문은 주의 교육 기관보다 이 점과 관련해 엄한 기준에 부딪치지 않기 때문에, 이 판결은 민간부문의 채용 방침에도 선례가 됐다. 그러나 최고법원은 이 목적을 달성하기 위한 입학 허가의 특정 방침과 관련해, 보다 모호한 판결을 내렸다. 찬성 5, 반대 4의 투표에 의해, 이 최고법원은 다양성이 조성되지 않는다는 걸 나타내는 증거가 있는 경우에 한해, 개개 지망자를 고려해 인종 중립적 입장에서 이탈하는 걸 허용하는 미시간법과대학원의 방침을 승인했다. 하지만 법원은 동시에 미시간대학 학부의 입학 허가 방침에 반대하는 투표를 5 대 4로 결정했다. 이 방침에서는 포인트 제도에 따라 입학 허가를 주었는데, 소수파에 속한 사람들에게 최고 150포인트 중 20포인트가 주어졌다. 비교하면, 학업 요소는 최고 100

포인트, 미시간 주민은 10포인트, 동창생 자녀는 4포인트, 특별한 업적이 있으면 5포인트가 부여된다. 20포인트는 거의 입학을 확약하는 것이고, 이 때문에 소수파에 속하지 않은 후보자의 평등 처우를 침해했다고 판결을 내렸다.

이와 같이 미시간대학 재판에 있어서, 최고법원은 더 다양한 학생 집단을 형성하는 걸 목적으로 하는 차별폐지조치를 필수로 하는 건 아니지만, 허용했던 것이다. 이 재판소는 민간 기업의 고용주가 같은 프로그램을 사용할 수 있는지 여부는 명시적으로 다루지 않았다. 만일 기업의 고용주가 직장의 다양성을 고용주의 중요한 사회적 목표와 연결시킨다면, 법원은 그것도 허용할 것으로 생각된다. 다양한 종업원의 가치에 대한 GM의 주장은 아마 이러한 것과 관련이 있는 것 같다.

여러 가지 철학적 주장이 우선 고용의 윤리적 정당성을 지지하거나 반대하기 위해 제시되어 왔다. 권리, 의무, 정의, 공평 등의 의무론상의 개념을 내세우는 사람도 있다. 이를테면, 우선적 정책은 백인 남성의 권리를 침해하기 때문에 부당하다고 주장하는 사람도 있다. 또 어떤 사람들은 우선적 조치는 피해자에게 보상하는 의무적 수단이라고 주장한다. 또 다른 주장들은 더 결과주의적이며 공리주의적인데, 결국 우선적 정책은 유리하거나 불리한 결과를 낳는다고 논한다. 예컨대, 젊은 여성과 유색인종 사람들에게 역할 모델을 제공하는 수단으로서 우선 고용을 옹호하는 사람들이 있다. 또 어떤 사람들은 이런 정책은 성별과 인종을 우선하는 것에 대한 반동으로서 더 많은 차별을 낳을 것이라고 보고, 이 조치를 거부한다. 편의를 위해, 다음 절에서는 의무론상의 찬 · 반의 주장만을 검토한다. 만일 이들 논의가 조금이라도 이치에 맞고, 예컨대 그것들이 권리를 침해하거나 보상의 정당성을 요구하는 것이라면, 유리하든가 아니면 불리한 귀결 어느 한쪽이 정당하게 고려 대상에서 제외될 수 있다.

백인 남성의 권리가 침해되었다는 주장을 뒷받침하기 위해 내세울 수 있는 일반적 의무론적 주장이 두 가지 있다. 첫째는, 실력주의 주장이라고 부르고자 한다. 이 주장은 우선적 정책은 자격 요건을 무시하거나 무효화함으로써 실력에 따른 채용 결정을 얻을 수 있는 백인 남성의 권리를 침해한다는 것이다. 이 견해에 따르면, 자질이 가장 좋은 자가 직을 차지할 권리를 가지는 것이며, 이걸 부정하는 것은 실력주의 원칙의 위반이다. 두 번째 주장은 더 단순하게, 우선적 조치는 평등한 처우와 균등한 기회를 가져야 할 백인 남성의 권리를 침해한다는 논지다. 이 견해에 따르면 우선적 정책은 역차별의 사례와 다름없다.

마찬가지로 우선적 정책을 지지하는 두 가지 주요한 의무론적 주장이 있다. 하나는 우선적 처우는 여성과 유색인종 사람들의 과거에 입은 손해에 대한 보상의 수단으로서 당연히 그들에게 주어져야 한다는 주장이다. 과거의 차별을 보상받지 않은 채 그냥 내버려두는 건 불공평하고 부당하다는 견해다. 둘째 주요 논의를 바르게 이해하자면, 평등과 평등 처우에 대한 약속은, 현재 불리한 처지에 있는 사람에게 직장 내의 참된 평등을 확약하는 수단으로서 우선권이 부여돼야 할 필요가 있다는 것이다.

11.4 우선 고용을 반대하는 논의

실력주의 논의는 업무에 대한 자격 요건 이외의 요건에 의해 채용이 결정될 때 불공평이 발생한다고 주장한다. 이 견해에 따르면, 가장 나은 자질을 가진 후보자가 일자리를 얻거나 자격을 가지며, 이 당연한 자격을 부정하는 건 부당한 행위다. 우선 고용 정책은 능력주의 원칙에 위배되기 때문에 부당하다.

이 논의가 옳은지 어떤지를 판단하기 위해서 네 가지 문제가 검토돼야 한다. 제1은 실제로 그런 실력주의 원칙이 정의를 위해 필수 요건인지를 판단하는 것이다. 제2는 실력 · 공적을 확정하는 데 사용되는 자격 요건이 모든 사람에게 공평하고 문호가 열려 있어야 한다. 제3은 실천상의 문제로서, 자질이 가장 나은 사람을 찾아내기 위해 자격을 판단하고 측정할 합리적 방법이 필요하다. 끝으로 다양한 민족 또는 성별의 배경 그 자체가 직무의 자격이 될 수 있는지를 생각해 봐야 한다. 제1의 문제와 관련해, 직무에 "최적격인" 사람을 명확하게 식별하기 위해 자격 요건을 공정하고 객관적으로 판단할 수 있다는 걸 상정하자. 그런 사람이 일자리를 얻거나 얻을 자격이 있는데도 직을 거부당한다면, 그것은 부정한 행위라고 말할 수 있겠는가? 어떤 자격 요건 없이는 그런 주장을 할 수 없다. 모든 직의 후보자가 자격 요건만으로 결정이 이루어진다고 기대하는 것은 당연한 일인가? 이 물음에 대한 답은 그런 기대가 어디에서 생기는가에 달려 있다. 자격 요건을 모집 광고에 명시한 자리는 그런 광고가 되지 않은 자리보다 실력주의 원칙을 더 따르고 있는 것으로 보인다. 앞에서 언급한 것처럼 개인 소유의 기업과 주식 공개 기업을 구별해야 할 것이다. 예를 들어, 아들이나 딸을 채용하는 개인 기업의 소유자는 더 나은 자격을 가진 후보자를 무시해도 부당하지 않게 보인다. 하지만 앞의 예처럼, 동창생을 채용하는 경우는 어떠할까? 실력주의 원칙에 따르면 이런 결정은 불공정하며, 그러므로 경제 전체에 불공정이 만연돼 있다고 결론을 내릴 수밖에 없다.

최적격 후보자가 일자리에 대해 정당한 윤리적 요구를 할 수 있다는 결론을 내리는 것은, 일자리를 기업주의 사유 재산으로서 자신의 판단에 따라 나누어 주지 않고, 일자리를 공정하게 배분해야 하는 사회적 재財로서 취급해야 한다는 말이다. 제5장과 제6장의 논의를 생각해 보면, 이 견해는, 기업의 사회적 책임을 더욱 자유주의적으로 접근하는 측은 수용하지 않겠지만, 합리적인 결론이라고 결론지을 수 있을 것 같다. 시장과 경제적 책임을 좀 더 공리주의적으로 접근하는 측은, 다른 사회적 귀결도 계산에 들어가야 하지만, 실력주의 원칙을 선호할 것이다.

이러한 생각은, 구직자의 입장에서 보면, 자격 요건은 과거의 업적 (예컨대, 교육과 성적)이고, 그것으로 일자리를 얻을 수 있다고 시사한다. 기업에서 보면, 자격 요건은 후보자가 얼마나 일을 잘 할 것인지를 보여주는 전형적 지표다. 첫 번째 생각을 선택하면 구직자에게 고용 조건을 통제할 재량을 너무 많이 부여하는 것 같다. 특정한 업적은 일자리를 얻게 된다는 명확한 약속이 없는 한 (가장 높은 성적을 가진 자가 가장 좋은 일자리를 갖는다고, 누군가 당신에게 약속한 적이 있는가?), 구직자의 사전 기대가 취업 대상자를 결정할 수 없다.

제2의 선택은, 그 자리로써 무엇을 달성하고 싶은지를 결정함으로써 자격 요건을 정하는 데 기업이 더 많은 재량권을 갖는다고 시사한다. 일반적으로 자격 요건이 공정하고 객관적이라고 가정하고, 그 자격 요건이 사전에 공표된 자리에 한해, 최적격 후보자가 자신이 채용돼야 한다는 외견상으로는 정당한 주장을 할 수 있다고 결론내릴 수 있다.

하지만 직에 대한 자격 요건은 어느 정도 모두에게 공정하고 열려 있는가? 이에 대한 답은 모호하다. 한 일자리에 대한 자격 요건이 되는 다양한 요소를 열거하기는 쉽다. 특정한 일에 따라, 자격 요건의 리스트는 최소한의 자격 (예컨대, 임시직 농업 노동자)으로부터 매우 광범위한 것 (예컨대, 대기업의 최고재무책임자)까지 다양하다. 여러 가지 직을 열거하고 그 직에 맞는 관련 요건의 목록을 작성하는 게 유익한 방법일 것이다. 각 요건에 대해 모든 후보자가 그와 관련한 자격을 얻기 위해 평등하고 공정한 기회를 가지고 있는지 알아보자. 이들 자격 요건 중 몇 가지가 "획득된" 것이며, 몇 가지가 운이나 우연으로 얻는 것인가? 우리는 이미 자격으로서 기능하되, 의심스러운 특성에 대해 논의했다. "적정한" 학교를 졸업했으며, 적절한 "커넥션"을 가지고 있으며, 도움이 되는 소개장이나 추천장이 있으며, 현재의 직장 종업원과 잘 "어울릴" 수 있으며 좋은 동료가 될 수 있겠다. 이런 사항을 생각한다는 건, 자격 요건이란 개념을 주의 깊게 생각하지 않으면 안 된다는 의미다.

다음은 제3의 문제다. 자격 요건을 결정하는 공정하고 합리적 · 객관적 방법은 있는가? 관련 요건의 목록을 작성한다면, 그 요건들은 몇 가지의 일반적 종류로 분류되는 걸 알게 될 것이다. 경험이나 회사 내의 연공 등 우리가 자격이라고 생각하는 몇몇 요건은 그 지위를 "획득"케 한 과거 업적이다. 다른 여러 요소는 장래의 성공에 대한 전향적前向的 예측 자료다. 그리고 현재의 종업원과 관계를 맺고 있는 것이 어느 특정 후보자나 일과 관계가 있는 게 아니라, 회사가 가진 다른 목표와 목적과 관련이 있는 경우도 있다. 이런 경우 회사는 일자리를 현재의 종업원의 봉사에 보답하는 수단으로 사용하고 있다. 이것은 모든 주어진 일에 대해 "가장" 걸맞은 후보자를 결정하는 엄격한 알고리즘적 방법은 없다는 걸 시사하고 있다.

기업의 정보 기술과 컴퓨터 부서의 자리에 사람을 채용하는 사례를 생각해 보자. 컴퓨터 과학 전공과 프로그램의 트레이닝 분야에는 남성과 여성의 수가 2 대 1로 남성이 크게 상회한다. 따라서 일반적으로 이런 일에는 여성보다 남성이 많이 지망하며, 남성이 컴퓨터 공학 분야에서 근무한 경험을 더 많이 가진 경우가 많다. 또 이 급변하는 분야에선 종업원의 재직 과정 중에 많은 현장 트레이닝이 행해진다. 이 경우 무엇이 자격 요건이라고 할 수 있는가? 어떤 관점에선, 학교 수업과 훈련 과정에서 배운 과거 경험이 한 개인을 직에 걸맞은 "자질을 갖게 한다". 따라서 이 분야에선 더 많은 경험과 트레이닝을 받은 남성이 여성보다 많기 때문에, 어떤 의미에서, 남성은 일반적으로 여성보다 이 일에 "더 걸맞다"고 하겠다. 하지만 기업의 입장에선 유연성과 빠르고 용이하게 배울 수 있는 능력에 비교한다면, 과거의 경험은 그다지 중요하지 않다. 기업의 경영관리자가, 과거에 트레이닝을 받은 사람은 정보 기술의 특정 방법을 고집하고, 유연성이 적고 새 방법을 배우는 데 적극성이 적을 것이라고 믿는다고 가정해 보자. 이런 경우 누가 최적격자인가?

이 물음은 우리를 마지막 문제로 유도한다. 즉 구직 후보자의 성별이나 민족적 배경은 그 자체가 일의 자격 요건으로서 기능할 수 있겠는가? 예를 들어, 필자는 가톨릭의 여자 대학에서 가르치고 있다. 이 대학이 가톨릭 신도와 여성을 우선 고용한다면 정당할까? 의료기관이 여성 산부인과 의사를 우선적으로 처우하는 건 정당한가? 새로운 소수파 사업을 유치하고자 하는 기업이 소수파의 종업원을 우선적으로 고용해도 좋은가? 보다 일반적으로 말하면, 다양한 노동력에 의해 제공되는 유리한 기회를 감안하면, 기업은 성별과 민족적 다양성 그 자체가 자격 요건이며, 직장에 긍정적 공헌을 하고 있다고 주장할 수 있겠는가?

이 물음은 답하기가 쉽지 않다. 우선적 대우를 다룬 최초의 미국 최고법원의 주요 소송인 **바케 대 캘리포니아대학 이사회** 사건에서, 최고법원은 인종이 대학 입학 허가의 여러 자격 중 하나로 사용될 수 있다고 판결했다. 법원은, 학생 집단의 다양성은 대학 전체로서의 학문적 사명에 공헌한다는 캘리포니아대학의 주장을 받아들였다. 그렇지만 아마 비천한 건설 환경에서 일하는 경우, 남성인 것이 더 나은 자격 요건이 된다는 애틀랜틱 시티 컨벤션 센터의 주장을 우리는 받아들이지 않을 것이다. 또 역시 적합하고 성공할 것이라는 이유로 백인 남성인 경우 남성으로 구성돼 있는 법률사무소에 근무하는 게 더 나은 자격이 된다는 주장도 수용할 수 없을 것이다.

합리적 결론은, 여성이거나 유색인종이라는 점은 직장에 대해 긍정적 공헌을 할 수 있다는 걸 인식하는 것이지만, 그 입증 책임은 그런 주장을 하는 사람에게 있다. 즉 전제로서 평등하고, 성별과 인종 편견이 없는 정책을 지지해야 한다. 백인과 남성이 이미 혜택을 누리고 있는 불평등한 경제적 상황을 고려하면, 백인과 남성 후보자를 지지하는 채용 결정은 엄밀한 검토를 받아야 한다. 만일 고용주가 여성과 유색인종의 후보자를 선호할 타당한 이유가 있다면 (다음 절에 언급되는 논의에선 정당한 이유가 있다고 주장하고 있다), 후보자의 성별과 민족적 배경은 일의 한 자격 요건으로서 고려될 것이다.

여성과 유색인종 사람들에게 우선권을 부여하는 정책에 반대하는 두 번째 주요 주장은 평등 처우 원칙에 대한 호소다. 앞에서 말했듯이, 구직 후보자를 차별하는 자체는 부당하지 않다. 차별이 오직 부당한 건, 직무에 관계없는 기준에 따라 차별이 주어지고, 불리하게 취급된 후보자가 평등한 배려와 존중을 거부당하는 기준에 따라 차별된 때라야 한다. 이 논거에 따르면, 우선적 처우 정책은 백인 남성이 당연히 받아야 할 평등한 존중과 배려를 거부하고 있다. 이 주장은 우선적 고용 정책에 대한 역차별의 특징을 설명하는 핵심 부분이다.

여성과 유색인종 사람들을 우선적으로 채용하는 정책은 동일한 자리를 놓고 경쟁하는 백인 남성의 평등 처우의 권리를 침해하는 것일까? 정직한 답은 경우에 따라 다르다는 것이다. 첫째, 여성과 유색인종 사람들을 선호하는 채용 방침, 즉 성별, 인종, 민족적 배경에 따른 차별은 백인과 남성을 우선적으로 처우하는 유사한 방침과는 윤리적으로 다르다. 여성과 유색인종 사람들에 대한 과거의 차별은 평등 처우에 대한 체계적 거부의 일부이며, 열등과 적대심을 명시적으로, 묵시적으로 나타내는 태도를 수반했다. 여성과 유색인종 사람들의 평등한 기회가 부정되는 이유는 그들이 하급이고 가치 없는 자라고 생각되기 때문이다. 직장에서의 불평등한 처우는 여성과 인종적·민족적 소수파에 대한 체계적 모욕의 일부였다. 여성과 유색인종 사람들을 지지하는 우선 방침이 정당하다고 아무리 강조되더라도, 백인 남성이 유사한 체계적 냉대를 받는 일은 지금도 없으며 가까운 장래에도 없을 것이다. 예측 가능한 가까운 장래에 여성의 1달러 수입에 대해 남자가 76센트밖에 받지 못한다든가, 백인 실업률이 흑인 실업률의 두 배가 되는 일은 생길 것 같지 않다. 백인 남성에 대한 균등한 기회를 거부하는 이유는 과거의 차별 이유와 윤리적으로 다르다.

그럼에도 불구하고, 성별, 인종, 민족 등의 요소에 의해 개인의 균등한 기회가 거부되고 있는바, 이 같은 요소는 당면한 사안과 관련이 없을 뿐 아니라 후보자의 통제가 미치지 못하는 부분이다. 얼핏 보면, 이것은 평등 처우의 권리를 침해하는 것이며 윤리적으로 매우 의문스럽다. 그러나 여기에는 두 가지 조건이 참고가 될 것 같다. 첫째, 이미 언급했지만, 성별, 인종 또는 민족의 다양성은 업무 수행에 도움을 주는 경우가 있을 수 있으며, 따라서 업무 관련 특성이라고 할 수 있다. 이런 경우, 백인 남성을 차별하는 건, 관련 자격이 전혀 없는 다른 후보자에 대한 차별처럼 부당하지 않을 것이다. 둘째로, 이 반론의 설득력은 현장의 우선 방침의 유형에 따라 달라질 것이다. 할당 쿼터를 맞추는 고용에선 백인 남성이 전혀 고려되지 않는데, 이 경우는 다른 모든 자격 요건이 동등하다고 판단됐을 때에 한해서 우선 취급되는 제도에 비해 더 부당할 것이다.

평등에 관한 논의와 관련한 최후의 고찰은, 우선 고용을 지지하는 논의의 검토를 다루는 다음 절로 옮겨 간다. 우선적 방침을 옹호하는 사람들 중에는 이 방침이 백인 남성에 대해 평등 처우를 거부하고 있다는 사실을 인정하는 사람도 있다. 하지만 그들은 권리를 **침해**하는 것과 더 긴급한 윤리적 목표를 위해 그런 권리를 **무시**하는 것으로 구별하고 있다. 따라서 직에 대한 평등한 배려를 받아야 하는 백인 남성의 권리가 부정되었다고 하더라도, 그것이 다른 윤리적 의무에 대처하기 위한 수단으로서 행해진 경우는 윤리적으로 반대할 일은 아닌 것 같다. 다음 절에서는 우선적 방침을 지지하는 윤리적 이유를 검토하고, 그 목표들이 백인 남성의 기회 균등을 정당하게 무시하고 있는지를 고찰한다.

11.5 우선 고용을 지지하는 논의

우선 고용을 지지하는 주요 논의의 하나는, 이들 정책은 지금까지 손해를 본 사람들에게 보상하는 윤리적 정당한 수단이라고 주장한다. 부주의하게 설계된 상품에 의해 상해를 입은 소비자가 보상을 받아야 하는 것을 손해배상 재판이 요구하는 것처럼, 동일한 원칙은 차별적 채용 과정에 손해를 입은 개인이 보상을 받는 것을 요구한다. 보상을 하지 않게 되면 (차별의 피해자에 대해) 부당한 불이익과 (부당하게 제한된 일에서 백인 남성이 얻으려고 경쟁해온) 부당한 이익의 관행이 계속된다.

이 논의를 적절히 평가하기 위해 세 가지 문제를 해결할 필요가 있다. 손해배상 재판이 요구하는 건, 보상은 피해에 비례해야 하고, 보상을 지불하는 당사자는 손해에 대해 책임이 있고, 보상을 받는 자는 피해를 본 당사자라야 한다는 것이다. 보상 논의의 윤리적 상황은 우선 고용에 의해 이 세 가지 필요조건이 어떻게 충족되느냐에 달려 있다.

얼핏 보면, 보상적 채용 관행은 손해를 입은 자에게 비교적 직접적으로 균형 있는 방법으로 보상을 하는 것 같아 보인다. 여성과 유색인종 사람들이 직장에서 기회 균등을 거부당하고 있으며 (이 장 서두에서 언급한 국세조사 데이터를 참조), 따라서 채용과 승진에서 우선적 대우로써 그 손해를 보상하는 건 이치에 맞는 것 같다. 채용에 있어서 "우선"은 최초의 손해가 발생한 후에야 그 문제를 고려한 결과로 그렇게 보일 뿐이다. 장기적 관점에서 보면, 우선적 조치는 상황을 평등화하고 본래의 차별이 발생하지 않았던 경우의 상태로 돌아가게 할 따름이다.

어떤 사람이 1000달러를 사기당한 경우를 유추해 생각해 보자. 손해배상 재판은 이 사람이 1000달러를 되돌려받는 걸 요구할 것이다. (물론 재판은 별로서 다른 지불도 요구할지 모른다.) 만일 우리가 지불 (변제) 시점의 상황만 생각한다면, 피해자의 일방적 이익으로 보인다. 그러나 최초의 사기가 있었던 맥락에서 상황을 생각할 때, 보상은 정의를 균형 있게 바로잡는 변제다. 물론, 우선 고용은 여성과 유색인종 사람들이 입었을지도 모르는 다른 손해는 보상하지 않는다 (예컨대, 노예제에 대해 보상하지 않는다). 그러나 직장에서 생긴 부당한 피해에 대해 합리적으로 보상한다.

손해배상 재판의 두 번째 조건은 더 많은 논쟁을 불러일으킨다. 특히 평등한 권리를 거부당한 젊은 백인 남성에겐 보상을 지불하는 사람이 손해를 끼친 데 대해 책임이 없는 것으로 보인다. 결국 직장에서 여성과 유색인종 사람들을 차별한 것은 지금 세대의 젊은 백인 남성이 아니다. 그들은 손해에 대해 책임이 없기 때문에, 그들에게 손해를 주는 건 부당할 것이다.

이에 대해 보상 논의의 옹호자는 젊은 백인 남성이 변제한다는 생각을 부정한다. 보상은 민간 기업이나 회사에 의해 지불되고 있으며, 그 어느 한쪽이나 양쪽이 과거의 차별에 대해 윤리적 책임을 지고 있다. 이런 보상을 함에 있어서 백인 남성은 자신들이 과거에 누렸던 경쟁의 유리한 입장이 거부되고 손해를 입게 되는 것 같아 보인다. 하지만, 그들은 본래 가질 자격이 없는 것 (예컨대, 부당한 경쟁의 이점)을 거부당하고 있을 뿐이다.

비판가는, 만일 사회가 기회 균등 정책을 채택한다면, 젊은 백인 남성은 이 부당한 경쟁적 우위를 잃을 것이라고 반론한다. 실제의 우선적 조치는 한 걸음 더 나아가, 그들은 더 심각한 것, 말하자면 고용 기회 균등을 거부당한다. 이에 대해 옹호자는 젊은 백인 남성은 과거의 손해에 대한 책임은 없을지 모르겠으나, 그들이 이 손해에 의해 이익을 얻었다고 지적한다. 따라서 그들은 손해를 유발한 데 대해 책임이 없는 한편, 거기서 나오는 혜택을 기대할 수도 없다. 그것에 대해 비판가는, 만일 누군가가 과거의 차별에서 부당한 혜택을 이끌어 냈다고 한다면, 그건 이미 채용되어 승진한 고령 백인 남성이라고 비난한다. 참된 손해배상 재판이라면, 이 사람들이 손해에 대해 변제할 것을 요구할 것이다.

손해배상 재판의 최후의 특징은 보상을 받는 측은 상해를 입은 측과 동일한 당사자라야 한다는 점이다. 이를테면, 교통사고에서 입은 상해에 대해 상해를 당하지 않은 방관자에게 보상이 지불되는 건 말이 안 된다. 비판가는, 보상의 수단으로서 주어지는 우선 조치는 상해를 입은 당사자를 보상하지 않는다고 비난한다. 이 도전은 세 가지 방법으로 제기된다. 비판가는 첫째, 참된 차별의 피해자는 과거 세대의 여성과 유색인종 사람들이라고 비난한다. 현재의 우선 정책은 현 세대에게 혜택을 주기 때문에, 차별에 의해 정작 피해를 본 사람들은 보상을 받지 못한다. 둘째, 차별이 현 세대에 손해를 계속 주고 있는 단계에서 우선 고용 정책은 그 집단 중에서 가장 자격이 낮은 사람에게 이익을 주고 있다고 비난한다. 과거와 현재의 차별 때문에 가장 고생을 많이 하는 것은 가난하고 교육을 못 받은, 권리를 빼앗긴 여성과 유색인종 사람들이다. 구직에 있어서 우선적 처우를 받을 가능성이 가장 높은 사람은 직에 대한 경쟁력을 지닌 사람 — 교육을 받고 훈련된 지성을 갖춘 개인 — 이다. 마지막으로, 비판가는 성별, 인종 또는 민족은 우선적 조치를 결정하는 데 사용되는 기준으로서 부적절하다고 설명한다. 이 견해에 따르면, 경제적 · 사회적 계급이 더 적절한 기준이다. 다음과 같은 사항을 생각해 보자. 부유하고 고등교육 가정 출신의 히스패닉계 여성과 빈민가에 사는 편모 슬하에서 자란 백인 남성 가운데, 어느 쪽이 과거의 불공평을 보상하기 위한 우선 고용에 가장 자격이 있을까? 모든 여성과 유색인종 사람을 우선적으로 다루는 건 경험적으로 잘못된 것이며 (왜냐하면 모든 개인이 불리하게 영향을 받지 않았기 때문에), 윤리적으로도 잘못된 것이다. (왜냐하면 이 정책은 사람을 독특한 개인으로서가 아니라 집단의 일원으로 다루기 때문이다.)

손해배상론의 옹호자는, 보상돼야 할 손해는 현 세대의 구직자에게 가해진 손해이지, 과거 세대에게 가해진 손해가 아니라는 것을 일반적으로 인정할 것이다. 다시 말하건대, 국세조사 데이터에서 보듯이, 차별 대우는 현재도 계속해 전체 경제에 만연해 있다. 이 옹호자들은 또한 다른 사람들이 더 큰 손해를 보고 있다는 사실이 일부 사람들을 우선 고용하는 게 부당하다는 걸 의미하지 않는다고 지적한다. 그것은 다른 형태의 손해배상론 (아마 보상)도 필요하다는 걸 의미할 뿐이다. 최종적으로, 비판가는 전반적 차별 (예컨대, 여성은 전체적으로 남성 1달러에 대해 76센트밖에 벌지 못한다는 사실)을 보상할 수 있는 유일한 방법은, 개별 여성에게 채용과 승진에 있어서 우선적 배려를 주는 것이라고 주장한다.

이 점은 보상론에 대해 보다 일반적인 관심을 환기한다. 옹호자는 보상이 집단을 대상으로 해야 하는지 개인에 대해 행해져야 하는지 명확히 해야 하는 과제를 짊어지게 된다. 계속적 차별에 의한 손해는 그들이 특정 집단의 구성원이기 때문에, 개인에게 주어지는 것 같다. (예컨대, 여성이기 때문에, 아프리카계 미국인이기 때문에 등) 집단의 구성원이라고 해서 모두가 동일한 손해를 보지는 않았다. (예컨대, 수많은 여성은 풍족하고 높은 지위와 권력을 누리고 있다.) 손해를 입었는지 아닌지 상관하지 않고, 만일 집단의 전 구성원에게 우선권의 형태로 보상이 주어지는 경우, 그것은 다른 사람의 평등 기회를 희생한 부당 이익이라고 비판가는 공박한다. 한편, 만일 집단 소속 이외의 기준이 보상의 우선 조치의 배분에 사용된다면, 보상적 우선 조치에 의해 부당하게 무시당할 백인 남성이 동등한 자격자가 될 것이다.

우선적 조치를 지지하는 두 번째 논의는 평등에 대한 정확한 이해를 호소하고, 실제로 평등 처우의 원칙은 우선권을 금지하는 게 아니라 오히려 필요로 한다고 주장한다. 정확하게 말해 평등 처우의 권리가 요구하는 게 무엇인가? 앞의 차별에 대한 논의에서 본 것처럼, 평등은 우리에게 동일한 처우를 주지 않는다. 가령, 더 나은 자격을 가진 후보자를 채용함으로써 당신을 차별하더라도, 나는 당신을 평등하게 다루고 있다고 할 수 있다. 여기서 중요한 점은, 당신은 동등한 배려와 존중을 받아야 당연한데도, 업무와 관련된 차이점 때문에 서로 다른 동일하지 않은 처우를 받아도 부당하지 않다는 것이다. 가장 기본적인 의미에서 평등은 같은 것을 똑같이 대우하는 걸 요구한다. 그렇다면, 채용 방침에 있어서 평등한 배려와 존중이란 무엇을 의미하는가?

이 평등의 논의는, 참된 또는 공평한 기회 균등은 부당하고 불공평한 불이익의 영향 때문에 개인이 손해를 보지 않는 걸 요구한다고 주장한다. 평등하거나 동일한 처우라는 형식적 원칙을 위해 이런 불이익을 무시하는 건, 다른 것을 같은 것으로 취급하는 것이다. 즉 그것은 평등에 대한 위배다. 이 논의는 때로는 다음과 같은 비유로 설명된다. 두 사람이 공정 · 공평한 달리기를 약속했다고 하자. 한 사람은 자신의 책임이 아닌데도 달리기하는 동안 별도의 짐을 가지고 달려야 한다. 그런 불공평한 부담을 제거하는 정식 약속에도 불구하고, 그 짐은 여전히 거기에 있다. 우리는 그 짐의 영향을 연구하고, 경주가 끝나면 그걸 가지고 달린 사람은 평균 75%밖에 달리지 못한 것을 알게 된다고 하는 것도 가정해 보자. 이 논의에서, 부당하게 짐을 가진 주자에게 출발시에 25%를 앞서게 하는 건, 공평한 기회 균등을 존중하는 것과 다름없다.[7] 부당한 불이익을 무시하고, 두 주자에게 동일한 지점과 시간에 출발할 걸 요구하는 것은 불평등을 영속시킬 뿐이다.

고용과 승진의 방침에 있어서도 마찬가지다. 본인들의 과실이 아닌데도 불구하고 여성과 유색인종 사람들은 직장에서 부당한 불이익을 당하고 있다. 성별과 인종을 무시한 고용과 승진 방침은 이 같은 불이익을 무시하고 불평등한 기회의 관행을 계속할 뿐이다. 우선적 조치를 각 단계에서 실천하는 건 일자리에 대한 경쟁과 고용에 따른 모든 이익을 진정코 정당하고 평등하게 하는 일이다.

11.6 직장 내의 성희롱

1964년의 민권법은 직장에 있어서의 가장 심각한 부당한 차별을 다루고 있다. 이 법은 모든 고용주가 다음과 같은 일을 하는 걸 불법으로 규정하고 있다.

> (1) 인종, 피부색, 종교, 성별 또는 출신지를 이유로 개인을 고용하지 않거나 고용을 거부하든가, 또는 고용에 있어서의 보수, 조건, 권리와 관련해 개인을 차별하는 것, 또는 (2) 인종, 피부색, 종교, 성별, 또는 출신지를 이유를 개인의 고용 기회를 빼앗거나, 그 노동자로서의 지위에 불리한 영향을 주는 방법으로 피고용자와 구직자를 제한, 격리, 분리하는 것

몇 가지 의미에서 이 법은 평등의 윤리적 원칙에 입각한 고용의 의미를 매우 구체적으로 밝히고 있다. 개인은 인종, 피부색, 종교, 성별 또는 출신국 등 관련 없는 요소 때문에 평등한 고용 기회를 거부당해서는 안 된다. 이 법이 통과 · 제정되고 수년 후, 성희롱이라고 밝혀진 행위가 법적 · 철학적으로 성차별의 한 형태로 인정되

었다. 1980년엔 고용기회 균등위원회EEOC는 아래와 같은 불법적 성희롱을 정의한 가이드라인을 확정하고 있었다.

> 환영받지 못하는 성적 언행, 성적 요구, 성적 내용의 말이나 신체적 행위는 다음과 같은 경우 성희롱에 해당한다. (1) 앞에서 언급한 행위에 대한 복종이 명시적이거나 묵시적으로 개인의 고용 조건으로 행해지는 경우. (2) 앞에서 언급한 행위에 대한 복종이나 거절이 피해를 입는 개인의 고용 결정에 영향을 미치는 기초로서 사용되는 경우. (3) 그런 행위가 개인의 직무 수행에 부당한 간섭이 되거나, 협박적, 적대적 또는 불쾌한 노동 환경을 조성하는 걸 목적으로 하거나 그런 영향을 미치는 경우.

이러한 EEOC의 가이드라인은 여러 법학자와 관찰자들이 이전에 기술한 바 있는 성희롱의 두 유형을 체계화하고 있다. **대상형**代償型 성희롱은 성적 요구에 대한 복종이 고용 조건으로 행해지는 경우에 발생한다. **적의적 직장 환경형**은 전체적 직장 환경이 성희롱과 위협으로 가득 차 있어 직장 여성에 대해 부당한 장해를 조성할 때 발생한다.

최초의 몇몇 판례로부터 성희롱은 성차별의 한 형태로 이해돼 왔다. 표면상으로는 그것은 타당하고 적절한 것 같다. 만일 여성이기 때문에 여성이 직장에서 희롱을 당한다면, 그리고 그 희롱이 그녀의 근무 능력에 개입하는 데까지 미친다면, 성희롱은 부당한 성차별이다. 하지만 표면 아래엔 여러 가지의 윤리적 · 개념적 어려운 문제가 잠재하고 있다.

대상형代償型 성희롱은 위협 ("나와 섹스를 하지 않으면, 승진이 안 된다")이나 제안 ("나와 섹스를 하면 근무 성적에 도움을 주겠다")의 형태를 취할 수 있다. 양쪽 모두 강제와 강요의 형태다. 가장 노골적인 사례는 한 개인이 직장에서의 권위를 이용해 생각이 없는 동료와 성적 관계를 갖는 것이다. 그러나 위협과 제안은 직장 내 어디서나 빈번히 있는 일이다. 경영관리자는 때때로 위협 ("내 말대로 하지 않으면 끝장이다")이나 제안 ("이걸 하면, 승진시켜 줄거야")을 해서 종업원을 관리한다. 제6장에서 논의된 여러 사례에서 본 것처럼, 어떤 문제는 너무나 심각하고 강제적인 것이기 때문에 윤리적 · 법적 권리에 의해 보호를 받아야 할 상황이다. 그런데 왜 성희롱이 엄밀하게 검토돼야 할 필요가 있는가? 성희롱이 성차별이 되는 것은 무엇 때문인가?

법정은 1970년대와 1980년대에 걸쳐 이 문제와 맞부딪혔다. 대상형 성희롱은, 만일 희롱이 "성에 의해" 발생했을 때 (법정의 판단에 따라) 성차별이 된다. 따라서 초기의 소송 **반즈 대 트레인**에서, 불평등하고 불리한 처우는 그녀의 성별 때문이 아니라 그녀가 상사와 성관계를 거절했기 때문에 생긴 것이므로, 위법적 차별이 아니라고 법정은 판결했다. 이 여종업원은 "그녀가 여성이기 때문"이 아니라, 그녀가 상사의 성적 유인을 거절했기 때문에 부당한 취급을 받은 것이다. 법정은 이런 행위를 "용서하기 어렵다"고 하지만, 민권법이 금지하는 위법적 차별의 유형은 아니다.

이 판례는 "성 때문"이란 말의 모호성을 지적한다. 어떤 의미에서 "성sex은 **성별** gender을 가리키지만, 다른 의미에선 **성적 특징 · 관심**sexuality을 가리킨다. 반즈 사건에서 법정은 분명히 "성 때문"을, 여성이기 때문에 여성이 차별되는 성별에 의한 차별이라고 해석하고 있다. 확실히 성차별은 성별에 의한 불평등 처우에 관한 것이라야 한다. 즉 여성은 여성이라는 이유만으로 직장에서 불평등한 처우를 받아선 안 된다. 하지만 여성이 대상형 성희롱에서 받는 불평등 처우의 **종류**는 성적 내용이 포함돼 있다. **반즈 대 트레인** 사건에서는 이 두 개념이 연관돼 있는 점을 놓쳐 버리고, 성적 특징 · 관심에 관련되는 것이고 성차별은 아니라고 결론을 내렸다. 마찬가지로 EEOC도 이 문제와 관련된 불법 행동은 "성적 내용"과만 관련한 것이라고 특정함으로써 판단에서 혼동하고 있는 것 같다.

이 모호성의 결과, 법정과 고용주는 몇 가지 어려운 문제에 직면했다. 성적 내용의 희롱이 모두 부당한 차별이라고 하는 건 틀린 말은 아니지만, 적어도 의문이 남는 문제다. 악의가 없는 성적 농담이나 희롱은 때로는 달갑지 않거나 세련되지 않지만, 반드시 차별적 행위라고는 할 수 없다. 또는 양성애자의 경영관리자가 남성 종업원을 희롱한다면, 이것은 성적이지만 성별에 의한 희롱의 사례는 되지 않는다. 심한 강제나 강요는 비윤리적이고 때로는 불법이지만, 그렇다고 해서 차별적이라고 볼 필요는 없다. 한편, 성적 특징 · 관심과 관계없는 심각한 장해가 직장에서 여성에게 있을지 모른다. 성적 욕망이 아닌, 오히려 여성에 대한 적대감에 의한 차별 대우는 부당한 차별이라는 틀에 들어가는 사례이기는 하지만, "성적 내용" 모델의 대상형에 포함되지 않는다.

대상형의 이 같은 결함에 대한 대응의 일부로서, 그리고 또 다른 종류의 차별 사례에 대한 설명으로서, 학자와 법정은 적대적 직장 환경 모델을 인정했다. EEOC의 지침을 주의 깊게 읽어보면, 적대적 직장 환경은 대상형 희롱을 일반화한 것에 불과하다는 걸 알 수 있다.

> 환영받지 못하는 성적 언행, 성적 요구, 다른 **성적 내용**의 언어적 행위나 신체적 행위는 다음과 같은 경우, 성희롱에 해당한다. … 이런 행위가 개인의 직무 수행을 부당하게 간섭하거나, 위협적, 적대적 또는 불쾌한 노동 환경을 조성하는 것을 목적으로 하거나 그런 영향을 미치는 경우 (강조는 필자)

따라서 "성적 내용의 언어적 행위나 신체적 행위"는, 비록 명백한 성적 요구와 협박의 형태가 아닌 경우라 하더라도, 그것이 여성의 직무 능력을 간섭하게 된다면 직장에서의 차별 수준까지 올라간다. 유감스럽게도 이것은 윤리적으로나 법적으로 명확한 가이드라인은 아니다. 이 가이드라인은 지나치게 많거나 적은 사례를 부당한 성차별로 분류해 버리는 것 같다.

이 가이드라인이 너무 많은 경우를 성차별로 간주하는 이유는, 비교적 악의가 없고 온순한 농담이나 희롱을 부당 · 불법의 차별로 다룰 수 있기 때문이다. 불법이 되기 위해선, 행위가 여성의 직무 능력을 간섭할 목적은 필요 없고, 실제로 영향만 있으면 된다. 이 말은 불법 행동은 어떤 공식 또는 객관적 기준이 아니라, 피해자라고 나서는 사람의 주관적 지각에 따라 판단될 수 있다는 걸 의미한다. 비교적 품위 있는 연배의 여성은 젊은 남녀가 보통으로 여기는 말이나 행동에 대해 심하게 마음이 상할지도 모른다. 이런 경우, 이 지침은, 그것이 의도적이거나 아니거나 관계없이, 여성이 동료의 행위 때문에 직무 수행에 지장이 생길 만큼 기분이 상하게 되면, 그건 희롱이라고 규정하고 있다고 해석될 수도 있다. 여성 종업원이 희롱을 당했다고 느낄 때마다 고용주에게 법적 책임이 있다고 한다면, 그런 기준은 틀림없이 그들에 대해 불공평하다.

이 문제에 대응하기 위해, 법정은 전통적으로 **합리적 인간**reasonable man의 개념에 의거해 왔다. 이 기준에 따르면, 행위가 업무에 "**부당하게 간섭**"하는 영향을 미친다는 걸 나타내기 위해, 지침의 "합리성"이라는 말이 강조되지 않으면 안 된다. 이 기준은 피해자의 지각이 성적 희롱의 유일한 결정 요인이 되는 걸 못하게 한다. 이 기준에 따르면, 합리적 인간이 그 행위가 업무에 지장을 미칠 만큼 심각하다고 판단할 때만 불법적 희롱이 된다. 물론 지난 몇 십 년 법조계는 합리적 **남성**man이라는 말을 멀리하고 합리적 인간person 기준을 사용하는 걸 좋아하게 됐다. 하지만 여기에 과제가 도사리고 있다. 무엇이 성적 내용의 불합리한 행동에 해당하느냐와 관련해, 남성과 여성의 인식은 다른가? 이런 사례와 관련해, 합리적 **여성**woman의 기준은 합리적 남성과 다른가, 또 만일 그렇다면 희롱의 심각성을 결정하기 위해 어떤 기준이 사용돼야 하는가?

게다가 제10장에서 논의한 것처럼, **합리적 인간**resonable person 기준 자체는 모호하다. 때로 합리적 인간은 사람이 합리적이어야 할 때 채택할지 모르는 규범 또는 객관적 기준을 확립하는 이상적 기준이라고 해석된다 (즉, 그들이 관련 사실을 알고 있으며 안건을 객관적으로 주의 깊게 고려하면). 또 다른 때는, 실제로 그리고 평균적으로 사람들은 반드시 사려 깊게 정보를 가지고 합리적인 방법으로 행동하지 않는다는 인식 아래, 이 기준은 **평균적** 또는 표준적 인간의 기준이라고 해석되기도 한다. 이처럼 우리는 이 합리적 기준을 해석하기 위해 네 가지 다른 분류를 생각해볼 수 있다. 이상적으로 합리적 인간, 평균적으로 합리적 인간, 이상적으로 합리적 여성, 평균적으로 합리적 여성이다. 어느 기준이 직장에서의 희롱의 심각성을 판단하는 데 사용돼야 하는가?

인간person으로부터 **여성**woman으로 전환하는 두 가지의 타당한 이유가 있다. 첫째, "인간" 기준은 거의 최근까지 "남성" 기준이었다는 사실에서 알 수 있듯이, 우리는 "인간"이 단지 "남성"이라는 표현이 변장한 것이라는 가능성에 유의해야 한다.[8] 사회, 특히 남성 중심의 직장에 있어서 합리적 인간 기준은 단순히 현상을 유지하는 효과만 가지게 될 뿐이다. 이를테면, 건축 현장에 있어서 합리적 인간은 거친 태도와 저속한 말 이외에 무엇을 현장에서 기대하겠는가? 만일 그런 태도가 보통이라고 한다면, 거기서 일자리를 갖는 합리적 인간은 다른 것을 기대해선 안 된다.

이 견해는 **래비듀 대 오세올라정유회사** 사건의 반대의견으로서 케이스 판사에 의해 채택됐다. 케이스 판사는 "합리적 여성의 견해가 적용되지 않는 한, 피고는 법정과 함께 이 사건의 범죄자, 이 경우는 남성에 의해 형성된 뿌리 깊게 침투돼 있는 합리적 행동의 개념을 지지할 수 있다"고 주장했다. 어떤 편견이나 차별이 규범이

돼 있는 상황에서, 행동을 판단하기 위해 "보통의" 기준을 적용하는 건 불공정에 적절히 대응하지 못할 것이다. 물론 이런 염려는 합리성의 "이상적" 해석보다 "평균적" 해석에 기인하는 경우가 많다. 그러나 두 번째 염려는 양쪽과 관련된다. 이 기준을 적용하는 제2의 이유는 진실하게 보이는 것에 호소하기 때문이다. 성적 특징과 성적 관계에 있어서 여성과 남성은 성적 경험을 서로 다르게 지각하고 있는 것 같다. 인종과 민족을 나타내는 형용어구가 인종과 민족에 따라 다르게 이해되는 것처럼, 성적 내용을 가진 언어적 · 신체적 행위도 다르게 해석되는 것 같다. 만일 이 점이 사실이라면, 권리를 빼앗긴 집단 사람들은 "평균적" 인간이 "보통"이라고 생각하는 행위로 손해를 입을 수 있다는 걸 인정함으로써만이 사회는 차별적 괴롭힘을 다룰 수 있다 (생각해 보자. 예를 들어, 1950년대 극남부에서 적용된 "합리적 인간"의 기준은 아프리카계 미국 남성을 "보이boy"라고 불러 유발한 불쾌감을 어떻게 받아들였을까?). 만일 평균 모델보다 "합리적" 모델이 이상적인 것으로 해석된다면, 자신들의 행위가 남에게 어떻게 해석되는지를 실제로 몰랐다고 하더라도, 알았어야 할 것을 몰랐던 점에 대해 책임을 물을 수 있을 것이다.

그러나 합리적 여성의 기준으로 전환하는 것을 주저하는 이유도 있다. 첫째, 그 전환은 부정돼야 하는 성적 정형화定型化와 가부장적 태도를 조장할 수 있다. 여성은 남성보다 더 민감하고 연약하고 섬세하다고 인정돼, 거칠고 힘든 직장에서 특별히 보호를 받아야 할 것이다. 이것은 직장에서 여성에게 딜레마를 가져다줄 수 있다. 한편으로 여성은 보호가 필요한 섬세한 존재로 인식돼, 따라서 건설 현장과 회사의 간부실 등 거친 남성적 직장에 속하지 않는 면도 더러 있다. 다른 한편, 여성이 일을 맡아 거기에 융합되면 희롱으로부터 보호가 필요하지 않은 "남성의 한 사람"으로 간주되기도 한다.

합리적 여성 기준으로의 전환을 주저하는 제2의 이유는, 그것이 남성에게 부당한 상황을 낳을 가능성이 있기 때문이다. 만일 여성과 남성이 성적 상황을 서로 다르게 해석하고, 평균적 남성이 희롱하는 상황을 희롱으로 생각하지 않는다면, 의도적이 아니고 오해받은 행위에 대해 남성에게 책임을 묻는 건 부당하게 보일 것이다. 만일 인식의 차이가 좁혀지지 않는다면 — 남성이 여성의 관점에서 이해하지 않을 뿐만 아니라, 이해를 하지 못한다면 — 희롱이라고 이해 못하는 행위에 대해 남성과 그들의 고용주에게 책임을 묻는 건 확실히 불공평할 것이다. 만일 이 인식의 차이가 좁혀질 수 있다면, 남성과 고용주는 책임을 지는 것이 더 합리적일 것이다. 하지만 되풀이하건대, 이 비판은 합리성의 이성적 · 규범적 기준보다 평균적 또는 보통 기준에 대해 하는 말이라는 걸 의미한다. 이상적 기준에 따르면, 남성이 자신의 행위가 희롱이라는 걸 완전히 이해하지 않는다손 치더라도, 그들이 사려 깊고 분별 있는 사람이라면, 그들은 마땅히 그걸 인식했어야 했기 때문에, 그들에게 책임을 물을 수 있다.

이렇게 생각하면, 적어도 한 가지 합리적 인간 기준은 지지할 만하다는 걸 알 수 있다. 남성이건 여성이건 누구나 행동하기 전에 생각하고 이유를 따져봐야 하는 것을 이상으로 해석한다면, 합리적 인간 기준은 적절할 것 같다.

논의를 위한 사례를 다시 생각해 보자

가장 치열한 정치적 · 윤리적 논리의 일부는 자유를 바탕으로 하는 가치관 — 표현, 결사, 종교, 재산권의 자유 — 을 평등한 존중, 위엄, 기회 균등, 평등한 공평과 같은 깊이 신봉되고 있는 평등의 가치관과 대립시키고 있다. 일부 관찰자에 따르면, 댄 캐시는 자신이 동성 결혼에 대한 신념을 공언했을 때, 자신의 종교의 자유와 표현의 자유를 단순히 행사했을 따름이다. 비판가들은, 캐시는 동성애주의자들이 받아야 하는 평등한 존엄을 무시하는 행동을 했다고 공격했다.

이 문제의 일부는 자유와 평등 간의 모든 논의가 부분적으로 그런 것처럼, 사적私的인 것과 공적公的인 것의 경계선이다. 전통적 차이는 사적인 문제에 많은 자유를 인정하지만 공적 · 정책적 문제에는 평등이 더욱 요구된다는 점이다. 예컨대, 동성 결혼에 대해 개인적인 소신을 갖는 것과 그 소신에 따라 직장 내에서 의사결정을 하는 것은 각각 별개 문제다. 이 장 앞머리에서 언급한 크래커 배럴 사건도 기업 소유주와 고객의 개인적 소신이 종업원과 구직자의 기회 균등이라는 기본권과 관련해 충돌한 사례다. 하지만 더 일반적으로 말하면, 기업의 경우에 있어서 그 경계선은 사적인 것과 공적인 것 사이 어디에 설정돼야 하는가?

2012년 여름, 국민보건개혁에 대한 조치의 일환으로 미국 연방정부는 종업원에게 건강 보험 혜택을 제공하는 고용주에게 예방적 의료보험도 포함할 것을 요구했다. 산아제한이 예방 의료에 포함돼야 한다고 정해지자, 가톨릭계 병원, 대학과 교회 산하의 조직들을 포함한 수많은 기관이 반대했다. 가톨릭 신도들은 산아제한은 자신들의 종교적 원칙에 위배되며, 따라서 자신들이 비윤리적이라고 판단하는 관행을 지원하라고 정부가 요구한다고 주장한다. 정부는 종업원 전원이 고용주와 동일한 종교적 원칙을 가지고 있지 않으며, 따라서 교회는 자신들의 기준을 종업원에게 강요하는 걸 용인 안 한다고 응수했다. 정부는 교회와 교주 학교는 예외로 했으나, 종교 단체가 완전 소유권을 가진 대형 조직체일지라도 법 규정에 따라야 한다.

이런 사례들을 숙고하면, 자유와 평등과 같은 일반적 가치에 상대적으로 얼마나 큰 무게를 두느냐를 결정할 뿐 아니라, 자유를 기반으로 한 권리의 범위를 결정하고 충돌을 판정할 때 도움이 될 것이다. 이를테면, 자기 스스로가 선택한 사람들과 관계를 맺을 자유는 차별 없이 고용될 자유보다 가치가 더한 것인가 덜한 것인가? 문제가 되는 것이 무엇인지 주의 깊게 구별하는 것도 중요하다. 종교적 고용주가 동성연애자 종업원을 고용해야 하는 경우, 정확하게 종교의 자유는 얼마나 침해되는가? 이미 가족 의료 보험료를 지불하고 있는 고용주가 같은 보험료 부담을 동성애 부부를 위해서도 해야 한다면, 무엇이 꼭 문제가 되는가? 끝으로 미래를 바라볼 때, 어떠한 점에 있어서, 조금이라도 있다고 하면, 동성애자들에 대한 차별이 인종, 성별 또는 민족에 따른 차별과 같은가?

복습 문제

1. 의도적 차별 이외에, 어떤 이유로 급여, 고용, 지위의 불평등을 설명할 수 있는가?
2. 기회 균등, 차별 철폐 조치, 우선 고용을 구별하라.
3. 어떤 경우에 직장에서의 차별이 정당화되는가? 성별이나 인종에 의한 차별이 정당화될 수 있을까?
4. 성별 희롱과 성적 희롱을 어떻게 구별하는가?
5. 직장에서의 희롱의 심각도는 피해자의 관점에서만 결정돼야 하는가? 이것은 희롱을 했다고 비난받는 자에 대해 공평한가?
6. 합리적 여성과 합리적 남성 사이에 차이가 있는가?

주석

1) 이 사례는 다음 자료를 참고로 했다. http://www.chick-fil-a.com/Press/Bios/Dan. Retrieved September 23, 2012; http://www.brnow.org/News/July-2012/%E2%80%98Guilty-as-charged,%E%80%99-Dan-Cathy-says-of-chick-fil-A, Biblical Recorder. North Carolina Baptist State Convention (Cary, NC); http://www.brnow.org/News/July-2012/%E2%80%98Guilty-as-charged,%E%80%99-Dan-Cathy-says-of-chick-fil-A, retrieved september 22, 2012. Forbes, Augus 3, 2012;http:www.forbes.com/sites/clareoconnor/2012/08/03/meet-the-cathys-your-guide-to-the-gillionaries-behind-chick-fil-a/. Retrieved August 7, 2012 ; Chick-fil-A. who we are. http://www.chick-fil-a.com/Pressroon?Press-Releases#?release=who-we-are. Retrieved September 20, 2012.
2) Mitra Toossi, "Labor force projections to 2020; a more slowly growing workforce," Bureau of labor Statistics, Monthly Labor Review, January 2012.
3) 다음을 참조. "Woman in Medicine," American Medical Association, 1933. Bureau of Labor Statistics, "Current Population Survey, 1963-1993".
4) 다음 보고서를 참조. "The American Workforce 2001." Bureau of Labor Statistics, US Department of Labor; Equal Employment Opportunity Commission, "Job Patterns for Minorities and Women in Private Industry," 1991; Glass Ceiling Commission, "Good Business; Making Full Use of the Nation's Capital," March 1995.
5) 전체적 급여 격차의 수치에 관해선 다음을 참조. National Committee on Pay Equity, "the Wage Gap" 및 Bureau of Labor Statistics, "Current Population Survey," 2000. 스탠포드대학에 관한 연구는 다음 자료에 나와 있다. Bette Woody and Carol Weiss, "Barriers to Workplace Advancement," Report to the Department of Labor, Glass Ceiling Commission, December 20, 1993. AMA 데이터는 다음의 자료 참조. American Medical Association, "Women in Medicine in America," 1991.
6) "Amicus Curiae Brief Support of the University of Michigan," General Motors Corporation, July 17, 2000, in *Grutter/Gratz v.. The regents of University of Michigan.*
7) 실제로 이것과 매우 유사한 일은 자동차의 드래그 레이스에서 발생한다. 과거의 성적과 능력에 따라 한 차車는 레이스에서 선두 위치를 얻는다. 따라서 레이스를 공평하게 하기 위해, 출발시의 불리 조건은 별도의 유리한 조건을 줌으로써 상쇄된다. 불공평한 선두 출발로 보인 것은 실제적으로 기회 균등의 필수 요건이다.
8) 이에 대한 한 가지 논의는 다음에 설명돼 있다. Debra A. DeBruin, "Identifying Sexual Harrassment: The Reasonable Women Standard," in Stanley French, Wanda Teays and Laura Purdy (ed.), *Violence Against Women: philosophical perspectives* (Ithaca, NY: Cornell University Press, 1998), pp. 107-122.

제12장

국제 비즈니스와 글로벌화

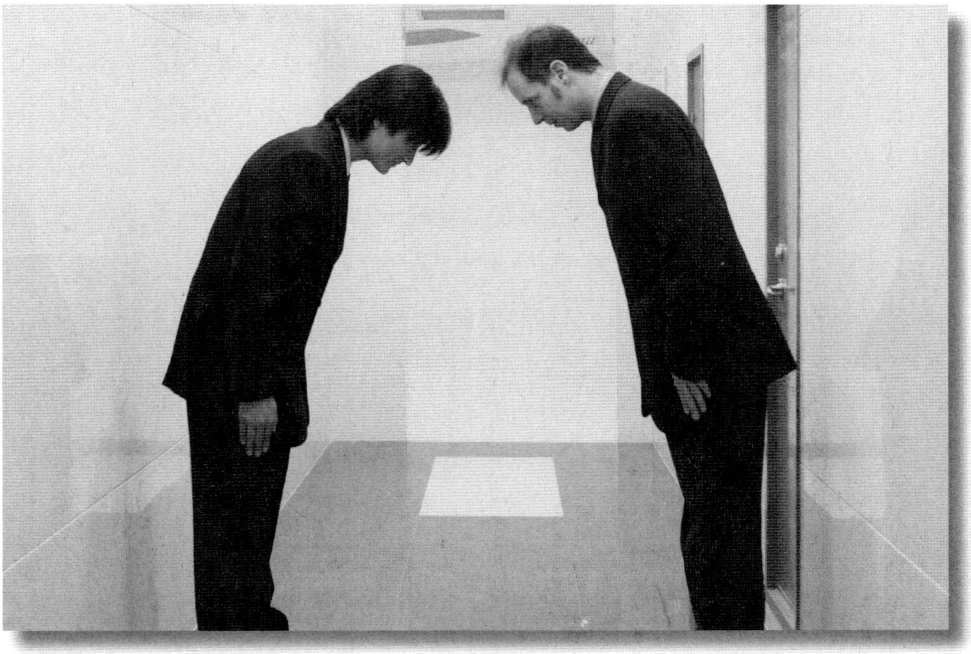

[학습 목표]

이 장을 읽고 나면 다음과 같은 일을 할 수 있다.

- 글로벌 비즈니스의 환경에서 발생하는 다양한 윤리 문제의 범위를 설명할 수 있다.
- 글로벌 환경의 윤리적 상대주의를 분석할 수 있다.
- 국제 비즈니스에의 인권의 적용에 대해 서술할 수 있다.
- 글로벌화에 수반하는 윤리적 과제를 설명할 수 있다.
- 점진하는 글로벌 경제 속에서의 기업의 역할과 윤리적 책임에 대해 기술할 수 있다.

논의를 위한 사례

글로벌 환경에 있어서의 비즈니스

지난 40여 년 이상, 일반의 주목은 기업이 외국에서 운영하면서 발생하는 윤리 문제에 집중되고 있다. 1980년대 이전엔, 미국 밖에서 운영되는 미국 기업이 경제력을 사용해 외국을 유인하고 자사의 경제적 이익을 증진하기 위해 외국을 꼭두각시로 이용하는 상황과 관련된 논란이 빈번했다. 유명한 사례로, 미국에 본사를 두고 있는 통신복합기업 ITT International Telephone and Telegragh는, 그 이전에 자사의 재정상의 이익에 반해 국익을 챙겼던 브라질 정권과 칠레 정권을 타도하는 군사 쿠데타 지지 세력에 연루되었다.

1970년대엔 미국 회사들이 외국에서의 기업 관행에 의해 부패되고 있는 것처럼 보인다는 우려의 목소리가 널리 퍼졌다. 1977년, 재외기업비리단속법은 미국 회사가 외국에서 비즈니스상의 이익을 취득하거나 더 늘리기 위해 외국인에게 뇌물 행위를 하는 걸 불법으로 규정했다. 제3장의 논의를 위한 사례에서 언급된 것처럼, 월마트의 임원이 멕시코 내의 광범위한 뇌물 행위에 가담했다는 사실이 이 회사에 의해 자백됨으로써 다시 이 문제가 재연했다.

1990년대와 2000년대에는 기업체의 제품을 생산 · 유통하는 전체 공급망에 대한 책임까지를 포함하는 문제가 주목을 받았다. 제10장의 서두에서 서술한 나이키 사례는 한 고전적 예다. 나이키는 그들의 운동화를 생산하는 외국 공장 종업원에 대한 부당한 처우에 대한 책임을 처음엔 부인했다가 나중에 가서 인정했다. 일반 대중이 노동 착취 공장의 노동 조건과 아동 노동에 처음으로 주의를 집중한 것은 바로 이 시기였다. 제2장에서 다룬 내용이다.

21세기에 기업 활동의 경제적 현실이 정착함에 따라 국제 비즈니스상의 윤리 문제는 가끔 발생하는 것이 아니라 기업 활동의 일상 업무가 되었다. 이 책의 구판 제 12장은 구글社가 중국에서 검열 논란에 연루된 최근 사건에 관해 집중적으로 다루고 있다. 인터넷 기업이나 과학기술 비즈니스 치고 문화권 간의 윤리 문제에 연루되지 않은 기업을 상상하기는 어렵다. 구글은 2000년대 초기에 중국에서 운영을 시작하고 얼마 되지 않아, 구글에의 접속과 그로 인한 더 광범한 인터넷에의 접속이 방해를 당하고 있으며 중국의 검열인에 의해 금지되고 있음을 알게 됐다. 그런 조치는 구글 자체의 기업의 가치관을 침해하지만, 구글은 중국에 계속 머물러 있는 게 정책을 개선하는 데 실용적 방법이 될 것이라는 믿음을 가지고 비즈니스를 계속하기로 결정했다. 2006년부터 2010년까지 구글은 중국의 검열 정책을 따랐다. 구글과 기타 회사의 안전을 침해한 2009년의 사이버 공격의 발신원이 중국이라는 걸 알게 되자, 구글은 중국에서의 운영을 철회했다.

최근에 미국에 본사를 둔 대기업의 외국 공급 공장의 노동 조건을 둘러싼 문제는 중국 내의 폭스콘이라는 제조공장에서 다시 불거져 나왔다. 폭스콘 테크놀러지 그룹은 세계 굴지의 대형 전자제품 제조업체이며 중국의 최대 민간 기업의 하나다. 추산에 따르면 중국 전역에 걸쳐 백만 명 이상이 폭스콘 공장에 종사하고 있다. 이 그룹의 제13 중국 공장은 아이패드, 아이폰, 킨들 태블릿 그리고 제록스-360 같은 소비재를 제조한다. 이 회사의 최대 시설은, 오히려 시市라고 부르는 게 옳겠는데, 쎈첸深川성에 위치하고 있으며, 담으로 둘러싸인 공단 내의 기숙사형 주택 시설에서 거주하는 수십 만 명을 고용하고 있다.

2012년 1월 초순, 언론은 폭스콘의 우한공장에 근무하는 150명의 중국인 노동자가 공장 지붕에서 뛰어내려 집단 자살을 하겠다고 위협한 사실을 보도했다. 노동자들은 지붕에서 내려올 것을 약속하기까지 3일을 지붕 위에 있었다. 이 사건이 있기 전 2010년에는 폭스콘에서 실제 자살자가 14명이나 있었다. 실제 자살자와 자살을 위협한 노동자 모두는 폭스콘 공장의 노동 조건에 항의를 표시했다.

집단 자살의 위협이 있은 후, 독립 감시 기관인 공정노동협회는 폭스콘의 노동 조건을 조사했다. 이 협회는 2012년 3월에 조사 결과를 공표했다. 그 보고서는 아이폰과 아이패드와 같은 제품을 생산하는 가장 바쁜 기간에 주당 84시간의 노동 시간을 포함한 과도한 초과 근무, 근무 중의 건강 · 안전 문제, 부적절한 초과 수당, 비좁은 회사 기숙사의 비위생적 생활 조건과 종업원을 감시하는 공세적 안전 경비원에 관해 기술하고 있다.

애플과 그 외 회사들은 이들 공장에서의 노동 조건을 개선하고 입증하기 위해 폭스콘과 공정무역협회와 협력해 이 문제에 대응하기 위해 재빨리 나섰다. 폭스콘은 당장 주당 근로 시간을 48시간과 60시간 사이로 줄이고 임금을 인상하는 등 노동과 생활 조건의 개선을 약속했다.

2012년 9월 14일 새로 발표된 보고서는 종업원의 난동으로 중국 타이유안에 있는 폭스콘의 공장들이 수일간 휴업했다고 기술했다. 종업원들이 기자들에게 설명한 바에 따르면, 종업원 간에 발생한 충돌이 추산 2,000명이 연루된 난동으로 발전해 경비원들까지 나서서 종업원을 공격하기에 이르렀다. 폭스콘 대변인은 블룸버그 뉴스社에 대해 "이 같은 증거 없는 주장이 조금이라도 진실이라면, 비록 본사가 채용하지 않지만, 어떤 경비원일지라도 엄한 조치를 취하겠다"고 말했다.[1)]

논의를 위한 질문

1. "로마에 가면 로마 사람들을 따르라"라는 오래된 격언이 있다. 기업은 운영하고 있는 나라의 기업 및 문화적 관행을 따라야 하는가, 아니면 본국의 가치관을 채용해 거기에 충실해야 한다고 믿는가? 뇌물 수수가 멕시코에서 용인된다면, 왜 월마트는 그 지역 직원에게 뇌물을 주어서는 안 되는가?
2. 어떤 의미에서 애플이나 구글을 "미국 회사"라고 하는가? 회사는 설립된 본국에 대해 특별한 충성심을 가져야 하는가? 그 이유는? 그렇지 않다면, 그 이유는?
3. 나이키는 일찍이 주지하고 있는 바와 같이, 자신들은 회사를 위해 마케팅을 하는 것이지 공장주를 위해 마케팅을 하지 않으며, 따라서 나이키가 판매하는 상품을 생산하는 다른 회사들의 행위에 대해 책임을 질 수 없다고 주장했다. 애플은 중국 내의 다른 폭스콘의 행위에 대한 책임을 어느 정도 져야 하는가? 폭스콘은 독립된 보안회사 소속의 경비원의 행위에 대해 어느 정도 책임을 져야 하는가?
4. 소비자는 소비재를 생산하는 제조공장에서 노동자가 받는 처우에 대해 어느 정도 책임이 있는가? 노동자가 주당 84시간을 근무하고 또 일부 노동자는 처우를 항의해 자살을 감행한 공장에서 아이패드가 제조됐다는 걸 알았다면, 아이패드를 구입할 마음이 적어지겠는가?

12.1 서론

국제적 장소에서 운영되고 있는 비즈니스에 대해 그 본연의 역할을 검토해 보면 중요한 윤리 문제가 드러난다. 1970년대부터 몇 가지 널리 알려진 인상적인 사례가 이 윤리 문제에 관심을 집중케 했다. 1970년대 초두에 미국에 본사를 둔 인터내셔널 텔레폰과 텔레그래프社ITT가 민주적으로 선출된 칠레의 살바도르 알렌데가 이끄는 마르크스주의 정부를 약화시키기 위해 온갖 방법을 동원한 데 대해 고소를 당했다. 1970년에 네슬레社는 세계의 개발도상 지역에서 문제가 되는 마케팅 관행으로 유아용 조제 분유를 판매한 것과 관련해 세계적 불매운동에 직면했다. 1970년대와 1980년대에 걸쳐 서구 특히 미국의 기업은 남아프리카의 인종 격리 정책을 실시하고 있는 정부에 반대했다는 이유로 이 나라로부터 철수의 압력을 받았다. 1977년 미국 연방정부는 미국의 다국적 기업이 해외에서 비즈니스를 하기 위해 뇌물을 제의하거나 지불하는 행위를 불법으로 하는 해외부정 행위방지법을 제정했다. 이 법률이 생긴 계기는 당시 부정과 뇌물 수수 비리가 만연돼 있었기 때문이며, 그 후도 그런 부정 행위가 계속되어 일본과 이탈리아 정부가 붕괴되는 사태에까지 이르렀다. 1990년대엔 K마트에서 판매되는 의류품과 나이키가 만든 신발의 제조에 있어서의 착취 노동과 아동 노동이 자행되고 있는 것에 대해 반대운동이 확산했다. 2001년 제약회사에 대한 세계적 반대운동에 의해 아프리카 내의 에이즈 치료약의 판매와 마케팅 방법이 바뀌었다. 1990년대 후반과 2000년대 초반엔, 세계은행, IMF, G8-국가들에 의한 경제 정책에 반대하는 대규모 폭동을 수반한 가두시위가 워싱턴 DC, 시애틀, 제노바, 프라하에서 벌어졌다. 시위에 참가한 사람들은, 세계은행 등의 경제 정책은 다국적 기업의 이익을 지킬 뿐, 저개발국의 노동자와 환경을 착취·악용하고 있다고 비난했다.

이 장에선 국제적 비즈니스가 직면하는 여러 윤리 문제를 분석한다. 간략하게 기술하기 위해, 문제를 두 부류로 나눈다. 한 부류는 다국적 기업과 그 경영관리자가 직면하는 윤리 문제인데, 외국에서 자신들의 윤리 기준을 그대로 적용할 수 있는지를 판단하지 않으면 안 된다는 문제다. 이 문제들은 윤리적 상대주의와 문화 차이를 넘는 가치에 관한 여러 문제를 제기한다. 또 다른 부류의 윤리 문제는 글로벌라이제이션이라는 용어 아래에 들어가는 일련의 테마다. 더한층 매크로적인 이 문제들은 개개 기업과 경영관리자뿐만 아니라, 바로 문자 그대로 세계의 모든 국가의 모든 시민의 과제이기도 하다.

12.2 윤리적 상대주의와 문화 차이를 초월한 가치

아마 해외에서 비즈니스를 하는 경영자가 가장 공통으로 직면하는 문제는, 문화가 다르면 대개 가치 체계도 다르다는 인식에서 기인한다. 이런 가치 체계가 대립하면, 비즈니스에서는 "본국"의 가치에 따라야 할지, 아니면 현지의 가치와 비즈니스 관행에 따라야 할지를 놓고 선택을 해야 한다. 여성과 민족적 · 인종적 소수파의 평등, 환경 기준 같은 다양한 문제와 관련해, 일부 국제적 기준은 서구의 일반적 윤리와 꽤 다르다. 현지의 윤리적 관행에 따르는 게 큰 재정적 이익이 된다면, 기업은 문화적 상대주의로부터 윤리적 상대주의로 옮겨 가고 싶은 유혹에 빠진다. 문화는 각각 가치에 있어서 다르기 때문에, 한 가치 체계가 다른 것보다 더 정당하다고 생각할 이유는 없다. 따라서 외국에선, 비록 그것이 성별 또는 인종적 격리 정책과 아동 노동, 또는 뇌물 수수를 용인하는 걸 의미할지라도, 일단 외국에 가게 되면 현지의 관습에 따라야 한다. 윤리적 상대주의의 과제는 국제 비즈니스에 있어서 매우 현실적 문제로서 발생한다.

그러나 제2장에서 논한 것처럼 윤리적 상대주의 도전은 정밀한 분석을 거역하지 않는다. 문화가 각각 다른 가치를 가진다 (문화적 상대주의)는 사실이 그 자체가 대립하는 가치 간에서 선택을 위한 객관적 기준이 없다는 (윤리적 상대주의) 것을 의미하는 것은 아니다. 이 점과 관련해, 제2장에서 본 것처럼, 윤리적 상대주의에 대한 더 일반적 반론 몇 가지를 살펴보는 것도 가능하다.

먼저 주의해야 할 것은 다양한 문화는 실제로 다양한 문화를 가지고 있다고 너무 성급히 결론을 내려서는 안 된다는 것이다. 수하르토 대통령 시대의 인도네시아에서 비즈니스를 한 경우를 생각해 보자. 1998년에 정권이 전복되기까지 인도네시아에서 비즈니스를 하기 위해선 현지의 인도네시아 기업과 제휴를 하지 않으면 안 됐다. 그런 제휴를 했던 인도네시아 기업의 대부분은 수하르토의 측근이든가 가족이 소유하고 있거나 경영하고 있었다. 뇌물, 리베이트, 공갈은 다반사였다. 하지만 여기서 의문이 생긴다. 인도네시아에서 그런 관행이 "용인된" 것은 어떤 의미에서였던가? 그런 관행은 만연돼 있었으며 널리 알려져 있었다. 그러나 이런 관행이 용인된 것이라고 하는 건 분명히 잘못이다. 인도네시아 사람으로서 파워 엘리트가 아닌 사람은, 이의를 제기하고 반항하면 폭력과 때로는 죽음까지도 당한다는 걸 알고 이런 매수를 받아들였다. 수하르토의 전복 후에 부패 방지 개혁이 펼쳐진 것은 인도네시아인들이 서구의 가치관을 많이 공유하고 있다는 증거다.

외견상으로 다양해 보이는 가치도 면밀히 조사해 보면 그렇지 않은 경우가 많다. 일본과 이탈리아에서 정권을 전복시킨 수뢰사건은 이들 나라에서 뇌물 수수와 리베이트라는 행위가 일반적으로 생각하고 있는 것처럼 그렇게 널리 퍼져 있지 않다는 걸 보여 주었다. 정치적 · 경제적 엘리트가 부패와 비윤리적 행위를 허용한다는 (특히 그들 자신이 그 행위로부터 이익을 보는 경우) 사실이, 우리가 비윤리적이라고 생각하는 행위가 다른 나라에선 윤리적으로 용인될 수 있다는 주장을 지지할 증거가 되지 않는다.

두 번째 문제는 윤리적 원칙과 그 원칙의 적용 간의 차이다. 다른 환경과 관련해 생각해 보면, 어떤 상황에서 비난받거나 허용되는 행위가 다른 상황에선 반대로 허용되거나 비난받는 경우가 있다. 하지만 그렇다고 해서, 이 사실이 윤리적 상대주의를 정당화하지는 않는다. 그것은 우리가 계획 살인과 과실 치사를 구별하지 않는 것과 같다. 부패한 정권 아래서 비즈니스를 하는 현지의 기업주와 같은 장소에서 비즈니스를 하는 미국에 본사를 둔 다국적 기업 간의 환경 차이를 생각해 보자.

전화를 설치하기 위해 국영 전화회사에 뇌물을 지불하지 않으면 안 되는 상황을 생각해 보자. 뇌물을 주지 않으면 전화 서비스를 받는 데 장기간 늦어질 수도 있다. 현지 기업이 뇌물을 갖다 바치지 않으면 문자 그대로 그 기업의 종말을 의미할 수도 있다. 현지 기업에 있어서 다른 선택지는 없으며, 따라서 이런 환경에선 뇌물이 할 수 없는 일로 이해될지 모른다. 그러나 비윤리적 행위를 허용하는 것과 그걸 정당화하는 것은 동일하지 않다. 뇌물이나 공갈이 정당화되거나 용인된다고 말하는 게 아니다. 오로지 그런 환경 아래선 뇌물의 지불이 이해되고 아마 할 수 없는 것이라고 할 따름이다. 그러나 다국적 기업은 현지 기업과 다른 상황에 있다는 점을 감안하면, 같은 행위를 허용한다는 건 합리성이 크게 떨어진다. 현지 기업은 비윤리적 관행을 바꿀 만한 경제적 협상력을 가지고 있지 않지만, 다국적 기업은 현지 기업보다 훨씬 더 많은 선택지를 가지고 있다.

착취 공장의 저임금과 불건강한 노동 조건과 관련해서도 사정은 비슷하다. 스스로 최저 임금을 겨우 벌고 농업 노동자에게 저임금을 지불하는 현지 농가와 같은 저임금을 지불하는 다국적 농업 기업 간에는 큰 차이가 있다. 산업화된 세계에서 용인될 수 없다고 판단되는 노동 조건을 현지인들이 감당한다고 해서, 다국적 기업이 외국에서 비즈니스를 할 때 그런 조건이 윤리적으로 정당화되는 건 아니다.

국제적 윤리에 관한 세 번째 과제는 성실성이라는 미덕에 관한 것이다. 현지의 문화가 자국과 다른 가치를 가지고 있다고 하더라도, 인간 본연의 성실성은 자신의 가치관을 버리지 않고 유지하는 것을 요구한다.[2] 인간의 성실성은 개인의 아이덴터티와 성격을 지속시키는 가치라고 할 수 있다. 또한 인간의 성실성은 바로 자기의 핵심이 되는 부분을 지켜준다. 의견의 차이나 다양한 의견에 직면해 자신의 가치관을 버리는 것은 자신의 성실성을 훼손하는 것이다.

여성을 2류 시민으로 취급하는 문화권에서 비즈니스를 하는 걸 생각해 보자. 이런 나라에서 비즈니스를 하는 조건으로서 가장 천한 일 이외엔 여성을 고용할 수 없는 걸 상상해 보면, 당신 회사의 여성 종업원은 현지의 기업과의 협상에 참가할 수 없으며, 또 남자 호위자의 동반 없이 머리와 얼굴을 가리지 않고 공공장소에 나가는 게 허용되지 않기도 한다. 이런 환경에서 개인으로서의 선택은 자신의 원칙을 버리거나 자신의 원칙을 고수해 이 문화권에서의 비즈니스로부터 철수할 수밖에 없는 것 같다. 이러한 상황에서도 인간의 성실성은 자신의 원칙을 포기하지 않는다.

이 점은, 사람은 결코 타협하거나 다양한 가치를 용인해선 안 된다는 걸 말하고자 하는 것이 아니다. 다만, 그런 의문이 오로지 결과주의적, 공리적, 경제적 근거만으로 판단돼서는 안 된다는 점을 성실성이 확실히 시사한다는 것이다. 윤리는 때로는 우리가 원칙대로 행동하기를 요구한다. 그러한 원칙은 우리가 개인으로서 자신을 확립하는 데 매우 유익하다.

마지막 과제로서 국제 비즈니스에서의 문화적 상대주의에 관한 여러 논의 가운데, 비윤리적이라고 생각되는 가치관은 "다른" 문화의 것이라고 하는 사실에 주목할 필요가 있다. 산업화된 서구 민주 국가의 윤리는 당연한 것이고, 해결해야 할 문제는 그 서구의 가치관이 현지 문화의 가치관과 대립할 때 타협해야 하느냐 하는 게 전제가 되는 것 같다. 그러나 여기서 그 전제를 역전시켜, 현지 문화가 다국적 기업의 가치관과 대립할 때, 현지 문화는 어떻게 해서 다국적 기업의 가치관과 타협하느냐 하는 걸 생각해 보자.

이 문제는 이 장의 뒷부분에서 더 깊이 다루고자 한다. 여기선 이것이 가치 상대주의의 문제와 어떠한 관계가 있는지 생각해 보자. 다국적 기업이 현지 관행에 따르기 위해 시장과 이윤의 원칙을 포기해야 하는 상황에서 현지 관행을 지키기 위해 자신의 가치관을 버리는 문제는 얼마나 자주 발생하는가? 이 문제가 생길 수 있는 상황을 많이 생각할 수 있다. 스페인의 몬드라곤 지역에는, 유럽의 다른 여러 지역처럼, 노동자에 의한 소유, 노동자의 공동 조직, 노동 현장의 민주주의 등 오랜 전통이 있다. 아시아의 많은 지역에는 종신 고용의 전통이 있다. 전 세계의 많은 농업지대에서는 지속가능한 농사와 임업 기술이 장기간 실천돼 왔다. 전 세계의 여러 문화권은 공산주의적 사회복지 제도를 높이 평가하고 있다. 그럼에도 불구하고 다국적 기업이 현지의 문화적 관행과 조화를 이루기 위해 자신의 이윤 동기를 버리는 사례는 보기 어렵다.

이것이 시사하는 것은, 다국적 기업이 현지의 가치관과 습관이라고 해서 비윤리적 행위를 정당화하거나 허용하려고 하는 걸 듣게 되면 의심을 품을 만하다는 것이다. 이런 호소가 기업의 이익에 공헌할 때만 이루어진다면, 그것이 다국적 기업이라고 받아들일 수 있다. 그러나 윤리적 책임이 자기 이익을 제한하는 경우도 있다. 이 사실만으로 가치관의 차이에 직면했을 때 윤리를 버리지 않을 충분한 이유가 된다.

12.3 문화 차이를 초월한 가치와 국제적 권리

윤리적 상대주의가 일관된 철학적 견해가 아니라면, 의문은 여전히 남는다. 문화

간의 차이를 넘어 정당하게 적용될 수 있는 가치는 존재하는가? 비상대주의자는 예스라고 답한다. 예컨대, 철학자 톰 도널드슨은 이 의문에 대해 "최소한주의"와 "최대한주의" 두 가지 답에서 말하고 있다. 이 문제를 검토하기 위해 도널드슨의 틀을 따르고자 한다.[3)]

도널드슨에 따르면 최소한주의자의 접근법은 다음과 같다. 즉 비즈니스는 그 과정에 있어서 최소한 도덕적 권리를 침해하지 않는 한, 자유로이 경제적 이익을 추구할 수 있다. 제3장에서 서술한 기업의 사회적 책임에 대한 최소한의 도덕적 접근처럼, 최소한주의자는 손실을 끼치지 않기 위한 "부정적 의무"만 인정한다. 일단 이 최소한의 조건이 충족되면, 기업은 소비자, 종업원, 주주에 대해 상품, 서비스, 일자리, 이윤을 제공하는 경제적 목표를 충족함으로써 윤리적 책임을 수행하게 된다. 한편, 최대한주의자의 접근법은 다국적 기업이 행사하는 영향력, 권력, 자원을 고려하면, 다국적 기업은 사업을 하고 있는 지역에 적극적으로 혜택과 지원을 제공할 책임이 있다. 양쪽 견해는 모두 문화 간의 차이를 넘어 적용 가능한 윤리 기준이 있다는 데 의견이 일치한다. 최소한주의자는, 윤리적 가치를 최소한의 부정적 의무로 결론짓고 있으며, 한편 최대한주의자는 더 광범한 적극적 책임을 주장한다,

도널드슨은 자신의 저서에서 최소한주의자의 입장의 좋은 예를 제시하고 있다. 그는 기본적 인권이 비즈니스에 있어서 일련의 국제적 책임의 기반이 된다고 주장한다. 국제연합UN의 ≪세계인권선언≫ 등을 인용하면서, 도널드슨은 문화 간의 보편적인 다양한 가치에 관해, 사실상 광범한 컨센서스가 존재한다고 말한다. 그런 보편적 권리는 국제 비즈니스의 윤리적 책임에 관한 틀을 제공한다. 도널드슨이 말하는 권리에는 다음과 같은 것이 있다.

1. 신체적 이동의 자유에 대한 권리
2. 재산 소유의 권리
3. 가혹한 고통으로부터의 자유에 대한 권리
4. 공정한 재판을 받을 권리
5. 차별적 처우를 받지 않을 권리
6. 신체적 안전의 권리
7. 표현과 결사의 자유에 대한 권리

8. 최소한의 교육을 받을 권리
9. 정치에 참가할 권리
10. 최저한의 생활을 할 권리

도널드슨은 이 같은 권리의 적용과 범위의 구체적인 면에는 논의의 여지가 있다는 걸 인정하고 있다. 그렇지만 이런 권리는 개인, 기업, 정부에 그런 권리를 존중해야 하는 의무를 부여한다. 이 장의 앞머리에서 언급한 국제 비즈니스의 윤리적 쟁점을 다시 생각해 보고, 위에 열거한 권리를 인식하는 게 이 문제들을 분석하는 데 도움이 되는지를 고찰하는 것은 유익한 방법일 것이다. 만일 다국적 기업이 위의 국제적 인권을 약속하고 있었다면 다르게 행동했을까?

이 최소한주의자의 접근법에 대한 큰 과제의 하나는, 이들 권리와 연관된 의무를 왜 다국적 기업이 짊어지지 않으면 안 되는지를 설명하지 못한다는 점이다. 이들 의무의 대부분은 민간 기업이 아니고 정부가 맡는 게 더 적절할 것 같다. 게다가 이 권리들이 반드시 실천적이지는 않으나, 적어도 이론적으로는 문화의 차이를 초월해 인식되고 있다는 사실을 고려한다면, 문화적 가치가 대립하는 경우 최소한주의 접근법은 큰 도움이 되지 않는 것 같다. 자국의 가치관이 현지의 가치관과 대립하는 경우, 국제 비즈니스 윤리는 기업의 경영관리자에게 지침을 제공해야 한다. 이러한 이유와 다른 이유로 일부 관찰자는 더한층 광범하고 구체적으로 열거된 국제 비즈니스상의 책임을 주장하고 있다.

철학자 리처드 디조지는 문화 차이를 초월해 적용할 수 있다고 생각하는 10개 항목의 윤리 지침을 제시했다.[4] 디조지의 분석에 따르면, 국제적 기업이 지켜야 할 사항은 다음과 같다.

1. 의도적인 직접적 해를 주지 않는다.
2. 현지의 국가에 대해 해보다 선을 행한다.
3. 기업 활동으로써 현지 국가의 발전에 기여한다.
4. 종업원의 인권을 존중한다.
5. 현지 문화를 존중하고 그에 반대하지 않고 협력한다.
6. 공정한 세금을 지불한다.
7. 공정성을 뒷받침하는 제도를 발전·강화하는 데 현지 정부와 협력한다.

8. 회사를 경영 지배하는 것은 거기에 수반하는 행동과 실패에 대해 윤리적 책임을 지는 것임을 인식한다.
9. 위험물을 취급하는 공장이 안전하고, 또한 안전 운전이 확실하게 되도록 한다.
10. 개발도상국에 위험물 관련 기술을 이전하는 경우는 현지국에서 안전하게 다루어지도록 재설계하는 책임을 진다.

현지국에 대한 이 같은 일련의 적극적 책임을 해석하고 정당화하는 데는 일반적으로 두 가지 길이 있다. 하나는 그 일련의 책임이 오로지 더 일반적 최소한주의자의 의무를 적용하는 것일 뿐이라고 주장한다. 이를테면, 신체 안전의 권리에서 보는 의무는, 위험한 원재료나 기술을 취급하는 기업이 사람을 그런 위험으로부터 보호하도록 조치를 취하는 책임을 진다. 이 관점에서 최소한주의의 접근은 일반적 권리와 의무의 윤곽을 보여준다. 한편, 최대한주의자의 전략은 국제적으로 활동하는 기업이 가진 권리와 의무의 의미를 더 상세하게 특정하는 것이다. 이 접근에선 기업이 더 구체적인 몇몇 국제적 책임을 다하는 것 같다.

최대한주의자의 책임에 대한 두 번째 해석은, 그 책임이 다국적 기업과 현지국 간의 묵시적인 사회적 계약에서 나오는 것이라고 이해되고 있다. 그런 책임은 묵시적 계약의 일부로서 나온다. 다른 어떤 계약과 마찬가지로, 계약 당사자는 그 계약으로부터 이익을 얻는 걸 당연히 기대할 수 있을 때 한해서 계약을 한다. 다국적 기업은 어떤 나라에 진출함으로써 이익을 얻을 수 있다고 믿을 때만 해당국에 진출하며, 현지국이 같은 기대를 하는 것도 당연하다. 다국적 기업을 받아들임으로써 현지국이 해보다 큰 선을 기대할 수 있을 때 한해서 다국적 기업이 그 나라에서 활동하는 것이 허용된다. 되풀이하건대, 이 해석은 최대한주의자가 열거하는 여러 가지 책임이 의미하는 바를 알게 해준다.

12.4 글로벌화와 국제 비즈니스

여기서는 비즈니스의 국제적 책임에 관해 더욱 높은 매크로 레벨에서 분석을 하고자 한다. 글로벌화를 둘러싼 윤리 문제는 불과 지난 수년 사이에 국제 관계의 논의에 있어서 중심 화제가 돼 왔다. 이 윤리 문제라고 하는 건 어떠한 것이며, 다국적 기업은 이들 문제와 관련해 어떤 역할과 책임을 가지고 있는가?

10년 전만 하더라도, 글로벌화와 국제 무역에 관한 논의가 비즈니스 윤리 교과서에서 다루어지는 건 드물었다. 국제 관계는 전통적으로 오로지 국가 간의 관계라는 관점에서 이해돼 왔다. 이 문제는 비즈니스 경영보다 정치학과 거시경제학에서 다루어져 왔다. 하지만 그러한 접근은 21세기의 오늘날엔 더 이상 적합하지 않다. 기업의 의사결정은 정부가 하는 의사결정과 마찬가지로 국제 문제에 커다란 영향을 미친다. 사실, 글로벌화에 대한 많은 비판은 이 점이 세계적 경제 통합의 중심 과제라고 지적한다. 일부 비판가의 견해에 따르면, 기업의 이윤과 자기 이익이 동기가 되어 비선출직 회사 임원에 대한 의사결정이, 적어도 민주적 지역에서는 시민의 최대 이익을 지향해야 하는 정치가의 의사결정을 대신하고 있다.

대체 글로벌화란 무엇인가? 시애틀로부터 프라하, 제노바까지 거리의 시위가 보여 주듯이, 이 말에는 강력한 정치적 · 윤리적 함축이 들어 있다. 가장 직접적인 의미로, **글로벌화**는 국제적 경제 통합의 프로세스를 의미한다. 국가라는 것이 존재하는 한, 국제 무역과 국제 협력이 존속하는 한편으로, 국제적 경제 통합의 프로세스는 점점 흔한 상황이 되었으며, 불과 과거 10년, 20년 사이에 그 움직임을 가속화했다. 〈관세 및 무역의 일반협정GATT〉, 〈북미자유무역협정NAFTA〉과 같은 국제 무역 협정은 자유 무역을 위해 국경을 허물었다. 2002년에 시작한 단일 통화 (유로)의 채택을 포함해, 지금도 계속되고 있는 유럽연합(EU)의 통합은 유럽을 실질적 의미에서 단일 경제권으로 만들었다. 세계은행으로부터의 국제적 융자는 세계의 대규모 개발 프로젝트를 지원해 왔다. 국제통화기금(IMF)이 책정한 금융 정책은 국가 간의 자본 이동을 더한층 쉽게 했다. 이민정책은 자본의 이동보다 속도는 느릴지 모르지만, 사람과 노동의 국제적 흐름을 더 용이하게 했다. 일본과 미국의 최근의 경제 불황은, 멕시코와 아르헨티나와 통화의 평가절하와 더불어, 세계의 경제권들이 실제로 얼마나 상호 의존하고 있는지를 증명하고 있다.

자유 무역과 국제적 경제 협력에 대한 윤리적 문제는 정부, 산업계, 경제학자에 의해 폭넓게 수용되고 있다. 찬성파의 주된 논의는 제2장과 제3장에서 검토한 시장에 대한 논의를 보다 일반화한 것이다. 즉 자유롭고 개방된 경쟁이 보장되는 사회적·경제적 제도 속에서 이루어지는 이익의 추구는 자원을 가치가 가장 높은 용도에 배분하며, 그 자원을 최대 다수에게 최대 행복을 안겨주는 방법으로 분배하게 된다. 글로벌화는 이 자유롭고 개방된 경쟁이 국경을 넘어 확대하는 프로세스다. 그리고 노동자, 일자리, 재화와 서비스, 천연 자원, 자본 등의 국제적 서비스는 결국 모든 사람의 생활을 향상하게 된 것이다.

이 견해와 관련해 두 가지 추론에 대해 생각해 보는 것은 가치 있을 것이다. 첫째, 더 자유롭고 개방적 무역에서 발생하는 경제 성장과 발전은 세계의 가장 가난한 사람들의 생활을 개선하는 가장 효과적 방법이라고 생각되고 있다. 글로벌화를 옹호하는 사람들에 따르면, 국제적 경제 통합은 세계의 경제 성장에 있어서 불가결한 일로 보이며, 이 성장만이 세계의 빈곤과 결핍에 충분히 대처할 수 있다. 둘째, 글로벌화의 프로세스를 옹호하는 사람들은, 경제 통합이 분쟁에 대한 큰 억지력이라고 주장한다. 경제 협력을 하는 나라가 많을수록, 군사적으로 싸울 가능성은 감소한다. 따라서 글로벌화는 빈곤과 전쟁의 가능성을 감소하는 주요한 조치로 보인다.[5)]

하지만 여러 공공 이익 단체가 이런 논의에 반대해, 글로벌화에 반대하는 가두시위를 적극적으로 펼쳤다. 노동 단체, 환경 단체, 인권 단체, 민주주의 옹호 단체는 진행되고 있는 국제적 경제 통합의 윤리적 정당성을 인정하지 않는다. 글로벌화에 반대하는 논의는 다음의 세 관점에서 분석이 가능하다. 첫째, 글로벌화는 가난한 자를 돕는 것보다 오히려 해친다는 것, 둘째, 글로벌화는 환경, 건강, 안전, 노동 현장에 관한 규제의 "밑바닥에의 경쟁"을 부추긴다는 것, 셋째, 글로벌화는 평등한 권리와 자기결정의 원칙을 뒷받침하지 않고 훼손한다는 것이다.

12.5 글로벌화와 빈곤층

시장을 바탕으로 하는 논의는 이제 그 윤곽이 잡혔을 것이다. 자유롭고 경쟁적이고 개방된 국제시장은 경제적 재화와 서비스를 효율적이고 가장 알맞게 배분한다.

그러므로 더 많은 사람들이 자신이 가장 원하는 것을 더 많이 얻어, 그래서 그렇지 않은 경우보다 더 잘 살게 된다. 우리는 이 책 여기저기서 이 견해를 알게 됐는데, 그 논의들은 타당한 것인가?

이 논의를 분석하는 게 어려운 것은 실증적 의문과 개념적 · 윤리적 의문을 포함한다는 걸 알게 된 데서 기인한다. 실증적 의문이 묻는 것은, 생활 수준, 특히 빈곤한 사람들과 개발도상국의 생활 수준이 국제적 경제 통합의 조건 아래서 개선되느냐 그렇지 않느냐 하는 것이다. 개념적 · 윤리적 의문이 묻는 것은 사람들이 경제 성장과 더불어 "더 잘 산다"라고 생각되는 건, 어떤 의미인지에 대한 것이다.

실증적 의문에 대한 답은 명확하지 않다. 노동시장에서 발생하리라고 이론이 예측하는 걸 생각해 보자. 일자리라는 건 필연적으로 노동력이 값싼 나라에 수출된다. 공업국에선 최저한의 임금의 일자리가 없어질 가능성이 높다는 걸 의미한다. (가난한 나라에서 숙련 전문직 노동자가 남아돌아 구직하는 경우는 드물다.) 다음엔 이 때문에 공업국의 임금, 특히 최저임금의 노동자 임금이 떨어지게 된다. 이론적으로는, 이런 실업자나 시간제 노동자는 소비자로서 일자리가 수출된 나라로부터 수입된 저가격 상품과 서비스의 혜택을 받는다. 또한 장기적으로는 빈곤국의 경제 성장이 확대돼 공업 제품에 대한 수요도 증가하게 되고, 그 결과 공업국에서도 일자리에 대한 수요가 돌아온다고 예측된다. 하지만 그 사이 실업자나 시간제 노동자는 확실히 고생할 것이다.

앞에서 본 것처럼, 시장을 바탕으로 하는 논의는 공리주의적이다. 이익의 과실을 받는 건 집합적 의미에서의 "최대 다수의 사람들"이며, 그 프로세스에서 개인이 입는 손해는 무시된다. 비록 이론상 "전체적" 이익이 발생한다손 치더라도 수많은 실재實在 개인과 그 가족이 그 프로세스에서 손해를 입을 가능성이 있다. 경험적으로 보더라도 자국으로부터 일자리가 없어짐으로써 손해를 입는 특정 노동자가 있는 것은 의심할 여지가 없다. 이론적 의문은 그 나라의 다른 어느 곳에서 창출된 새 일자리로부터 이익을 얻는 다른 노동자가 있느냐 없느냐 하는 것이다. 또 윤리적 의문은 그 이익이 손해를 능가하느냐이다.

빈곤국의 노동자는 어떠한가? 그들은 자유 무역이 낳은 일자리에서 혜택을 얻지 않는가? 폭스콘 공장 종업원들은 고향 마을에 무직으로 남아 있으면 한 푼도 벌지 못할 것인데도 폭스콘 공장에선 주당 80시간의 노동으로 수입을 얻지 않았는가? 이 물음에 대한 답은 적어도 실증적임과 동시에 개념적 · 윤리적이다. 자유 무역을 옹호하는 사람은, 빈곤국의 노동자는 이익을 얻는다고 주장한다. 왜냐하면 새 일자리에 의해 그들의 살림이 그 이전보다 더 좋아졌기 때문이다. 한편 비판가는 수출된 많은 일자리는 겨우 최저한의 임금만 지불할 뿐, 가혹한 노동 환경을 만들어 낸다고 비난한다. 이 비판은 개인과 국가 양쪽 레벨에 개념적 의문을 제기한다.

시장 논리에선, 이런 수출되어 새로운 일을 하는 노동자는 그들 자신이 선택한 일이기 때문에 더 잘 산다고 한다. 그리고 개인은 이익보다 손해가 큰 경우에는 무슨 일을 하려고 선택을 하지 않는다. 상대적 의미에서 이 말은 맞는 것 같다. 절대적 빈곤이냐, 착취 공장에서의 최저임금으로 장시간의 노동이냐의 양자택일밖에 없는 사람은 일하는 쪽을 선택할 것이다. 그들은 일하지 않았을 경우보다 더 잘 살고 있다. 하지만 이 논의를 비판하는 사람의 반박은, 그런 조건 아래서 일하는 선택 자체가 기업에 의한 강요나 착취와 다름없다고 한다. "돈이냐 생명이냐" 하는 것도 하나의 선택이다. 그러나 그것은 다국적 기업이 목표로 해야 할 것은 아니다. 무기를 가진 강도에게 돈을 넘겨주는 선택은 그렇게 하지 않았을 경우보다 상대적으로 좋은 결과가 됐을지 모른다. 하지만 그렇다고 해서 강도의 행위가 정당화되는 건 아니다.

그렇다면 국제 비즈니스에 있어서 본국과 현지국 양쪽 종업원에 대한 윤리적 책임이란 어떤 것인가? 일반적으로 우리는 현지국 종업원에 대한 책임은 본국 종업원에 대한 책임과 같은 것이라고 결론을 내리고 있다. 확실하고 분명한 것은, 임금과 수당이 본국과 거의 같은 것이라면, 애초에 일자리를 수출하는 유인은 없을 것이다. 그렇게 되면, 자유 무역의 목적이 없어질 뿐만 아니라 현지국의 노동자는 전혀 이익을 얻지 못하게 되는 걸 의미한다. 한편 우리가 의식할 필요가 있는 것은, 인간은 노동시장에 의해 그 가치가 결정되는 단순한 "생산 요소"가 아니라는 것이다. 현지국에서의 임금과 수당은 본국에서의 임금과 수당 그리고 현지국에서의 최저임금 사이 정도가 요구되는 수준일 것 같다. 한 가지 제안으로선, 본국과 현지국의 생활 수준을 감안해, 본국과 상대적으로 같은 수준의 임금을 지불하는 것이다. 예를 들어, 본국에서의 최저임금이 현지국의 경제에 어떻게 대응하는지에 대해 독립기관의 경제 지표를 사용할 수도 있을 것이다. 공평한 임금은 노동시장에만 의존하기보다 상대적으로 결정할 수 있다. 미국에서 빈곤 수준을 겨우 상회하는 4인 가족을 부양하기 위해서 최저임금을 받는 두 사람이 필요하다면, 현지국에서의 최저임금도 같은 방식으로 결정될 것이다. 그러한 방법으로써 종업원을 저임금으로 유지함으로써 기업에 이익을 주며 종업원에게는 적정 임금을 지불하게 된다.

실제, 많은 국제적 기업은 현지국에서 직접 종업원을 고용하지 않는다. 현지 기업과 독립 계약 노동자에 의존해 노동자를 공급받는 경우가 많다. 여기엔 여러 가지 이유가 있는데, 그 가운데는 상대적으로 윤리적으로 문제되는 것도 있다. 의류나 신발을 봉제하는 개인을 고용해 "독립 계약 노동자"로서 그들에게 개수個數 단위로 돈을 지급하는 건, 공정한 임금과 수당에 대한 책임 회피를 위한 위장 공작과 다름없을지 모른다. 독립 계약 노동자는 자기 스스로 고용 조건에 책임을 지게 돼 있다. 하지만 국제적 기업이 현지의 값싼 노동자를 고용해서 이익을 얻고 싶어 한다면, 현지 노동자의 취급에 대해 전면적이고 직접적 책임을 지는 게 이치에 맞는 것이라고 하겠다. 이를 위한 가장 확실한 수단은 그들을 직접 고용하는 것이다.

보다 일반적인 의문으로 돌아가 보자. 현지국의 전체 경제는 국제 기업의 수용에 의해 피해를 입고 있는가, 아니면 이익을 얻고 있는가? 더욱이 세계의 많은 지역의 압도적 빈곤을 감안하면, 빈곤과 경제적 착취를 경감하기 위한 수단으로서 자유 무역과 나아가 경제 통합을 대신할 효과적 선택지는 있는가?

이 물음에 대해 명확하고 무조건적 답을 찾기란 가능하지도, 타당하지도 않다. 하지만 제10장에서 다룬 환경 책임에 대한 대책으로서의 지속 가능한 경제 발전 모델은 이 문제를 고찰하는 한 출발점이 될 것이다. 일반적으로 말하면, 시장 경제는 빈곤국에 비약적 경제 성장을 안겨줄 가능성을 갖고 있다. 윤리적 책임이 요구하는 바는 기업이 현지국 사람들과 천연 자원을 착취하지 않고 그 성장으로부터 이익을 추구하는 것이다.

그러나 이런 의문의 배경엔 커다란 개념적 문제가 있다. 비록 자유 무역과 대규모 경제 통합으로 자유 무역과 시장 경제 정책을 채택하는 **어떤** 나라라도 그 나라의 복지를 향상할 수 있다는 것이 사실이라고 할지라도, 이런 정책이 **모든** 나라의 경제적 복리를 향상한다는 것은 아니다. 논리학자에 따르면, 결론의 일부가 진실이라고 하는 사실로부터 전체가 진실이라고 추론하는 것은 합성의 오류라고 한다. 어느 빈곤국이 수출을 통해 경제를 향상하더라도, 모든 빈곤국이 수출을 통해 경제적으로 향상할 수 있는 것은 아니다. 예를 들어 모든 빈곤국이 저임금의 일자리를 수입하고 수출을 증가하려고 하면, 그 양쪽의 수요와 가격은 하락하고 만다. 개별 국이 개별적으로 채용해 이익을 얻은 정책이라 하더라도, 모든 나라가 동시에 그 정책을 채용하면 피해를 입게 될지 모른다.

12.6 "밑바닥으로의 경쟁"

글로벌 경제 활동에 대한 또 하나의 과제는 자유 무역과 경제통합이 환경, 노동, 건강, 안전에 대한 규제를 약화하거나 폐지하는 유인책을 초래한다는 것이다. 그런 규제는 "무역 장벽"이며, 경제 성장을 위한 경쟁을 감안해 나라마다 앞장서서 다국적 기업에게 규제와 제한을 보다 적게 제공하려고 하는 강한 유인을 지니고 있다. 글로벌화에 비판적 인사들이 흔히 쓰는 표현으로, 규제의 "밑바닥으로의 경쟁"이 일어나고 있다.

현지의 환경이나 노동의 기준이 GATT나 NAFTA 같은 자유무역협정에 대한 위반 행위로서, 경쟁 상대국의 공격을 받은 예가 수없이 많이 있다.[6] 예를 들어, 제6장에서 고찰한 OSHA가 요구하는 노동 현장의 건강과 안전 규제를 생각해 보자. 그 규제는 미국에서 비즈니스를 할 때의 코스트를 인상한다. 그 부담은 미국으로부터 그런 보호가 없는 나라로 일자리를 이동시키는 유인을 낳는다. 전통적으로 그런 상황에 있는 나라는 다른 나라로부터 오는 수입에 관세를 부과해, 규제에서 생기는 높은 현지 가격을 상쇄하는 수단으로 삼을지 모른다. WTO에 의해 시행되고 있는 자유무역협정 아래에서, 그런 관세는 이제 허용되지 않는다. 그 결과, 본국에선 자유 무역의 규정에 따라 더욱 효율적으로 경쟁할 수 있도록 건강과 안전 규제를 없애기 위한 경쟁적 압력에 직면하게 된다. 현지의 규제는 현지 기업이 국제 무역에 있어서 경쟁하는 능력에 방해가 된다. (이 같은 사항과 앞 절에서 서술한 일자리의 수출 등은 왜 노동 단체가 글로벌화에 대한 반대운동의 최전선에 서 있는지를 설명하는 데 도움이 된다.)

또한 환경 규제가 어떻게 자유 무역에 대한 장벽이 되는지를 생각해 보자. 1992년 미국 의회는 돌고래를 보호하는 방법이 아닌 방법으로 잡은 참치의 판매를 금지하는 법률을 통과시켰다. 돌고래가 걸리지 않는 그물은 판매되고 있었으나 그 값이 비쌌다. 1999년 WTO는 이 법률이 참치 수입에 대한 불공정한 장벽이 된다는 이유에서 미국이 이 법률을 시행하는 걸 금지했다. 또 호르몬제를 주사한 소의 수입 금지 조치를 위한 EU의 예도 들 수 있다. 미국은 WTO에 이 결정에 대한 소송을 제기해, 자유 무역에 대한 불공정한 장벽이라고 주장했다. EU는, 만일 이 금지의 취소를 거부하면 무역제재의 위협에 직면한다.

문제가 되는 건, 어떠한 윤리적 이유라 하더라도 — 환경, 노동자, 가족기업, 국내산업, 또는 소비자를 보호하기 위해서든 — 경제 활동에 대한 규제는 자유 무역에 대한 장벽이라고 판단되기 쉽다. 자유무역협정이 세계적 흐름이라는 걸 생각한다면, 이런 규제를 폐기하고자 하는 강한 유인이 존재하는 것도 사실이다. 규제의 폐지가 이론상으로 어떻게 생기며 또한 생겨야 하는지를 이해하기는 쉽다. 널리 알려진 사례에서 규제의 철폐가 실제로 어떻게 일어나고 있는지를 알 수 있다. 하지만 실증적 증거는 명확하지 않다.[7] 최근 수십 년간 분명히 글로벌화가 막 시작한 시기였는데, 환경, 노동 현장, 소비자에 대한 규제는 부유한 나라와 가난한 나라 모두에게 감소하기보다 오히려 증가하는 추세에 있다.[8] 공정한 평가에 따르면, 현지의 환경, 노동, 소비자에 관한 규제에 반대하는 강한 유인은 현재도 존재하고 앞으로도 존재할 것이다. 자유무역협정과 WTO는 그러한 규제 완화의 강한 원동력이다. 그럼에도 불구하고 그러한 가치관에 대한 강력하고도 세계적인 정치적 컨센서스는 규제 완화에 방해가 되고 있다.

아마 국제적 자유 무역과 관련해 취해야 할 유일한 책임 있는 입장은 국제시장에 알려진 윤리적 제약과 유사할 것이다. 경제시장이라고 하는 건 진공상태에 존재하는 게 아니다. 이론적으로 말하더라도 시장이 기능하기 위해선 광범한 배경적 조건 (자유, 개방된 경쟁, 완전한 정보, 법적 강제력이 있고 거래 가능한 재산권, 합리적으로 활동하는 이기적 에이전트 등)이 필요하다. 물론 실제로 시장은 이론이 기술하는 완벽을 기할 수 없다. 이 점을 인식하면서, 세계은행, WTO, IMF와 같은 비정부조직과 이들을 지원하는 정부는 "자유로운" 시장과 "자유로운" 무역은 공정과 사회정의를 감안하여 규제돼야 한다는 점을 인식해야 할 것이다. 환경, 노동, 소비자, 그리고 윤리적 규제는 시장 경쟁이 시작하는 최저한의 기준이 된다. 몬트리얼의정서(대기 중의 오존층을 지키기 위한 클로로 탄화불소 가스의 제조 제한)와 교토의정서(미국은 미서명 중)가 나타내는 광범한 국제적 합의는 가능하다. 이런 규제는 그것이 널리 수용 · 승인된다면 공정하고 개방된 시장에 대한 장벽은 되지 않는다. 그런 규제는 시장이 스스로 기능을 발휘하는 틀을 구축한다.

여기서 도출되는 기업의 윤리적 책임은 노먼 보위가 변호하고 제10장에서 논한 기업의 환경에 대한 책임과 유사하다. 만일 사회적 규제가 시장 거래에 대해 수용 가능한 최적안의 조건을 설정하며, 그 규제가 시민의 윤리적 컨센서스를 정확히 반영한다면, 기업은 그런 정책에 영향을 미치는 일을 하지 않아야 한다. 사회는 정치제도를 통해 윤리적 · 법적 지침을 설정하고 그 지침 아래서 기업의 활동이 허용돼야 한다. 이것은 국내에서뿐 아니라 국제적으로도 똑같이 가능한 일이다.

12.7 민주주의, 문화적 성실성, 인권

다른 일련의 비판은, 글로벌 경제 통합의 확대가 깊게 인정되고 있는 비경제적 가치를 위태롭게 한다는 것이다. 비판가의 공격은, WTO, 세계은행, IMF 같은 기관은 그 자체가 비민주적 관료조직이며, 빈곤국과 공업국 양쪽의 민주주의의 정치적 가치와 자기결정권을 위협한다는 것이다. 여기서 나오는 결과의 하나는, 민간의 다국적 기업이 참된 의미의 국제적 의사결정자로서 합법적 정부를 대신하고 있다는 것이다. 더욱이 세계시장에서의 자사 제품의 확대를 겨냥하고 있는 다국적 기업이 추진하는 글로벌 시장 자본주의는 현지 문화와 전통을 위협하는 문화적 동질화를 낳게 된다.

세계은행과 IMF를 비판하는 사람은, 그 기관들의 경제 정책이 독재적 금융 지원을 구하는 빈곤국의 자기결정권을 훼손한다고 이의를 자주 쏟아내고 있다. 빈곤국에 대한 금융 지원은 반드시 경제 안정과 성장을 촉진하는 정책을 수용하는 것이 전제조건이 된다. ≪뉴욕 타임스≫의 칼럼니스트이자 베스트셀러 ≪렉서스와 올리브

나무≫의 저자인 토머스 프리드먼은 그런 정책을 황금의 구속복 (미친 사람, 광폭한 죄수에게 입히는 자켓 — 역자)이라고 부르고 있다.[9] 프리드먼에 따르면, 세계은행과 IMF가 요구하는 정책은 국가가 "번영을 선택"하고자 할 때 스스로 선택하는 정책과 똑같은 것이다. 그 정책에는 다음과 같은 것도 들어 있다.

> 민간부문을 성장의 주요 원동력으로 한다, … 국가의 관료 기구를 축소하고, 가능한 한 균형 예산을 유지한다, … 수입 제품에 대한 관세를 철폐하거나 인하해, 외국으로부터의 투자에 대한 제한을 없애고, 상품의 할당 제도와 국내 독점 기업을 폐지하고, 수출을 증가하고 국유 기업과 공익 사업을 민영화하고, … 통화 교환을 자유롭게 해, … (그리고) 해외로부터의 직접적 소유가 투자에 대해 … 산업, 주식, 채권 시장을 개발한다.[10]

프리드먼에 따르면, 그 결과로 두 가지가 발생한다.

> 경제가 성장하고 정치가 축소한다. … 황금의 구속복은 권력을 가진 사람들의 정치적 · 경제적 선택을 상대적으로 좁힌다. 이 때문에 황금의 구속복을 입고 있는 나라의 여당과 야당 간의 참된 차이는 최근 알아보기 어렵다. 일단 나라가 황금 구속복을 입고 나면, 정치적 선택은 펩시를 선택하느냐, 콜라를 선택하느냐 정도로, 정책상의 미미한 뉘앙스의 차이로 좁혀진다. … 그러나 핵이 되는 행동 규범으로부터 크게 벗어나지 않는다.[11]

WTO를 비판하는 사람들이 빈곤국와 공업국 양쪽에 미치는 국제무역협정의 영향에 대해 결론이 일치하는 일이 자주 있었다. "밑바닥으로의 경쟁" 논의에서 보았듯이, 무역 협정은 현지의 의사결정보다 상위에 있으며, 따라서 자기결정권과 민주주의를 훼손하는 것 같다.

비판가는 또한 세계은행, IMF, WTO 같은 기관을 그 자체가 비(非)민주주의적이고 비밀주의적이라고 비난한다. 의사결정은 비선출 관료, 즉 경제학자, 은행가, 기업의 전前 임원 등이 하며 논의의 경과는 공개되지 않으며, 유권자의 질문에도 답하지 않는다. 이런 의사결정은 다국적 기업에 이익을 안겨주는 효과가 있기 때문에 다국적 회사가 배후에서 의사결정을 조정하고 있다고 추측되고 있다.

황금의 구속복 정책이 현지의 지배권과 자기결정권을 훼손한다는 비판에 대해 프리드먼 같은 옹호자가 주장하는 건, 국가가 빈곤이 아니고 번영을 선택한다면 이 정책은 단지 필요조건에 불과하다는 것이다. 투자가 재무적으로 건전하게 다루어지도록 정책을 갖추지 않으면, 세계은행이나 민간 기업 등 해외로부터 투자를 기대할 수 없다. 이 견해에 따르면, 금융 · 경제 규범은 사회과학자가 발견한 과학적 법칙과 유사하다. 만일 사람이 경제 성장과 번영을 선택한다면, 그땐 과거의 행위는 해야 할 이런 저런 일을 말해준다. 황금의 구속복은 "이런, 저런" 법칙의 윤곽에 불과하다. 빈곤국은 자유롭게 이 황금의 구속복을 거부할 수 있으나, 거부할 경우엔 다른 선택지로부터 경제적 번영을 기대할 수 없게 된다.

글로벌화가 공업국의 민주주의를 훼손한다는 주장에 대해, 옹호자들은 두 가지 답을 제시한다. 먼저 "밑바닥으로의 경쟁" 논의의 분석이 보여 주듯이, 이 주장에 대한 실증적 증거는 적어도 명확하지 않다. 환경 · 노동 · 소비자 보호를 목적으로 하는 정치적 규제는 공업국에서 감소하기보다 오히려 증가하고 있는 것 같다. 만일 세계은행, IMF, WTO 같은 글로벌 기관이 국가의 주권을 훼손한다면, 공업국 간의 규제는 증가하지 않고 오히려 감소하지 않을까.

바로 여기에 해당되는 예로서, 역사적으로 독재적 정부는 자유 시장 정책을 외면하는 경향이 있었다고, 옹호하는 사람들은 우리의 기억을 되살려 준다. 최근의 역사에서 동독과 소비에트 연방 그리고 현재의 북한의 국경을 폐쇄함으로써 시민이 스스로의 의사로 정치적 · 경제적 실행 계획을 선택하지 못하게 하고 있다. 역사는 민주국가일수록 자유 시장과 자유 무역을 지지하는 경향이 있다고 시사하고 있다.

두 번째 답은 이들 기관 (예, 세계은행, IMF, WTO)이 모두 개개 국가의 의사결정에 의해 설립되었으며, 그 존속도 그것에 의해 가능했다. 이들 기관이 존속하고 있고 또한 권위를 가지고 있는 건, 이 기관들이 권위를 가지고 존재하는 것을 국가들이 합의했기 때문일 뿐이다. 이들 국제적 금융 기관을 설립 · 관리하는 협정에 정치적으로 합법적 정부들이 자유 의사로 참가하고 있는 점을 감안하면, 비민주적 정책을 지지하는 비판가들을 비난하는 건 합리적인 것 같다. 옹호하는 사람은 환경, 노동, 그 밖의 특정 이익단체가 자국의 선거에서 쟁취하지 못한 것을 그들은 가두에서의 항의 행동이나 시위를 통해 달성하려고 한다고 주장한다. 이 논쟁에 위법의 위험성이 있다고 한다면, 그건 항의자에게 있지 합법적으로 설립된 기관에 있는 것은 아니다.

마지막 과제는 세계은행과 WTO 같은 기관이 비밀주의적이고, 비민주적이라는 비난이다. 의사결정은 비밀리에 이루어지는 일이 많으며, 일반 대중은 정책이 발표될 때 비로소 그에 대해 알게 된다. 이들 기관에 종사하는 사람은 선거에서 선출되지 않을 뿐 아니라, 의사결정도 외부의 반대자의 의견을 듣지 않고 이루어진다 (제6장의 존 맥콜의 논의처럼). 결정에 의해 영향을 받는 사람이라면 누구나 이 의사결정에 참가할 권리는 공정성의 근본적 필수 요건이다.

이들 기관의 옹호자는, 기관의 적절한 모델은 입법기관이 아니고 사법기관이라고 주장한다. 대부분의 결정이 대립점의 해결, 협상, 타협을 필요로 한다. WTO는 공공정책을 제정하는 입법부라고 하기보다 당사자 간의 의견의 불일치를 해결하기 위해 활동하는 중재인에 가깝다. 그런 상황에서는 사적 협상과 비밀주의가 쌍방이 수용할 수 있는 결론을 용이하게 도출하는 경우가 많다. 이 같은 논의를 일반 대중 앞에 드러내 놓고 왈가왈부한다면, 나라와 지도자들은 의견을 제시하고 타협을 궁리하고 생각을 바꾸기가 더 어려워진다.

세계은행, IMF, WTO와 같은 국제기관의 영향력과 정책에 대해 우려가 많은 것은 말할 필요가 없다. 토마스 프리드먼이 말한 황금의 구속복은 주권 국가에 때로는 바람직하지 않은 제약을 부과하기도 한다. 그런 정책은 적어도 단기적으로는 이미 상대적으로 안정된 재정 상태에 있는 현지국의 사람들과 기업, 그리고 이미 세계의 부富의 대부분을 소유하고 있는 외부인에게 유리하게 작용하는 것으로 보인다. 시장 자본주의와 소비자주의는 그런 집단에 의해 강요된 사회 구조인 것 같다. 그리고 그런 변화는 많은 토착 문화와 관행의 건전성을 확실히 위협하게 된다.

한편, 전 세계의 빈곤, 거기서 생기는 모든 사회악과 세계 인구의 급격한 증가는 강력한 답을 요구하고 있다. 공업국의 부의 대부분이 개발도상국의 자원과 시장에 의존하고 있다는 걸 인식한다면, 빈곤을 줄이기 위해 필요한 조치를 취하는 것은 자선 행위 이상이라는 것을 인식하지 않으면 안 된다. 행동을 해야 하는 것은 공업국의 시민과 기업의 윤리적 의무다.

만일 산업화된 부유한 나라에 빈곤의 영향을 완화할 의무가 있다고 믿는다면, 그것을 위한 적절한 수단을 고려하지 않으면 안 된다. 금융 지원, 식량, 제품의 직접적 공여供與가, 물론 필요한 경우가 많기는 하지만, 장기적으로는 효과적 전략으로 보이지 않는다. 우려되는 문제 가운데 무시할 수 없는 한 가지는, 그런 증여가 현지의 시장을 경쟁의 홍수에 빠지게 해 현지의 농업과 산업의 기반을 약화시킬 가능성이 있다는 것이다.

세계은행, IMF, WTO의 정책이 전제로 하는 것은, 경제 성장이 안정된 자급자족에 이르는 길이라는 것이다. 그 기관들의 정책은 현지 경제에 대한 외국의 투자, 자유 무역, 통화의 안정성을 지원한다. 그들의 정책은 현지 경제를 이롭게 할 가능성이 가장 높다고 하는 주장이 바탕에 깔려 있다. 이 접근을 문제라고 보는 비판자가 부딪치는 과제는 현지 사회에 혜택을 줄 수 있는 대안을 명시하든가, 아니면 외국 기업과 외국 자본의 유입에 의해 발생한 손해를 최소화하거나 저지하는 제한과 규제를 확인하는 것이다. 이런 사태에 처해 있는 기업에 있어서 후자의 책임이 가장 긴요할 것이다.

논의를 위한 사례를 다시 생각해 보자

구글과 폭스콘의 사례가 보여 주듯이, 중국에서 비즈니스를 하는 회사처럼 이익과 지켜야 하는 원칙 간의 긴장이 높은 곳은 아마 없을 것이다. 중국 시장은 거대하며 그곳의 비즈니스의 가능성은 한계가 없는 것 같다. 동시에 중국 경제는 여전히 정부의 강한 관리하에 있으며, 그 정부는 민주적이지도 않고 인권도 인정하지 않는다. 예측 가능한 장래에 있어서 중국에서 비즈니스를 하는 기업은 그들의 중국 내의 존재가 자유와 인권을 어떻게 지원하는가, 또는 훼손하는가를 의식하지 않으면 안 된다.

2010년 1월 말에 미국 국무장관 힐러리 클린턴이 중국 당국에 대해 "중국발 사이버 공격에 대한 설명을 요구"했을 때, 그녀는 구글이 가졌던 의혹에 대해 확인한 것 같다. 2010년 3월, 구글은 Google.com으로부터 모든 검색이 홍콩을 통하도록 경로 변경을 시작했다. 그에 따라 중국의 검열을 피하고 실질적으로 Google.com을 폐쇄

했다. 그러나 구글이 취한 행동과, 중국 정부가 사이버 공격의 배후에 있다고 하는 희미한 고발은 계속적으로 반발을 받았다.

반드시 모든 기업이 구글의 방식에 합의하고 있는 건 아니다. 대조적으로, 마이크로소프트의 CEO인 스티브 볼머는 다음과 같이 답했다. "(검열과 관련해) 의사결정을 할 땐 주권국을 존중해야 한다고 생각한다. … 만일 중국 정부가 적절하게 법률상의 통고를 해준다면, 우리는 그 정보를 Bing의 검색 엔진에서 제외한다. 단, 중국 밖에선 그 정보가 그대로 검색에 남아 있다." 다른 인터뷰에서도 볼머는 이렇게 말했다. "우리가 중국에서 사업을 하려고 하는 건 확실하다. (그리고) 우리는 중국의 법률에 따를 것이다. … 사이버 공격은 유감스러운 것이지만." 마이크로소프트의 Bing 검색 엔진은 구글의 경쟁 상대이며, 만일 구글이 중국으로부터 철수한다면 시장 점유를 확대할 수 있을 것이다.

이 책을 저술하던 (2012년 9월) 시점에, 폭스콘의 중국 공장에서 일어났던 항의 난동은 종식됐으며, 애플의 강력한 방침 아래 이들 중국 공장의 노동 조건은 개선되는 것처럼 보였다. 하지만 폭스콘 고객의 과제는 여전하다. 폭스콘이 직면했던 관점과 관련해, 공정무역협회의 한 임원은 다음과 같이 요약·설명했다.

> 수많은 노동자가 가능한 한 단기간에 최대한의 돈을 벌기 위해 쎈첸深川에 모여들었는데, 이 타산에 있어서 초과 노동 시간이 큰 몫을 차지했다. 이는 우리가 종업원, 특히 젊은 이주 노동자와 계속해 대화가 필요한 문제, 즉 일정한 시간 이상 일을 하게 되면 누구나 과로해 건강을 잃는다는 사실이다. 우리가 노동 환경과 대우를 개선하면 노동자들은 더 나은 생활을 즐길 수 있다.

복습 문제

1. 문화의 차이를 초월해 합법적으로 적용할 수 있는 윤리적 가치로 어떤 가치를 지목할 수 있는가?
2. "로마에선 로마인이 하는 대로 하라"라는 원칙은 국제 비즈니스에서 얼마나 널

리 확대될 수 있는가?

3. 미국의 기업이 개발도상국에서 아동을 노동자로 고용할 수 있는 어떤 조건을 가지고 있는가?
4. 글로벌화의 흐름을 반대하는 세 가지 논의는 어떤 것인가? 글로벌화를 옹호하는 사람들은 각각의 주장에 어떻게 대응할까?
5. "밑바닥으로의 경쟁"이란 무슨 의미인가?
6. 미국 이외의 나라들이 미국과 동등한 소비생활을 영위하는 게 가능할까? 가능하다면, 그것은 좋은 일인가? 누가 그것을 결정해야 하는가?

주석

1) 이 사례는 다음 자료를 참고. http://www.fairlabor.org/report//foxconnivestigation-report. 2012년 9월 25일 복쇄. 그리고 http://www.businessweek.com/news/2012-09-29/foxconn-workers-labor-under-ploice-watch-after-riot-shuts-plant. 2012년 9월 25일 복쇄.
2) 이 점과 관련해 리처드 디조지 참고. Richard DeGoerge, "International Business Ethics," in *A Companion to Business Ethics*, edited by Robert Frederick (Oxford Blackwell Publishers, 1999), pp. 233-242. 같은 저자의 *Competing with Integrity in International Business* (New York: Oxford University Press, 1993)도 참조. 이 점과 관련해, 필자는 디조지에게서 얻은 바가 많다.
3) 도널드슨은 이 구별을 다음 논문에서 매우 명확히 소개하고 있다. "International Business Ethics," *Encyclopedic Dictionary of Business Ethics*, edited by Patricia Werhane and R. Edward Freeman (Oxford Blackwell Publishers, 1997), pp. 346-348. 또 같은 저자의 논문과 저서도 참조. "Rights in the Global Market," *Business Ethics: The State of Art*, edited by R. Edward Freeman (New York: Oxford University Press, 1991), pp. 139-162, *The Ethics of International Business* (New York: Oxford University Press, 1989).
4) Richard DeGeorge, *Competing with Integrity in International Business* (New York: Oxford University Press, 1993).
5) 글로벌화에 찬성하는 의견과 관련, *The Economist*의 2010년 9월 29일자에 있는 특집 기사 "Globalization and Its Critics"가 좋은 참고가 된다.
6) 다음을 참조. Hilary French, "GATT: Menace or Ally?" *Worldwatch*, vol. 6, no. 5(September/October 1993); David Korten, *When Corporations Rule the World* (West Hartford, CT: Kumarian Press, 1995); Frederick Frommer, "Caught in the Net," *Animal Watch* (Fall 1999) 및 *Public Citizen News*, vol. 19, no. 4 (January/February 1999).
7) 빈곤자와 환경 보호에 대해 호의적인 경제학자에 의한 정의와 자유 무역의 문제 등과 관련한 연구는 다음을 참조. Daniel Finn, *Just Trading* (Peabody, MA: Abington Press,

1996). 국제 무역 규제를 받고 적절하게 감시를 받게 되면, 빈곤을 줄이고 보호하는 수단 역할을 한다고, Finn은 결론짓고 있는 것 같다.

8) 이와 관련, 일종의 증거로 앞에 나온 "Globalization and Its Critics"와 *Just Trade*를 참조.

9) Thomas Friedman, *The Lexus and the Olive Tree* (New York: Farrar, Straus, and Giroux, 1999).

10) 위와 같음, pp. 86-87.

11) 위와 같음, pp. 87-88.

| 찾아보기 |

ㄷ

ㄹ

ㅁ

ㅂ

ㅈ

역자 소개

박명섭

성균관대학교 무역학과 학 · 석 · 박사과정수료 (ABD)
영국 리버풀대학 경제학과 (Ph.D)
미국 USIS 초청 Summer Institute for U.S. Economic and Public Policy for Foreign University Teachers 과정 수료
부산수산대학교 및 부경대학교 교수 (1985.3~2002.2)
일본 코베대학 경영학부 외국인 연구원 (Japan Foundation Fellow)
외교통상부 WTO/DDA (NAMA) 협상회의 정부대표
후쿠오카대학 상학부, 오사카시립대 창조도시연구과 객원연구원
기획재정부공공기관 경영평가위원, 경제인문사회연구회 기획평가위원 · 연구윤리위원, 근정포장 (2014년 무역의 날)
성균관대학교 무역연구소장, 대학원 무역학과장, (사)한국무역학회장 역임
현) 성균관대학교 글로벌경영학과 교수

저자 소개

Joseph Desjardins

미국 미네소타 소재 College of St. Benedict/St. John's University 부총장 및 철학과 교수로서 비즈니스 윤리, 환경윤리 및 지속 가능성 등을 연구 · 강의
Southern Connecticut State Univ. (학사)
Univ. of Notre Dame (석사, 박사)
Society for Business Ethics 이사장 역임

주요 저서

Business Ethics
Decision Making for Personal Integrity and Social Responsibility
Environmental Ethics
An Introduction to Environmental Philosophy
Environmental Ethics: Concepts, Policy, and Theory
Contemporary Issues in Business Ethics
Business, Ethics and the Environment

비즈니스 윤리, 5판

An Introduction to Business Ethics, 5/E

발행일 2016년 3월 5일 초판 발행

저자 조세프 데자르댕 | **역자** 박명섭

발행인 홍진기 | **발행처** 아카데미프레스 | **주소** 413-756 경기도 파주시 문발동 출판정보산업단지 507-9

전화 031-947-7389 | **팩스** 031-947-7698 | **이메일** info@academypress.co.kr

웹사이트 www.academypress.co.kr | **출판등록** 2003. 6. 18 제406-2011-000131호

ISBN 978-89-97544-78-3 93320

값 25,000원